이원익 호성공신도상(扈聖功臣圖像), 보물 제1435호, 1604(선조 37): 비단채색 167.5×89.0

오리 이원익
다스림과 섬김

오리
이원익
다스림과 섬김

이병서 지음

녹우재

추천사

새 사람과의 만남

옛일을 지금의 자리에서 되살핀다는 것은 쉬운 일이 아닙니다. 세월의 흐름이 일의 맥락을 다르게 틀지어놓기 때문입니다. 결국 그때, 그 눈으로, 그 일을 살피기보다 지금 내 눈으로 그 일을 바라볼 수밖에 없는데, 그렇게 그려지는 옛일이 바르게 이루어진 것일 수 있을지 자못 불안하기 때문입니다. 그때와 이제의 거리가 혹 객관성을 마련할 수 있다 할지라도 바로 그러한 거리 때문에 닿을 길 없이 사라지는 온기와 냉기, 절박함과 푸근함의 잃음이 또한 현실이기 때문입니다.

더구나 그 일이 사람인 경우, 게다가 그 사람의 삶이 사私에 한하지 않고 공公에 이르러 펼쳐지고, 또 그래서 그 삶의 온갖 구비와 폭과 깊이가 예사롭지 않을 때, 그 사람의 삶을 서술한다는 것은 그 일이 그 사람이 만나고 행한 온갖 사람과 일에 얽힌 것이어서 마침내 이를 다듬어 한 사람의 삶으로 그려낸다는 것은 비록 그렇게 한다 해도 실은 온전하기가 거의 불가능합니다.

그런데도 우리는 옛일을 기술해야 하고, 옛사람의 삶을 서술할 수 있어야 합니다. 무릇 '옛날'이란 '훗날'을 내다보는 거울의 기능을 담당하고 있는 것인데, 그래서 삶의 까닭이 뚜렷한 사람이라면 마땅히 '지나감'과 '다가옴'을 '지금 여기'에서 아우르며 그 삶의 뜻을 펼쳐야 할 터인즉 옛일과 옛사람의 삶을, 그것이 온전하게 이루어지든 그렇지 않든, 온 마음을 기울여 살피지 않을 수 없습니다.

지금 우리는 그러한 불가능한, 그러나 당연히 해야 하는, 과업을 이룬 한 권의 책을 마주하고 있습니다. 『오리 이원익, 다스림과 섬김』이 그것입니다.

생각해 보면 역사란 언제나 서술되어 가는 것이고, 역사적 인물에 대한 평전도 실은 무수하게 만들어지고 있습니다. 그러한 사실을 생각하면 이 평전의 출간이 그리 별다를 까닭이 없습니다. 그런데도 우리는 이 책을 만나면서 남다른 감회를 가집니다. 그 소이연을 나열한다는 것은 너무 도식적이어서 오히려 그 감동을 다치게 할 수도 있을지 모른다는 염려가 없지 않으면서도 이를 조금은 다듬어보는 것이 좋을 듯합니다.

무엇보다도 먼저 들고 싶은 것은 이 평전이, 그 주인공의 귀함이나 그 시대의 중요성에 비추어 뜻밖에 소홀하여 상대적으로 늘 덮여지듯 넘어가곤 하던 것을, 드디어 그 주인공의 귀함과 그 시대의 중요성을 새삼 주목하도록 제자리에 제대로 놓게 했다고 하는 사실입니다. 거목은 기려도 그 뿌리를 간과하는, 그리고 대하大河는 찬탄하면서도 그 근원인 옹달샘을 일컫지 못하는, 실은 변명할 수 없는 게으름을 이 평전은 대담하게 불식하고 있다는 사실이 이 책을 만나 겪는 감동의 첫 번째 까닭입니다. 오리 이원익은 늘 그렇게 생전에 그랬듯이 역사 속에서도 조용하게 자기를 낮추고 계셨던 것인데 당신에게는 그것이 덕의 실천일 수 있지만 우리에게는 송구스럽기 그지없는 게으른 예우가 아닐 수 없었다는 것을 이 책을 읽으면서 깊은 참회와 더불어 감동으로 느끼지 않을 수 없습니다.

다음으로 일컬을 수 있는 감동의 까닭은 이 책의 출현이 갖는 시의적절함입니다. 지금 우리가 숨 쉬는 오늘의 삶에서 저리게 아쉬운 것은 이른바 '다스림의 윤리'가 처절할 정도로 구겨지고, 때 묻고, 찢겨 있는데도 그것을 다시 펴고 씻고 꿰맬 어떤 처방도 올연히 드러나지 않고 있다는 사실입니다. 그것을 다시 정치라든가 경제라든가 법이라든가 교육이라든가 문화라든가, 더 잘게는 국방이라든가 외교라든가 지방자치라든가 하는 것으로 나누어도 상관이 없습니다. 오늘 우리는 이른바 '권력'의 '성찰 없는 독선'이나 '맹목적인 자기 확장'이나 온갖 것으로 자기를 정당화하는 '치졸한 이기심'의 극한에 처해 있습니다. 옳고 바른 소리가 없지 않음에도 불구하고 그것은 다만 '발언'일 뿐 실천에 이르지 못하고 있고, 그래서 오히려 옳고 바른 발언이 소음이 되면서 우리의 현실을 더 한층 흐리게 하고 있습니다. 이 평전을 읽으면서 우리는 사뭇 지금 내가 오늘의 현실을 읽고 있는 것은 아닌가 하는 착각을 할 정도로 오리 이원익이 살았던 당대도 오늘과 별반 다르지 않았던 것을 발견합니다. 이러한 인식은 '역사의 발전'이라는 당위를 전제할 때 말이 되지 않는 판단이라고 비난받아 마땅하겠습니다만 그런데 그런 당혹스러운 착각 속에서 이 책을 만날 수밖에 없고, 그래서 새삼 우리 자신과 우리 시대에 대한 이전에 없던 인식이 일게 되는 경험을 스스로 감동하지 않을 수 없습니다.

이러한 감동이 당연히 초래하는 것이겠습니다만 이어지는 감동은 '새로운 인간상의 발견'이라고 하면 겨우 감당할 수 있을지 모르겠는 이른바 '새 사람과의 만남'입니다. 다시 말하면 우리는 이 평전을 통해 이원익이라는 사람을 만나는데, 그것은 우리가 그리던, 그런데도 윤곽이 잡히지 않아 모호하기만 했던, 인간의 전형을 만나는 것과 다르지 않습니다. 물론 한 인간에 대한 서술은 그 인간이 기려지는 한에서 마련되는 경우 그 주인공에 대한 양지의 서술만으로 일관할 수 있습니다. 그러한 일도 무의미한 것만은 아닙니다. 흠은 덮고, 다듬어진 밝은 면만을 드러내는 것이 덕일 수 있기 때문입니다. 그러나 삶이 그렇게 양지만을 지니고 있지 않다는 것을 우리가 모르지 않는 한, 한 사람에 대한 기림은 마땅히 그 그늘과 더불어 기술되어야 그 사람됨을 온전히 드러낼 수 있습니다. '평전'은 그렇게 의도된 것입니다. 따라서 이 평전도 오리 이원익의 그늘과 빛을 고이 담고 있습니다. 그런데 그럼에도 불구하고 우리는 이 평전을 통해 새로운 인간상을 발견합니다. 이 책을 읽으면서 만나는 그러한 인간상을 우리는 '그가 있으면 온갖 사물이 제자리를 잡게 되는 그러한 인간'이라고 일컫고 싶습니다. 그는 이른바 '영웅으로서의 상'을 모두 배제하고 남는 '소박한, 그런데 비범한' 그러한 사람입니다. 어쩌면 그것이 현대의 이른바 '추구하고 지향해야 할 인간상'이 아닐까 하는 감동을 이 책을 읽으면서 경험하지 않을 수 없습니다.

뿐만 아니라 이 평전이 오리 이원익의 살아 있는 후손에 의하여 기획되고 출판되었다는 사실이 진한 감동의 여운으로 이 책을 다 덮고 난 뒤에도 끊이질 않습니다. 그 어른의 직계 12대손 이병서가 바로 그 사람입니다. 그는 성공한 기업인의 삶을 마무리하고 조상의 음덕을 기리고자 '오리 이원익 연구'에 매진하여 마침내 학계에서 경탄해 마지않는 연구 결과를 이처럼 내놓았습니다. 후손이 선조의 덕을 입는다는 것은 자연스러우면서도 쉽지 않은 일입니다. 그런데 감히 말씀드리건대 선조가 후손으로 말미암아 새삼스레 귀함을 얻어 기림을 받는다는 것은 자연스럽지 않을 만큼 흔할 수 없는 일입니다. 그런데도 그 일이 이 평전의 출간을 통해 이루어지고 있습니다. 오리 이원익이나 그 후손에게 두루 경하해 마지않을 일입니다. 참 부러운 일이고, 참 훌륭한 일이고, 그래서 누구에게나 칭송을 받지 않을 수 없는 일이며, 대를 이어 산다는 것이 무릇 이러한 것이라는 전형을 우리가 얻는 일이기도 합니다. '사람 사는 모습의 전형'이라고 해도 결코 넘칠 일이 아닙니다.

이 평전이 많은 사람들에게 널리 읽혀 감동의 울림이 우리 삶의 자리에서 넘실대기만을 고대합니다. 그렇게 될 때 우리는 우리 삶을, 우리네 공동체의 삶을, 우리의 내일의 삶을, 그리고 오늘의 삶을, 고이 다듬어 사람 사는 보람을 누리는 삶의 자리로, 그러한 사람들로, 만드는 데 커다란 힘의 보탬을 얻을 수 있으리라 확신하기 때문입니다.

정진홍 서울대 명예교수

서문

"후손이 조상에 관해 글을 쓴다는 것은……"

나는 6·25 전란 중에 순국하신 선친으로부터 어렸을 적부터 '오리 이원익 대감'에 관한 이야기를 참으로 많이 듣고 자랐다. 그런 분이 나의 조상이었다니 너무나도 자랑스러워 이다음에 나도 그분 같은 사람이 되겠다고 다짐하곤 했다. 임진왜란 때 정승으로서 백성이 편안하고 살맛나는 세상을 만들고자 백성들과 힘을 모아 싸워 이겨서 나라를 구한 훌륭한 분이라고 들었기 때문이다. 그런데 그분의 치적은 물론, 도대체 어떤 인물인지조차 알 길이 없었다. 서점 어디에서도 오리 이원익에 관한 책을 찾아볼 수 없는 현실이 안타까웠다.

나는 그분에 대해 제대로 알고 싶었다. 그러던 중 2012년 4월 30일 임진왜란 420주년 해에, 정진홍 교수의 추천으로 이성무 박사와 여섯 명의 역사학자를 만나 『조선왕조실록』 등 고증 자료를 토대로 2년 전부터 연구해온 학술논문 「오리 이원익의 학문과 사상」 제1차 발표회를 한국프레스센터에서 하루 종일 열었다. 이때 발표된 논문을 통해 그분의 인품과 치적에 관한 체계적이고 실증적인 새로운 사실들을 알게 되었고, 새삼 놀라지 않을 수 없었다.

당시 그분이 없었더라면 오늘날 우리나라는 어떻게 되었을까? 이처럼 훌륭한 인물이 왜 아직 세상에 알려지지 않은 채 묻혀 있었던 것일까? 오직 안민安民만을 생각한, 여태껏 찾아볼 수 없었던 진정한 공복公僕의 행적이 지금 이 시대에 필요한 게 아닌가? 오랜 망설임 끝에 더 늦기 전에 글로 남겨야겠다는 사명감이 내 마음 저 깊은 곳에서부터 솟구쳐옴을 느꼈다.

나는 그분의 직계 자손으로서 내 생이 끝나기 전에 역사적 사실을 기록으로 남기기로 결심하고, 책으로 발간할 계획을 세웠다. 그러나 몇 가지 문제가 있었다. 그중 가장 큰 걸림돌은 내가 그분의 12대손이라는 점이다. 후손이 조상에 관해 글을 쓰게 되면 자화자찬이 될 게 뻔할 터인데, 그런 책이 독자들에게 감동을 줄 수 있을까? 이만저만 고민이 아니었다. 그렇다고 소설을 쓸 수는 없었다. 인물에 대한 변변한 소개서 하나 없는 마당에, 픽션으로 먼저 세상에 알리는 것은 그분의 진면목을 욕되게 하는 것이라 생각했다. 순수한 사실史實만을 찾아 쓰기로 했다. 써나가는 데 흔들림이 없도록 몇 가지 원칙도 정했다.

첫째, 철저하게 논픽션으로 한다. 둘째, 사실이라도 자화자찬식 포장은 하지 않는다. 셋째, 사료史料를 다양하게 발굴하여 인용하고 출처를 밝힌다. 넷째, 2013년 2월 새 정부 출범을 전후해 펴냄으로써 공직자들에게 오리 이원익의 청백리 정신을 귀감 삼아 국정 수행에 도움이 되도록 한다가 그것이다.

이 책은 99퍼센트의 사실史實을 토대로 집안에 전래돼 내려오는 이야기와 야사野史 1퍼센트가 섞였으며, 역사적 고증을 거친 약간의 정치평론적

서술과 저자 후기에서 경제사상사적 해설을 첨언하고 있다.

자료 해석과 편집에 서울대학교 이성무 교수님을 비롯, 자문위원 전 한국은행 부총재 최연종 교수님, 성균관무역대학원장 정병수 교수님, 유엔환경계획(UNEP) 한국위원회 부총재 정주년 교수님, 전 서울은행장·한동대학 장만화 교수님, 함규진 교수님 등의 아낌없는 지적과 조언이 있었다.

오리 이원익은 조선 왕조 중기인 선조·광해·인조 3대에 걸쳐 살았다. 조선은 1392년 건국 후 세종 시대부터 150여 년간 태평성대를 이어오던 중 명종(1545~1567) 때 척신정치의 폐해로 왕정이 어지러워지면서 1575년 선조 대에 이르러 당쟁이 격화되며 동서로 분당되어 국론이 분열되고 부패가 만연하였다. 정여립의 난, 기축옥사 이후 임진왜란(1592~1598)으로 국토의 80퍼센트를 왜倭에 빼앗기고, 백성의 반이 생명을 잃었으며, 국가는 존폐의 기로에 서 있었다.

광해군 조정에서 당쟁이 사당화私黨化되면서 윤리도덕이 무너질 뻔했던 소용돌이 속에서 인조반정이 있었고, 이괄의 난, 모문룡의 폐해, 정묘호란 등 사건들이 꼬리를 물고 일어났다. 종국에는 고위 공직자들의 당파 싸움 때문에 오리 사후 3년도 안 돼 병자호란의 국치國恥를 당하고야 말았다.

나라 밖 정세는 명明이 쇠망의 기미를 보이는 가운데 왜가 흥성하고, 만주가 굴기하여 명 중심의 기존 질서에 도전하던 중 마침내 한족漢族의 명이 망하고 여진족의 청淸으로 교체되었다. 왜는 도요토미 히데요시에서 도쿠가와 이에야스 시대로 바뀌는 등 동아시아 전체가 격변기였다. 조선은 국내 정치, 경제, 사회의 안정과 통합을 도모하지 못함으로써 임진왜란과 정묘·병자호란이라는 미증유의 대전란을 안방에 끌어들이게 되는 최악의 상황으로 치달았다.

왕권이 무너지고, 당쟁으로 사당의 이해에 급급하여 사리사욕만 앞세우는 부정부패한 선비 관료들의 발호로 인해 리더십의 부재 속에서 백성들은 피폐할 대로 피폐하여 더 이상 어떻게 손쓸 수 없는, 나라가 망하고야 말 절체절명의 위기에 이르게 되었다. 이처럼 나라의 운명이 백척간두에 선 풍전등화의 신세일 때 오리 이원익은 조선의 정치와 행정의 정점에 서 있었다.

1547년에 태어나 1569년 과거 급제 등과 이후 선조·광해·인조 3대에 걸친 관직 생활 64년 중 40년을 재상으로 있었고, 영의정과 도체찰사를 여섯 번씩이나 지내면서도 비바람조차 제대로 막지 못하는 두 칸 초가집에서 살아온 몸에 밴 청백리, 그가 바로 오리梧里이다.

그는 '나라를 튼튼하게 하려면 무엇보다 먼저 백성을 편안하고 잘살게 해야 한다'는 안민安民 제일의 신념으로 일관되게 원칙을 지켰다. 임금이 신뢰하여 의지하고 싶은 존재가 되었으며, 백성은 부모처럼 믿고 따르며 존경을 해 오리 정승, 오리 대감, 완평대감으로 불렸다. 백성들의 희망이 되어 우러름을 받았고 용서와 화합, 설득과 포용의 리더십으로 안민국태安民國泰에 진력함으로써 반대 당파 인사들조차 감히 그를 공격할 엄두를 내지 못하고 오히려 존경을 했다. 자신과 자손을 돌보지 않은 채 죽임을 당할 뻔한 일도 있었고, 귀양살이까지 했던 어려움 속에서도 평생을 위기에 빠진 나라를 구하기 위해 혼신을 다한 '초가집 정승', 이것이 우리 역사에서 그렇게도 긴 세월 동안 백성들이 흠모하고 존경했던 오리 이원익의 가감 없는 실체이다.

신장이랄 것도 없는 석자세치三尺三寸의 작은 키로 누구도 따를 수 없는 큰 업적을 이룬 '작은 거인' 오리 정승, 오리 대감, 완평대감! 오늘날 이 혼탁한 시대에 그분이 그립고 또 그립다.

녹우당에서
고헌 이병서

차례

추천사 / 새 사람과의 만남(정진홍 서울대 명예교수) / 5
서문 / 이병서 : 후손이 조상에 관해 글을 쓴다는 것은…… / 10

제1장 태산과 같이 버티고 섰던 한 사람 / 19
| 이원익은 누구인가 |

귀하지만 가난한 집안에 태어나다 / 26
1567년 종각 가두시위에 나선 '대인군자' / 33

제2장 부귀한 집이 필요하지 않음을 알았으나 / 39
| 청년 관료 시절 |

승문원의 '처자정자處子正字' / 41
압록강 강물에 흘려버린 단꿈 / 44
율곡, 오리를 알아보다 / 49
당쟁에 휩쓸리다 / 52

제3장 목민관으로 전설이 되다 / 71

홀쩍 말을 집어타고 부임지로 떠나다 / 73
뽕나무 심은 뜻은 / 80
한양에 돌아오다 / 84

제4장 임진왜란 / 93
| 충신의 눈물로 나라를 구하다 |

조선은 왜 그토록 무력했나? / 95

"제가 직접 나가 싸우겠습니다!" / 101
평양 공방전, 패배에서 얻은 교훈 / 106
이원익, 반격을 준비하다 / 110
평양 탈환과 이원익의 군사지도 / 118

제5장 전쟁의 상처를 달래고, 묵묵히 또 다른 전쟁을 준비하다 / 127

'도유우불都兪吁咈!' 선조 '둘도 없는 이원익'을 알아보다 / 129
출장입상出將入相, 정승 겸 체찰사로 전국을 누비다 / 140
이순신과의 만남 '정승봉'의 추억 / 147
"안민安民이 첫째이고, 나머지는 군더더기일 뿐!" / 155
강서의 예언 드디어 실현되다 / 165
도원수 권율을 파직하다 / 168

제6장 선조와 이원익의 정유재란 승리 / 173

정유재란丁酉再亂 발발, 이원익의 왜영 습격 사건 / 175
누가 이순신을 변호할 것인가? / 181
원균의 패전, 피를 토하는 이원익 / 188
"나의 힘이 아니라 상국의 힘이다"(非我也 相國也) / 193
정응태의 무고, 다시 연경으로 가다 / 199
마침내 만인지상萬人之上이 되다. 그러나…… / 206
날로 소란해지는 당쟁 속에서 죽기로 결심하다 / 214
"이상공을 쓰지 않으면 저 또한 물러가겠습니다" / 221
선조와 이원익, 왜란을 극복하고 나라를 살렸다 / 225
「고공가」와 「고공답주인가」가 보여주는 명량상우와 도유우불 / 231
장수는 전투의 승리를 좌우하고 지도자는 전쟁의 승리를 좌우한다 / 240

제7장 광해군 시대, 그 빛과 어둠의 한가운데에서 /245

새로운 시대를 이끌어갈 책임 /247
피바람 속에 마음은 병들고──은의겸진恩義兼盡을 주청하다 /251
마침내 조선 최고의 개혁에 착수하다──대동법大同法의 시작 /261
갈수록 짙어지는 음험한 기운 /270
다시 작심하고 충언을 올렸으나…… /277
결국 오른 귀양길에 상공우相公雨는 내리고 /287

제8장 늙은 신하의 마지막 소원 /303
| 반정과 인조仁祖 초기 |

인조반정仁祖反正과 이원익 /305
용서와 화해에 앞장서다 /311
다시 제도 개혁에 나서다──대동법大同法의 본격화 /319
궤장 하사와 기영연 잔치, 그러나 조금씩 갈라지는 틈 /324
이괄李适의 난과 그 후유증 /331
또다시 '도유우불都兪吁咈'의 꿈은 지고 /345

제9장 꽃은 떨어지고, 제비는 지저귄다 /351
| 마지막 길 |

정묘호란丁卯胡亂──마지막 봉사의 길에 나서다 /353
청렴함으로 마지막 감동을 주고, 관감당觀感堂에서 꿈을 꾸다 /357

제10장 후계자들, 친지들, 후손들 / 367
| 완평의 이름을 이어가다 |

정조와 정약용, 이원익의 지음知音이 되다 / 369
100년 동안의 개혁, 대동법의 시행에서 완성까지 / 374
이원익의 지인들, 이원익과 교유한 사람들 / 383
이원익의 후손들 / 393

해제 태산을 가슴에 품다 · 함규진 / 409
| 이원익의 사상 |

근실勤實 / 412
안민제일安民第一 / 414
청렴淸廉 / 416
은의겸진恩義兼盡 / 419
염치廉恥의 리더십 / 421
완평完平의 마음 / 422

부록

헌시獻詩 / 430
저자 후기 / 432
오리梧里 이원익李元翼의 연보年譜 / 438
주석註釋 / 449
찾아보기(인물) / 466
찾아보기(용어) / 473

제1장

태산과 같이 버티고 섰던 한 사람

| 이원익은 누구인가 |

거센 물결에 우뚝이 버티는 기둥이고 / 屹波砥柱

큰 집을 튼튼히 받드는 굽은 대들보였으니 / 支廈虹梁

나가야 할 곳과 나가고 물러날 때를 알았고 / 出處進退

흥하고 쇠하며 줄어들고 발전하는 기미에 밝았다네 / 興替消長

두 차례나 종묘사직을 편안케 하고 / 再安九廟

내리 두 조朝를 섬긴 사람이여 / 歷事兩朝

나라는 밝은 윤리에 기대고 / 國賴明彝

백성은 가벼운 요역에 편안했다네 / 民奠輕徭

장수를 대접하고 청렴함을 장려하고 / 優老奬廉

임금이 궤장几杖과 집을 내렸으며 / 以几以屋

인조의 묘정廟庭에서 / 仁祖之庭

사시사철 제사를 함께 받는구나 / 從與烝嘗

아쉬워라, 이 시대에 경을 일으켜 / 惜不起來

나의 재상 자리를 빛나게 하지 못하는구나 / 賁我鼎席

그 전형을 상상해 보면 / 想像典型

태산, 교악처럼 높고 웅장한 사람이었으리 / 泰山喬嶽

— 정조,『홍재전서』제23권,「제문」5 '문충공 이원익을 기리는 치제문'

제1장

이 한 사람으로 사직의 평안함과 위태로움이 달라졌고 / 社稷以公爲安危
이 한 사람으로 백성의 여유로움과 굶주림이 달라졌고 / 生靈以公爲肥瘠
이 한 사람으로 왜적의 진격과 퇴각이 달라졌고 / 寇賊以公爲進退
이 한 사람으로 윤리 도덕의 퇴보와 융성이 달라졌다 / 倫綱以公爲頹整
대체로 그렇게 하기를 사십 년! / 蓋如玆四十年
위대하다! 한 몸으로 세상의 균형을 이루고 계셨다! / 偉勻衡之獨秉
공은 진정 장대한 체구에 근엄하고 씩씩한 모습이리라 / 意公魁梧儼毅
드높은 태산, 화악 같았으리라 상상하였지만 / 若泰華之挺
실상은 섬약한 아래턱이며 불그레한 콧날에 / 乃孅頷經準
어른어른 주근깨가 여기저기 박힌 모습이로다 / 瑣皪點其枯冷
아아! 찬란히 빛나는 옥이야말로 / 塢呼玉之璘霦者
누구라도 그것이 보물인 줄을 모르랴만 / 凡夫皆知其爲圭珽
그것을 궤 속에 숨겨두면 좋은 공인도 알아보지 못하기에 / 而韞櫝非良工攸省

군자는 비단옷을 입고 홑옷을 그 위에 껴입는 것이다 / 故君子衣錦而尙褧[1]

한국사에 손꼽히는 사상가였던 다산茶山 정약용丁若鏞이 오리梧里 이원익李元翼의 초상화를 보고 찬한 글이다. 지금 전해지는 이원익의 초상화는 석 점이 있다. 하나는 평양 생사당에 봉정되었던 1595년(선조 28년)경 작품이고, 다른 하나는 1604년(선조 37년)에 임진왜란기의 논공행상을 하여 선조를 호종했던 호성공신扈聖功臣 53명을 뽑고 그중 하나로 이원익을 녹훈했을 때 만들어진 화상인데, 마지막 하나는 호성공신 도상의 밑그림으로 그려진 초본이므로 사실상 두 점이 있는 셈이다. 정약용이 "섬약한 아래턱이며 (……) 어른어른 주근깨"를 묘사한 것으로 봐서 그는 이 중 더 나이 든 모습을 담은 호성공신 도상을 보고 글을 쓴 것 같다. 그가 초상화 자체의 감상에 앞서 이원익의 업적을 두고 평가한 부분은 격찬의 최고봉이다. 이원익 한 사람의 공로로 나라가 평안할 수 있었고, 백성이 궁핍을 면할 수 있었으며, 외적이 쫓겨났고, 윤리 도덕이 융성했다는 것이다! 냉철한 실학자였던 정약용은 과장되거나 실없는 언사를 매우 혐오하는 사람이었기에, 그런 그의 격찬이라면 진정 그 실제 업적이 얼마나 어마어마한 것인지 짐작할 수 있다. 실제로, 이원익은 조선 왕조 500년의 딱 중간 시기를 살면서 선조, 광해군, 인조 세 임금을 거쳤고, 기축옥사, 임진왜란, 인조반정, 정묘호란 등 몇 차례의 격변을 겪었다. 이런 격변 때문에 정치가 어지러워지고 기강이 무너지며, 재정이 파탄 나고 국토가 황폐해지고 백성들이 도탄에 빠져, 나라가 망할 지경에 이르렀다.

하지만 '이 한 사람으로' 모든 것이 구원받고 보호되었다는 말이 과언이 아닐 정도로 이원익은 이십 대에서 팔십 대까지 조선 팔도를 두루 돌고, 심지어 멀리 중국까지 바쁘게 다니면서 누구도 대신할 수 없는 공을 세웠다.

이원익 평양 생사당 구장 영정

생각해 보라, 조선 최대의 위기가 언제였던가?

누구나 임진왜란을 꼽기를 주저하지 않을 것이다. 이 정도의 전쟁을 치른 나라가, 국토의 끝에서 끝까지 쑥대밭이 되고 생지옥이 된 나라가 멸망하지 않고 다시 수백 년을 버틴 것은 기적과 같은 일이었다. 그런데 조선이 그 위기를 견디고, 명을 보존할 수 있게 한 최대의 공로자를 뽑는다면 무武에서는 이순신, 그리고 문文에서는 바로 이원익을 꼽을 수 있다. 결코 과장이 아니다! 이순신 본인이 직접 남긴 말이 있다. "나의 힘이 아니라, 상국의 힘이다非我也相國也."

또 생각해 보라, 조선 최대의 개혁이 무엇이었던가?

조선 역사를 공부한 사람이라면 대부분 첫손에 꼽는 것이 대동법이다. 조선의 3대 세금 중에 백성을 가장 못살게 굴었던 공납 제도를 합리적으로 바꾸고, 백성의 부담과 재정의 부족을 모두 해결했던 대동법 같은 개혁이 그래도 조선 후기에 이루어졌으니, 임진왜란 같은 위기를 겪고도 나라가 오래 버틸 수 있었으리라. 그러면 대동법을 처음 시행하게 한 사람은 누구인가? 바로 이원익이다.

그러면 조선의 공직자들 중 가장 덕德이 많았던 사람은 누구일까?

이 질문에는 대답이 엇갈릴 것이다. 황희黃喜, 맹사성孟思誠, 상진尙震, 유성룡柳成龍, 채제공蔡濟恭……. 그런데 과연 공직자로서 덕이 많다는 것은 어떤 뜻일까? 우리 시대의 공직자가 어떤 사람이기를 바라는지 따져보면 알 것이다. 공직자라면 유능해야 한다. 하지만 그렇기만 해서는 안 되며, 청렴해야 한다. 유능하되 청렴하지 않다면 사리사욕을 위해, 자신 또는 자신의 파벌을 위해 나라와 백성의 이익을 저버릴 것이고, 청렴하되 유능하지 않다면 백성을 위해 울어줄 수는 있어도 백성의 눈에서 눈물을 닦아줄 수는 없을 것이다.

그렇다면 역시 조선 500년 역사에서 가장 덕이 많았던 공직자는 이원익이 아닐까. 그는 유능했다. 중국어를 현지인처럼 구사하고, 수령 시절에 만든 장부는 율곡栗谷 이이李珥를 감탄시키고 새 모범이 되어 전국적으로 모방될 정도였으며, 전쟁 중에는 침착하게 병력을 지휘하고 군량을 조달했고, 대동법을 비롯한 제도 개혁안은 나라와 백성에게 절실히 필요한 핵심을 꿰뚫었다. 그런가 하면 70년 동안 공직에 있고 그중 40년 동안 정승을 지낸 사람이면서 재산이라고는 쓰러져가는 초가집 한 채였으며, 가족들이 매일 끼니를 걱정할 정도였다. 그 청렴함은 실로 그를 시기하던 사람이나 적대시하던 반대 당파, 어려워하던 임금조차 저절로 탄식할 수밖에 없을 만큼 진실했다.

이렇게 최고의 공로를 세우고, 최고의 덕을 가진 사람이었기에 조선 역사상 뛰어난 인재가 가장 넘쳤다는 선조宣祖 시대에 선조의 입에서 "우리나라에는 오직 이원익이 있을 뿐이다"라는 말이 나오게 하였고, 이 책의 첫머리에 인용한 불세출의 천재 군주 정조가 친히 쓴 치제문에서 "내가 이 사람을 재상으로 쓸 수 없어 아쉽다"며 한숨짓도록 했던 것이다.

하지만 이원익이 조선 최고의 천재였다거나, 눈빛만으로 사람을 제압하는 영웅호걸이었다는 말은 아니다. 대개 옛날 사람들은 사람의 용모에서 그 기량을 엿볼 수 있다고 생각했다. 그래서 실제 초상이 아닌 상상화를 보면, 옛날 영웅이나 현인은 누구나 범 같은 눈매에 굽이치는 수염을 가진 거한으로 묘사되어 있다. 『삼국지연의』의 유비나 제갈량도 키가 팔 척, 구 척이라고 하지 않던가. 그렇다면 그만한 업적의 주인공인 이원익의 용모는 얼마나 대단했을까 싶었던지, 정조는 "그 모습을 상상하니 태산, 교악처럼 높고 웅장할 것이다"라고 했고, 정약용도 "장대한 체구에 근엄하고 씩씩한 모습의 소유자, 드높은 태산 화악 같았으리라 상상"했다고 한다.

하지만 정약용은 이원익의 실제 초상을 보니, 상상과는 전혀 딴판으로 나약하며 초라해 보인다면서 못내 당황한다. 사실 이원익은 용모가 그리 비범하지 않았을 뿐 아니라 키가 몹시 작았다. '꼬마 정승'이라는 별명을 얻을 정도였다. 그만큼 외모에서 남들을 압도하지 못하고, 또 자신을 돋보이게 하고자 재능이나 공로를 은근히 뽐낸다든지, 유력한 사람들을 찾아다니며 인맥을 쌓는다든지 하는 일을 천성적으로 싫어했으므로 평생 그의 주변에는 사람이 많지 않았다. 오해받거나 무시되기도 했다. 몇 안 되는 사람만이 그를 이해했는데, 그들은 대개 그를 오래 겪어보고 그의 진가를 깨달은 사람들이었다. 정약용도 그랬다. 그는 한참 후세의 사람이고, 그렇기에 이원익의 글과 업적을 객관적으로 살필 수가 있었다. 그래서 그런 위대함과 전혀 어울리지 않는 듯한 그의 용모를 보고는 잠깐 놀랐지만 이내 "아아!" 하고 외쳤던 것이다. 마치 빛나는 옥이 상자 속에 감춰져 그 진가가 드러나지 않듯, 겸손한 군자가 비단옷 위에 홑옷을 덧입듯, 이 작고 초라한 노인의 외관 속에는 조선을 구한 위대한 영웅의 빛나는 정신이 깃들어 있음을 깨달았기 때문이다. '작은 거인'이라는 말처럼, 겉보기로는 그 작고 호리호리한 몸이 태산처럼 버티고 서서 시대와 나라와 백성을 구했던 것이다.

귀하지만 가난한 집안에서 태어나다

이원익의 호는 오리梧里, 자는 공려公勵다. 완평부원군完平府院君으로 봉해졌기에 '완평 대감'으로 많이 불렸으며, 시호는 문충文忠이다. 그는 조선 제3대 왕 태종의 열두 번째 아들인 익녕군益寧君 이치李袳의 4대손이다. 이원익은 익녕군파에서 처음으로 과거에 급제하여 벼슬길에 오른 사람인데,

그것은 그의 선조들이 무능했기 때문이 아니라 '종친은 일반 관료로 임용될 수 없다'는 원칙 때문이었다. 단 대군大君 소생의 자손은 4대까지, 군君 소생의 자손은 3대까지 종친으로 인정해 군의 작위를 잇게 하고 그 뒤부터는 일반인과 똑같이 과거를 보고 관직에 오를 수 있도록 했다. 이원익은 군의 자손이었기에 부친까지 3대가 지난 다음 비로소 과거에 응시할 수 있었다. 종실 구성원에게 이 제도는 어떤 면에서는 어려운 과거 공부를 하지 않아도 작위가 부여되니 특권이라고도 할 수 있었지만, 임금이 못 될 바에는 신하로서 포부를 펼치고 공명을 세우고 싶은 것이 재능 있는 사대부의 한결같은 꿈이라 본다면 3, 4대 동안 과거 응시 자격을 주지 않는 것은 족쇄라고도 할 수 있었다.

그래서인지 이원익의 백증조부 의천군義泉君 이승은李承恩은 술을 지나치게 마시다 병을 얻어 39세로 요절했으며, 증조부 수천군秀泉君 이정은李貞恩은 '숨어 사셨으나 비분강개한 마음을 음악에 드러내고 시문에 나타내셨다'고 이원익이 쓰고 있다.[2] 수천군은 매월당梅月堂 김시습金時習, 추강秋江 남효온南孝溫 등 뛰어난 재주가 있으면서도 은일의 삶을 택한 생육신生六臣들과 교분이 두터웠다고 한다(남효온은 자신의 친지들을 열거한 『사우록』에 수천군을 첫 번째로 올렸다). 수천군은 정실인 유柳씨에게서 청기군靑杞君 이표李彪를, 허許씨에게서는 부림수缶林守 이표李豹, 결기수結杞守 이현李玹, 무령수武靈守 이월李越을 낳았다. 청기군은 조趙씨에게서 보천부정甫川副正 이억정李億正, 이원익의 아버지 함천군咸川君 이억재李億載, 숭천도정崇天都正 이억령李億齡을 낳고, 이李씨에게서 단천령端川令 이억순李億舜을 낳았다. 함천군은 4남 3녀를 낳았는데 장남은 이원보李元輔이며 이원익은 둘째 아들이다.

이원익의 아버지 함천군은 경聲의 명수여서 거문고의 달인으로 알려진

이원익의 형 이원보 내외의 묘소. 이원익이 직접 비문을 썼다.

조부 수천군과 나란히 일컬어졌는데(작은아버지에 해당되는 단천령 이억순은 퉁소의 명인이었다고 한다. 명종 때의 유명한 도둑 임꺽정을 퉁소로 탄복시켰다는 전설이 있다), 그런 음악적 재능은 이원익에게도 이어져 그도 역시 거문고 솜씨가 빼어나다고 널리 알려지게 된다. 수천군도 함천군도 음악을 벗 삼아 수심을 스스로 달래며 고독하고 적막한 생활을 헤쳐나갔는데, 이원익도 정치적으로 불우하거나 근심이 많을 때면 거문고를 안았다. 그의 고택과 생전의 유물을 전시하는 박물관이 있는 충현서원지에 가면 넓적한 바위가 하나 남아 있는데, 이원익이 종종 그 바위에 앉아 거문고를 탔다 하여 '탄금암彈琴巖'이라 부른다. 하지만 함천군은 할아버지와 달리 풍류 그 이상을 못내 바랐는지, 공부에 열중하여 종친들 중 재능이 뛰어난 자를 특별히 뽑는 시예試藝에 합격, 함천부의 수守에서 정正으로 승진했다고 한다. 어차피 종친에게 주어지는 명예직에 가까운 벼슬이고, 시간이 지나면 자연히 이루어질 승진을 좀 더 빨리 한 것에 지나지 않았지만 스스로가 놀고 먹을 줄만 아는 종친 이상의 존재임을 확인하는 기회가 되었을 것이다.

그래도 스스로는 사대부로서 뜻을 세울 수 없는 처지였기에, 자연히 마침내 종친의 '굴레'를 벗게 될 자식들의 교육에 정성을 쏟았으리라. 1530년(중종 25년)에 본 첫째 아들 이원보에게 특히 기대했겠지만, 그는 열일곱 살 아래의 동생에 비해 부진했던 것 같다. 동생이 대과에 급제하던 해보다 한 해가 늦은 1570년(선조 3년)에 겨우 소과에 붙어 진사가 되었으니 나이는 이미 마흔하나였고, 결국 대과에는 붙지 못한 상태로 48세에 첫 벼슬을 얻고 12년 뒤에 사망하기까지 금부도사, 현령 등의 하급직에 머무른다.

이원익은 1547년(명종 2년) 음력 10월 24일 미시未時에 한양의 유동 천달방, 오늘날의 동숭동 부근에서 태어났다. 종친 집안에서 태어났으니 풍족하고 여유롭게 자랐으리라 짐작할 수도 있지만, 이원익 집안의 가풍은 익녕군 때부터 비단옷을 입지 않고 보통 사람과 다름없이 검소한 생활을 하며, 조용히 은거하는 처사의 삶을 지향했다.[3] 게다가 수천군은 익녕군의 장자가 아닌 차자였기에 군의 작위를 물려받을 수 없었고, 수천군과 청기군은 모두 생전의 작호가 아니라 함천군이 나이 팔십이 되어 아들 이원익 덕분에 함천군에 봉해지자 '자손이 귀해지면 그 선조도 귀하게 한다'는 원칙에 따라 추존된 것이었다. 결국 왕실의 일원이라지만 정치적 중요성이나 영향력은 거의 없는, 보통 사대부 집안과 비슷한 모습이 이원익이 자라던 집 분위기였으며 이원익은 평민 아이들과도 곧잘 어울리며 활달하게 자랐다. 그런 경험이 뒷날 형식이나 체면에 얽매이지 않는 소탈한 성격, 파격적인 발상을 형성했을 것이다. 또한 평민의 실상을 가까이에서 보고 자랐기에 백성들의 피부에 와닿는 정치를 해야 한다는 신념을 갖게 되었으리라 보기도 한다.[4] 하지만 "너의 대에는 반드시 과거에 급제하여 가문의 명예를 드높여야 한다! 그리고 너는 이 나라 왕실의 자손이니라. 이 나라가 너의 나라라 생각하고 있는 힘을 다해 지켜야 하느니라" 하는 아버지 함천군의 훈계를 늘 듣기도 했을 터이고, 따라서 유독 사명감이 크고 나이에 비해 어른스러운 소년으로 자라났을 것이다. 그의 집터인 천달방은 성균관과 지척이다. 이원익 생가와 성균관과는 겨우 미나리밭 하나를 두고 있었다고 한다. 성균관을 드나드는 유생들, 가끔 친림하는 임금의 행차를 보며 소년 이원익의 가슴에 청운의 꿈이 피어올랐을 수도 있다.

어린 이원익에 대한 일화에 세 살 때 어머니에게 젖을 조르다 귀밑머리를 잡아당겼는데, 어머니가 아파하자 놀라서 울고는 다시는 어머니에게 칭얼대지 않았다고 한다. 그리고 아홉 살 때 어머니를 여의고 마치 성인이 하듯 슬피 통곡했으며, 훗날에도 늘 '어머니의 귀밑머리' 이야기를 하면서 슬퍼했다고 한다. 이원익의 기억력이 비상했음은 사실이었다. 글을 읽으면 그대로 줄줄 외웠고, 어떤 사람을 알게 되면 나중에라도 그 이력과 됨됨이를 환히 꿰고 있어서 주위를 놀라게 했다고 한다. 당연히 공부로 대성할 조짐을 보여서 점차 실망스러운 맏아들 이보원(이원익이 글을 읽기 시작할 무렵 그는 이미 이십 대 청년이었는데, 도무지 과거에서 성과를 거두지 못하고 있었으니) 대신 집안의 희망으로 떠올랐을 것이다.

그러나 어린 이원익은 머리가 좋은 대신 몸이 약했고, 잔병치레가 심했다. 다섯 살 때 중병에 걸려 앓아눕고 어떤 약도 효과가 없어 부모의 가슴이 찢어지는데, 지나가던 어떤 노인이 "이 아이가 탈 없이 장성하면 큰 인물이 되어 사십 년 정승을 할 터인데, 아깝구려!" 탄식하고는 산삼 싹을 먹여야 살릴 수 있다고 말해 주었다. 그러자 함천군의 부인이 마침 친정에서 얻어온 산삼 씨 생각이 나서 찾아보니 그 사이에 싹이 나 있었고, 이를 달여 먹임으로써 병이 나았다고 한다.

이원익이 올라앉아 즐겨 거문고를 연주했다는 탄금암.

너무 교묘한 이야기라 어디까지 실제일지는 모르지만, 어쨌든 기운을 차린 소년 이원익은 다시 밤낮으로 열심히 글을 읽으며 공부를 했다. 또 드러누울 것이 염려된 부모가 말리고, 심지어 꾸지람까지 했으나 결국 그 뜻을 꺾지 못했다고 한다.[5] 그는 열세 살 때인 1559년(명종 14년)에 동학東學에 입학해 공부했고, 이듬해 사마시에 응시했으나 낙방했으며, 3년 만인 1563년(명종 18년)에 합격해서 드디어 진사가 될 수 있었지만, 어이없게도 그 시험이 무효처리되었다. 당시는 윤원형尹元衡 일파의 전횡이 심각하던 때로, 가장 공정해야 할 과거에조차 부정이 난무한다는 소문이 돌던 때였다. 그런데 이원익이 한양에서 합격한 진사시가 보은, 김제에서 부정이 있었다는 의혹으로 소요가 일자 통째로 무효 처리되고 만 것이다.

열일곱 나이의 이원익은 몹시 실망했겠지만, 그래도 굴하지 않고 다시 책을 잡았다. 그리고 이듬해, 1564년에 비로소 사마시에 합격하여 생원이 되었다. 이 시험은 율곡 이이가 주관한 시험이었으나 이때 두 사람 사이에 어떤 교류가 있었던 것 같지는 않고, 이때쯤 서애西厓 유성룡柳成龍과 처음 만났다고도 하지만 확실하지 않다.

   이리하여 오직 공부에만 전념해 오던 이원익은 잠시 여유를 갖게 되었고, 이듬해에는 과거를 통해 가문을 일으키는 것만큼이나 중요했던 또 하나의 '사명'을 지켜야 할 입장이 된다. 바로 혼인하여 자식을 보는 것이었다. 어떤 의도였는지는 몰라도 일찍이(14세 때) 그의 계모가 젊은 여종으로 시중들게 했지만 이원익은 밤낮 책만 볼 뿐 춘정에 조금도 흔들림이 없었다고 하는데, 이제 나이도 더 먹었고 어느 정도 기반도 잡은 셈이라, 인륜지대사를 돌보지 않을 수 없었다. 그리하여 19세가 되던 1565년에 맞아들인 신부는 연일 정씨로 현신교위 정추鄭樞의 딸이었는데, 바로 고려 말의 충신이자 조선 성리학의 비조鼻祖 중 하나로 큰 존경을 받고 있던 포은圃隱 정몽주鄭夢周의 7세손이었다. 이원익은 이 인연을 매우 소중히 생각했으며, 생전에 정몽주가 남긴 시를 가지고 여러 편의 서예 작품을 남겼다(그는 거문고만이 아니라 서예에도 뛰어났다. 그가 남긴 작품은 오늘날의 전문가들에게도 '아담하고, 건장하며, 힘차고, 빼어나다'는 평가를 받는다).[6] 혼인 후 3년 뒤 두 사람 사이에 아이가 처음 태어나니, 맏아들 이의전李義傳이었다. 훗날 정경부인이 되는 이원익의 부인에 대해서는 전해지는 게 별로 없다. 종실이면서 검소함을 미덕으로 삼는 집안에 시집와 청백리의 아내가 된 정씨는, 사신으로, 지방관으로, 체찰사로 바쁘게 돌아다니느라 집에 별로 머무르지 못하는 남편 대신 자식을 키우며 집안을 돌봤으니 결코 안락한 삶을 누리지는 못했던 듯하다. 훗날, 혼인한 지 40년 만에 세상을 떠난 아내를 두고 이원익은 "벼슬살이에 사방을 나돌아 다니느라 / 독수공방 하게 만든 날은 얼마였소 / 한 방에서 함께 지낸 지 며칠도 안 되는데 / 더욱이 난리도 겪고 병도 앓았지요 / (……) 타고난 천성이 본래 순박하여 / 평생에 악한 일을 하지 않았지요" 하며 탄식하게 된다.

1567년 종각 가두시위에 나선 '대인군자'

생원 이원익은 집에서 별로 떨어지지 않은 성균관에 입학해 기숙사 생활을 하며 동기, 선배들과 공부를 계속했다. 이때쯤 동고東皐 이준경李浚慶과 사제의 인연을 맺은 것으로 보인다. 명종조 말기의 명신이면서 명종의 사후 하성군(선조)을 보위에 올리는 데 결정적 역할을 하며, 선조 전반기에 사림 정치가 꽃피는 기틀을 마련한 이준경은 이때 이미 정승의 자리에 올라 있었다. 그래서 학문적으로 넓고 깊은 가르침을 줄 여유는 부족했으리라 짐작되지만, 이준경의 문집 『동고유고』에 보면 그의 제자들 명단이 있는데, 정탁鄭琢, 이덕형李德馨, 이항복李恒福, 유영경柳永慶, 최흥원崔興源, 심희수沈喜壽, 정언신鄭彦信 등 뒷날 정승의 자리에 오르게 될 그 쟁쟁한 이름들 가운데 이원익이 첫 번째로 적혀 있다. 설화에 따르면 이원익이 태어나던 날 이준경이 상서로운 자색 기운이 한양성 안으로 들어오는 것을 보고 "나라를 구할 인재가 태어났구나!"라고 외쳤다고 하는데 실제로 그러기야 했을까. 하지만 이준경이 젊은 유생 이원익의 됨됨이를 눈여겨보고 중시했음은 틀림없어 보인다. 그리하여 공직자가 지켜야 할 기본적인 도리와 행동 원칙에 대한 가르침을 주었을 듯 싶은데, 이준경은 일찍이 세종대의 명재상 황희의 자손인 황효헌에게서 배웠으니, 명재상의 '도통道統'이 황희에게서 이준경에게, 다시 이원익에게 전해진 셈이라고도 할 수 있다. 이준경은 당시 이원익이 병치레를 하자 선조에게 특별히 간청하여 궁중에서 쓰려던 산삼을 내려 병을 낫게 했다고도 한다.[7] 그 뒷이야기로는 선조가 "대체 얼마나 대단한 인재이기에 영상이 산삼까지 청했을까?" 하고 궁금해하다가 나중에 이원익을 처음 대해 보니 키가 작달막하고 도무지 비범해 보이지 않는지라 "이런, 괜히 산삼만 낭비했군!" 하고 투덜거렸다는 이야기가 전하는데, 정말 그랬는지는 모르지만 먼 훗날, 정조 임금은 "이제껏 유생儒生으로서 내국內局으로부터 진제珍劑를 받은 사람은 이원익뿐이다"라는 글을 남기고 있다.[8]

이준경 외에 청년 이원익의 학문적 길잡이가 되어준 사람은 퇴계退溪 이황李滉이었다. 그는 이원익을 직접 가르치지는 않았으나 당대의 가장 명성 있는 유학자로서 이원익을 비롯한 많은 선비들의 존경을 받았으며, '먼저 마음을 바로잡는다'는 이원익의 기본 행동 원칙은 이황의 영향으로 보인다. 이처럼 생육신의 청렴, 정몽주의 충절, 황희-이준경의 경세관, 이황의 심법 등 당대 사대부가 얻을 수 있던 가장 귀중한 정신적 유산들이 한껏 이원익의 머리와 가슴에 모여들고 있었던 것이다. 이원익도 그에 부응하여 밤낮 책을 놓지 않았다.

성균관 유생 시절 이원익은 그의 인자하고 관대한 인격을 보여주는 일화를 남겼다. 어떤 사람이 성균관 창문 너머로 투서를 던지고 달아났다. 마침 이원익이 근처에 있다가 집어서 보니 한 동기생을 비방하는 내용이었다. 이원익은 그 자리에서 투서를 찢어버리고는 남에게 말하지 않았다. 그러나 옆에 있던 유영부가 찢은 익명서를 주워 모아 붙여서는 여럿에게 보이고 돌려 읽도록 했다. 뒤에 그 이야기가 알려지자 "원익의 행동이 옳다"며 유영부의 도량이 좁음을 성토했다.

또 종각 옆에 살던 안희수라는 사람의 집이 낡아 창문이 떨어져 밖에서 안이 훤히 들여다보였다. 여자들도 사는 집이라 유생들이나 저자 사람들이 집 앞을 지나가며 기웃기웃하기에 민망했는데, 이원익은 성균관에서 아침

밥이 나오자 밥알을 남겨두었다가 그것으로 창문을 발라주었다. 안희수는 매우 고마워하며 "당신은 젊지만 대인군자시구려" 하고 감탄했다고 한다.

이원익은 몇 년 후 말단 관리 시절에도 창릉(예종의 능)의 어린 종이 배고픔을 못 이겨 제수를 훔쳐 먹다가 발각되자, 그 죄는 사죄死罪에 해당될 만큼 막중했지만 "아이가 얼마나 배가 고팠으면 그랬겠는가" 하며 잘못을 덮어주고

이원익의 학문적 길잡이가 되어준 퇴계 이황.

사비로 제수를 보충했다고 한다. 또 세월이 흘러 노정승이 되었을 때도, 산지기가 국법으로 벌채를 금하는 숲에서 나무를 벤 아이를 잡았다며 잠시 이원익의 집에 맡기고 갔는데, 사정을 들어보니 병든 어머니의 방에 불을 때드리려 그랬다기에 아이를 돌려보내고는 길길이 날뛰는(다 쓰러져가는 오두막에 사는 초라한 노인이 영의정 이원익인 줄은 꿈에도 모르고) 산지기를 달래 돌려보냈다는 이야기가 있다.

이런 이야기들로 미루어보아 '힘 없는 백성이 곤란에 처해 있을 때 법이나 규칙에 얽매이지 않고 말없이 도움을 주는 사람이 바로 오리 이원익'이라는 인식이 당시 사람들에게 상식처럼 퍼져 있었음을 짐작할 수 있다. 그들에게 이원익은 언제나 딱한 사람의 편이며, 믿을 수 있는 나으리였다. 백성들 위에 군림하며 탄압하고 착취하는 나으리가 아니었다.

하지만 이원익이 언제나 '좋은 게 좋은 것'이라는 식으로 원칙을 무시하

고 두루뭉실하게 행동했다는 것은 아니다. 생육신과 정몽주의 정신을 본받은 그가 그럴 리는 없었다. 성균관 유생 시절, 그는 '가두시위'에 참가했다. 1567년(명종 22년), 당시 문정왕후의 위세를 업고 궁궐에서 대규모 불교 행사를 여는 등 '억불숭유'라는 조선의 국시를 무시하는 활동을 벌이던 보우普雨를 '요승妖僧'으로 규정하고 처단하라는 시위였다. 오늘날의 시각에서는 종교-사상적 다양성을 무시하는 일로 보일 수도 있으나, 고려 말년 불교 부패상의 기억이 아직도 생생하던 당시에, 굶어죽는 백성들이 널린 형편에 왕실이 돈을 물 쓰듯 하며 불교를 높이는 일은 반대하는 게 정의롭다고 널리 여겨졌다. 이원익을 비롯한 성균관 유생들은 수업을 거부했을 뿐 아니라 '권당捲堂', 즉 성균관 문을 박차고 뛰쳐나가는 일을 감행하고는 종각 옆에 천막을 치고 농성을 했다. 바로 이때 안희수의 집 창문이 떨어져 안이 들여다보였고, 이원익은 자신들이 옳은 일을 한다고 해서 남에게 피해를 주면 안 된다는 생각에, 혼자서 밥풀로 창문을 발랐던 것이다.

다른 유생들은 '대의를 위해 거룩한 투쟁을 하고 있는 판에 양반도 아닌 자의 집 창문 따위가 대수냐' 싶었을 것이다. 그래서 이원익의 말을 귀담아듣지 않았을지 모르고, 이원익도 그런 짐작으로 애초에 말을 꺼내지 않았을 수도 있다. 그리고 아무도 돌아보지 않고 아무도 동참하지 않는 일을, 이마에 땀을 흘리며 묵묵히 했으리라. 이 사람의 일생은 계속 그럴 것이었다. 큰 뜻과 높은 이상을 잊지 않으면서도(그도 분명 시위에 동참하고 있었다) 그 틈에 소홀히 여겨지는 아픔과 고민을 잊지 않는 정성과 배려. 그리고 누구를 충동질하기보다 먼저 스스로 몸을 움직이고, 아무도 알아주지 않는 수고를 홀로 묵묵히 한다. 유생 이원익도, 영의정 이원익도, 시종일관 그렇게 인생을 살았다. 평생에 걸쳐 의롭다고 굳게 믿는 일에 대해서는 상황과 형편을 따지지 않고 바로 행동으로 옮겼다. 그 때문에 왕의 노여움을 사기도 했고, 사방에 적을 만들었고, 삭탈관직되거나 귀양을 가기도 했다. 하지만 이원익은 늘 의연했다. 처사의 삶을 익힌 그는 가난을 불편해하지 않았으며, 벼슬 잃음을 안타까워하지 않았다. 또한 늘 혼자 일하고 행동하는 사람인지라 주위에 사람이 없다고 조바심을 내지 않았으며, 자기 패거리가 열세라고 마음을 졸이지도 않았으니, 그의 적대자들이 그를 위협할 방법은 없었던 것이다. 다만 자신의 옳은 말이 용납되지 않아 나라가 위태롭고 백성들이 괴로워하는 일만이 그의 근심이었다.

하지만 그런 파란만장한 삶은 아직 여러 해를 기다려야 할 것이다. 지금은 청운의 꿈을 뜨거운 가슴에 간직한 파릇파릇한 청년 유생 이원익이 우리 앞에 있다. 아내가 정성껏 빤 흰 도포를 입고 옆구리에 책을 잔뜩 낀 채로 성균관을 들어서, 늦도록 대과大科 공부에 전념하다가 힘들지만 잰걸음을 쳐서 집에 돌아가, 이제 갓 낳은 아들 이의전을 품에 안으며 활짝 웃는 유생 이원익.

그의 모습을 처음 본 사람이라면 그다지 뚜렷한 인상은 받지 않았으리라. 작은 키에 빼빼 마르고 심약해 보이는 백면서생의 모습이었으니까. 그러나 그 가냘픈 체구에 장차 한 나라를 책임지게 될 크나큰 태산의 그림자가 깃들어 있음을, 과연 그 자신을 포함해서 누가 분명히 꿰뚫어 보았을 것인가.

제 2 장

부귀한 집이 필요하지 않음을 알았으나

| 청년 관료 시절 |

아. 시대가 말세로 내려오며 세도世道가 경박해졌습니다. 위로는 삼대三代 때와 같은 임금이 없고, 아래에는 삼대 때와 같은 신하가 없으니, 예禮로써 부리지 않고 도道로써 섬기지 않으므로 여기에서는 얻으나 저기에서는 잃고, 처음에는 잘하나 끝에는 잘못하게 됩니다. 요순 시절의 도유우불都兪吁咈 하던 풍조를 천 년 뒤에 구하려 하나, 어찌 구할 수가 있겠습니까? 그러고 보면 오직 촉주蜀主 유비가 초려草廬를 찾은 일과 공명이 삼고초려의 성의에 응한 것만이 밝은 임금과 어진 정승이 서로 만난 일에 가깝다고 하겠습니다.

대개 임금은 어진 신하가 아니면 정치를 하지 못하고, 어진 신하는 임금이 아니면 생활을 하지 못합니다. 그러기 때문에 어진 신하와 밝은 임금은 처음부터 서로 의지하지 않을 수 없는 관계입니다. 진실로 임금은 어진 신하를 얻고, 신하는 밝은 임금을 얻어, 위에서는 신하의 곧은 말을 즐겨듣는 성의를 갖고, 아래에서는 임금을 바르게 보좌하는 책임을 갖는다면, 이 답답한 세상을 돌이켜 태평한 세상으로 만드는 일이 어찌 어렵겠습니까?

— 『오리선생문집』 제1권 「대책」 '밝은 임금과 어진 신하가 서로 만나다', 1569년의 별시別試에서

제2장

승문원의 '처자정자處子正字'

1569년, 선조 2년이다. 이원익은 이 해 10월에 치러진 부태묘별시附太廟別試에 병과 4등으로 급제했다. 그의 나이 스물셋. 드디어 관직에 오를 수 있게 된 것이다. 당시 그와 함께 등과한 사람으로는 9년 연상인 강서姜緖가 있었다. 그와 1년 연상이며 과거도 1년 먼저 급제해서 예문관 정자正字로 있던 김응남金應南, 8년 연상이며 과거는 1년 먼저 급제해 원외랑員外郎으로 있던 최경창崔慶昌 등이 이원익과 같은 세대의 주자라고 할 만했다. 또한 5년 연상인 서애 유성룡과 8년 연상인 아계鵝溪 이산해李山海는 낭청 직위를 갖고 사가독서를 하며 신진 관료로서 활기찬 출발을 마친 상태였고, 14년 연상인 오음梧陰 윤두수尹斗壽는 승지, 11년 연상인 율곡 이이는 홍문관 부교리로 있었다. 그리고 이원익의 스승인 동고 이준경은 영의정으로 당시의 정국을 주도하고 있었으며, 학문적 스승이라고 할 수 있는 퇴계 이황은 이 해에 벼슬에서 물러나 고향으로 돌아가고, 이듬해에는 세상을 떠날 운명이었다.

이원익에게 주어진 첫 직책은 승문원 권지정자權知正字였으며, 이후 약 2년여 동안 승문원에서 관료 생활을 한다. 승문원은 조선 시대에 외교문서 작성을 담당했던 관청으로 중국, 왜, 여진과 주고받을 문서를 다루어야 했기에 외국어 습득 능력이 절실했다. 물론 당시 모든 관료는 한문에 능통했지만, 외교문서에 쓰이는 이문吏文은 따로 습득이 필요했으며 중국어나 일어 회화를 익힐 필요도 있었다. 하지만 외국어 실력이 출세의 관건이 될 정도인 오늘날과는 달리, 그런 실용 어학은 당시 야심만만한 청년 관료가 힘써야 할 과목이 아니었다. 법률을 익히는 건 율관律官, 의술을 닦는 건 의관醫官 식으로 중인中人의 부류인 역관譯官들이나 마르고 닳도록 익혀야 할 과목으로 여겨졌던 것이다. 사대부라면 고매한 경학과 아름다운 문장, 세상을 경영할 안목을 익히면 그만이요, 실무는 '아랫것들'에게 맡기는 게 마땅하다는 인식이 당시의 상식이었다.

그러나 이원익은 좀 달랐다. 권지정자에서 종9품인 부정자副正字, 정9품인 정자, 정8품인 저작著作까지 계속 승문원에서 거치면서, 중국어를 가르치는 과목에서 매번 우등을 하며 동년배의 누구보다도 외국어에 뛰어나게 되었다. 그의 외국어 학습 열의는 실로 특별했으니, 하루 근무를 마치면 다른 관료들과 어울리지 않고 문을 닫고 들어앉아 중국어를 읽고, 말하고, 거듭 복습하며 늦은 밤까지 홀로 보냈다고 한다. 이 별나고 작달막한 샌님이 우스워 보였던지 어느새 그는 동료들에게서 "처자정자處子正字"라는 별명을 얻었다. 말단 관료 주제에, 무슨 은둔하는 높은 선비 흉내씩이나 낸다는 비아냥이 묻어나는 별명이었다.

분명 그것은 당시의 세태에 비추어 약삭빠르게 처신하는 법이 못 되었다. 승문원은 잠시 거쳐 가는 부서로 여기고, 외국어 공부는 꼴찌만 면할 정도로 때우고, 사람 사귀기에 시간을 투자하여 앞으로 관계를 함께 헤쳐 갈 든든한 인맥을 만들어두는 게 처세의 정석이었다. 하지만 '처자정자' 이원익은 그렇게 하지 않았다. 누가 뭐라든, 아무도 귀히 여기지 않는 외국어 공부에 묵묵히 정성을 쏟았다. 이런 그를 비웃는 동료들에게 오직 한 사람, 동기인 강서만이 변론하고 나섰다고 한다.

> "자네들은 모두 이 사람에게 미치지 못할 것이야! 이 사람은 장차 이 나라가 위태롭고 어지러워질 때, 정승이 되어 막중한 임무를 감당할 거야. 충신의 눈물을 뿌리며, 능히 큰일을 해낼 테니 두고 보라고!"[9]

강서는 이원익 이상으로 스스로 옳다고 생각하는 일에 세상과 타협이 없었으며, 꼬장꼬장한 성품에다 묵묵히 맡은 일을 하기보다 자유분방하게 생활하기를 즐기는 데가 있어서 스스로는 별로 출세하지 못했다. 하지만 이처럼 이원익의 앞날을 '예언'했을 뿐 아니라 나중에 이원익과 함께 정승이 될 신흠申欽의 총명함을 꿰뚫어보는 등 '이인異人'다운 면모를 많이 보였다고 기록되어 있다. 이원익도 그를 높이 평가했고, 또한 안타까워하며 "그 식견의 원대함이며, 지조의 순수함이며, 기국의 활달함은 지금 세상에 그만한 사람이 거의 없다. 만약 국가에서 등용했다면 업적이 어찌 적었겠는가? 그러나 마침내 풍류와 술로써 방탕하여 자포자기함에 꺼리지 않았다. 하지만 어찌 그것이 본심이었겠는가?"[10]라고 나중에 술회했다. 처세의 요령을 모르지 않으나 우습게 여기고, 마침내 자기 재주를 다 못 펴고 죽은 친구에 대한 아쉬움 속에는 이원익 자신의 삶에 대한 아련함도 없지 않았으리라.

실제로 이원익은 비교적 젊은 나이에 과거 급제를 했으면서 한참 동안 승진이 정체되었다. 성균관 전적, 질정관, 정랑 등을 거치다가 1574년(선조 7년)에 황해도사가 되는데, 이른바 잘 나가는 사람이었다면 사헌부, 사간원, 홍문관 등의 '청요직清要職'을 거쳐야 할 시점이었고, 그렇지 않은 중하위직을 맴돌다가 외직으로 발령을 받으면 그것은 장차 크게 출세하기는 어려워졌다는 뜻이었다. 그와 비슷한 급이었던 최경창이 사간원에 있다가 갑자기 영광 군수로 발령받자 충격을 받고 한동안 관직을 그만두었음을 봐도 알 수 있었다.

그래도 이원익은 후회나 절망에 빠지지 않았다. 이 기간 중 그는 그 누구도 얻지 못한 성과(비록 큰 주목을 받지는 못했지만)를 거둘 기회와 평생 가슴 한구석의 추억으로 남을 로맨스까지 경험하게 된다.

압록강 강물에 흘려버린 단꿈

1573년(선조 6년), 스물일곱이 되던 해에 성절사 권덕여權德輿의 질정관으로 임명되어 연경에 다녀왔다. '질정質正'이란 묻거나 따져서 바로잡는다는 뜻이다. 당시 문화 선진국이었던 중국에 가서 우리가 쓰는 한문의 음운이라든가, 제도의 쓰임이라든가 하는 것이 혹시 잘못되지는 않았나 묻고 배워오는 직책이었다. 직접적으로 외교 업무를 맡는 게 아닐뿐더러 낮춰 보던 기술직에 속하는 직책이라, 역관들조차 업신여기는 답답한 자리였다. 그러나 이원익은 이 질정관으로서 자신의 역량을 여지없이 보이게 된다.

질정관은 직위가 낮으므로 역관들이 처음에 매우 불경스럽게 대하였고, 또

공이 중국말을 잘 아는 것을 모르고는 심지어 중국말로 희롱하기까지 하였으나 공은 못 들은 체하였다.

연경에 도착한 뒤에는 역관들이 또 재물만 탐하고 아뢰는 일은 개의치 않은 채 여러 날을 보내고 있었다. 그러자 공은 스스로 예부를 찾아가서 구두로 사유를 아뢸 것을 청한 다음 중국말로 조목조목 자상하게 변론하고 말소리가 카랑카랑하게 응답하니, 예부상서는 공의 위력에 눌려서 자신도 모르는 사이에 의자에서 일어나서 "잘 알았습니다" 하고는 곧 아뢰는 일을 인준하였다.

역관들은 공이 두려워서 어쩔 줄을 몰랐으나 공은 태연스레 대하고 언짢은 기색을 보이지 않으니 그들은 더욱 감복하고 부끄러워하였다. 본국에 돌아온 공의 여장이 매우 초라하였으므로 사람들은 공의 지극한 청백에 감복하였다.[11]

당시 명나라는 서서히 부패와 안일의 늪에 빠져들면서 관직의 기강이 해이해지고 일이 원칙대로 풀리지 않는 일이 많아지고 있었다. 게다가 동쪽의 작은 나라에서 온 사신 일행이니 더욱 하찮게 보며 절차를 밟는 일을 마냥 미룰 만도 했다. 이쪽은 이쪽대로 사신이며 역관들이 공무는 뒷전인 채 중국 상인들과 사무역私貿易을 하기에 바빴다. 당시 역관은 조선의 숨은 알부자로 불릴 만큼 공식적 틀에서 벗어난 상거래로 자기 뱃속을 채우고 있었던 것이다. 공금을 유용하지 않는 다음에야 처벌이 필요할 정도까지는 아니었지만, 본 임무를 팽개치고 사적인 일에 몰두하는 모습은 개탄스러울 만했다. 하지만 이때 이원익은 세상 돌아가는 일이 요지경이라고 한숨만 쉬고 있지 않았다. 그렇다고 자신을 우습게 보는 역관들에게 이치를 따져가며 훈계하려고 하지도 않았다. 그의 말을 귀담아들을 자세가 되어 있지 않은 사람들에게 훈계해 봤자 일이 달라지는 것은 없다. 이원익은 그동안 갈고닦은 중국어 실력을 몰래 숨겨둔 보검처럼 뽑아들었다. 그리고 중국 담당자와 직접 상대했다. 다만 중국어를 유창하게 할 뿐이었다면 작은 나라의 낮은 관리의 주장은 오히려 중국 관리들의 화만 돋우었을 것이다. 그러나 이원익은 '조목조목 자상하게 변론하고 말소리가 카랑카랑하게 응답'했다. 정연한 논리로 상대의 말문을 막고, 꿋꿋하고 늠름한 기세로 상대의 자세가 자기도 모르게 숙여지게 했다. 예부상서가 절차를 밟기로 한 이상 중국 쪽에서나 조선 쪽에서나 일을 미룰 여지가 없었다. 삼국지의 명장들이 적진 속을 한달음에 달려들어가 적장의 목을 베듯, 이원익은 예부상서와 담판하여 지지부진하던 상황을 단숨에 정리해 버렸다.

역관들은 얼마나 놀라고 겁을 냈을까? 새파랗게 젊은 백면서생에다 키는 밤톨만 해가지고 생전 처음 멀리 이국 땅에 왔으니 손도 발도 못 놀리며 자리나 지키고 있을 줄 알았다. 사실 질정관이라는 게 그렇게 자리만 지켜도 별탈 없기도 했다. 그러나 이 젊은 나리는 사신도 어쩌지 못하고 있던 일의 진척을 혼자 힘으로 순식간에 해결해 버렸다. 게다가 역관들도 혀를 내두를 만큼 중국말이 유창했다. 그러니까 그동안 자기 뒤에서 숙덕거렸던 중국말 험담을 고스란히 알아듣고 있었다는 이야기 아닌가? 그런데도 이원익은 아무 일 없었다는 듯 태연하고 조용했으므로 역관들은 더욱 놀랐다. 그리고 곧 그 놀라움이 반성과 존경으로 바뀌었다. 이원익은 아직 이십 대의 풋내기 관료에 불과했지만, 이 일은 그가 평생에 걸쳐 보여주게 될 신조와 행동 방식, 리더십의 핵심을 보여주고 있었다.

첫째, 말보다는 행동으로 보여준다.

둘째, 원리원칙에 근거를 둔 정론과 확실한 실력으로 승부한다.

셋째, 솔선수범과 관대함으로 반성하게 하고, 결국 마음으로 승복하게 한다.

이후 이원익은 안주 목사를 맡던 때나, 체찰사로서 임진왜란의 수라장을 헤쳐나갈 때나, 광해군을 에워싼 대북 일파와 맞설 때나, 3대 정승으로서 어지러워진 국정을 수습할 때나 늘 한결같았다. 그것은 언제나 효과적이지는 않았으며, 때로는 경솔하다는 비판을 받고, 때로는 조정에서 밀려나 귀양살이 신세가 되는 결과를 낳기도 했다. 하지만 그는 늘 스스로 비춰 옳은 쪽으로 행동하며 관행에 얽매이지 않았고, 대부분의 경우에 그것은 곧 근본적으로 옳은 선택이었다. 결코 현실에서 벗어난 공론의 세계에서 헤매지 않고 실질에 충실하되, 원칙을 왜곡하는 비열한 '현실주의'는 배격하는 것. 그것이 점차 성리학적 경건주의와 그 가면을 뒤집어쓴 마키아벨리적 권력정치가 세력을 넓혀가던 그 시대의 흐름에는 맞지 않는 것이었지만, 일찍이 세종 시대에 이 나라를 융성하게 했던 실사구시의 정신, 실용의 정치학이 황희에서 이준경으로 전해지고, 또 어쩌면 왕족 가문의 가훈으로 이어져 내려와서는 이원익에게서 오롯이 피어난 정신이었다.

이렇게 청년 이원익은 누구도 예상치 못한 성과를 거두고 귀국길에 올랐다. 아마도 날아갈 듯한 기분이었을 것이다. 그 기분은 마침내 압록강에 이르렀을 때 더 부풀어올랐다. 아니, 한편으로는 당황스럽고, 근심이 솟아나기도 했다. 그가 중국에 머무는 동안 그를 오매불망 기다리던 사람이 강 건너에서 그의 모습을 눈으로 좇고 있었기 때문에.

이원익 일행은 연경으로 가는 도중 평양에 들렀는데, 예의 유명한 평양 기생들의 대접을 받았다. 평양 기생들의 '명성'은 이미 국초에 양녕대군을 홀렸을 정도로 자자했으므로, 사신 일행도 흠뻑 빠졌으며 그것은 '처자정자'였던 이원익도 예외가 아니었던 것 같다. 그는 그만 한 기생과 잠깐의 즐김을 넘는 정분을 맺고 말았다.

조선 후기로 넘어가면 있을 수 없는 일, 아니 함부로 말할 수 없는 일이 되지만, 당시에는 선비가 기생과 공공연히 애정을 가꾸는 일이 그다지 흉이 되지는 않았다. 유명한 황진이가 서경덕 등과 연애를 하던 때가 바로 얼마 전이며(서경덕과는 플라토닉한, 또는 사제 간의 사랑이라고 했지만), 이원익과 동급이면서 뛰어난 문장과 학식으로 한창 주목받던 최경창이 홍랑과 절절한 사랑을 하고 그 때문에 출세길에서 밀려나고 만 일이 조금 뒤의 일이었다. 최경창은 함경도의 기생을 집에까지 데려왔다는 것이 못내 꼬투리가 잡혔지만, 기생을 사랑하고 첩으로 들어앉히는 일은 특별히 문제가 되지 않았다. 철모르던 시절 집안의 결정으로 얼굴도 한 번 보지 못한 낭자와 혼인을 했던 당시 사내들이 멋과 아름다움을 갖춘 기생들에게 반하는 일은 어찌 보면 억지로 무어라 할 수도 없는 현실이었던 것이다.

이름이 알려지지 않은 그 평양 기생은 이원익과의 인연을 더없이 소중하게 생각했다. 그래서 평양에서 기다리고 있기에는 애끓는 마음을 참을 수 없어, 압록강까지 찾아가서 망부석처럼 요동 땅의 산천을 바라보고 또 바라보았다. 마침내 배 타고 강 건너는 임의 모습에 그녀는 감격의 눈물을 흘렸으리라. 하지만 그녀는 곧 다른 눈물을 흘려야 했다. 이원익은 전처럼 그녀에게 다정했으나, 끝내 한양까지 그녀를 데려가는 일은 거절했기 때문이다.

> 공은 의주에서 서흥에 올 때까지 그녀와 더불어 전처럼 지냈으나 끝내 그녀를 가까이 두려 하지 않았다. 그 기생은 부끄러움과 울분에 울었다. 공은 속으로 웃었다. 공을 비방하는 사람이 "어찌 인정머리 없게 그런단 말인가? 사람을 속이는 사람이군" 하니, 공이 그 말을 듣고 "나는 믿음을 주지 못하는 사람이로구나. 부끄럽다" 하였다. 그리고 다시는 그 일을 말하지 않았다.[12]

알려진 중에는 이원익이 여자 때문에 괴로워하는 일은 그의 생애에서 그것이 마지막이었다. 그리고 그는 장차 평양이라는 고장과 더 깊은 인연을 맺게 되어 있었다. 사랑에 가슴 뛰는 젊은이로서가 아니라, 한 사람의 정치인이자 지도자로서.

율곡, 오리를 알아보다

한양에 돌아와 예조좌랑, 형조좌랑 등의 자리를 잠시 지낸 그는 황해도사로 부임하면서 다시 한 번 그의 비범한 면을 보여줄 기회를 얻는다. 종5품의 도사都事는 감사監事를 보좌하여 지방행정을 맡아보는 직책으로, 오늘날의 부지사副知事 정도에 해당한다. 이원익이 우선 모실 감사는 공교롭게도 앞서 연경에 모시고 갔던 권덕여였으며, 자세한 기록은 없지만 그는 이원익의 유능함과 인격을 믿고 무척 신임했을 것으로 보인다. 하지만 그는 병으로 곧 사직했으며, 그 다음으로 황해 감사에 부임한 사람이 바로 율곡 이이였다. 이이는 일찍이 이원익의 사마시 시험을 주관한 적이 있으나, 학연이나 근무 경력으로 볼 때 아마도 실질적으로는 황해도에서 이원익을 처음 만났을 것이다. 그런데 이원익은 대번에 그의 눈에 들게 된다. 일찍이 퇴계 이황과 함께 학술과 사상에서 쌍벽을 이루었던 그였으나, 이원익이 관직에 처음 나가고 이황이 숨을 거둘 즈음에는 현실 정치의 문제점에 골몰하기 시작하여 개혁 정책을 추진하려는 뜻이 높았다. 하지만 현실의 벽에 부딪히자 병을 핑계로 관직을 사직하고 낙향하기를 거듭하며 『동호문답』, 『만언봉사』 같은 정치 개혁의 글을 짓고 있던 이이였다.

그러던 그의 눈에 비친 이원익은 성실하고 청렴했을 뿐 아니라 주어진

이원익을 『홍문록』에 올리도록 도움을 준 율곡 이이.

책임을 다하는 데 그치지 않고 그 분야에 필요한 일을 찾아서 하는 사람이었다. 그야말로 이상적인 관료라고 여긴 이이는 이원익을 절대적으로 신임하며 그에게 어지간한 사무를 대행시켰다. 조정에서 해주 판관 최세해를 모함만 가지고 파직하려 하자, 이이가 재빨리 이원익에게 실정을 조사토록 하여 최세해가 실제로는 매우 유능한 관리임을 증명하는 보고를 조정에 올림으로써 잘못된 인사를 제때 막은 일도 있었다.

그만큼 두 사람의 손발이 잘 맞았다는 말이다. 이원익은 황해도 도정에 힘쓰는 외에 군적軍籍을 정리하고 새로 체계화하는 일을 혼자서 추진했다. 당시 지방 군적은 무질서하거나 잘못된 부분이 많았는데, 이원익은 임기 마지막까지 이를 정리하는 일에 힘을 쏟음으로써 마침내 "군적은 황해도의 것이 가장 모범적이더라. 우리 도에서도 배우도록 하자"는 말이 전국에서 나돌 만큼 반듯하게 일을 마쳤다.

이원익보다 먼저 황해도 도정에서 물러나 한양에 돌아온 이이는 "이원익이라는 사람을 아시오? 참으로 쓸 만한 젊은입디다"는 말을 만나는 사람마다 했고, 마침내 『홍문록』에 이원익의 이름이 기록되게 함으로써 자칫 변두리에서 맴돌 뻔했던 이원익의 관료 인생이 빛을 볼 수 있게 되었다. 『홍문록』이란 홍문관에 임용되었거나 임용 후보자인 사람의 이름을 적는 목록으로 문장, 학행, 가문 등에서 모두 뛰어난 사람만이 적힐 수 있었다. 말하자면 『홍문록』에 이름이 적힌다는 말은 청요직에 오르고 장차 고위직으로 발돋움할 수 있는 자격을 갖게 된다는 뜻이었다.

이이의 도움으로 이 잡기 어려운 기회를 얻은 이원익은 1575년(선조 8년) 10월, 임기가 차서 황해도사에서 물러나 상경하던 길에 벽제 참에 이르렀을 때 한양에서 내려온 명령서를 받았다. 사간원 정언正言에 임명한다는 문서였다.

> 황해도사 이원익을 정언으로 삼았다. 원익은 젊어서 과거에 올랐으나, 조용히 자신을 내세우지 않고 맡은 일만 묵묵히 했으므로 사람들이 그를 알지 못하였다. 성균관 직강으로 있다가 황해도사가 되었는데, 감사 이이가 그의 재주와 국량이 비범함을 살피고서 감영監營의 사무를 맡기었다. 이이가 조정으로 돌아와 원익의 재능과 품행이 쓸 만하다고 말하매, 드디어 『홍문록』에 기록하였다. 이윽고 정언에 제수되니 대신들이 보고 기뻐하여 말하기를 "이 사람이 부지런하고 조심하며 재주가 있는데도 하급 관료로 침체해 있었는데, 이제서야 현직顯職에 통하였으니 조정에 공론이 있다 하겠다" 하였다. 이때 군적을 처음 반포하였는데, 각 도에서 일을 맡은 사람들이 어떤 이는 소략하게 하고, 어떤 이는 각박하게 하여 백성의 원망이 많았다. 그런데 해서(海西, 황해도)에서 만든 군적만이 최고로 일컬어지니, 원익은 이 일로 명성을 얻었다.[13]

사필귀정이라고 할까. 관료이지만 동시에 정치인이었고, 따라서 열심히 각계에 자신을 내세우고 학연과 지연을 내세우며 인맥을 만드는 데 힘써야 높은 자리로 올라갈 수 있었던 당시의 관리들 가운데 이원익은 홀로 '공직자의 길'을 고집해 왔다. 자신의 보신보다는 맡은 임무에 필요한 실력을 쌓고, 그 실력으로 실제 좋은 행정이 이루어지는 일에만 묵묵히 전념했다. 그런 '어리석은' 처세 때문에 그는 하마터면 역사의 두꺼운 페이지 사이에 먼지처럼 묻힐 뻔했으나, 그래도 강서 같은 사람이, 그리고 이이 같은 사람이 그를 알아주었기에 결국 세상에 드러날 수 있었던 것이다. 이제 시간이 지나면 그는 강서의 예언대로 그를 '처자정자'라고 비웃던 동료들은 비교도 할 수 없는 위치에 서게 될 것이다. 그리고 충신의 눈물로써 나라를 구할 것이었다.

당쟁에 휩쓸리다

1576년(선조 9년), 서른이 된 이원익은 잠시 병 때문에 사간원 정언을 그만두었다가 다시 정언이 되고, 그 다음으로 예조, 성균관, 홍문관 등 학예에 대한 직책과 사헌부, 사간원 직책을 번갈아 맡으며 선조 임금의 경연에 참석하는 생활을 6년 정도 했다. 1582년(선조 15년)에는 명나라에서 온 사신 황홍헌黃洪憲을 영위사迎慰使로 영접했다(이이는 당시 원접사遠接使로서 사신맞이의 총책임을 맡았다). 황홍헌은 이원익을 아주 마음에 들어 하며 "장차 훌륭한 재상이 되겠소"라고 덕담을 했다고 한다.[14] 그리고 잠시 건강 때문에 일을 쉰 뒤부터는 주로 승정원에서 근무하며 왕의 비서 역할을 맡게 되었다.

경연관으로 이원익의 활동은 그다지 크게 두드러지지 않는다. 『실록』에 기록된 이원익의 발언은 모두 세 차례인데, 송나라의 명신인 문천상의 문집을 간행하자는 건의(1578년), 『춘추』의 구절에 대한 해석 논의에서 의견

개진(1581년), 왜나라 사절에게 잔치를 베풀 때 여악女樂, 즉 무희를 춤추게 하는 일은 점잖지 못하므로 대신 어린아이들을 가무동歌舞童으로 훈련시켜 내보내자는 건의(1581년)이다. 이 중에서 마지막, 여악 사용에 반대하는 건의를 두고 「연보」에서는 "일은 비록 시행되지 않았으나 식자들이 위대하게 여겼다"고 했지만, 여악을 꺼리는 논의는 중종 이후로 어지간한 언관이라면 한마디씩 내놓던 말이므로 그다지 두드러지는 주장은 아니다(게다가 단독이 아니라, 선배인 김우옹과 함께 아뢴 주장이었다). 실제로는 6년 동안 단 세 번만 입을 열지는 않았겠지만, 발언 자체나 발언자의 정치적 비중이 대단치 않았으므로 이것만 기록에 남았을 것이다. 그와 같은 급이었던 김응남이나 성낙 등의 발언도 별로 기록되지 않았음을 보면 이원익이 특별히 둔하다고 여겨지지 않았음을 알 수 있지만, 외교나 지방행정을 맡았을 때처럼 언론직에서도 주변을 깜짝 놀라게 했다고는 보기 어렵다.

그래도 「연보」, '택당 시장', 「용주 시장」 등에 따르면 이원익의 언변은 늘 논리정연하고 전거가 정확했으며, 그 목소리가 부드러우면서 맑아서 선조가 즐겨 귀를 기울였다고 되어 있다. 그래서 "얼마 안 가 공을 승진 발탁하였는데, 군신 간에 뜻이 잘 맞는 것은 이때부터 시작된 것이다"[15]라고 한다.

이는 조금 확대 해석한 것이라고도 볼 수 있으나, 이후 선조가 이원익을 승지로 삼아 곁에 두었음을 보면, 임금을 위압하듯 웅변을 쏟아내거나 당쟁과 관련하여 남을 일방적으로 헐뜯거나 편드는 말을 일삼는 경연관들에 비해 이원익의 근실하고 조용한 태도가 선조의 마음에 들었을 수 있다.

화려해 보이는 청요직 언관들의 생활 이면에는 일반 관료의 따분한 일거리들이 있었다. 퇴근하지 않고 며칠 동안 홍문관을 지키며 왕의 불시의 부름에 응하는 입직入直도 그런 일거리의 하나였는데, 누구나 입직을 즐겨

하는 사람이 없었다. 그 점은 이원익도 마찬가지였다. 하지만 그는 옛 '처자정자'답게 남다른 모습을 보였다. 이번에도 특별히 널리 알려지고 추앙받을 만한 남다름은 아니었지만.

> 이때 홍문관의 관료들이 즐겁게 놀이하고 서로 따르는 것을 좋아하면서 번番 들기를 회피하여, 하리下吏들이 이들의 휴가 요청 들어주기에 지쳤었다. 그러나 원익은 전혀 요청하는 일이 없었으므로, 아전들이 성인聖人이라고 칭찬하였으나 동료들은 비웃었다.[16)]
>
> 옥당(홍문관)에 번番 드는 일은 누구나 괴롭게 여겨 피하려 들지만, 선왕(선조) 때의 승지 성낙成洛은 특히 더 번 들기를 질색하였고 번을 들더라도 곧 나가 버렸다. 당시에 나의 중형(허봉)과 판원사判院事 김수金晬, 이조판서 김찬金瓚, 호조판서 이성중李誠中, 완평부원군 이원익, 좌의정 김응남[7)]이 함께 옥당에 있었다. 서로 약속하기를 "성낙이 번에 들거든 정해진 일수대로 하도록 교대해 주지 말자" 하였다. 이런 약속이 있은 뒤에 성공成公이 입직한 지 겨우 하루 만에 또 그만두고 나오려 하여 홍문관의 아전을 매질하는 등 매우 심하게 굴었다. 이에 아전이 여러 집을 다니며 교대할 사람을 알아보았지만 모두들 거절하였다. 남은 사람은 완평뿐이었으나 번을 막 마치고 나온 터이므로 감히 청하지 못하였다. 하지만 일이 급해지자 시험 삼아 가서 부탁하니 완평도 처음에는 응하려 들지 않았으나 아전이 슬프게 울면서 "팔순 노모가 추운 옥중에 갇혀 있는데 운명하시지나 않을까 염려가 됩니다" 하였다. 그때 완평도 노모를 모시고 있는 터였으므로 측은하게 생각하여 교대를 허락하였다. 아전은 뛸듯이 밖으로 나와서는 손뼉을 치면서 "이 교리校理는 참으로 성인聖人이다" 하였다. 듣는 이들이 모두 웃었다.[18)]

저마다 입직을 회피하고 자기 차례가 되어서도 처음부터 바꾸거나 도중에 나오려 하여 함께 근무하는 아전들이 고생이었다. 홍문관을 비워둘 수는 없으니 한 사람이 자기 차례를 피하면 누가 대신해야 하는데, 누군들 좋아서 대신해 주겠는가? 그러니까 중간에 낀 아전들만 교대해 줄 사람을 찾아 이리저리 오가면서 속이 썩었다는 것이다. 그런데 『실록』에 따르면 이원익만은 한 번도 바꿔달라는 요구를 하지 않았으며, 허균許筠의 『성소부부고』에 따르면 지금 막 입직을 끝내놓고도 아전의 처지가 딱한 나머지 연속으로 대신해서 선 적도 있다고 했다. 아전들이 보기에는 욕심은 없고 덕이 많은 '성인'처럼 보였을 것이고, 홍문관 동료들이 보기에는 약삭빠르지 못하고 '바보' 같은 웃음거리가 되었을 것이다.

그러나 늘 원칙을 지키고 자신을 위해서는 요령을 피우지 않지만 남을 위해서는 관대하게 사정을 봐주는 모습, 그런 모습이 왜 예나 지금이나 바보의 모습인 걸까.

결국 청요직에서도 인맥 쌓기에 열중하지 않았던 이원익이었지만, 세상은 점점 인맥이 중요해지는, 아니 '줄을 어디 서느냐에 따라' 잘하면 정승이 되고 잘못하면 저승으로 가게 되는 세상이 되어가고 있었다. 당초 심의겸沈義謙과 김효원金孝元 사이의 사적인 알력에서 비롯되었다고 하는 당쟁이 점점 짙은 먹구름이 되어 조선의 정치판을 뒤덮는 중이었다.

당시 훈구파 시대에 벌어진 악의 괴수로 여겨지던 윤원형의 문객이었다는 이유로 심의겸이 김효원의 이조전랑 임명에 반대한 것이 1572년, 이원익이 질정관으로 연경에 가기 1년 전이었으며, 그 보복으로 김효원이 심의겸의 동생 심충겸의 이조전랑 임명을 "심씨 집안은 옛 왕비(명종비 인순왕후)의 본가가 아닌가? 외척을 이조전랑에 임명할 수 없다"며 반대한 것이 이원익이 황해도에서 돌아와 사간원 정언이 되던 1575년이었다. 이로부터 심의겸을 지지하는 사람들이 서인, 김효원을 따르던 사람들이 동인으로 불리며 조정이 두 패로 나뉘어 점점 으르렁대기 시작했다. 처음에는 심의겸과 김효원 모두 이황의 문인이었기에 학연까지는 당쟁에 개입되지 않았으나, 영의정에 오른 박순朴淳이 심의겸과 친하다는 소문이 돌면서 서인으로 여겨지고, 박순과 친했던 이이도 어느덧 서인으로 분류되었다. 나중에 이이가 죽은 뒤에는 자연히 이이의 문인은 서인, 이황과 조식曺植의 문인은 동인이라는 식이 되어 학문이나 정치사상에 대한 차이까지 당파별로 갈림으로써 편 가르기가 더욱 심해졌다.

정작 이이는 동인이니 서인이니 하며 편 가르기 하는 것이 나라를 망칠 일이라고 보고 화해와 타협을 촉구하고 다녔다. 당시 서인으로 지목된 사람에는 원로가, 동인 쪽에는 소장파가 많았는데 언론을 맡은 사헌부, 사간원, 홍문관 등에는 소장파가 주류였으므로 자연히 동인의 공격에 서인이 궁지에 몰리는 일이 더 많았다. 이때마다 이이가 공격을 멈추고 화해할 것을 호소하다 보니, "이이도 결국 서인이므로 서인들 편만 든다"는 말이 뒤따르고야 말았다. 당시 언관으로 있던 이원익은 결코 당색을 주장하고 나서지 않았으나, 아무래도 주변이 온통 동인들이다 보니 암암리에 영향을 받았다. 그리고 겉모양으로 보면 이원익도 당색대로 움직였다는 의심을 살 만한 사건이 일어났다.

> 양사가 윤두수, 윤근수, 윤현을 논핵하여 파직시켰다. 당시 사류들이 두 파로 나누어져서 혹은 서인이라 하고, 혹은 동인이라 하였다. (……) 당시 윤현과 김성일이 함께 전랑이 되었었는데 서로의 의견이 맞지 않아 마침내 틈이 생겼다. 윤현의 숙부인 윤두수와 윤근수가 모두 숙덕宿德과 인망을 갖추고 요직에 있으면서, 서인을 부추기고 동인을 억제하고자 했기 때문에 동인들이

동료 대부분이 옥당(홍문관) 입직을 회피하였지만 이원익은 한 번도 바꿔달라는 요구를 하지 않았다고 실록은 전한다.

더욱 윤현을 질시하였다. 그리고 윤두수는 성품이 간솔하여 몸과 마음을 검속하는 일이 적었고, 집에 있을 때에도 자못 청렴하지 못하다는 기롱이 있었다. (……) 수찬 강서가 경연에서 아뢰기를 "사류들이 동인과 서인으로 갈라졌는데 두 쪽 모두 쓸 만한 사람들입니다. 그러니 한 쪽 사람은 버리고 한 쪽 사람만 취해서는 안 됩니다" 하였다. 그제서야 상이 동이니 서니 하는 말을 알게 되었다. 정철鄭澈은 서인만을 주장하였고, 이발李潑은 동인만을 주장하였는데, 두 사람은 모두 청망淸望을 지고 있어서 당시 사람들에게 추대를 받고 있었다. 그래서 이이가 늘 정철과 이발 두 사람에게 말하기를 "그대들의 의논을 화평하게 유지하고 마음을 함께하여 협조를 해간다면 사림은 아마 무사할 것이오" 하였는데 그 말이 매우 간절하였다. (……)

김성일이 진도 군수 이수李銖가 쌀을 운반하여 윤현, 윤두수, 윤근수 세 사람에게 뇌물로 주었다는 말을 들었는데, 이것은 아마 이수가 윤씨 집과 친척이었기 때문에 죄에 빠뜨리려는 자들이 말을 만들어낸 듯하다. 김성일은 매우 노하여 경연에서 이수도 뇌물을 주었다고 아뢰었는데, 대간이 마침내 이수를 탄핵하여 구속해 신문을 하였다.

상이 또 뇌물을 준 자만을 다스리고 뇌물을 받은 자를 다스리지 않는 것을 옳지 않다고 전교하자, 부제학 허엽이 당시 동인의 종주宗主였는데 마침내 양사가 뇌물을 받은 자를 논핵하지 않은 잘못을 탄핵하여 체직시켰다. 새로 제수된 대간이 마침내 세 윤씨를 죄주어 탐욕스러운 풍속을 징계하라고 계청하였으나 상이 윤허하지 않았다. 대사간 김계휘가 휴가를 받아 고향에 가 있었는데 그 말을 듣고 말하기를 "젊은이들이 마음 씀씀이가 공정하지 못하니 이들과 함께 일을 하지 못하겠다. 내가 차라리 죄를 얻고 물러나는 것이 좋겠다" 하고, 곧 한양에 올라와 복명하고 즉시 아뢰기를 "윤현, 윤두수, 윤근수 이 세 사람은 모두 어진 선비로 탁용擢用된 자들이니 별로 대단한 과오가 없을 뿐더러, 지금 그들이 뇌물을 받았다는 일에 있어서도 사실인지 아닌지 알 수 없습니다. 어떻게 남몰래 죄에 빠뜨리려는 자들이 만들어낸 말이 아닌지 알겠습니 까. 우선 옥사가 이루어지기를 기다렸다가 죄를 다스려도 늦지 않을 터인데 먼저 세 사람의 이름을 뽑아서 범연히 죄를 다스리고자 청한 것은 선비를 대우하는 도리가 아닙니다. 사류의 진퇴는 관계되는 바가 가볍지 않은 것이어서 부득이 논계합니다" 하였다.

이에 후배들이 들고 일어나 성을 내면서 김계휘가 나라 망칠 말을 하였다고 지적하고 마침내 논핵, 체직시켜 전라 감사로 내보냈다. 헌납 심충겸도 김계휘의 의논에 편들다가 또한 배척을 당하였다. 그러자 양사가 분격하여 대사헌 박대립, 대사간 이산해가 윤현, 윤두수, 윤근수 세 사람의 죄악을 파헤쳐 마구 공격하였는데, 그것은 모두 장령 이발이 떠도는 말을 주워 모아 직접 써서 아뢴 것이었다. 이리하여 조정이 마침내 대단히 시끄러워졌는데 동인과 서인의 싸움이 붙었다고 지목하게 되었다. 정철과 이발의 뜻이 또다시 크게 어긋나 동인, 서인이 다시 화합할 희망이 없게 되었다. (……)

사헌부가 이수가 뇌물로 준 쌀을 장사꾼인 장세량張世良의 집에 두었다는 말을 듣고 다른 일을 핑계로 하여 세량을 체포 구속하여 금부에 이송하고, 또한 물의가 그렇게 생각한다는 이유로 이신로의 사건에 관계된 증인까지 추궁하여 체포해서 그 일을 정당화시키려 하였다. 유생 정여충鄭汝忠이 우연히 남의 말을 전했다가 그 또한 체포되어 혹독한 형신을 받아 거의 죽을 뻔하였는데 이 일로 신로도 석방되었다.

장세량은 본래 진도의 공납인貢納人으로 그 집에 둔 쌀은 공물의 값으로 바치는 쌀이었고, 안독案牘도 모두 보존되어 있었다. 그런데 마침 진도의 저리邸吏 중에 이수와 원한을 맺은 자가 있었는데 그가 말하기를 "만약 나를 신문한다면 옥사가 이루어질 것이다" 하니, 헌부가 즉시 아뢰고 그 저리를 가두니 이수가 세 윤씨에게 뇌물로 준 쌀이라고 공초하였다. 그러나 장세량과 이수는 끝까지 승복하지 않았다. 그러나 상은 저리가 이미 자복한 것을 가지고 대간의 논의에 따라 윤현, 윤두수, 윤근수 세 사람을 파직시켰다.[19]

1578년(선조 11년)에 생긴 이 사건 때 이원익도 사헌부 또는 사간원에서 서인의 윤씨들을 공격하는 역할을 담당했을 가능성이 있다. '가능성이 있다'고 하는 것은 『실록』에는 이 사건이 터지기 석 달 전에 이원익을 사헌부 장령(정4품)에 임명했다는 기록이 있는데, 「연보」에는 이 해에 장령을 역임한 뒤 홍문관 수찬과 교리가 되고, 다시 성균관 사예와 사성이 되고 사간원 사간이 되었다고 하여 관직 이동이 잦았기 때문이다. 말하자면 윤씨들을 파직하는 시점에 이원익이 사헌부나 사간원에서 일하고 있지 않았을 수도 있다. 하지만 홍문관이든 성균관이든 당시는 동인들의 무대였으므로 이원익이 이 사건을 놓고 동료, 선후배들의 의견을 듣고 그들에게 적어도 암묵적으로나마 동의했을 가능성은 적지 않다.

　현종 또는 숙종 때 쓰인 『일월록』에는 이 사건에서 이원익이 적지 않은 역할을 했다는 기사가 실려 있다. 윤두수와 윤근수 형제는 본래 이원익과 친했는데, 그 이원익이 대간에서 자신들을 탄핵하는 데 한몫하자 윤근수는 분하게 여기고 그의 집에 발걸음을 하지 말자고 했으나 윤두수는 "옛 정을 잊어서는 안 된다. 저 사람이 여러 사람들의 의논에 내몰려서 그런 것이지, 어찌 몰인정한 사람이기야 하겠는가. 이제 우리가 오늘이나 내일이면 멀리 유배 가게 되었으니, 이별하는 회포를 펴지 않아서는 안 된다"고 하며 이원익의 집을 찾으니 이원익이 몹시 부끄러워했다는 이야기다.[20] 그런데 『서비잡록』에는 이 이야기가 윤씨 형제의 탄핵 당시가 아니라 그들의 혐의가 풀린 다음으로 나온다.[21] 또 『도재수필』에는 1579년에 선조가 이수의 혐의가 그릇되었다고 여겨 그를 석방하려 하자 승지였던 이원익 등이 한사코 반대하므로 선조가 분노하여 그와 다른 승지들을 파직했다는 이야기가 나오는데, 당시 분명 이원익은 승지가 아니었다(『실록』에 따르면 그 비슷한 일이 실제로 있기는 했으나, 파직된 승지들은 김우굉, 송응개였으며 도승지 이산해는 체직되었다).[22] 이렇게 볼 때 『일월록』 등의 서술은 서인의 입장에서 윤씨들을 높이려는 뜻에서 쓴 것이며, 사실 관계에 착오의 여지가 많다. 또한 선조는 1579년에 윤씨 형제와 이수를 모두 풀어주고 이 사건에서 확실히 동인의 입장에서 움직였던 이산해, 이발, 유성룡 등을 멀리하고, 이원익에게는 사헌부 집의를 제수했다. 집의는 사헌부에서 대사헌 다음의 직위로 권한이 막강하다. 그것을 볼 때 적어도 선조가 보기에는 이원익이 이수-윤씨 사건의 주동자가 아니었다. 또한 선조는 그를 당쟁의 골이 깊은 조정에서 공평하게 일을 처리할 사람으로 여겼음을 알 수 있다. 무엇보다 나중에 이원익이 안주 목사로서 선정을 펼치자 그를 중앙직에 기용하도록 윤두수가 건의하고, 또 이원익이 개혁한 입번入番 제도를 윤두수의 건의에 따라 전국적으로 시행하게 되는데, 이원익과 윤두수 사이에 탄핵 사건으로 특별히 감정의 골이 생기지 않았음이 이로써 입증된다.

그러나 결국 당쟁의 풍파는 이원익에게도 미치고 말았다. 그가 승지로 있던 1583년(선조 16년) 8월, 이번에는 이이가 공격 대상이었다. 그해 초부터 이이는 작심한 듯 개혁안들을 내놓았다. 서얼의 벼슬길을 열어주고, 군적軍籍의 비리를 없애며, 비록 천인이라도 변경에서 병사로 근무하면 양인으로 바꾸고 공에 따라 벼슬을 주고, 공안을 개혁해 세금 부담을 줄이고, 군마의 부족을 해결하기 위해 민간에서 말을 사육해서 바치게 하자는 등이었다. 그는 당시 병조판서를 맡고 있었고, 조선이 개국 초의 기상과 이상을 잃고 양반 중심의 허약하고 안일한 사회로 빠져드는 일을 걱정하며, 이런 상황에서 여진이나 왜가 대규모로 침략해 오면 나라가 무너질 수도 있다고 염려했다. 따라서 구체적으로 10만 양병설까지는 생각하지 않았을지 모르지만 군사력을 서둘러 강화해야 하며, 그 과정에서 서얼이나 천인에게 씌워진 굴레를 벗겨줄 생각도 했다. 그 시대에 비추어 타당하고 긴요한 개혁이었으며 선조도 이에 적극 호응했다. 그러나 결국 당쟁이 문제였다. 이이의 개혁안이 신분 질서를 흔들 수 있다는 양반 전반의 우려도 있었지만, 국방 강화책은 '이를 빌미로 서인이 군권을 쥐려는 것 아니냐'는 의심 때문에 유성룡(그는 임진왜란이 났을 때 이 일을 깊이 뉘우치게 된다)을 비롯한 동인 관료들의 격렬한 반대로 끝내 물거품이 되었다. 대간을 중심으로 처음에는 이이의 개혁안에 반대하는 상소가, 나아가서는 이이가 한때 불교에 귀의했다거나 독단으로 일을 처리한 정황이 있다는 식으로 꼬집으며 직접 공격하는 상소가 쏟아졌으며, 이이에다 박순, 성혼, 정철 등까지 엮어서 서인들을 싸잡아 공격하기도 했다.

선조는 "이이와 성혼이 당을 만들어 조정을 어지럽히고 있다면 …… 과인도 이제부터 이이, 성혼의 당이다!"라고 극언하며 이이를 보호하려 했으나, 동인들도 좀처럼 물러서지 않았다. 학업에 정진해야 할 성균관 유생들까지 동, 서로 나뉘어 서로 욕지거리에 주먹다짐까지 벌어졌다. 이런 상황에서 8월 5일에는 승정원에서까지 이이를 비판하는 상소가 나왔다. 내용은 그 직전에 임해군과 광해군을 가르치는 왕자 사부, 하락河洛이 상소를 올려 이이를 옹호하는 한편 "이이 편에서 쓴 상소는 승정원에서 차단해 올리지 않고 있다"고 고발한 것을 반박하며, "지금 언관들이 한목소리로 이이와 성혼을 비판하는 일은 타당하다"는 것이었다.

선조의 반응은 불길 같았다. 승정원 승지들을 모조리 파직하라는 명령을 내렸으며, 그중에는 이원익도 있었다.

> "입직위장入直衛將 권벽, 정복시를 가승지假承旨로 차정하고, 오늘 사진仕進한 승지 박근원, 김제갑, 이원익, 성낙을 아울러 체직하라."[23]

선조가 이처럼 초강수를 둔 까닭은 자신의 수족이 되어야 할 승정원마저 당쟁에 물들어 특정 당파의 입장을 대변할 뿐 아니라, 하락의 말대로 언로를 차단하고 공론을 왜곡하기까지 한다면 그냥 넘어갈 일이 아니기 때문이었다. 당시 성균관 유생들의 당파 싸움이 난동 수준으로 벌어지고 있었는데, 선조의 신조에 따르면 유생들을 직접 죄 주는 일은 피해야 했기에 승지들을 엄히 처분함으로써 본보기를 보이자는 데 있었다. 『수정실록』에 따르면 이 과정에는 뒷이야기가 있다.

> 이때에 박근원이 송응개 등과 안팎으로 서로 호응하면서 공격하는 논의를

제기하였으므로 상이 매우 미워했는데, 이 논계가 있게 되자 상이 하문하기를 "어느 승지가 이 논계를 초안했는가?" 하니, 대답하기를 "신들이 공동으로 마련했지 한 사람이 혼자서 초안을 작성한 것이 아닙니다" 하였다. 상이 또 하문하기를 "네 사람이 함께 붓을 잡고 썼다는 말인가? 집필한 자를 서계하라" 하니, 박근원이 두려워하여 사실대로 대답하려고 하였다. 이에 이원익이 독대獨對하여 아뢰기를 "집필자라고 해서 꼭 자기 의견을 가지고 단독으로 그렇게 한 것이 아닙니다. 삼가 생각건대 하문하신 뜻은 그 사람을 죄 주고자 하는 데 있는 것 같은데, 신들이 어찌 차마 잠시 집필한 자에게 죄를 덮어씌울 수가 있겠습니까. 이는 신들이 감히 대답할 수 없을 뿐만이 아니라 상께서도 억지로 대답시키려 하시는 것은 옳지 않습니다" 하니, 임금이 이에 놔두고 묻지 않았다. 박근원은 소신을 펴게 된 것을 크게 기뻐하였다. 논계의 초안은 본래 성낙의 손에서 나온 것인데, 성낙은 겁이 나서 땀을 흘리며 감히 자수하지 못하였으므로 여론이 더욱 비루하게 여겼다.[24]

이를 보자면 승정원의 반反 이이, 반反 서인 분위기를 주도한 자는 도승지 박근원이며, 문제가 된 상소의 초안은 성낙(그는 얼마 전 사간원에 있으면서도 반反 이이 상소를 올린 적이 있었다)이 쓴 것이었다. 선조는 아무리 그래도 승정원 전체를 벌하는 일은 지나치다 싶었던지 주동자를 가려내려 했는데, 이원익이 독대까지 하며 "우리 모두의 공동 책임입니다"라고 주장함으로써 결국 모두가 파직 처분을 받게 되었다는 것이다. 개인적으로는 청요직에 들도록 길을 열어준 은인이며 실용적인 개혁을 추구한다는 점에서 정치적으로도 공감을 갖고 있던 이이에 대해 이원익이 동인으로서 당파성을 앞세우며 공격에 나섰을 것으로는 보이지 않는다. 하지만 당쟁에 임하는 이이의 태도에 대해서는 다소 불만이 있었던 것 같다.

택당澤堂 이식李植이 일찍이 이완평(李完平, 이원익)의 막료가 되었는데, 하루는 "늘 한 말씀을 여쭈려고 하다가 이제야 틈을 내게 되었습니다. 이율곡을 어떻게 보십니까?"라고 하자 대답하기를 "몸이 당상에 있어야만 당하 사람의 잘잘못을 아는 것인데, 그 지위에 이르지 못하고서야 어떻게 인품을 평가하여 온당함을 얻을 수 있겠소" 하였다. 이식이 일어서면서 "식植은 일찍이 그를 태산북두泰山北斗처럼 우러러 존모尊慕하여 본받아 따를 사람이라고 여겼습니다. 그런데 지금 진심으로 말씀을 하지 않으시니, 식은 이 자리에 편안히 있을 수가 없으므로 하직을 청합니다"고 하자, 완평이 "잠깐 앉아 있으오. 비유를 들겠소. 두 사람이 술에 취하여 정신을 잃고는 서로 치고 욕하면서 때리고 꾸짖고 밀치락달치락하면서 언덕 아래서 싸운다고 합시다. 한 사람이 언덕 위에서 타일러 제지시켜도 취한 자들이 들어주지 않는다 해서, 내가 몸소 달려가 서로 떼어놓으려 하다가 도리어 그 혼란 속에 빠져 봉변만 당한다면 어떻겠소?" 하니, 이식이 비로소 "잘 알겠습니다"고 하였다.

나의 족질族姪 중휘仲暉가 내게 "율곡을 문묘文廟에 종사從祀할 때 택당이 홀로 '이는 나라의 대사이니, 마땅히 온 나라의 정론定論을 기다려야 한다. 율곡의 도학이 부족한 바가 있어서가 아니라 지금 나라 사람 반수가 따르지 않는데도 억눌러서 시행하려 한다면 이는 공평한 것이 못 된다' 했다"고 하였고, 또 "사계(沙溪, 김장생)만이 그 학문을 이어받았고, 그 나머지는 당파에 휩쓸렸다"고 하였다.[25]

이원익이 보기에 당쟁을 어떻게든 막아보려는 이이의 뜻은 컸다. 하지만 스스로는 중립이라 하며 싸움을 말리고자 하지만, 보는 사람의 입장에서는 이이가 중립이 아니라 여겨지기 일쑤였고, 따라서 이이의 행동 자체가 새로운 당쟁의 실마리를 낳는 게 문제였다. 언제든 한창 싸우는 사람은 모두 아군이 아니면 적이라는 식으로 보려 하기에, 싸움 말리기란 어려울 수밖에 없다. 그래서 차라리 싸움이 제풀에 수그러들기를 기다리고, 스스로 맡은 일에 전념하며 싸움에는 초연한 모습을 보이다 보면 저절로 뉘우치고 싸움을 멈추는 사람들이 늘어날 것을, 오히려 말리다가 싸움만 더 크게 만든 것이 이이의 접근법이라는 것이었다. 그 뜻을 이해한 택당 이식도 이이를 문묘에 종사하자는 논의가 나올 때 "신중해야 한다. 이이의 자격이 부족하다는 것이 아니라, 그가 서인의 대표처럼 여겨지는 현실을 볼 때 자칫 이로써 또 나라가 시끄러울 수 있으니 먼저 분위기가 가라앉기를 기다려야 한다"는 뜻의 의견을 냈던 것이다.

하지만 이왕 승정원에서 당색에 치우친 주장이 나온 다음에는, 누가 잘못했느냐를 떠나 승지 전체가 죄를 받아야 한다. 그렇지 않으면 "불공평하다. 같은 승지인데 누구는 처벌하고 누구는 그대로인가?" "임금께서 완전히 서인 놈들에게 홀리셨구먼. 동인들만 골라서 쳐내고 계셔." 이런 쑥덕공론이 반드시 나와, 당쟁은 더 치열해지고 정치는 더 어지러워진다. 그러므로 개인의 입장이나 잘잘못을 묻지 말고 한 조직 차원에서 연대책임을 져야 마땅하다는 게 이원익의 신념이었다.

아무튼 이것으로 이원익은 과거에 급제한 지 14년 만에 관직에서 물러나게 된다. 그리고 예기치 않은 일이 겹쳐, 그 공백기는 길어질 수밖에 없었다. 이듬해 8월 13일에 부친 함천군이 숨을 거둔 것이다. 이원익은 금천에서 1586년(선조 19년)까지 시묘살이를 했다. 불행은 겹치는지, 함천군이 떠난 해에 이원익이 평소 아꼈던 조카 이성전도 음성에서 객사했다. 소식을 들은 이원익은 직접 가서 널을 운구해 왔다고 한다.

그리고 1587년. 이원익은 41세가 되었다. 초년의 각오와 공부, 청년의 공직 생활은 어느새 뜬구름처럼 여겨졌다. 아버지와 조카만이 아니라, 그

이원익의 부친 함천군 묘갈.

의 생애에 의미가 있었던 사람들이 어느덧 하나둘씩 세상을 등지고 있었다. 이원익을 이끌어주었으나 결과적으로 파직되는 빌미가 되기도 했던 율곡 이이는 1584년에 세상을 떠났고, 이이의 죽음으로 개혁 의지마저 꺾인 선조는 이원익도 잊어버린 것 같았다. 함께 파직되었던 승지들 중에서 도승지였던 박근원은 결국 일의 주모자로서 선조의 미움을 받아 송응개, 허봉과 함께 귀양을 갔다가 (이를 계미년에 유배된 세 사람이라 하여 계미삼찬癸未三竄이라 했는데, 당쟁이 원인이 되어 유배된 경우는 이것이 처음이었다), 1585년에 풀려났지만 그해 숨을 거두고 말았다. 문제의 상소문을 썼던 성락도 중병을 앓고 있었으며, 이듬해에 숨을 거둘 운명이었다. 일종의 라이벌이던 최경창은 홍랑과의 사랑 때문에 관직에서 물러났다가 4년 전(1583), 다시 기용되어 한양으로 올라오는 길에 객사했다. 스승이며 롤모델이던 이준경은 이미 15년 전에 유명을 달리했으며, 유언으로 당쟁의 위험을 경고했다. 이원익은 지금의 조정 상황과 자신의 처지를 돌아보며 스승의 말씀을 되새기지 않았을까.

부질없었다. 모두 부질없었다. 공직 생활 동안 사람 사귀기에 힘쓰지 않았던 탓에 그의 금천 집을 찾는 사람도 별로 없었다. 이원익은 조용하지만 쓸

쓸한 생활을 거문고로 달래었다. 집 뒷산인 낙산에 매일 올라 거문고를 탔다. 그래도 답답한 마음을 달래려 여행도 떠났다. 먼 훗날, 말년에 접어든 그는 "벼슬의 영화를 누린 것이 젊은 날 산천을 노닐며 쾌활한 기분을 얻은 것만 못하였다"라며 "한양의 삼각산, 개성의 성거산, 천마산, 영평의 백로주, 합천의 해인사, 안음의 황석산, 선산의 금오산, 향산의 상원, 해주의 수양동, 장연의 금사사 같은 곳을 다 구경하였는데 풍악산(금강산)이 제일 좋았고, 천석穿石·총석叢石을 지나 금란굴·사선정四仙亭을 구경하였는데 안변의 국도國島·천불좌도 모두 뛰어난 명승이었다"고 회고하였다.

왜란이 닥치자 그는 도체찰사로서 국방을 일선에서 이끌며 황석산성과 금오산성 등 전국 곳곳에 산성을 쌓게 되는데, 이렇게 젊은 날에 현장을 직접 돌아본 일이 큰 보탬이 되었을 것이다. 하지만 이는 어차피 훗날의 일. 지금 한갓 포의布衣의 선비일 뿐인 이원익은 금강산에 올라, 일찍이 신라의 마의태자가 세상을 버리고 숨은 그곳에서 서시를 읊었다.

단풍잎은 울긋불긋 골짜기에 수를 놓고 / 峽裏淸霜錦繡多
맑은 물은 콸콸 흘러 하얀 모래밭으로 내려가네 / 寒流灘灘下明沙
산속이 이처럼 번화한 곳일레라 / 山中也是繁華地
공후公侯의 부귀한 집이 무슨 필요인가 / 不必公侯富貴家[26]

부귀도 꿈, 공명도 꿈, 금강산을 덮은 운해를 바라보며 이제 중년이 된 이원익은 그렇게 생각했을 것이다. 몇 대 동안 재주를 펴볼 수 없던 한을 자신이 비로소 풀었고, 중국에도 가고, 황해도에서 일하고, 옥당에 들어 방방곡곡에서 모인 인재들과 만나고, 승지가 되어 왕을 가까이에서 보필하기도 했다. 그러나 그 모든 것이 이젠 먼 옛날 이야기 같았다. 다시 그 세상으로 돌아갈

이원익이 왜란 때 도체찰사로 있으면서 개축한 금오산성.

峽裡淸霜錦繡多
寒深澗瀨下明沙
囧中也是繁華地
不火公儂富貴家

한동안 공직을 떠난 이원익이
금강산에 올라 읊은 시.

마음도 들지 않았다. 실질보다는 공허한 명분이, 공직자의 책임보다는 인간관계가 앞서는 곳, 그리고 그것이 지나쳐서 고름이 터지듯 터져나온 당쟁이 단 하루도 끊이지 않는 곳이 한양이고 궁궐이 아닌가. 이원익은 진심으로 부귀한 집을 돌아보지 않고, 평생 유유히 살리라 다짐했으리라.

그러나 운명은 또다시 그의 문을 두드린다.

제3장

목민관으로 전설이 되다

상공상(相公桑, '이공상'이라고도 함)이 청천清川의 들판에 있으니, 오리 이원익 상공이 심은 것이다. 수천 그루가 빽빽하게 우거져 숲을 이루었으니 백성들에게 누에치기와 명주짜기를 권장한 뜻이 애연藹然히 아직도 남아 있으므로 '상공상'이라고 부르는 것이다.

— 박사호, 『심전고』 제1권 '연계기정燕薊紀程'

제3장

훌쩍 말을 집어타고 부임지로 떠나다

이원익이 금강산을 유람하고 돌아온 얼마 뒤[27] 조정에서는 이조참판 권극례權克禮가 선조에게 간곡히 말씀을 아뢰고 있었다.

"안주安州는 버려진 땅이 되었으니, 바로잡을 사람은 오직 이원익뿐입니다."[28]

권극례는 동인의 중심 인물 중 하나였는데, 그래서 승정원 사건 이후 싫든 좋든 동인으로 분류되던 이원익을 돕자는 뜻도 없지 않았겠으나 그는 이원익이 황해도사를 지내며 '전국에서 으뜸가는 군적'을 만들던 당시 원주 목사로 있었고, 이어 길주 목사, 의주 목사 등을 지내며 지방행정의 고충을 많이 체험했던 사람이다. 그래서 지방행정가로서 이원익의 명성과 능력을 똑똑히 기억하고 있었기에, 안주 목사로는 이원익만 한 사람이 없다며 극구 추천했으리라 여겨진다.

그럼 안주가 어땠기에 '버려진 땅'이라는 걸까. 평안남도 북서쪽 끝자락인 그곳에는 10년 전인 1577년(선조 10년)에 심각한 가뭄이 들어 청천강의 강물이 한 달이 넘도록 메말랐다는 기록이 있다. 그 뒤로도 재해가 걸핏하면 일어났다. 그러니 자연히 민심이 흉흉해지고, 굶주린 백성들 일부는 도적으로 변해 상황을 더욱 악화시켰다. 당시 조정에서는 너도 나도 안주에 부임하기를 꺼렸으며, 새로 목사에 제수된 윤우신도 한참이나 부임을 미루다가 결국 부임도 해보기 전에 파직되었다. 그래서 그 후임자로 이원익이 선발되었던 것이다.

"안주는 서로西路의 중요한 요해지인데도 불구하고, 누차 적임자가 못 되는 사람들이 그 자리를 차지해 온 결과, 완전히 결딴이 나서 회복 불능 상태에 빠졌으니, 재질과 명망이 있는 사람을 가려 보내는 것이 좋겠다"고 청하였다. 그러나 세 차례나 신임 목사를 정했는데도 모두 그 자리를 감당하지 못하자, 이조판서 권극례가 임금께 아뢰어 청한 결과 공을 복직시켜 그 자리에 기용하게 되었다.[29]

목사 임명을 통보받은 이원익은 서둘렀다. 5년 만에 공직에 나가는 것이니 서둘렀을 것도 같지만, 그의 서두름은 숫제 파격적이었다. 대개 외직 임명이 되면 한양에서 여러 고위직 및 친분 있는 인사들 집을 돌며 인사를 한 다음, 십수 명의 나졸들과 악대, 개인이 부리는 종자들과 부인이 타는 가마를 비롯한 여러 동행자의 행렬을 포함해 거창하게 부임 행차를 하는 것이 보통이었다. 그러나 이원익은 훌쩍 말을 집어타고는 그날 바로 부임지로 혈혈단신 떠났던 것이다.

두루 인사를 하고 현지 사정도 들어보고 한 다음 떠나는 편이 유리했을 터인데도 그처럼 급히 발길을 재촉한 까닭은 무엇일까. 안주는 중국으로 통하는 길목이라 사신이 오고갈 때 반드시 들르는 곳이었다. 목사의 부임 행차라면 그리 부담이 크지 않아도, 사신 행차쯤 되면 민폐가 상당했다. 이원익 자신도 14년 전 질정관으로 사신 일행에 끼어 연경에 가면서 안주에 들렀을 것이다. 따라서 본의는 아니더라도 걸핏하면 재해가 나는 그곳 사정을 더 빠듯하게 만들지 모른다는 생각에서 행차의 부담을 최소화하려는 배려가 아니었을까?

또 최단 시간으로 현지에 도착하여 그곳 관리들이 수작을 부릴 시간을 주지 않으려는 까닭도 있었을지 모른다. 조선의 지방행정에서 가장 고질적인 문제 중 하나는 현지 사정에 어둡고 잠시 머물다 갈 뿐인 수령이 현지의 향리와 토호들에게 이용당하고 조롱당하는 현실이었다.

지방관이 현지에 오래 머물 경우 군벌화되어 중앙을 위협할 수 있으므로 금방금방 갈리도록 안배했지만, 그 때문에 자칫 허수아비가 될 위험이 따르게 된 것이었다. 그래서 한참이나 있다 오려니, 아니, 이번 목사도 임명만 되고 실제로는 부임은 안 할지도 모른다며 여유를 부리고 있는 사이에 급습하듯 관아에 들이닥쳐, 각종 장부나 관리 실태, 근무 태도 등을 있는 그대로 보고 새 수령에 대한 대응책을 마련할 틈을 주지 않게 하려는 뜻도 있었으리라.

아무튼 그렇게 가서 본 안주의 상황은 상상 이상이었다. 굶어 죽은 사람과 굶어 죽어가는 사람으로 주민을 나눌 수 있을 정도였다. 무슨 짓을 해서라도 당장 먹을 식량이 필요하다고 판단한 이원익은 평안 감사 김수金睟에게 긴급구조를 요청하였다.

온 경내境內가 기근으로 죽기 일보 직전에 놓여 있었으므로, 공이 즉시 조운선漕運船을 출발시켜 해읍海邑에 가서 미리 대기하도록 하고, 자신은 방백方伯이 머물러 있는 곳으로 말을 치달렸다. 그리하여 해읍의 곡식 1만여 석石의 방출을 요청해서 일단 허락을 받은 다음에, 곧바로 해읍으로 말을 달려 창고에서 곡식을 꺼내 배에 다 싣고는 며칠이 지나지 않아서 안주까지 운송하였다. 그러고는 굶어죽어 가던 백성을 진휼賑恤하고 종자種子를 나눠주자, 백성들이 비로소 소생의 기미를 보이면서 모두 말하기를 "이런 정사政事가 조금만 지연되었더라면 우리들이 벌써 흩어져 없어지고 말았을 것이다" 하였다.[30]

혼자 말을 타고 부임하기가 바쁘게 다시 말에 올라 평양으로, 해읍으로 숨이 턱에 차도록 말을 달리는 신임 사또의 모습만으로도 주민과 아전들은 가슴 뭉클함이 있었을 것이다. 급한 불을 끈 이원익은 더 근본적인 문제 해결에 착수했다. 안주는 군적 정리가 잘 되어 있지 않았기에 족징族徵, 인징隣徵 등의 폐단이 심했다. 여유 있는 집이 얼마 없는데 군액軍額 명목으로 곡식을 털어가거나 친척이나 이웃에게서 강제로 거두니 민생이 더욱 피폐해질 뿐 아니라, 공동체가 파괴되고 거주지를 버리고 달아나 유민이나 도적이 되는 예가 속출했다. 더구나 군포로 낼 베를 구할 수 없는 마을에서는 방납 업자가 대신 군포를 내주면서 시세보다 비싸게 받아 민생고가 더욱 심했다. 앞서 황해도에서 군적 문제와 씨름하며 이를 해결할 방도를 충분히 강구했던 이원익은 단지 군적을 철저히 정비하는 것에 그치지 않고, 적극적인 방법으로 돌파구를 마련했다.

"이곳 안주는 국방의 요충지인데, 성을 쌓은 지 너무 오래 되었으니 여기저기 무너져 몹시 불안합니다. 생각건대 1년에 군포 37동同이면 쌀 3,000여 석에 해당됩니다. 이것으로 안주성을 다시 쌓고, 그 곡식은 원래의 환상곡還上穀에 덧붙여 내도록 하면 될 것입니다."

안주의 살림이 어렵다는데 경비를 절감하기는커녕 오히려 건축 사업을 새로 벌이자는 말이 선뜻 이해가 가지 않을 수 있다. 그러나 이원익은 당장 낼 군포나 쌀이 없는 백성은 나와서 성을 쌓는 일을 하고, 그 노임으로 군액을 갈음하도록 하자고 한 것 같다. 일을 하기도 어렵고 제때에 군포를 내기도 어려운 백성은 일단 관가의 곡식으로 대납한 다음, 돌아오는 가을에 갚도록 하자는 것이다.

당시 안주성이 낡고 군데군데 무너진 것은 사실이었으므로, 이원익은 이에 앞서 북방 여진족과의 싸움에서 두드러진 공을 세워 선조의 큰 신임을 얻고 있던 북도병사 신립申砬에게 이런 제의를 함으로써 어느 정도 기존의 규례에 어긋날 수밖에 없는 문제를 해결하려고 했던 것 같다. 결국 세금이란 왜 걷는 것인가? 국방을 비롯한 국가의 필요를 위한 것이다. 그러면 국가는 왜 있는가? 백성을 보호하고 육성하기 위함이다. 그런데 예전에는(사실은 지금도) 이런 상식적인 원칙이 어느 사이에 얼크러져서, 백성은 세금 때문에 살아가기가 어렵고, 국가는 세금을 효율적으로 운용하지 못해 국가의 필요에 제대로 쓰지 못하는 일이 너무도 많았다. 이원익은 중앙으로 올라갈 세금을 현지에서 바로 활용함으로써 국방의 구멍을 메우는 한편, 재산도 없고 일자리도 없는 백성들이 땀을 흘리며 자신의 생계를 도우면서 나라에 봉사한다는 보람을 얻을 수 있는 일석삼조의 '뉴딜'을 마련한 것이다. 20세기 초 대공황의 늪에 빠진 미국과 미국 국민에게 다시 일할 기회를 부여함으로써 잦아들던 대국의 심장 박동을 되살렸던 뉴딜, 이원익은 약 400여 년 전에 조정이 버려둔 땅, 안주에서 비슷한 정책을 추진

북한 국보 문화유물 제158호인 안주성. 평남 안주시 안주읍에 있다.

한 것이다.

하지만 『이상국행록』에 나와 있는 이 이야기는[31] 아마도 실현되지 못한 듯하다. 다른 곳에 안주성을 새로 쌓았다는 기록이 없는 데다, 나중에(임진왜란기) 가서 안주성이 너무 오래되어 적을 막는 데 역부족이라는 언급이 『실록』에 있기 때문이다.[32] 무슨 까닭으로 이 계획이 무산되었는지는 알 수 없지만(아마도 신립의 영향력에도 불구, 규례에 어긋나는 일은 곤란하다는 상부의 판단이 있지 않았을까?), 실현되었더라면 당시의 민생에 숨통이 트였을 뿐 아니라 이후 왜란과 호란에서도 큰 도움이 되었을 것이라 생각하면 아쉬움이 남는다.

결국 더 소극적인 방법, 다시 말해서 '곡식으로 대납하고 가을에 변제' 하는 방법으로 군액 문제를 얼마간 해결해 나갔다. 극빈 가정에서는 부담이 그대로였겠지만, 그래도 당장 구하기 힘든 군포를 대납할 수 있고, 방납 과정에서 부담이 훨씬 늘던 일은 피할 수 있었을 것이다. 뒷날 대동법으로 각종 현물을 바치는 세를 미곡세로 통일함으로써 백성의 부담을 덜었던 것과 비슷한 맥락인 셈이다.

그러나 만약 이듬해 가을에 갚을 처지가 되지 못하면 어떡하는가? 또한 앞서 평안 감사에게 요청했던 쌀도 조곡糶穀으로, 무상 원조가 아니라 갚아야 할 쌀이었다. 그런데 이듬해 가을이 되자 풍년이 들어 조곡 등을 갚고도 풍족하게 남았다고 한다. 안주는 거듭 재해가 일어나던 땅이 아닌가? 만약 또 그렇게 되었다면 곡식을 제때 갚지 못해 곤란해졌을 뿐 아니라 그해의 먹을 것도 부족했을 터인데, 용케 풍년이 들었으니 이원익은 운도 좋다고 여길 수 있다. 하지만 실제로 운만 좋았던 것일까?

이때 주의 세금(州稅)은 여러 변읍邊邑에 가져다 내고 있었는데, 간교한 아전들이 예비 여유분을 두고 농간을 부려 세금을 내고도 남는 양이 배나 되도록 하였으므로 백성들의 크나큰 부담이 되고 있었다. 공은 여유분을 한껏 줄인 다음 세금을 몸소 변읍에 가지고 가 납부하여 아전들이 수작을 부리지 못하게 되었다. 강江, 의주義州, 창昌은 변읍 중에서도 가장 멀리 있는 고을이었는데, 공이 직접 주세를 가지고 오자 크게 놀라며 술과 기생을 내어 대접하려 했으나 공은 물리치고 받지 않았다.[33]

생각해 보면 군적이 제대로 정비되지 못하고 있던 것도 일손이 달리기 때문이 아니라, 아전과 방납 업자 등이 이를 이용해서 사복을 채우고 있었기 때문이었을 것이다. 부정부패는 세금을 거두고, 운반하고, 납부하는 모든 과정에서 자행되고 있었다. 이원익은 그렇게 이리저리 새는 공금을 몸소 다니며 틀어막았고, 그만큼 백성은 과중한 세 부담에 시달리지 않을 수 있었다. 그리고 이처럼 법과 원칙에 따라 행정이 이루어지는 모습을 보면 백성은 정부를 신뢰하게 된다. 그래서 이제까지 '위에서도 다 해먹고 있는데, 내가 왜 성실하게 세금을 내야 해?' 하며 처벌받지 않는 한 스스로도 탈세, 탈법을 일삼던 일을 반성하고 성실하게 백성의 의무를 다하려 하게 된다. 전보다 크게 늘어난 민간 대여 곡물의 환수에 차질이 빚어지지 않았던 근본적인 까닭은 거기에 있었다.

거꾸로 말해서, 그동안 여러 지방관이 다녀가면서도 안주의 민생이 최악 수준을 벗어나지 못했던 것도 꼭 재해 때문만은 아니고, 오히려 행정의 부패와 무능, 무관심이 더 큰 원인이었다. 정치가, 행정이 뉴딜 같은 것을 도안해서 백성의 눈물을 닦아주지는 못할망정, 적어도 눈물을 흘리게는 하지 말아야 하는 것이다.

뽕나무 심은 뜻은

이원익은 이밖에도 군병방수제를 개혁해 1년에 3개월씩 근무하던 것을 2개월로 줄임으로써 그만큼 각자의 농사에 힘쓸 시간을 주었으며, 도적을 대대적으로 검거하여 그토록 날뛰던 도적들이 자취를 감추게 했고, 뽕나무를 심도록 하고, 양잠업을 처음 도입하여 백성의 살림살이를 넉넉하게 했다고 한다. 이 모두가 하나로 이어져 있다. 도적이라는 게 결국 먹고 살 수 없게 된 백성들이 자포자기하여 스스로 도적이 되거나 도적에게 몰래 의존함으로써 창궐하는 것이기에, 아무리 때려잡아도 민생고가 심한 이상은 없어지지 않는다. 그러나 군 복무 기간이 줄어 농사일을 더 많이 돌볼 수 있게 되고, 세금 부담이 줄고, 새롭게 수입을 얻을 길이 마련된다면 굳이 도적이 되거나 도적을 도울 필요가 없다. 따라서 소수의 괴수들이나 개과천선이 불가능한 자들만 잡으면 빠르게 없어지는 것이다.

유명한 '이공상李公桑', 즉 '이원익 공이 심도록 한 뽕나무'도 그렇다. 당시 여러 고을에서 뽕나무를 심고 누에를 쳐서 논밭의 소득 말고도 소득을 올리고 있었는데, 안주에는 뽕나무를 찾아볼 수 없었다고 한다. 이원익이 부임하여 어째서 뽕나무를 심지 않느냐 하니, "토질에 맞지 않는다"고들 했다. 이원익이 납득하지 않고 뽕나무를 심고 양잠을 하도록 하니, 성공했을 뿐 아니라 곧 그 일대에서도 가장 번성한 뽕나무 숲을 이루고 백성의 살림살이도 한결 넉넉해졌다. 백성들이 감격하여 이 뽕나무 숲을 '이공상'(또는 '상공상')이라 부르게 되었다는 것이다.

누 앞에는 물 두르고 또 산봉우리 둘러 있는데 / 樓前環水又環岑
열 길 성 언저리에 백 척 높이로 서 있네 / 十仞城頭百尺臨
태수의 비석은 새로 물 솟는 우물에 높이 서 있고 / 太守碑高新出井
상공의 뽕나무는 늙어서 온통 숲을 이루었네 / 相公桑老摠成林
상인방의 시판들은 거의 다 천 년의 고적인데 / 扁楣槩是千年蹟
난간에 기대어 망연해지는 만리 길 나선 마음 / 憑檻茫然萬里心
꽃 수풀의 꾀꼬리 소리인 양 / 宛聽花林鶯囀語
한 떼의 기생들이 교태 어린 소리를 내네 / 一叢粉黛奏嬌音[34]

훗날 울창한 뽕나무 숲이 이 지방의 명물이 되면서 지나가는 시인 묵객들이 글을 남기는 일이 많았다. 그런데 생각해 보자. 왜 안주에서는 이원익이 주장할 때까지 뽕나무를 심지 않았을까? 토질이 맞지 않아서라고? 뽕나무는 비교적 환경에 민감하지 않은 나무다. 어지간한 산속에 가보면 사람이 심지 않은 야생 뽕나무를 볼 수 있을 정도로 생명력이 강하다. 그런데 왜 토질 운운하며 심지 않았을까? 확실히 알 수는 없지만, 안주가 애초에 그렇게 피폐해졌던 진짜 이유, 토호와 관리들이 백성들의 고혈을 짜는 체제가 안주에 뽕나무가 없었던 이유이기도 할 것이다. 뽕나무를 기르고 누에를 쳐서 소득을 내어봤자, '그놈들' 손으로 고스란히 들어가고 말 것이다. 그럴 바에야 뭐하러 애써 일을 벌이겠는가? 안주 백성이 멍청하고 이원익이 현명해서 뽕나무를 심을 수 있었던 것이 아니라, 이원익이 고을의 체제를 제대로 고쳐놓았기 때문에 비로소 백성들이 안심하고 소득 증대를 꾀할 수 있었던 것이다.

 이처럼 현지 사정에 맞고, 문제의 실제 핵심을 꿰뚫으며, 직접 말을 달리고 세금을 운송하며 솔선하는 모습을 보여주는 지방행정은 오랫동안의 학정에 피폐해져 있던 안주 백성들의 마음을 따뜻하게 어루만졌다. 그래서 그들은 마음으로 이 '꼬마' 사또에게 승복하게 되었다. 백성의 마음을 얻고 신뢰를 얻었다면, 그때부터는 큰 수고 없이 행정을 처리할 수 있게 된다. 그것이야말로 동서고금을 막론하고 통하는, 말하기는 쉽되 실천하기는 어려운 행정의 도리다. 이원익이 훗날 조카인 이덕기李德沂가 지방관에 부임했을 때 조언을 주고자 쓴 글에서도 그 도리는 분명히 제시되고 있다.

> 세상 모든 일은 인심이 근본이다. 인심을 잃으면 모든 일이 잘못된다. (……) 인심을 얻는 데는 방법이 다를 것이 없다. 나의 마음부터 먼저 백성을 사랑하고 물자를 아끼는 것으로 근본을 삼는다. 그리고 벌을 주고, 상을 주는 일과 각종 지시를 내리는 일을 공평무사하게 하면 백성의 마음이 저절로 기쁘

게 된다. 옛 사람이 이르기를 "오직 공명정대해야만 사람을 복종시킬 수 있다"고 하였다.[35]

사실 36조에 달하는 이 교훈을 처음 읽어보면 별다른 감동이 없다. 이 정도라면 누구나 할 법한 말이 아닌가 싶기 때문이다. 그러나 이원익의 생애를 살펴보고, 그가 황해도에서, 안주에서, 그리고 이후 중앙과 지방의 관직을 맡고서 어떻게 실천했는가를 알고 난 다음 다시 이 글을 읽으면, 저절로 마음에서부터 감동하지 않을 수 없다. 이원익보다 더 멋진 말을 남긴 관료는 많지만, 이원익보다 더 멋지게 이런 말을 실천한 사람은 드물기에 이 사람을 특별히 생각하지 않을 수 없는 것이다.

이원익의 이러한 언행일치는 세월이 지나도 좋은 지방관이 되려는 이에게 따라야 할 교훈이 되었다. 200년 뒤 이곳에 감사로 부임하는 채제공에게 훌륭한 관리가 되길 바라며 신광수가 써준 『관서악부』에 가장 이상적인 목민관의 모범으로 이원익이 등장한다.

설렁줄 소리 고요하고 아전들 낮잠 자니 / 鈴索聲稀吏晝眠
녹사청의 일이란 신선처럼 누워 있는 것. / 綠莎廳事臥神仙
완평 대감 생사당 뒤에는 / 完平大監生祠後
이백 년 온 길에 맑은 바람 불어오네. / 一路淸風二百年

태평성세에 관청에 일이 없고 한가로운 것은 백성들의 삶이 편안하여 다툼이 없기 때문이니, 이러한 정치의 모범이 이원익이다.[36]

한양에 돌아오다

후대의 사람이 보아도 그런데, 당대의 사람이 이런 특별한 사람을 언제까지나 알아주지 않을 리가 없었다. 전에는 서인의 조종이 될 이이가 황해도사이던 그를 끌어주더니, 이번에는 서인의 중심 인물 중 하나인 윤두수가 그 역할을 했다.

> 감사監司 윤공두수尹公斗壽 역시 평소 정술政術에 능하다는 이름을 떨치고 있었는데, 공이 조처하는 것을 보면 항상 탄복하곤 하였다. 그리하여 큰 요역徭役이나 개혁해야 할 일이 있을 때마다 공에게 위임하여 주관하게 하였으며, 그 치적을 누차 조정에 보고하였는데, 그럴 때마다 선묘(宣廟, 선조)가 표창하도록 유지를 내리곤 하였다. 그리하여 마침내는 가선대부嘉善大夫의 품계로 특진시키고 형조참판을 제수하여 조정으로 불러들였다. 그 뒤 사헌부 대사헌을 거쳐 자헌대부資憲大夫로 특진된 다음, 호조와 예조의 판서를 역임하고 이조 판서로 승진하였는데, 전형銓衡이 공명정대하여 추호도 사심私心이 개입된 적이 없었다.[37]

이 과정에서 윤두수는 이원익이 개혁한 군병방수제도 조정에 품하여 전국적으로 시행될 수 있게 했다. 이로써 앞서 '윤씨 형제를 공격했다는 이유로 그들과 이원익 사이에 당색을 기준으로 틈이 벌어졌다'는 말은 사실무근임이 실증된 셈이다. 아무튼 이원익은 윤두수 등의 추천으로 선조에게서 옷 한 벌을 하사받는 등 우대를 받았고, 1590년(선조 23년)에 안주 목사의 임기가 찼는데도 유임한다는 명을 받아 안주에 머물렀다가(다만 가선대부의 품계를 받았다) 1591년에 형조참판으로서 한양에 돌아왔다. 안주

기축옥사의 단초가 된 정여립이 최후를 맞은 전북 진안의 죽도.

백성들은 이원익이 가는 길에 몰려 나와 눈물로 배웅했으며, 후일 그를 기리는 사당을 세웠으니 부임은 초라하게 하고 퇴임은 당당하게 한 셈이다. 그러나 예나 지금이나 어떤 자리에 오를 때는 요란하다가 물러날 때는 쓸쓸하게 퇴장하는 게 보통 아니던가? 이원익처럼 그 반대가 되는 편이 개인에게나 조직에게나 바람직하지 않을까?

하지만 이원익이 앞서 중앙에 있을 때 그를 고달프게 했던 당쟁은 그 사이에 더욱 심해져 있었다. 그가 안주에서 민정을 살피느라 구슬땀을 흘리고 있던 1589년(선조 22년) 10월에 '정여립의 난'이 발생하고, 그 처리 과정에서 동인들이 된서리를 맞음으로써 '기축옥사'라 불리는 당쟁 사상 최초이자 가장 잔혹한 사건 중 하나가 벌어지게 된다.

본래 서인이다가 동인으로 편승했던 정여립은 그가 한때 떠받들던 율곡 이이를 비판한 점을 두고 조정에서 물의가 빚어지자 벼슬을 그만두고 고향에 내려가 있었는데, 황해 감사 한준 등이 장계를 올려 "황해도와 전라도 일부에서 반란이 일어났으며 그 괴수는 정여립"이라는 보고를 함으로써 조정이 발칵 뒤집어졌다. 이 사건의 전모는 아직도 확실하지 않다. 당시 열세에 몰려 있던 서인이 국면 전환을 위해 조작한 사건이라고도 하고, 정여립이 대동계라는 비밀결사를 만들어 조선을 정치적으로나 이념적으로 전혀 새롭게 변혁하려 했다가 좌절된 것이라고 보기도 한다. 어쨌든 분명한 사실은 정철을 비롯한 서인 쪽에서 이를 빌미로 당쟁에서 우위를 확보하려 했으며, 그 과정에서 많은 사람들을 무고하게 그리고 잔인하게 다루었다는 점이다.

1589년에 시작된 기축옥사는 1591년, 말하자면 이원익이 조정에 복귀할 즈음 해서야 끝이 났다. 『실록』에 따르면 그 사이에 죽은 자가 수백 명, 유배된 자도 수백 명이라고 한다. 실제로는 그렇게까지는 아니었으며 조신들로만 치면 총 11명이 이 옥사로 죽었는데, 그것도 처형을 당한 것이 아니라 심문 중에 옥사獄死했다. 그래도 '수사하기 위함이 아니라 죽일 작정으로 고문한다'는 의혹을 살 만큼 가혹한 형벌을 가했으며, 부자나 형제가 함께 옥사하는 일까지 있었으니, 이를 계기로 당쟁은 '돌아올 수 없는 강'을 건넜다고도 할 수 있었다. 그런 극단적인 대립은 얼마 후 동인이 반격 입장에 섰을 때 서인들을 마찬가지로 강경하게 몰아붙일 것이냐, 비교적 온건하게 대할 것이냐를 두고 동인이 남, 북으로 분열하도록 만들기도 했으며, 이제 얼마 남지 않은 시점이던 임진왜란을 일치단결하여 대처하기 어렵게 하기도 한다.

이원익 개인으로서는 기축옥사 동안 내내 안주에 있었던 점이 행운이었다. 만약 조정에 있었다면 이런 몰상식한 옥사는 부당하다고 이의를 제기하다가 역적의 동패로 몰려 된서리를 맞았거나, 동인들의 비극을 눈감고 방치하다가 뒷날 두고 두고 비열한 인간으로 욕을 먹었을 것이다. 이이와 더불어 고명한 선비로 존중받던 성혼成渾이 이 과정에서 사람들을 구원하지 않았다고 손가락질을 받고, 유성룡 역시 동인이면서도 옥사 말기에 감국監鞫을 맡으며 자신만 불벼락을 피했다는 의혹을 샀음을 볼 때, 이원익이 당시 중앙 관직을 갖고 있었다면 어떻게 처신하든 뒤끝이 좋지 않았을 터였다.

그래도 일단 돌아온 이원익이 당쟁의 소용돌이에 혼자서만 옷자락 하나 적시지 않고 지낼 수는 없었다. 그는 형조참판으로 복직한 지 한 달 만에 대사간에 임명되며, 대사헌은 윤두수를 대신해서 홍여순洪汝諄이 임명되었다. 홍여순은 나중에 북인으로, 다시 대북으로 갈라지며 광해군 시대의 주역 중 한 사람이 되면서 "이원익은 반드시 죽여야 한다"고 나서기도 하는 등 거의 원수지간이 되지만, 당시는 같은 동인이며 동갑(1547년 생)이어서 두 사람을 한 동아리로 보는 이가 많았다. 더욱이 홍여순은 기축옥사의 과정에서 여파를 맞아 여러 차례 파직되는 설움을 겪었기에 서인에 대한 감정이 좋지 않았으며(전후를 볼 때, 그는 특히 당파적이고 공격적인 정치인으로 진면목을 발휘하게 된다), 이원익도 따지고 보면 '서인들 때문에 설움받은 동인'에 속하기 때문에 이 두 사람이 관리의 탄핵과 정치의 비판을 맡는 대간의 사령탑이 되었다는 것은 정국의 향방이 뒤바뀔 수 있음을 너무나 강렬히 암시하고 있었다. 그것은 1591년 5월 1일에 현실로 나타났다.

대사헌 홍여순, 장령 조인득, 윤담무, 지평 이상의, 정광적, 대사간 이원익, 사간 권문해, 헌납 김민선, 정언 이정신, 윤엽 등이 합계하기를 "정철, 백유함, 유공신, 이춘영 등이 서로 붕당을 지어 조정을 어지럽히면서 자기들과 뜻이 다른 사람들을 없애고자 하였습니다. 이에 유생들에게 상소하도록 꾀어 이름 있는 재상과 사류들을 역당逆黨으로 몰아 모두 죽이려 하였으니 아울러

먼 곳으로 내쫓으소서" 하니 상이 따랐다. 정철은 진주에 유배되고 백유함, 유공신, 이춘영은 서쪽 변방에 유배되었는데, 상이 다시 극변으로 이배移配하도록 하여 정철은 강계로, 백유함은 경흥으로, 유공신은 경원으로, 이춘영은 삼수로 이배되었다.[38]

정철은 기축옥사 이후 명실공히 서인의 영수이자 조정의 실권자로서 세도를 부리고 있었으나, 선조는 그 상황이 영 마땅치 않았다. 사실이든 아니든 이름난 대신들까지 역모에 가담했다니 소홀히 넘길 수가 없고, 이 기회에 너무 커진 동인의 세력도 억누르자 싶어서 정철의 횡포를 눈감아 주었으나, 보자보자 하니 지나치다 싶었던 것이다. 그래서 기회가 되면 그에게 본때를 보이고 다시 서인 독주를 저지하려 하고 있었으며, 그래서 이원익과 홍여순을 여차하면 그 일의 선봉에 설 수 있도록 안배하기도 했다. 그러다가 정철이 "세자 자리가 오래도록 비어 있어서 국가가 불안하다. 정비께서 소생이 없으시니 광해군을 세자로 세우면 어떻겠느냐"고 제의하자 그것이 불손하고 무도하다 하여 윤3월에 파직한 상태였다. 그러다가 이 5월 1일의 결정으로 정철 개인의 징계 차원을 넘어 기축옥사 자체를 '정도를 넘어선, 당리당략에 따른 부정 사례'로 못박아 버렸던 것이다.

이 과정에서 이원익은 어떤 역할을 했는가? 인용한 대로만 보자면 서인을 압박하는 선봉장 역할을 했다고 볼 수 있다. 하지만 그것이 그리 간단하지 않다. 관련 기록이 서로 불일치하는 점이 많기 때문이다. 앞서 이원익이 대사간, 홍여순이 대사헌이 되었다고 했는데 그것은 『선조수정실록』 24년(1591년) 윤3월 1일자에 "이원익을 대사간으로, 홍여순을 대사헌으로 임명했다"라고 했고, 뒤에 다시 위 인용문이 나오기 때문이다. 그러나 『선조실록』 24년 6월 23일자에는 이런 내용이 나온다.

> 대사헌 이원익, 집의 김늑(외방外方에 있었다), 장령 조인득, 윤담무, 지평 이상의, 정광적, 대사간 홍여순, 사간 권문해, 헌납 김민선, 정언 이정신, 윤엽이 사직했다.[39]

그리고 7월 6일에는 이를 이어받아 대사헌 이원익을 호조판서로, 대사간 홍여순을 대사헌으로 임명했다고 적혀 있다. 물론 『선조수정실록』의 5월 1일로부터 한 달 이상이 지났으니, 그 사이에 대사헌과 대사간을 서로 바꾸는 인사를 했을 가능성도 있다. 하지

기축옥사의 주역으로 몰려 파직당한 정철.

만 그 하급자들은 전원 그대로인데 굳이 짧은 시간에 둘을 맞바꿀 필요가 있었을까 싶고, 어느 한쪽에서 잘못 기록한 것으로 추정된다. 『선조수정실록』이 뒤에 편찬된 것이기에 여기서는 일단 그에 따랐으나, 이원익이 당시 대사간이 아닌 대사헌이었을 가능성도 충분하다. 「연보」, 『완평부원군행록』 등은 모두 당시 그가 대사헌이었고, 대사간은 이덕형이 맡고 있었다고 기록하고 있다.

『선조실록』에서 사직원을 낼 당시 이원익과 김늑이 외방에 나가 있었다고 적고 있는 점도 눈여겨볼 대목이다. 언제부터 언제까지, 왜, 어디로 나가 있었는지에 대한 설명이 전혀 없지만, 『선조수정실록』의 기록으로만 본다면 이원익이 처음 정철을 개인적으로 파직시킬 때도 참여했을 수 있고,

정철을 비롯한 기축옥사의 주역들을 징계하는 일에는 확실히 참여했으며, 이후 호조판서 윤두수, 병조판서 황정욱 등을 정철의 잔당이라며 탄핵한 7월 2일에도 참여했다고 볼 수 있다. 그러나 '외방에 나가 있던' 기간이 언제냐에 따라서 이원익이 이 환국換局 과정 내내 대간의 자리에 있기는 했으되 참여는 일체 하지 않았을 수도 있는 것이다. 이긍익李肯翊의 『연려실기술』에 따르면 적어도

『선조실록』(오대산본).

정철 등에 대한 5월 1일의 탄핵은 이원익이 자리에 없을 때 이루어졌다고 한다.[40]

그리고 윤두수 등에 대한 탄핵도 이원익이 이미 사직 의사를 표명한 상태에서 나왔으며, 그 나흘 만에 이원익은 호조판서가 되어 대간에서 물러난다. 이를 종합해 보면, 정확한 것은 알 수 없으나 아마 이런 식으로 일이 전개되지 않았을까 한다.

선조가 이원익과 홍여순을 전면에 내세우며 정철 실각을 준비한 것은 분명하다. 그러나 이원익은 정철의 지나친 처사에는 분개했으되, 다시 한번 동인이 서인을 밀어내는 모습은 좋지 않게 여겼고, 대사간 또는 대사헌으로서 그 과정에 한몫해야 하는 자신의 처지가 마땅치 않았다. 더욱이 윤두수의 경우에는 자신을 믿어주고 이끌어주었던 사람인지라 더더욱 강경하게 나가기가 곤란했을 것이다. 그래서 외방에 나가는 등으로 결정을 미루거나 피했으며, 그와는 달리 철저히 호전적이고 복수심에 불타고 있던

홍여순이 탄핵 정국을 주도했다. 이에 입장이 점점 난처해지던 이원익은 결국 사직했으며, 모양을 갖추느라고 홍여순도 따라서 사직하기는 했으나 실제로는 사직할 의사가 없었으며, 결국 이원익이 그만둔 대간을 계속해서 이끌고 나간다.

물론 실제로 그랬다고 확신할 수는 없다. 그러나 이원익은 이후 서인을 어떻게 대할 것인지를 놓고 유성룡, 우성전, 김성일 등과 함께 온건파에 속함으로써 남인으로 분류되게 된다. 그리고 윤두수, 이항복, 심희수, 신흠, 조익 등 서인 계통의 인물과 이후에도 원만한 관계로 지냈으며, 세월이 오래 흐른 뒤(1624년, 인조 2년) 영의정으로서 정철의 명예를 회복해 주는 역할을 맡는다. 이로 볼 때 홍여순과는 정반대로 당색에 따라 무리짓기를 싫어했으며, 원칙을 굽히지는 않아도 사람을 미워하고 공격하기를 즐기지 않았음을 추정하기에 충분하다. 그가 대간에서 물러난 뒤 호조판서, 예조판서를 거쳐 1591년 9월, 급서한 황임黃琳의 뒤를 이어 이조판서가 되어 인사권 행사의 중심 역할을 맡은 것은 선조가 이원익의 무당파적인 처신과 공평하고 관대한 자세를 재평가했음을 엿보게 한다.[41]

아무튼 이조판서이자 도총관 및 의금부사, 품계는 정2품 자헌대부, 이것이 46세로 중견 관료의 원숙함을 갖춰가던 이원익이 1592년(선조 25년) 4월, 임진왜란이 막 벌어지려던 당시에 맡고 있던 직책이었다.

제 4 장

임진왜란

| 충신의 눈물로 나라를 구하다 |

지금 휘하의 여러 장수들은 있는 힘을 다하고 있으니, 곧 왜적을 깨끗이 제거하였다는 소식을 듣게 될는지요? 왜군이 지키고 있는 다리를 먼저 공격하고, 군대를 진주와 사천으로 옮긴다는 계책은 앞서도 의논하였습니다. 군문에서는 대감의 편지 한 장을 받자마자 기꺼이 따른다고 하니, 일이 잘될 것 같아서 크게 위로가 됩니다. 듣자니 대감댁의 일꾼이 군마를 가지고 내려갔다 하니, 이는 참으로 남자의 할 일입니다. 절름발이 같은 저는 한갓 부러워만 할 따름입니다. 아무쪼록 힘써서 일을 잘 처리하시기 바랍니다.

— 유성룡, 『서애집』 제11권. 「서書」 '공려公勵 이원익에게 줌'

제4장

조선은 왜 그토록 무력했나?

운명의 날, 선조 25년(1592년) 4월 13일, 왜는 약 5만 명의 병력으로 부산진을 공격했다. 부산 첨사 정발鄭撥은 몸소 칼을 휘두르며 용감하게 싸웠으나 역부족으로 전사했고, 하룻만에 부산을 손에 넣은 왜군은 15일에 동래까지 함락한 다음(동래 부사 송상현이 순국했다) 한양을 바라보고 거침없이 북진하기 시작했다(후속 도착 부대까지 합친 총병력은 14만 명이 넘었다).

이 급박한 사실은 정작 사흘이 지나서야 조정에 알려졌다. 그 다음은 익히 아는 대로 처절한 패전과 선조의 파천, 다름 아닌 도망이 전개되는데, 여기서 한 가지 아쉬움을 지울 수가 없다. 바로 이원익이 더 빨리 중앙에 복귀하고, 그것도 대간이나 이조판서 등을 맡기보다 병조판서를 맡으며 정승이던 유성룡과 함께 국방 개혁에 임했으면 어땠을까 하는 것이다. 이원익 한 사람이 있고 없는 것이 전쟁에 무슨 영향을 끼치겠냐고 할 수

부산성을 함락하는 왜군의 모습을 그린 「부산진순절도」.

1592년(선조 25년) 4월 13일, 왜는 약 5만 명의 병력으로 부산진을 공격하여 하루 만에 손에 넣었다.

도 있다. 하지만 임진왜란 초기에 조선이 그토록 무력한 모습을 보여준 핵심 원인과 이원익의 관심사 및 주특기라 할 수 있는 분야가 연결되기 때문에 그런 생각이 드는 것이다. 왜군은 어떻게 그토록 빠르고 순조롭게 북상할 수 있었는가? 왜 당시 조선이 누구보다 믿었던 장수인 이일李鎰, 신립은 모두 싸워보지도 못하고 달아나거나, 지형적으로 불리한 곳에서 싸우다가 처절한 패전을 겪었는가? 왜 선조는 한양을 사수하지 않고 백성들의 애원을 뿌리친 채 파천해야 했는가? 그것은 근본적으로 당시 조선의 병력 충원과 운용 체제가 제대로 돌아가고 있지 않았기 때문이다.

조선은 본래 '병농일치제'에 따라 천민을 제외한 모든 성인 남성이 병역을 지도록 되어 있었다. 그리고 그에 따라 징집된 병력은 '진관 체제鎭關體制'에 따라 각 지역의 요해처마다 포진해 있다가, 적이 쳐들어오면 전력으로 방어전을 수행했다. 이렇게 하다 보면 중앙에서 병력을 모아 총반격에 나설 때까지 설령 한두 개의 진이 함락되더라도 큰 손실 없이 적의 침략을 국토 외곽에서 저지할 수 있었다.

그러나 국초에 이와 같이 정해졌던 방위 체계의 큰 틀은 시간이 지날수록 느슨해지고 흐트러졌다. 무엇보다 양반층이 귀족화되면서 슬슬 병역 의무를 회피하기 시작했고, 일반 양인층의 경우에도 '전쟁이 늘 벌어지는 것도 아닌데, 일손이 귀한 농업 현장에서 차출해 와 병영에 하릴없이 대기하도록 두는 것은 좋지 않다'는 인식이 짙어지면서 일정한 대가(군포)를 내어 군자금에 보탬으로써 병역의무 이행을 갈음하는 '방군수포제放軍收布制'가 차차 정착되어 갔다. 말하자면 일종의 모병 제도가 이루어진 셈이지만, 그렇다고 실제 병영에서 근무하는 병사들의 훈련이나 장비 수준이 전문화, 고급화되지는 않았으므로 결과적으로 이는 조선의 국방력이 크게 부실해지는 상황만 초래했다. 여기에 한 번 꾸민 군적을 계속 알맞게 고쳐

주는 일도 태만이나 부정부패 때문에 제대로 시행되지 않아서, 군적상으로는 있지만 실제로는 없는 '유령 군인'의 수가 점점 늘어갔다.

이러다 보니 진관 체제를 유지하기가 힘들어졌다. 원래대로라면 100명이 있어야 할 병영에 30명 정도밖에 없으니, 적의 공세에 버티지 못하고 연속으로 진이 뚫리게 되었던 것이다. 각 고을의 병력을 지휘하는 수령들이 잠시 머물다 가는 문관인지라, 병력 운용이나 지형에 대한 지식이 부족한 점도 문제였다. 그래서 1555년(명종 10년)의 을묘왜변은 예상 밖의 큰 피해를 유발해, 전라도의 상당 지역이 왜구에게 유린되는 결과를 낳았다. 그래서 조정은 일찍이 김종서가 창안했다는 '제승방략制勝方略' 체제로 전환하기로 한다. 제승방략이란 방위의 기본 단위를 거점이 아니라 지역 단위로 넓히고, 일정 지역에 적이 침입하면 여러 고을에서 군대를 모으고 중앙에서 유능한 장수를 선발해 파견하여 그가 합동군을 지휘하여 적을 물리친다는 개념이다. 각각의 진관을 제대로 수비할 병력이 없으니 그대로라면 어차피 각개격파될 위험이 크므로, 병력을 모아 대군을 가지고 일대 결전을 벌임으로써 승리할 가능성을 높인다는, 그럴듯해 보이는 체제였다.

그러나 이런 식의 전력 운용을 교통, 통신이 발달하지도 않고 군기가 엄정하지도 않은 당시의 군대에 적용하기란 애초부터 무리였다. 자기가 사는 고향을 방위하는 것도 아닌데 굳이 소집에 응해 먼 곳까지 이동하여 두려운 적과 싸우려는 병사들이 많지 않았으며, 일단 병력을 집결시켰다고 해도 중앙에서 내려오는 장수가 아직 도착하지 못한 상태로 적과 만나는 상황이 생길 수 있었기 때문이다. 그래서 왜군의 상륙 소식을 들은 조정이 가장 먼저 이일을 순변사로 삼아 상주에서 적을 막도록 했는데, 이일은 한양에서 얼마라도 병력을 확보해 내려가려 했지만 시간만 지날 뿐 모은 병력은 300명도 채 되지 않았다. 보다 못한 조정의 재촉에 그제서야 집결지로 내려가 보니, 병력은 이미 사방으로 흩어진 뒤였다. 결국 이일은 제대로 싸우지도 못하고 도망쳤다.

　선조의 기대를 한몸에 받고 있던 당대 조선 최고의 명장 신립 역시 마찬가지였다. 당시 이원익을 포함한 다수의 사람들이 조령에 진을 치고 좁은 비탈길을 올라오는 적을 내려다보며 방어하는 것이 유리하다고 생각했다. 그러나 신립은 조령을 포기하고 충주로 물러나 탄금대에 진을 쳤는데, 다른 까닭도 있었지만 몇 만을 목표로 했던 병력이 불과 8천이어서, 적의 수만 병력과 장기 소모전을 벌이느니 차라리 배수진을 치고 아군의 필사의 결전 의지를 북돋워서는 일격에 적의 기세를 꺾는 편이 승산이 있다고 판단했던 점이 가장 큰 이유였다. 그러나 결국 그는 1592년 4월 28일에 대패하고 스스로는 여러 부하들이 숨져간 달래강 강물에 몸을 던지게 된다. 병역 기피 만연에 따른 진관 체제의 붕괴와 그 대안으로 나온 제승방략 체제의 맹점이 합쳐져 어이없는 패전을 빚었던 것이다. 이를 볼 때 이원익이 좀 더 일찍 중앙에 들어와 가급적 병조판서로서 일했더라면 좋았을 것이라는 아쉬움이 남는 것이다. 그가 황해도와 평안도에서 추진했던 중점 개혁이 군적의 정리와 병역의 폐단으로 흩어진 민심을 수습하는 일이 아니었던가? 당시 일반적인 '태평세월' 인식과는 달리, 방군수포제와 진관 체제의 붕괴가 국방과 민생 모두에 큰 위기를 가져오고 있으며 시급한 개혁이 필요하다는 인식을 가진 사람이 조선의 사대부들 중에는 적어도 세 사람 있었다. 이이, 유성룡, 그리고 이원익이었다.

　이이는 일찍부터 이쪽에 관한 문제의식이 있었으며, 병조판서가 되어 적극적으로 개혁을 추진하려 했다. 국왕 선조의 지원도 받았다. 그러나 당쟁에 발목이 잡히는 바람에 거침없이 밀어붙이지 못했고, 그나마 뜻밖에 일찍 죽음으로써 개혁을 시작도 못해보고 끝내야 했다. 유성룡도 진관 체제로 복귀할 것을 주장했을 만큼 이이와 비슷한 문제의식을 가졌다. 그러나 그는 홍여순이나 정인홍만큼은 아니어도 이원익에 비해서는 동인으로서 당파 의식이 짙었으며, 이이의 개혁안을 서인에게 힘을 집중하기 위한 '꼼수'로 의심하여 맹렬히 반대했다. 이원익은 실제 지방행정의 현장에서 뛰면서 생각한 결과 문제의식뿐 아니라 해법도 상당히 갖춰낸 사람이다. 그는 당색이 옅고 이이나 윤두수 등과도 친분이 있었으며, 유성룡과도 같은 동인이라는 것 말고도 뜻이 맞았다. 따라서 그가 좀 더 빨리 본격적으로 이 문제를 해결할 위치에 있었다면 유성룡과 이른바 남인계, 또 서인들 중에서 더 실용적인 사람들과 손을 잡고 임진왜란 전에 개혁을 성취할 수도 있지 않았을까 하는 것이다. 그랬던들 왜란 초기에 그토록 대책 없이 연전연패하지도 않았을 것이고, 국토의 대부분이 적의 손에 들어가지도 않았을 것이며, 명나라의 개입과 여진족의 결집을 불러오지도 않았을 것이다. 을묘왜변이나 삼포왜란처럼 국지전에 그치게끔 만들 가능성도 있었다는 말이다. 역사에는 가정이 없다고 하고, 이원익이 일찍 중앙에 복귀하여 개혁의 선봉으로 나섰다 해도 이이처럼 발목을 잡힐 가능성도 다분하다. 실제로 그가 추진한 대동법도 실현되기까지 참으로 길고 어려운 과정을 거치지 않았던가. 하지만 그래도 이이가 좀 더 오래 살았더라면, 유성룡이 당파를 초월하여 이이를 지원했더라면 하는 아쉬움과 함께 이원익이 일찍 복귀했더라면 하는 아쉬움도 임진왜란의 역사를 들여다볼 때마다 반드시 되살아나는 것을 어쩔 수가 없다.

"제가 직접 나가 싸우겠습니다!"

아무튼 신립의 패전 소식을 들은 선조는 대신과 대간을 불러 파천播遷해야 겠다는 말을 꺼냈다. 대부분의 신하들은 강력히 반대하였다. 수찬 박동현은 임금의 면전에서 이런 말까지 했다.

> "전하께서 일단 도성을 나가시면 민심이 어떨지 보장할 수 없습니다. 전하의 가마輦를 멘 인부도 길모퉁이에 가마를 팽개치고 달아날 것입니다."[42]

『실록』에는 종실 인사들도 해풍군海豐君 이기李耆 등 수십 명이 합문을 두드리고 통곡하며 파천을 말렸다고 적혀 있다.[43] 사실 건곤일척의 승부라고 할 수 있었던 충주 전투가 참담한 패배로 끝난 이상 파천이 정답이었다. 이일이 아무리 애써도 병사 300을 채 못 모았던 현실에서 노도처럼 밀려오는 적군을 막아낼 힘이 있을 턱이 없었고, 왕이 곧 국가였던 당시 상황에서 선조가 한양에서 옥쇄한다면 조선은 그대로 멸망해 버릴 수도 있었다. 고려의 왕들이 거란이나 몽골, 홍건적 등을 피해 여러 차례 파천했던 예도 있는데, 이제 선조가 파천한다 하여 씻을 수 없는 치욕이 되는 것도 아니었다.

그래도 대부분의 중신들이 극구 파천을 말린 것은 조선에서는 왕이 침략군에 쫓겨 도성을 버리는 일이 그때까지 한 번도 없었다는 점과 함께 왕이 도성을 버리면 구심점이 없어져서 더 이상의 저항이 불가능해지지 않을까 하는 염려 때문이었을 것이다. 불가불 뒤에 남겨두어야 할 자신들의 가족들과 저택, 전답 등을 걱정하지 않을 수 없었던 까닭도 컸을 것이다.[44] 또 한편으로는 파천이 불가피하다 내심 여기면서도 일단 반대를 외쳐 역사에 '꿋꿋한 기상을 가진 사람'으로 남기를 기대했든지……. 어쨌든 급박했던 현실에 비추어 보면(왜군은 선조가 한양을 빠져나간 뒤 겨우 이틀 만에 한양을 점령했다), 어떤 이유로든 국가적 차원에서는 답답한 논쟁으로 시간을 소모하고 있었던 셈이다.

그런데 울면서 파천을 말리는 일에 동참하지 않고, 정말로 보기 드문 용기를 보여준 조정 중신이자 종실의 일원도 있었다. 바로 이원익이었다.

> 이원익이 "저와 결사대 10여 명이 죽고 살기를 같이 하기로 약속하였습니다. 이들과 함께 적진에 뛰어 들어가 적장의 목을 베고 국난의 긴박함을 조금이라도 완화시킨다면, 비록 죽어도 한이 없겠습니다" 하였으나 조정에서는 무모하다 하여 채택하지 않았다.[45]

「연보」에는 이 말에 감동을 받은 선조가 비변사에 그 이야기를 전하니, 비변사에서는 "이름난 장수도, 힘센 무인도 아닌 선비가 뭘 할 수 있겠습니까? 스스로를 굶주린 호랑이에게 던지는 격입니다"라며 반대했다고 적혀 있다.[46] 당시 이원익의 나이는 46세로, 노인이라 불릴 정도는 아니지만 청년이랄 수도 없었다. 게다가 이조판서에 자헌대부라는 지위에 있는 사람이 '자살 공격'을 자원하다니! 용감하다고 감탄해야 좋을지, 어이가 없다고 해야 할지 어려운 대목이다.

사실 이원익은 때로는 무모하다는 말을 들을 만큼 말보다 행동이 앞서는 성향의 인물이었던 듯하다. 안주 목사에 임명되자마자 관례를 무시하고 훌쩍 말을 집어타고 임지로 떠난 것도 그렇고, 하급 관료인 질정관 '주제에' 명나라 고관을 찾아가 직접 맞상대를 했던 것도 그렇다. 나중에는 아무도 가지 않으려 하는 명나라 사신을 병든 몸으로 자청하기도 한다. 이원익을 가리켜 "하는 일을 보면 참 무모한 사람"이라고 평가한 경우도 있었고,[47] 말년에는 이원익 스스로 이렇게 술회하고 있다.

> "나는 평생 이익을 보면 그것이 부끄럽지 않은지부터 생각하였다. 또한 일을 할 때는 그것이 어렵다고 마다하지 않았으며, 처신할 때는 구차하게 굴면서까지 남에게 받아들여지고자 하지 않았다. 이런 태도에 잘못이 없지 않으니, 줄이려고 하였으나 잘되지 못하였다."[48]

옳다고 생각하는 일에 남의 눈치를 보지 않고, 세상의 통례에 구애되지 않으며, 이해득실을 따지거나 일의 어려움과 쉬움을 가리지 않고 뛰어드는 생활을 계속해 왔다는 것이다. 참으로 그다운, 이원익다운 모습이다. 우리는 그가 진실로 이런 '무모한' 태도를 삶을 마칠 때까지 이어갔음을 확인할 수 있을 것이다.

그런 '무모함'이 앞뒤 분간 없는 결기에서 나온 것이 아니라 '이것은 분명히 옳다'는 사리판단 뒤에 나오는 것이었으므로, 또한 홍여순이나 정인홍鄭仁弘 같은 사람들의 적개심이나 파벌 의식과는 무관한 것이었으므로, 우리는 그 무모함을 이해할 수 있다. 그리고 당시 사람들도 그가 무모하다고 꺼리거나 버리지 않고, 오히려 존경하고 존중했으리라. 어쨌든 선조는 이원익의 청대로 그를 결사대로 내보내는 대신, 어쩌면 더 어깨가 무거울 수도 있는 일을 맡겼다.

> 이조판서 이원익을 평안도 도순찰사都巡察使로, 최흥원을 황해와 경기 도순찰사로 삼아 모두 당일에 떠나도록 하였는데, 이는 장차 상이 서행할 것을 대비하기 위해서였다. 원익은 일찍이 안주 목사를 지냈고, 흥원은 황해 감사를 지

냈는데, 모두 은혜로운 정치를 하였으므로 민심이 따르고 있었다. 그래서 그들을 먼저 보내 어루만져 달램으로써 순행巡幸에 대비하려는 것이었다.[49]

당시 전에 보지 못한 전란을 만난 민심은 한껏 격앙되어 있었다. 이렇게 된 게 다 임금과 조정 신하들 때문이라는 말도 당연하듯 불거졌고, 임금이 한양을 벗어나면 그나마 남은 수비 병력도 빠져나갈 것이니 백성들은 속수무책으로 왜군에게 당하리라는 걱정과 공포 때문에 관리들에게 마구 대들며 폭행하는 경우까지 있었다. 임금이 머물 곳마다 민심이 이 지경으로 불안하면 곤란할 것이므로, 현지에서 인망을 얻고 있던 이원익과 최흥원에게 민심을 수습하고 임금이 도착할 때까지 숙소나 방어책 등을 마련할 책임을 맡긴 것이다. 백성을 지켜주지도 못하면서, 그들을 설득해서 왕과 조정 중신들이 쓸 물자를 내놓게 하고 병력 모집에 응하게 해야 했던 이원익은 마음이 답답했을 것이다. 차라리 결사대가 되어 나가 싸우는 편이 마음은 더 편하지 않았을까. 길 떠날 준비를 하며 가족들과 인사를 나누는 순간에도 속으로 애가 끊어졌을 것이다. 이번에는 영영 생이별이 될 수도 있으며, 한양에 남는 가족들이 왜적들에게 어떤 일을 당할지 알 수 없었기 때문이다. 그래도 의연한 태도로 부인과 22세였던 장남 이의전에게 뒷일을 부탁하고, 눈에 넣어도 아프지 않을 세 살배기 손자 이수약李守約을 한 번 안아본 다음 홀홀히 일어나 평양으로 출발했다.[50]

마침내 선조와 중신들은 4월 30일에 한양을 떠나, 개성과 황해도를 거쳐 5월 7일에 평양에 도착했다. 일단은 안정된 셈이었는데, 이원익은 그 사이에 비방에서 바친 세금(쌀)을 싣고 한양으로 들어오던 세곡선稅穀船의 뱃머리를 돌려 평양에 바로 닿도록 해서 어가御駕를 맞이할 준비를 끝내 놓고 있었다. 창졸간에 도성을 떠나 한때 반찬 없이 밥을 먹어야 했던 선조와 세자(광해군)는 이제야 겨우 한숨 돌리며 제대로 된 식사를 할 수가 있었다. 문제는 이곳 평양을 지키며 반격의 거점으로 삼을 것인가, 평양 역시 잠시의 기착지로 삼아 계속 파천할 것인가였다. 평양은 성이 견고했고, 대동강이라는 자연의 장벽을 이용할 수 있었다. 그리고 전라도에서 올라오는 근왕병을 기다려 황해도, 경기도 등의 병력과 합세해서 한양을 되찾을 전망을 품어봄직도 했다. 한양에서 몽진하는 일에는 별로 반대가 없었던 윤두수가 평양에서만큼은 물러나면 안 된다고 주장했고, 이원익의 뜻도 그랬다고도 한다.[51] 평양에서 나서면 더 이상 마땅히 머물 만한 곳이 없고, 최대한 국경 가까이까지 갔다가 중국으로 넘어갈 것인지 말지를 결정하는 일밖에 남는 게 없기도 했다.

5월 7일에는 이순신이 옥포에서 첫 승전을 함으로써 육로와 해로에서 동시에 북진하려던 왜의 전쟁 계획이 일단 좌절되었기에 평양의 조정은 한결 기운이 났다. 또 5월 초 함양, 거창, 합천 등 영남 의병의 궐기와 지원을 극력 종용·주획하던 김성일(1538~1593)은 진주 목사와 곽재우 등 영남 의병과 호남 의병까지 합세한 진주성 승첩을 이끌어 왜의 호남 진출을 막아내는 데 큰 공을 세웠다. 그러나 5월 23일에는 임진강에서 적의 북진을 저지하려던 5만의 병력이 패배해 버렸고, 의병을 모아 북진 중이던 고경명의 호남병도 그 소식을 듣고는 호남을 지키는 데 주력하기로 하고 발걸음을 되돌려 버린다. 그들 말고 전라 감사 이광, 충청도 순찰사 윤선각, 경상도 순찰사 김수 등이 이끌던 남도연합군 5만은 계속 북진했으나 6월 5일, 6일에 용인과 광교산에서 잇달아 패배했다. 이렇게 되자 희망은 다시 스러지고 말았다.

평양 공방전, 패배에서 얻은 교훈

이제 평양 사수냐, 다시 몽진이냐 하는 논쟁이 벌어졌다. 윤두수와 유성룡은 평양을 지키자는 쪽이었고, 전쟁 때문에 유배에서 풀려 선조에게 찾아온 정철은 평양을 떠나자는 쪽이었다. 결국 선조 등은 6월 11일에 평양을 떠나 영변으로 향했고, 이원익에게는 좌의정이던 윤두수, 도원수 김명원金命元, 평안 감사 송언신宋彦愼 등과 함께 평양에 남아서 왜군을 막도록 했다. 임진강이 뚫린 이상 대동강을 방어선으로 정하고 적을 막아보되, 임금과 세자는 피신한다는 것이었다. 유성룡도 명나라에서 사람이 오면 접대하고 협의하는 일을 맡는다 하여 일단 남았다. 그는 이제는 정승에서 밀려나 풍원부원군豊原府院君이라는 이름뿐이었는데, 전쟁 초기에 이일과 신립이 적을 충분히 막아낼 수 있으리라 과신하고, 빨리 지방에서 근왕병을 모집하여 한양을 방비하자는 선조의 말에 "공연히 지방을 불안하게 해서는 안 된다"며 우기는 바람에 결국 선조가 파천을 택하지 않을 수 없게 만들었으므로 인책된 것이었다.

평양은 성벽이 견고하고 이중 삼중으로 쳐져 있어서 한양보다 방어에 유리했으나, 지킬 병력이 크게 부족한 점이 문제였다. 정규 병력 외에 그 지역에서 병력을 모집해서 어떻게든 머릿수를 맞추려 했지만 어쩔 수가 없어서 성벽 근처의 소나무에 옷을 걸어두어 멀리서는 병사처럼 보이게 하는 등 애처로운 수를 쓰는 형편이었다. 대동강도 천연의 장벽으로, 특히 대동강변에 이른 왜군은 한강에서와는 달리 건널 배가 없어서 난감한 상황이었다. 하지만 군데군데 물이 얕은 여울목이 있기 때문에 안심할 수가 없었다.

양 진영은 대동강을 사이에 두고 대치했다. 이원익은 왕성탄王城灘 여울목을 지키고, 윤두수는 연광정에 있고, 송언신, 평안도 병사 이윤덕, 자산 군수 윤유후 등이 각각 대동문, 부벽루, 장경문 등에 배치되어 있었으며, 성을 지키는 군사는 현지 농민들 중에서 뽑은 병력을 합해 보았자 3, 4천 명이었다.[52] 하지만 고니시 유키나가가 이끄는 왜군도 5, 6천에 지나지 않았고,[53] 오랜 행군과 전투, 보급의 부족 때문에 그리 왕성한 기세는 아니어서 양측은 한동안 서로 탐색만 하며 시간을 보냈다. 강물과 성벽이 가까운 곳에서는 왜적이 조선 수비병을 조총으로 쏘고, 조선군은 총통을 쏴서 응사하는 등의 작은 충돌이 있었다.

당시 행정 직급상 평양의 최고위 인사는 좌의정 윤두수이고, 원임 좌의정 유성룡도 그에 비등했다. 그러나 군사 책임자로서는 도순찰사 이원익, 도원수 김명원, 순검사 한응인韓應寅, 경기 감사 권징, 평안 감사 송언신 중에 누가 최종 명령권자가 되어야 하는지를 놓고 마찰이 생겼다. 이 작전을 평안도 방위 작전이라고 본다면 이원익 또는 송언신이 최고사령관이 되어야 하고, 전체 방어전 차원으로는 김명원이 되어야 했으며, 한응인과 권징은 직급상 이들과 대등했으므로 혼란이 빚어진 것이다. 그러자 이원익은 스스로 군복 차림을 하고 김명원에게 군례를 드림으로써 하급자를 자처하고는 가장 일선인 왕성탄 여울목 방위를 자청해 나가니, 비로소 김명원을 최고사령관으로 인정하고 지휘 체계를 일원화할 수 있었다고 한다.[54] 말싸움보다는 행동으로, 자신의 이해득실보다 맡은 임무에 대한 충실함으로 움직였던 이원익의 행동 철학이 다시 나타난 것이었다. 앞서 임진강 전투에서 한응인이 김명원의 지휘권을 인정하지 않은 결과 손발이 맞지 않았던 것이 패배의 한 원인이었음을 생각할 때, 이원익의 이 행동은 군사적으로도 중요했다.

아무튼 김명원은 적의 숫자나 준비 태세가 생각보다 만만하다 싶어 야습하기로 결정했다. 6월 13일 밤에서 14일 새벽 사이에 이원익이 수비하고 있던 왕성탄을 거점으로 결사대를 출격시켜 동대원東大院 언덕에 진치고 있던 적을 공격하기로 했는데, 『실록』에는 이원익이 출신出身 김진金珍 이하 토병(현지 주민 중에서 뽑은 병사) 100여 명을 출동시켰다고 적혀 있고 『재조번방지』에는 김명원이 정병을 뽑아 고언백高彦伯의 지휘하에 공격하게 했다고 되어 있다. 아마도 김명원이 선발한 정규군과 이원익 휘하의 토병이 연합하여 공격한 것 같다.[55] 결사대는 잠들어 있던 적병을 급습하여 몇 명을 칼로 베고, 수백 명을 활로 쏴 죽였다. 특히 토병 김운성이 적의 부대장을 사살하는 성과를 올렸다. 그리고 말 133필[56]을 빼앗아 되돌아왔다. 말은 아군을 위해서도 귀중한 자산이었지만 특히 배가 없는 왜군의 도하渡河와 육로 추격에 요긴했으므로, 말들을 빼앗는 일도 이 야습의 중요한 목표의 하나였다. 이원익의 왕성탄 기습 작전의 선제공격은 그동안 수세에 몰려 도망만 가야 했던 조선군의 첫 승리였으며 우리 군사가 적의 강약을 시험해 보고 자신감을 갖게 된 최초의 전투였다.

고니시군은 14일 저녁 무렵 훈련된 대군을 몰아 여울을 건너 쳐들어오기 시작했다. 그때까지 왕성탄을 지키고 있던 이원익과 순변사 이빈 등은 중과부적의 상황에서 통분을 머금고 후퇴했다. 압도적인 적군이 강을 거침없이 건너 다가오는 전력에 병사들이 그만 이겨내지 못하고 패했다. 병사 없이 싸울 수야 없으니 어쩔 수가 없었을 것이다. 평양 성내의 윤두수, 김명원, 송언신, 이윤덕 등도 성의 군민을 내보낸 다음 달아났으며, 빈 성이 된 평양은 변변한 전투 한 차례 없이 허무하게 왜군의 손아귀에 들어가 버렸다. 이원익이 애써 모은 군량미 10만 석도 적에게 떨어졌다.

"목숨을 걸고 적진에 뛰어들어 적장의 목을 베겠다"고 했던 이원익임을 생각한다면 이런 퇴각이 비겁해 보일지도 모르겠다. 실제로 멀리서 연기가 치솟는 평양성을 돌아보며 부끄러움과 분함에 몸부림쳤을 것이다. 그러나 병사들이 모두 달아나는 상황에 혼자서 싸운다면 그야말로 개죽음밖에 더 되랴? 일단 피했다가 병력을 수습해서 다시 싸우기로 결단한 이원익은 결국 평양을 뒤로 했다.

그는 이후 순안으로 가서 7월이 되기까지 600여 명의 토병을 다시 모았다. 조정에서도 정신없이 달아나 산속에 숨었다가 6월 말이 되어서야

평양을 함락해 한때 조선을 벼랑 끝까지 몰아 붙인 고니시 유키나가.

나타난 평안 감사 송언신을 징계했으나 이원익에게 책임을 묻는 사람은 아무도 없었다. 오히려 송언신 대신 이원익을 평안 감사에 앉히고, 도순찰사를 겸하여 적군과 맞서게 했다. 이제 이원익은 생전 처음 겪은 전투에서 '개죽음은 만용일 뿐, 나라와 백성에 도움이 되지 않는다. 어떻게든 살아서 반격을 노려야 한다. 살아만 있으면 기회는 다시 온다'는 교훈을 뼈에 새길 수 있었다. 그리고 일단 병사들, 바로 백성들이 있어야 싸울 수 있고, 그것도 장수와 혼연일체가 되어 적의 조총에도 두려움 없이 덤벼들 수 있는 사기 드높은 병사가 필요하다는 사실 역시 깊이 새겼다. 그래서 그는 순안으로 퇴각한 그날부터 병사를 모으고 조련하는 데 온 힘을 다 쏟았으며, 얼마 후 '조선군 중에는 이원익의 군대만이 쓸 만하다'는 평가를 받게 된다.

이원익, 반격을 준비하다

1592년 7월 4일, 천여 명의 군사들이 조선 왕의 최후 피신처 의주로 들어왔다. 각양각색의 차림인 데다 들고 있는 무기도 조총에서 창, 칼, 쇠스랑에 곡괭이까지 잡다했지만 의외로 군기는 바싹 들었던지 표정이 엄숙하고 발걸음이 정연했다. 그들을 이끌며 앞장서서 말을 타고 오는 사람이 이원익이었다. 그런데 그의 행색은 처음 보는 사람은 피식 웃음을 터뜨릴 만큼 보잘 것이 없었다. 원체 작은 키인데 입은 옷도 수수하고, 평안 감사이자 도순찰사의 행차임을 보이기 위해 동자 두 명을 앞세웠으나 그들이 들고 있는 절월節鉞은 또 중간이 부러진 채였다.[57] "저게 뭐람, 아무리 전쟁통이라지만 수십 명의 갑사를 앞세우고 깃발과 취타로 당당하게 할 수도 있었지 않은가?" "헤, 이원익 키가 작다더니 정말 작구먼!" 하는 쑥덕임이 번지는 듯했다. 하지만 이원익은 아랑곳없었다. 격식과 허세를 싫어하는 그의 성품은 여전했다. 그는 그사이에 모은 토병을 이끌고 평양에서 헤어진 지 수십 일 만에 임금을 뵈러 온 것이었다.

"경이 혼자 수고하니 내 마음이 미안하다. 하지만 나랏일이 이 지경에 이르렀으니 더욱더 노력해 주기 바란다."[58]

모집한 토병의 규모와 평양 전투 때의 상황, 평양의 수복 가능성 등을 놓고 이원익과 이야기를 나눈 선조는 이렇게 따스한 말로 그의 노고를 위로했다. 당시 평양을 점령한 고니시 유키나가는 어떤 꿍꿍이인지 더 이상의 진격을 멈추고 평양에 눌러앉아 있었고, 가토 기요마사는 함경도를 유린하는 중이었다. 이제 조선 팔도에 남은 땅이라고는 평안도 서쪽 귀퉁이

고구려 때 수도 평양을 방어하기 위해 쌓은 평양성.

와 전라도밖에 없는 상황에서 이원익, 유성룡, 윤두수, 이덕형, 이항복 등의 중신들은 아무래도 요동으로 망명해야 될까 보다는 선조를 만류하면서 흩어진 전력을 재정비하고 반격을 준비하느라 여념이 없었다.

그때까지 패전의 가장 큰 원인이 병력 부족 때문이었던 만큼, 병력을 한 명이라도 더 끌어모으는 일이 최대 과제였다. 이산해는 전국에 격문을 띄워 의병을 일으키도록 했다. 유성룡은 '당근과 채찍'을 써서 주저하는 병사들의 등을 떠미는 방법을 썼다. 『징비록』에 보면 이런 장면이 나온다.

이날 저녁 소곳역에 이르러 보니 이속吏屬과 군졸들이 모두 흩어져 사람의 그림자도 볼 수 없었다. 군관들에게 촌락을 수색시켰더니 군졸 몇 사람을 찾아 데리고 왔으므로 타이르기를 "나라에서 평소에 너희들을 길러온 것이 이런 때 쓰고자 한 것인데, 어찌 도망칠 수가 있단 말이냐? 더구나 명나라 군대가 이제 이르게 되어 나라 일이 급하니, 이때야말로 너희들이 힘을 다해 공을 세워야 할 시기이다" 하고, 공책 한 권을 꺼내서 그들의 이름을 먼저 써서 그들에게 보여주고는 "훗날에 이것으로 공로의 등급을 매기고 임금께 아뢰어 상을 줄 것이다. 만일 여기에 기재되지 않은 사람은 난리가 평정된 뒤에 낱낱이 조사해 벌을 받을 것이다. 한 사람도 면하지 못하리라."

이원익이 왜군을 혼란에 빠뜨리기 위해 암살을 계획했던 가토 기요마사.

이 소문이 퍼져나가자 얼마 지나지 않아 사람들이 잇달아 찾아와 말하기를 "소인들은 볼 일이 있어서 잠시 나가 있었던 것뿐입니다. 어찌 감히 신역身役을 피할 수 있겠습니까? 그 공책에 제발 저희 이름을 기재해 주십시오" 하였다. 이것으로 인심을 수습할 수 있음을 알고 여러 고을에 공문을 보내 이런 식으로 고공책考功冊을 만들어 시행하도록 했다. 그러자 사람들이 다투어 몰려와서 시초도 나르고, 집도 짓고, 솥과 가마도 거는 등 며칠 만에 일이 이루어져 나갔다.[59]

당장 목숨이 두려워서 달아나는 사람이야 어쩔 수가 없지만, 압도적인 공포가 물러난 뒤에도 '내가 왜 굳이……' 하며 나서지 않으려는 사람들에게 "이름을 적어둔다"며 난리가 끝난 다음 상을 받을 것이냐, 벌을 받을 것이냐로 그들의 행동을 이끌어낸 것이다. 특히 "명나라 군대가 이제 온다"며 조금만 지나면 전쟁이 끝날지 모르고, 그때 가서 상은 받지 못할망정

벌을 받으면 큰일이라는 생각을 갖도록 해서 사람들이 앞다투어 일터로 돌아오게 만들었다. 사람의 심리를 잘 이용할 줄 알았던 유성룡의 역량을 엿볼 수 있는 대목이다.

한편 이원익은 이와는 다른 식으로 사람들을 모았다. 그는 당근과 채찍으로 사람의 의지를 교묘하게 옭아매기보다는, 은혜로 어루만지고 정성으로 도왔다. 난리의 와중에 그의 힘이 미치는 곳만이 그래도 사람이 살 만하다는 소문이 퍼져 저절로 백성들이 찾아오도록 하고, 일단 안식처를 찾고 기운을 차린 백성들은 굳이 윽박지르지 않아도 자발적으로 무기를 잡고, 적들이 그 안식처를 침범하지 못하게끔 분연히 막아섰던 것이다.

공은 '8도 가운데 7도는 와해되고 평안도의 수십 고을만이 온전하니 여기가 7도를 회복할 근본이 되리라'고 생각했는데, 적의 형세는 더욱 치열해지고 인심은 파탄하였다. 그래서 공은 왕명을 받은 이래로 밤낮으로 노력하여 인심을 은혜로써 어루만지고 안정책으로써 진정시켰다. 비록 위급한 전쟁 중이라 하더라도 언어와 행동이 침착했고, 아무리 번잡한 사무라 하더라도 신처럼 척척 처리했다.[60]

여기서 잠깐 유성룡과 이원익을 비교 평가하는 유명한 말을 생각해 보자.

사람들이 말하기를, "이원익은 속일 수는 있으나 차마 속이지 못하겠고, 유성룡은 속이려고 해도 속일 수 없다."[61]

간단하게 생각하면 유성룡이 이원익보다 뛰어나다는 말처럼 들린다. 그러나 속이려고 해도 속일 수 없는 사람은 무서운 사람이다. 그 앞에 서면 늘 긴장하지 않을 수 없는 사람이다. 반면 올곧고 이해득실 계산에 별로 관심이 없는 사람은 잔꾀로 속여 넘기기 쉽지만, 속여도 왠지 마음이 편치 않다. 그가 옳고 자신이 틀렸음을 알고 있기 때문이다. 바로 이원익의 리더십, 상대를 규찰하고 윽박지르기보다 스스로 잘못을 반성하고 행동을 고치게 하는 리더십을 그대로 보여주고 있다.

그리고 이원익의 평생을 꿰뚫는 '안민安民이 최고다. 다른 것은 다 군더더기다'라는 사상도 명백히 나타나고 있다. 전쟁 전에 병역제도와 세제의 개혁이 백성을 안정시키고 동시에 국방력을 강화하는 길이라고 믿고 실천했던 것처럼, 전쟁 중에도 이원익은 다른 무엇보다 백성의 마음을 붙잡아야 국난을 극복할 수 있다고 믿었다.

사상 최대의 전란을 극복할 힘은 이일이나 신립 같은 장수도 아니고, 명나라 군대도 아니고, 백성들에게서 찾아야 하는 것이다. 조정에 실망하고 악덕 관리들에게 치를 떠는 백성들은 함경도에서처럼 임해군과 순화군, 벼슬아치들을 잡아서 왜군에게 바치기도 했으며, 반대로 목숨 걸고 내 나라와 내 고향을 지키겠다는 신념에 불타는 백성들은 행주산성에서처럼 군과 민, 남녀노소를 가리지 않고 한 덩어리가 되어 치열하게 싸우기도 했다. 안민, 그것이 곧 국방이었다.

그래서 이원익은 선조를 알현한 자리에서 "남쪽에서 뽑아온 병사들은 무너져 흩어지기를 잘하나, 평안도의 토병은 믿을 수 있습니다" 하고 아뢰며 공을 세운 토병들을 후히 대접해 주기를 청했다. 아무래도 멀리서 온 병사들은 북녘 땅에 특별히 애향심이 있을 턱이 없으니 전세가 불리하면 달아나는 반면, 토병들은 잘만 다독이면 용감하게 싸운다는 사실을 잘 알고 있었던 것이다. 한편 그렇게 사기가 높지 못한 남쪽 병사들의 마음도 잘 달래야 한다고 여겨 "비변사에서 강변의 토병은 술·고기와 면포를 주어서 구휼한다는 뜻을 보였으나 유독 내지內地의 군대에게는 남의 나라 사람 보듯 하고 있습니다. 호조로 하여금 전세田稅나 창고에 저장된 쌀과 콩을 지급하게 하소서"라고 건의한다.[62] 그리고 군량 수급 때문에 전체적으로 식량 사정이 어려운 가운데서도 지역민들에게 잊지 않고 구휼과 면세 조치, 포상이 돌아가게 했으며, 조금 사정이 나아지면 전쟁 중임에도 과거를 실시하게 하고, 고을의 격을 높이도록 건의하여 지역민의 사기를 북돋웠다. 그러다 보니 백성들은 이원익의 군문에 자진해서 들어가 병사가 되고, 민간인으로서도 적에게 굴복하지 않고 용감하게 맞섰다.

"중화(中和, 평안도 중화읍) 사람들은 종시 적에게 따르지 않고 비록 촌부와 야로野老들까지도 오히려 힘을 다하여 싸웠습니다. (……) 당초 적의 경보警報가 매우 위급할 때에 신이 배를 바닷가에 정박시키고서 백성들을 불러 말하기를 '너희들이 국가를 위하여 싸우다가 죽는 것은 당연할지라도, 너희 처자들은 사세가 급해지면 도망할 곳이 없으니 먼저 배 위에 오르게 하고 적세를 관망하는 것이 어떤가?' 하였더니, 백성들은 대답하기를 '차라리 적에게 죽을지언정 강을 건너 어디로 간단 말입니까' 하고는 죽음을 두려워하지 않고 싸우기를 계속했습니다. 신은 그들의 의리에 깊이 감복하였습니다."[63]

"감사 이원익이 직무에 마음을 다한 것은 중외의 사람들이 모두 알고 있습니다. (……) 중화라는 읍은 오래도록 적의 수중에 빠져 있었음에도 불구하고, 외롭게 남은 백성들이 날마다 혈전을 일삼아 한 사람도 적에 부역한 자가 없었습니다. 마침내 여염은 빈 터로 바뀌고, 밥짓는 연기조차 끊어졌으니, 그곳에 거주하는 백성은 참으로 애처로우나 그 일은 가상한 일이니 참으로 충의의 고을이라 할 수 있습니다. 감사 이원익이 일찍이 건의한 대로 특별히 읍호를 승격함으로써 애국심을 권장하는 것이 격려하는 도에 합치될 듯합니다."[64]

"이원익이 평양에 있을 때는 대오를 결성하고는 군졸을 애휼愛恤하였으므로 사람들이 모두 기꺼이 대오에 편성되었는데, 이원익이 갈려온 후에는 각 읍의 수령들이 그대로 따르지 않고, 심지어는 뇌물을 받고 면제해 주면서 군적을 바꾸기까지 하니 한심한 일입니다."[65]

그리하여 평양에서 후퇴한 지 한 달 반 정도 지난 8월 초에 벌써 이원익이 지휘하는 병력이 수천에 이르게 되었다. 이밖에 순변사 이빈도 함께 순안에 있었고, 별장別將 김응서, 박명현 등은 용강, 삼화, 증산, 강서 4개 읍의 군대를 거느리고 20여 개 둔을 만들어 평양 서쪽에 진을 치고, 김억추 등은 수군을 거느리고 대동강 하류에 진을 쳐서 서로 지켜주는 형세를 만들었다. 그렇게 되자 선조는 7월에 왜군을 얕잡아보고 섣불리 평양을 공격했다가 패퇴한 다음 자꾸만 미적거리는 조승훈祖承訓 휘하의 명나라 군대만 바라볼 것이 아니라 재정비한 조선군 병력으로 반격을 해보자고 생각한다.

8월 1일, 제2차 평양성 탈환 작전이 전개되었다. 이원익 휘하의 병력을 중심으로 5천 명의 병력이 세 차례에 걸쳐 출격했고, 초전에는 적병 20여 명을 사살하며 기세를 올리기도 했다. 그 사이에 김응서 등은 흩어져 있는 소수의 적병을 소탕하며 평양성까지 이르렀으나 적은 성을 굳게 지키며 나오지 않았다. 선조는 이 소식에 "힘껏 싸워 적을 섬멸하였다니 참으로 가상하다"며 한껏 고무되었다. 그러나 성을 돌파할 수는 없고, 싸울 상대도 없어 방심하는 사이에 적의 주력군이 기습적으로 성을 나와 공격했고, 이에 놀란 병사들이 이리저리 흩어지는 바람에 크게 패하고 말았다.

방어력이 뛰어난 평양성인 만큼 압도적인 병력이 아닌 이상 깨트리기 어려운 점과, 비록 사기가 높은 토병 집단이라지만 뜻밖의 위기를 만나면 제대로 대처할 능력이 떨어진다는 점이 여실히 드러난 전투였다.

이원익은 여기서 평양 함락 당시 얻은 교훈에 이은 두 번째 교훈을 얻는다. 전쟁을 하려면 백성에 의지할 수밖에 없고, 그러려면 안민이 제일이다. 하지만 역시 전력을 집중한 단판 승부에서는 병사의 숙련도와 병법, 전술이 군대의 사기 이상의 효과를 낼 수가 있다. 그래서 계속해서 백성을 어루만지고, 동시에 병력을 모집하는 정책을 펴되, 일단 모집한 병력은 강도 높게 훈련하여 정예병으로 단련시키는 방침을 세웠다. 또한 같은 병력이라도 마구잡이로 두지 않고 각각 병과를 나누어주어, 궁병이면 궁병, 창병이면 창병 식으로 각자 특기와 전술을 익히게 했다. 그래서 2년쯤 뒤에는 팔도의 병력 중 이원익의 평양 군대만이 질서 정연하고 임전 태세가 완벽하여 타의 추종을 불허했다고 한다. 이원익은 실수하지 않는 사람은 아니었다. 때로는 격정에 휩싸여 경솔한 행동을 할 때마저 있었다. 그러나 그는 누구보다도 실패에서 교훈을 얻는 일에 뛰어났다.

> 상이 이르기를 "이원익은 그의 재략才略은 논할 필요가 없더라도 그의 부지런함은 누구도 미칠 수 없다. 평양의 성안에 검술과 포 쏘는 법을 익히지 않은 자가 없다고 한다" 하니 유성룡이 아뢰기를 "신이 들으니 원익은 방패를 베고 누워 눈물과 한숨으로 지새우고, 병제兵制가 오랫동안 폐해진 것을 한탄하여 바로잡아 세울 것을 생각하며, 또 제대로 상벌賞罰을 시행하므로 한 달 사이에 성과가 있게 되었다고 합니다" 하였다.[66]

아무튼 그것은 뒤의 일이고, 또 이원익 말고는 쉽게 따라 하지도 못할 일이었다. 이제 호남은 바다의 이순신과 육지의 의병이 보전하고 있는 덕분에 보급이 어려워지고 물길을 통해 북쪽을 협격할 방법이 없던 왜군의 상황이 점점 고단해지고 있었기는 해도, 회심의 평양 탈환전이 실패함으로써 전세를 뒤집어 남쪽으로 밀고 내려가는 일은 명나라의 본격적인 지원 없이는 생각할 수 없게 되었다. 1592년 12월, 이여송李如松이 이끄는 4만 5천의 명군이 압록강을 넘었다. 이후로 이원익은 전투 지휘만이 아니라 명군을 보조하고 지원하는 일에 매달려야 했다. 그것은 또 다른 고된 임무였다.

평양 탈환과 이원익의 군사지도

1593년(선조 26년) 1월 8일, 사흘 동안의 전투 끝에 이여송의 명군과 이원익의 조선군은 평양을 탈환했다. 고니시 유키나가는 퇴각하고, 함경도의 가토 기요마사도 후퇴해 전세가 완전히 뒤집히는 것 같았다. 야사에 따르면 이원익은 이 희망의 빛을 찾기 위해 다만 병력만 동원한 것이 아니라 숨은 노력도 했다고 한다. 임진왜란을 연구하는 사람들은 하나같이 평양을 점령한 고니시 유키나가의 '이해할 수 없는 멈춤'을 의아해한다. 평양이 함락된 이상 선조가 확고하게 방어할 수 있는 땅은 국내에 하나도 없었고, 방어할 병력도 거의 남아 있지 않았다. 그렇다면 왜 고니시는 내친 김에 열흘 남짓이면 이를 수 있는 의주까지 진격해서 전쟁을 끝내버리지 않고, 그해 가을과 겨울 내내 평양에서 움직이지 않았을까? 여러 가지 이유가 거론되는데, 이순신이 한산대첩을 거두어 제해권을 장악함으로써 서해를 통해 왜군의 보급이 이를 수 없게 되고, 따라서 고니시군이 움직일 수 없었다고 보는 경우가 많다. 하지만 한산대첩은 평양 함락 한 달쯤 뒤인 7월 8일에야 있었고, 평양성에는 이원익이 애써 모아둔 군량 10만 석이 있는데다 현지 주민들에게 거두는 방식도 있었으므로 고니시가 열흘도 못 견딜 만큼 군량이 부족한 지경은 아니었다. 그래서 섣불리 의주까지 접근할 경우 명나라를 자극하여 대군의 개입을 초래할 위험을 생각하고, 막다른 골목에 몰아넣은 조선 왕과 협상함으로써 유리하게 전쟁을 끝낼 것을 검토했다는 해석이 더 그럴듯하다. 그런데 박동량朴東亮의 『기재사초』에 따르면 당시 유명한 명나라의 외교가이자 책략가인 심유경沈惟敬이 조선에 들어와 고니시와 협상했으며, 심유경은 "일단 연경에 돌아갔다가 50일 안에 긍정적인 답변을 가지고 돌아오겠다. 그때까지는 군사를 움직이지 마라" 하여 고니시에게 약속을 받고는 다시 출국했다고 한다. 고니시는 명나라 조정에서 심유경이 좋은 답변을 얻고 돌아오기를 눈이 빠지게 기다리고 있었으나, 50일이 다 되는데도 돌아올 기미가 보이지 않았다. 이때 돌아가는 사정을 정탐하여 알고 있던 이원익이 심유경이 쓴 것인 양 편지를 고니시에게 들여보내니, 고니시는 기뻐하며 "더 참을 수가 없어서 2, 3일 내로 출동할 생각이었는데, 이런 기쁜 소식이 들어오니 참으로 다행이다"라고 말했다고 한다.[67] 즉 고니시는 심유경과의 약속 때문에 평양에서 움직이지 않고 있었고, 이원익의 공작 덕분에 그 기간이 연장되었다는 것이다. 잘못했으면 명나라의 본격 개입이 시작되기 전에 고니시의 총공세가 의주의 조선 조정에 몰아칠 뻔했으니, 이원익의 뛰어난 정보력과 재빠른 기지가 알게 모르게 나라를 구원한 셈이었다.

    이원익은 명군을 맞이하고 그들과 협력하는 일에도 중심적인 역할을 했다. 그것은 그가 평안 감사이자 순찰사로서 실질적인 '현지 작전지휘관'으로 앞장서서 명군과 얼굴을 마주대고 협의해야 할 위치에 있었을 뿐 아니라, 조선에서 으뜸가는 중국어 실력자였기 때문이다. 그는 통역을 세울 필요 없이 명나라 장수들과 군사기밀에 대한 논의를 은밀히 했으니,[68] 중

임진왜란 때 조선과 명나라 연합군이 평양성을 탈환하는 장면을 그린 「평양성 탈환도」(8폭 병풍).

간에 사람을 세움으로써 빚어지는 오해나 간첩의 농간을 피하면서 명나라 장수들의 신임도 독차지할 수 있었다. 일찍이 승문원에서 중국어 공부로 날을 새는 그를 비웃던 동료들이 그 사실을 알았다면 과연 뭐라고 했을까.

그뿐이 아니었다. 탁월한 행정 능력으로 이런저런 보급을 빨리 해달라는 명군의 요구에 시의적절히 대응했으며, 한편으로 단지 그들에게 굽실거리는 것이 아니라 이원익 특유의 근실勤實함과 대범함으로 그들을 놀라게 하고 존경하게 하기도 하였다. 이원익 가의 가승家承에 따르면 이여송이 입국하자 우리 쪽에서 여러 보물과 산해진미를 내놓으며 극진히 대접했다. 그러나 이여송은 조금도 기꺼운 기색이 없더니, 도리어 화를 내는 것이었다. 그러자 이원익이 그 앞으로 나가 품에서 지도를 꺼내 건넸다. 그러자 이여송이 비로소 기뻐하고는 이원익에게 사례하고, 나중에 부채에 시를 써서 선물로 보냈다고 한다.[69] 막중한 임무를 띠고 있던 이여송은 그깟 보물이나 음식보다는 한시바삐 왜군을 쳐부숴 공을 세우는 데 필요한 도움이나 정보에 목말랐다. 이를 꿰뚫어본 이원익은 평양 일대의 지형과 중요한 사항을 상세히 묘사한 군사지도를 그에게 건넸고, 이여송은 기뻐하지 않을 수가 없었다. 그것은 상대의 마음을 정확히 읽은 것일 뿐 아니라, '지금은 놀고 즐길 때가 아니다. 싸우러 왔으면 싸움에 필요한 실무에 집중하라!'는 무언의 메시지이기도 했다.

이때 군사지도를 주며 시급한 상황에서 강을 건널 다리를 놓기 위해 필요한 목재를 새로 마련하기 어려우니 양반 사대부들의 무덤에서 관을 꺼내어 그것을 쓰라고도 하니 이여송이 기뻐하였다고 한다. 이 일을 이원익이 맡아서 하였는데, 그의 명령에 따라 파묘하여 시신들은 관에서 꺼내어 다시 잘 묻어주고 관 널은 다리를 놓는 데 썼다고 한다. 성리학의 교조를 따르거나 풍수지리를 신봉하는 이들에게는 생각조차 하기 어려운 일이지만, 평소 실용과 실리를 중시한 이원익이었기에 전쟁의 급박한 상황에서 이러한 전술적 판단을 내릴 수 있었던 것이다. 죽은 이의 영화보다 그 후손들의 안녕을 위해 관습을 뛰어넘는 대담하고 창의적인 발상을 실행한 것이다.

그러나 평양 탈환 이후로 이여송을 비롯한 명나라 장수들은 구원병인 데다 상국上國의 군대라 하여 점점 더 오만해졌으며, 성질이 나면 조선의 정승조차도 무릎을 꿇게 하고 죽이겠다고 위협하는 등 안하무인으로 행동 하였다. 그리고 군량을 비롯한 병력 지원 책임을 일체 우리 쪽에 떠넘기는 바람에 가뜩이나 형편이 어려웠던 백성들은 고생이 이만저만이 아니었다. 명군은 심지어 공을 부풀리기 위해 평양 전투 등에서 죄 없는 우리 백성의 목을 베고 왜군을 베었다고 거짓 보고까지 했다는 의혹을 샀다.

'늑대를 잡으려고 호랑이를 끌어들인 게 아닌가' 하는 생각이 여러 사람 의 뇌리에 스멀스멀 들었을 법하다. 어쨌든지 왜놈들이나 빨리 몰아내 주면 좋겠는데, 평양 전투 후 기고만장해진 이여송은 그대로 남하하여 한양까지 탈환하려다 고양 벽제관에서 왜군의 반격에 크게 패배해 버렸다. 이후 이여송은 개성까지 물러난 다음 쉽게 움직이려 하지 않았으며, 왜군도 함부로 공격할 수 없어 전선은 교착 상태에 빠졌다. 그리고 일이 진행되는 것도 없이 귀한 식량만 바치고 있던 우리 백성들에게는 유감스럽게도, 마침내 돌아온 명나라의 심유경과 왜의 고니시 사이에 다시 강화 교섭이 진행되었다. 마침내 왜군은 7월까지 한양에서 물러나 경상남도 해안 지대에 확보한 근거지로 들어갔고, 명나라 군대는 그들이 버린 한양 등을 접수하면서 느릿느릿 왜군을 '추격'했다. 그 사이에 조선 군사와 왜군 사이에는 행주대첩, 두 차례의 진주성 전투 등 처절한 전투가 거듭되었다. 원한에 사무쳐 있던 조선 군사는 물러가는 왜군을 끝까지 추적해서 섬멸하고 싶었

『오리일기』(춘하추동본)와 『이상국일기』(『창하루외사』).

임진왜란을 다룬 대부분의 책은 초기에 이원익이 이룬 공로를 별로 언급하지 않고 있다. 『징비록』 등 사료들이 그의 공로를 제대로 다루지 않은 가운데, 이원익 스스로도 자화자찬 식의 기록을 남기지 않았다. 하지만 그는 『오리일기』를 통해서 임진왜란의 추이를 상세하게 기록했다. 사진은 오리이원익기념사업회에서 소장하고 있는 『오리일기』와 『이상국일기』.

으나, 그때마다 명군의 저지를 받았다. 결국 7월에 사로잡혀 있던 임해군과 순화군이 풀려나고, 10월에 선조가 한양에 환도하면서 임진왜란의 초기 국면은 마무리된다.

> 대체로 명나라는 화친하기로 이미 정했고, 전혀 싸울 뜻이 없습니다. 장차 한 하늘 아래 함께 살지 못할 흉악한 원수가 온전히 돌아갈 수 있게 되었습니다! 아아, 한없는 통분함을 견딜 수가 없습니다.[70]

일찍이 심유경과 고니시의 회담장에 직접 말을 달려가 정탐한 이원익. 그가 통탄 속에 선조에게 보고한 그대로 실현된 것이다. 하지만 어쩔 수 없었다. 이제는 분을 삭이고, 현실을 직시하는 가운데 엉망진창이 된 국토와 백성을 치유하며, 진정한 전쟁 종결을 위해 힘을 기를 때였다.

임진왜란을 다룬 대부분의 책은 초기에 이원익이 이룬 공로는 별로 언급하지 않고 있다. 그것은 『징비록』을 비롯해 널리 알려진 사료들이 그의 공로를 제대로 다루지 않은 가운데 이원익 스스로도 자화자찬 식의 기록을 남기지 않았고(임진왜란의 추이를 상세하게 기록한 중요한 사료가 되는 『오리일기』(춘하추동본) 원본을 일본천리대박물관과 서울대학교 규장각이 소장하고 있고 필자가 2012년 규장각으로부터 『오리일기』와 『이상국일기』의 영인본을 각각 인수하여 이원익기념사업회에서 소장하고 있다), 전후 논공행상을 할 때도 공신을 한사코 줄이려 했던 선조가 대부분의 전공을 명나라에 돌리면서 조선군 자체의 노력은 의도적으로 과소평가했기 때문이다.

그러나 이원익은 대부분의 국토가 삽시간에 적에게 초토화된 이후에 관찰사, 체찰사 임명받고 나서 평안도를 보존함으로써 조선의 명맥을 지켜냈다. 그리고 병력 부족과 경험 부족으로 평양을 빼앗겼지만, 곧 실수에서 얻은 교훈, 안민제일의 철학, 각고의 노력으로 적의 세력이 평양을 넘어서지 못하게 막고, 평양성을 탈환하고 끝내 전세를 역전하였다. 실로 냉정히 평가할 때, 그 공로는 이순신과는 비교할 수 없는 위대한 치적이 아닐 수 없다. 그런 사실은 『실록』을 찬찬히 살피면 저절로 드러나며, 전쟁 도중 선조가 "이 나라에는 오직 이원익 한 사람뿐"이라고 찬탄했다는 사실에서도 분명히 알 수 있다.

제5장

전쟁의 상처를 달래고, 묵묵히 또 다른 전쟁을 준비하다

20일. 이원익·한효순이 명령을 받고 환조還朝하는데 이원익이 남원을 지나다가 부민府民들의 진정에 의하여, 명나라 병사에게 공급하는 건어물과 염찬鹽饌을 연해의 고을에 나누어 배정하여 납품하게 하고, 또 상번上番 군사와 각 사찰의 노비의 신책身責을 면제하고, 강군扛軍으로 나누고, 을미년 이전의 각종 미납된 물품을 감면하여 주니 남방 백성들이 손을 모아 축원하고 즐거워 뛰었다. 다음 날 한양으로 향하였다. 간 곳마다 백성을 구해주니, 백성들이 살 길을 얻었다. 옛적에 사직의 신하(社稷之臣)가 있다더니, 이 대감이 거기에 가깝도다.

— 조경남, 『난중잡록亂中雜錄』 3 병신년.

제5장

'도유우불都兪吁咈!'
선조 '둘도 없는 이원익'을 알아보다

1594년(선조 27년)과 1595년, 이원익은 묵묵히 평안도에서 자기 할 일을 하고 있었다. 안민安民과 동시에 정병精兵을 양성한다는 그의 노선은 평안도 일대에서 큰 호응을 얻었을 뿐 아니라, 중앙 조정에서도 그의 평판이 자자하게 했다.

사실 왜란 이전까지만 해도 이원익은 중앙 정치의 차원에서는 중심적인 위치에 있지 않았다. 그러나 그동안의 그의 노력과 고생이 보는 이와 듣는 이를 감동시켜 '이원익 같은 인물은 둘도 없다!'는 인식을 널리 심어준 것이었다. 스스로 얻으려 하지도 않았는데, 로비를 하지도 않고 이벤트를 벌이지도 않았는데, 마치 송곳이 저절로 주머니를 뚫고 나오듯 얻게 된 명성이었다.

상이 이르기를 "평안 감사 이원익은 재주만 있는 것이 아니라 몸가짐이 절검節儉하고 나라를 위해 정성을 다하고 있으며 군기軍器, 군무軍務에 있어서도 모두 극진히 조처하느라 밤낮없이 근고勤苦하고 있다는데, 팔도를 전부 그와 같은 사람을 얻어 맡긴다면 힘들지 않고 성효成效가 있게 될 것이다" 하니 유성룡이 아뢰기를 "정성스럽고 진실한 사람입니다" 하고, 김명원은 아뢰기를 "성품이 너그럽고 도량이 넓어 일을 조처하면서도 성색聲色을 내보이지 않습니다. 좋지 않은 일을 당하여서도 얼굴빛에 나타내지 않으니 진실로 심복할 만한 사람입니다."[71]

선조는 평양 수복 직후 이원익을 숭정대부崇政大夫로, 1595년에는 숭록대부崇祿大夫로 봉하여 그의 노고를 치하하는 뜻을 보였다. 『실록』에 따르면 이원익이 선조를 알현하고 숭정대부의 지위를 사양하자, 선조는 "이 도가 오늘까지 유지된 것은 경의 공적이며, 과인이 한양으로 돌아가게 된 것도 경의 공적이다"라며 사양하지 말라고 했다.[72] 그리고 이원익만이 아니라 그 아들과 사위에게도 벼슬을 내리도록 조처했다.[73] 또 나중에 윤승길이 새로 강원 감사로 부임하려 할 때 그를 인견하는 자리에서 "평안 감사 이원익 말고는 아무도 국가를 위해 노력하는 자가 없다"며 눈물을 흘렸다고 한다.

윤승길이 3월에 강원 감사에 임명되었다. 길을 떠나기에 앞서 상이 인견하고 직접 칙유勅諭를 내릴 적에 상이 눈물을 흘리면서 이르기를 "나라의 일이 이 지경에까지 이르게 된 것은 실로 나의 잘못 때문이다. 그런데 지금 평안 감사 이원익을 제외하고는 한 사람도 나라를 위해 있는 힘을 모두 바치려고 하는 사람이 없으니, 나는 참으로 가슴이 아프다. 현재 당면한 급무急務는 무엇보다도 생산을 늘리고, 군대를 훈련시켜 기필코 치욕을 씻는 일이라 하겠다. 경은 모쪼록 나의 뜻을 체득하여 경에게 위임한 중책을 저버리지 말도록 하라" 하였다. 이에 윤승길이 명을 받들고서 감격한 나머지, 일단 부임하고 나서는 밤낮을 가리지 않고 노심초사하며 모든 역량을 경주하였다.[74]

윤승길은 바로 이원익의 본을 받아 안민과 양병을 동시에 하는 정책을 강원도에서 시행하니, 얼마 지나지 않아 윤승길의 평판 역시 자자해졌다. 조정에서는 이원익이 정승에 임명되어 조정에 돌아오게 되자 윤승길을 후임 평안 감사로 삼았으니, 모범적인 지방행정가로서 후배가 선배의 뒤를 잇는 아름다운 사례였다고 하겠다. 윤승길은 "모든 일을 이원익처럼 하라"는 말 한 마디를 듣고 강원도에서 평안도로 갔다.[75] 명나라 사람들도 평안 감사 이원익의 일처리에 탄복하여, 심유경은 "내가 석 상서(석성)의 명을 받고 이곳에 와서 그대 나라를 위해 생사生死를 걸었는데, 내 마음을 아는 자는 단지 포정사(布政司, 이원익)와 백성들뿐이다"라고 이덕형에게 말한 적이 있다.[76] 또한 유격 호대수胡大受는 "이 사람이 지성으로 병사들을 훈련시킨 덕에, 이 나라와 임금을 지킬 사람들이 남게 되었다"며 선조에게 이원익을 극찬하기도 했다.[77] 당시 선조는 이원익을 마치 사랑에 빠진 사람이 연인을 그리워하듯 하여, 중대한 결정을 내려야 할 때는 "평안 감사에게도 알려서 의견을 들으라"고 지시할 정도였다.[78] 이때는 이원익이 자신이 섬기는 군주에게서 가장 신임을 받았던 때였다. 나중에 광해군도 그를 어려워하면서도 공경했고, 인조도 "나는 평생 그를 존경해 왔다"라고 밝혔으나, 그것은 이원익이 내놓는 정책과 정치철학에 동조하기보다는 그의 인격과 품행, 정치적 비중을 존중하는 의미가 컸다. 하지만 선조는 인간 이원익도 사랑하고, 행정가 이원익도 존경했던 것이다. 이때야말로 그는 옛날에 이준경이 간청하여 왕실용 산삼을 병든 이원익에게 내리게 한 일의 진가를 제대로 느꼈으리라. 그 무렵, 젊은 선비 이원익은 부태묘별시의 과거 시험에서 대책을 쓰면서 이렇게 언급한 적이 있다.

> 아. 시대가 말세로 내려오며 세도世道가 경박해졌습니다. 위로는 삼대三代 때와 같은 임금이 없고, 아래에는 삼대 때와 같은 신하가 없으니, 예禮로써 부리지 않고 도道로써 섬기지 않으므로 여기에서는 얻으나 저기에서는 잃고, 처음에는 잘하나 끝에는 잘못하게 됩니다. 요순 시절의 도유우불都俞吁咈하던 풍조를 천 년 뒤에 구하려 하나, 어찌 구할 수가 있겠습니까?[79]

'도유우불'이란 '옳다! 그르다!' 하는 감탄사를 이르는 말인데, 요순 시절에 임금이 신하들과 기탄없이 국정을 논의하며 옳다, 그르다, 갑론을박을 펼쳤다는 고사에서 나온 말로, 그만큼 군신 간에 벽이 없이 화합하는 모습을 빗댄 말이다.

이원익은 바야흐로 관직에 나가기 위한 시험에 답하며 도유우불의 고사를 아쉬워했다. 그런데 약 사반세기가 지난 지금, 그야말로 도유우불이라고 해도 좋을 경지에 자신과 선조의 관계가 이르러 있었으니, 얼마나 감격스러웠을 것인가.

이러한 도유우불의 관계는 임금과 신하의 의견이 같을 때보다 다를 때 더 드러난다. 임진왜란 초기 평양성으로 몽진한 선조는 왜군이 평양성으로 접근하자 국경 가까이 더 멀리 피하려 했다. 이때 이원익은 "나라 임금은 마땅히 사직을 지켜야 합니다. 비록 부모의 나라라 하더라도 의리상 가서는 안 되는데 지금 가면 어디로 가겠습니까?"[80]라며 반대했으나 선조는 이원익에게 평양을 지키라고 명하고 끝내 영변으로 떠났다. 1593년 10월에 환도한 선조는 1596년 11월 왜적의 재침이 확실해 보이자 다시 파천하려는 뜻을 보였다. 이원익은 전에 자신의 뜻이 받아들여지지 않았음에도 또다시 파천에 반대하였다.

"지금 반드시 나라를 잃을 것이라고 생각하면 안 됩니다. 왜적이 오더라도 반드시 아무쪼록 막을 것을 생각해야 할 것인데, 더구나 그들에게도 멸망할 형세가 있으니, 어찌 그들만이 우리보다 강하다고 하겠습니까. 혹 낭패하게 되더라도 비변사로서는 내전도 나가지 않고 성안에서 굳게 지켜야 한다고 하는 것이 옳습니다. 대개 인심이 안정되지 못해서 너무 일찍부터 동요하고 있는데, 만약 이러기를 마지 않는다면 장차 성을 비우게까지 될 것이니, 중국군이 나왔을 때에 관대(館待)는 어떻게 하겠습니까. 더구나 나라의 한 명맥은 지탱할 수 있으니, 중전(中殿)이 국도를 떠나더라도 혹 동궁과 대신이 모시고 있으면서 유지하고 진정하여 국도를 보전할 방도를 생각한다면 혹 패하더라도 어찌 오래 버틸 형세가 없겠습니까. 이런데도 어찌 꼭 망하는 데로 나아가야만 하겠습니까. 그렇게 하지 않고 다만 중국에 의지하여 편안하기를 바라면서 적이 곧바로 서로(西路)로 향하게 한다면, 여기에서 또 다른 곳으로 옮겨 보존하려고 한들 해낼 수 있겠습니까."[81]

이번에는 선조도 이원익의 말을 받아들여 왜군이 직산까지 올라왔음에도 도성을 지켰다. 이처럼 임금과 신하의 뜻이 다를 때, 게다가 이미 비슷한 상황에서 자신의 뜻을 임금이 받아들이지 않은 경험이 있었음에도 신하가 임금에게 다시 한 번 반대 의견을 낼 수 있는 것은 군신 간의 신뢰가 그만큼 돈독하기 때문일 것이다.

그런데 사실 선조보다도, 그 누구보다도 이원익의 가치를 아끼고 높이 받들었던 사람들은 바로 평안도 백성들이었다. 뒤에 평양에는 그를 기리는 사당이 세워졌는데, 아직 이원익이 살아 있었으므로 '생사당生祠堂'이라고 했다. 이원익은 민망했던지 사람들을 시켜 밤에 몰래 가서 헐어버리게 하였으나, 백성들이 다시 지었다. 생사당은 전에도 몇 차례 세워졌으나, 현직 지방관을 칭송하기 위해 세운 것들이었고, 이미 그 자리에서 떠난 사람을 사모하여 생사당을 세운 경우는 이것이 처음이었다. 당대 제일의 문장가였던 최립崔岦이 부탁을 받고 지은 사당의 제문을 보면 이원익이 평안도 사람들의 가슴에 얼마나 크게 자리했는지를 알 수 있다.

정성과 공경하는 마음을 바쳐 사당을 짓고 나서 / 誠敬之寓

신명께 제향祭享하는 의식을 행할 즈음에 / 神明之享

이렇게 제문을 지어 올리는 바입니다 / 祭於是名

사방을 제압하는 공의 성망聲望을 우리가 의지하였고 / 鎭望我依

빛나게 이곳에 임하셨을 때 우리가 우러러뵈었나니 / 照臨我仰

공의 자태는 산악보다도 높고 별보다도 찬연하였습니다 / 于嶽于星

우리가 의지하고 우러러뵙는 것은 몸을 지니신 공이지만 / 依仰在人

우리를 낳아주고 우리를 길러주는 것은 / 我生我養

신명의 은덕이라고 해야 하지 않겠습니까 / 獨匪神明

일단 혹시라도 우리를 떠나게 되실 경우 / 旣或去我

어떻게 해야만 잊지 않을 수 있으리이까 / 何以不忘

오직 공경심과 정성을 바쳐야 하리이다 / 維敬維誠

더군다나 우리에게 쏟아주신 그 인덕仁德으로 말하면 / 矧仁之被

마치 대지를 적셔주며 흘러가는 강물과 같아 / 如水于壤

빠짐없이 은혜를 받게끔 했는데 더 말해 무엇하겠습니까 / 爰遂流行

마음과 마음이 서로 통하는 그 이치는 / 心之交感

예나 이제나 변함이 없나니 / 一理不爽

이는 철인哲人이나 일반 백성이나 매한가지라 할 것입니다 / 靡哲與氓

이에 삼가 사당을 세우고 / 有閟其宇

공손히 초상화를 그려 모신 뒤에 / 有儼其像

우리의 미천한 정성을 바쳐 올리게 되었습니다 / 我求微精

그 누가 신명이 멀리 계시다고 하겠습니까 / 孰謂其遠

우리가 미처 돌아가기도 전에 / 不我還往

보이지 않는 가운데 흠향하시리라 믿습니다 / 而格于冥

찬연히 빛나는 우리 공이시여 / 憲憲我公

이제는 영상의 지위에 오르시어 / 今之上相

조정의 으뜸가는 어른이 되셨습니다 / 冠冕朝廷

역사에서 찾아보면 누구와 같다 할까요 / 古先誰似

이윤이나 여상과 비슷하다 할 것이니 / 伊尹呂尙

뜻이나 지우知遇를 받은 것이 똑같습니다 / 志與遇幷

왕자王者를 보좌하며 혜택을 베푸시면 / 王佐之澤

앞으로 기월의 성대함을 볼 것이니 / 期月將暢

어찌 한계가 있다 하리이까 / 曷有區程

우리는 비루鄙陋한 사람들이라 / 我輩鄙人

그저 공의 지난 자취를 뒤돌아보며 / 徒循疇曩

공의 전범典範을 찬미할 뿐입니다 / 誦其典刑

대개 보건대 지난 임진년에 / 蓋在壬辰

국가가 요동치며 피란길을 떠나게 된 나머지 / 邦家播蕩

주상께서 서쪽 땅에 머무르게 되셨습니다 / 上保岐坰

그때 공께서는 팔좌상서八座尙書의 신분으로 / 公由八座

순찰사의 임무를 부여받으시고 / 命攬巡靷

우리 서경西京의 어른으로 부임하셨습니다 / 則尹我京

한 지방을 편안하게 다스리는 정사로 말하면 / 安州之政

조정에서도 예전부터 중망重望을 받으셨던 터라 / 朝藉宿望

천인賤人들까지도 경청하며 기대하고 있었습니다 / 輿聽亦傾

급기야 공께서 손을 대기 시작하자 / 及公下手

모든 것이 어설프고 어수선한 때였으나 / 雖屬草創

여유작작하게 성취되었습니다 / 綽然有成

팔도의 교육기관이 모두 파괴되어 / 八路學壞

사문이 거의 망할 지경에 이르자 / 斯文幾喪

공께서 제일 먼저 학교를 세우기 시작하였습니다 / 公首治黌

한양이고 지방이고 군대가 뿔뿔이 흩어졌을 때 / 中外師散

근왕병勤王兵을 일으키자고 누가 수창首唱했습니까 / 一旅誰倡

정예 군사를 부지런히 양성했던 것은 바로 공이었습니다 / 公勤練兵

난리통에 기아와 병으로 신음할 때 / 亂離饑疫

공께서 황야의 백성들을 어루만져 위로하며 / 省撫墟莽

기사회생시켜 농사 짓게 했습니다 / 起死以耕

구원병이 대거 서쪽에서 건너올 때 / 大援西來

공께서 중국 장수의 마음을 기쁘게 해주면서 / 孚驩軍將

소요를 일으키는 일이 없게끔 하였습니다 / 以無擾驚

자신의 생활은 또 얼마나 검약하였던가요 / 自奉貶削

이는 천성이요 억지로 하는 게 아니라서 / 性而非强

관리들도 모두가 맑게 변화되었습니다 / 吏化於淸

작거나 크거나 일을 몸소 살피면서 / 務親細大

바쁘고 피곤한 모습 전혀 보이지 않았나니 / 然不鞅掌

응어리진 백성들이 하나도 없게 되었습니다 / 民無濡情

체제를 일정하게 지키고 유지하면서도 / 其存體統

강과 바다처럼 도량이 넓으시어 / 河海爲量

원망하는 말 한마디 일어나지 않게 하였습니다 / 怨用不生

공무를 처리하는 면에 있어서도 / 其辦公幹

한가로이 노니는 듯 상은 안중에도 없었으나 / 游未趨償

사람들은 귀신같은 경영의 솜씨를 보았습니다 / 人見鬼營

어찌 많은 조목의 법령이 필요했겠습니까 / 不多敎條

죄를 회개시키고 게시하여 알려주면 / 追呼懸牓

마치 엄한 국법처럼 행해지곤 했습니다 / 應如律令

감옥에도 죄수가 하나도 없었나니 / 囹圄空虛

회초리 맞는 것도 마음에 부끄러워 / 恥在犯杖

악의 싹을 처음부터 없앴기 때문이었습니다 / 禁絶于萌

공이 마음을 쓰신 것으로 말하면 / 公之爲心

부모처럼 자애롭고 신실하기만 하였으니 / 父母子諒

어린애 같은 백성들에게 어찌 거짓을 행했겠습니까 / 何僞於嬰

공이 계획을 세우고 시행하신 것을 보면 / 公之施設

마치 조물의 솜씨처럼 삿됨이 없었는지라 / 造化无妄

이에 참여하는 이들마다 영광으로 알았습니다 / 覯者自榮

우리가 어찌 감히 사사로이 공을 찬미하는 것이겠습니까 / 我敢私公

묘당으로 하여금 의논하게 하더라도 / 廟堂之上

길이 공신각功臣閣에서 영예를 누리게 할 것입니다 / 久膺丹靑

우리가 어찌 공을 사모하지 않을 수 있겠습니까 / 何不公懷

능욕을 당할 때면 크게 항변하여 씻어주었고 / 震凌甫亢

우리의 억울한 누명도 모조리 벗겨주셨습니다 / 撒我蠔缾

명성은 뒤로 돌리셨는지라 황가보다도 오히려 못하였고/ 名後損黃

명기名器를 살펴 챙기는 것은 장가에게 넘겨주었으므로/ 器幾失蔣

크고 작은 권세를 모두 다른 이가 독점하기에 이르렀습니다 / 彼專杙檻

영주寧州에서 부름 받은 적인걸狄仁傑이나 / 狄徵自寧

광주廣州 땅에 사랑 남긴 송경宋璟쯤은 되어야만 / 宋愛遺廣

공과 조금 견줄 수가 있다고 할 것입니다 / 差與重輕

아! 공의 어진 덕이여 / 嗟公之賢

세상에서 반드시 모범으로 삼아야 할 그 전범典範을 / 世必法象

우리가 이렇게 급급하게 노래하며 새기게 되었습니다 / 我急歌銘

묘우廟宇와 신상神像 앞에 경건히 엎드려 있노라면 / 廟貌之敬

감당의 옛 고사가 떠오르나니 / 甘棠起想

공의 거룩한 말씀 모두가 경문經文으로 다가옵니다 / 聖言則經

관서 땅이 비록 넓다고 하나 / 關西雖博

공이 직접 땅을 밟고 왕림한 곳 가운데에 / 公履攸柱

여기는 더더욱 특별한 곳이라 하겠습니다 / 尤在茲城

그러니 우리가 여기에 사당을 세워서 / 我之有廟

공의 어진 덕을 환히 드러내야 하지 않겠습니까 / 匪曰顯敞

장갱의 의리에 비추어 보아도 이는 또한 당연한 일입니다 / 義切墻羹

을밀대 저 언덕에는 / 乙密之岡

아름다운 기운이 평화롭게 흘러 넘치나니 / 佳氣藹盎

공을 영접하고 전송하기 위함이요 / 爲公將迎

대동강 저 강물은 / 大同之津

맑은 곡조를 유장하게 연주하나니 / 淸吹敍漾

공의 앞에서 선도先導하려 함입니다 / 爲公先聲

오시는 그 모습 얼마나 성대한지 / 有來纚纚

우리의 마음을 기쁘게 달래주시려고 / 于我悢悢

뜨락을 오르내리고 계시는 것 같습니다 / 登降堂庭

우리에게 이 광경이 눈으로 보이는 듯 / 我是以覯

공의 기침소리 귓가에 들리는 듯 / 警欬猶響

조촐하고 향기로운 우리의 음식을 드시는 듯합니다 / 飮食潔馨

최근에 겪게 된 백 년의 세월 / 近有百年

삼양 사이 멀고도 궁벽진 나라 / 遠窮參兩

마치 춘추전국 시대를 맞은 듯하였습니다 / 春秋之丁

그러나 우리는 세상의 변화 속에서도 / 我其世事

해마다 항상 아무 탈이 없었고 / 歲常無恙

우리의 곡식도 풍성하기만 하였습니다 / 豐我稻秔

우리가 공에게 보답해 드린 것이 뭐가 있기에 / 我何報公

공은 끝내 우리에게 이런 복을 내려주신단 말입니까 / 公我終貺

공이여, 겸손하게 사양하지 마시고 / 公毋謙貞

또한 심드렁하게 여기지도 마시어 / 亦毋怠斁

혹시라도 우리의 마음 허전하게 만들어 / 俾或乖曠

우리에게 지극한 슬픔 안겨주지 마옵소서 / 重我惸惸[82]

출장입상出將入相, 정승 겸 체찰사로 전국을 누비다

그런데 이원익이 받은 숭록·숭정대부는 종1품에 해당하며, 실제 직책인 평안 감사는 종2품이어서 위계가 좀 맞지 않았다. 본래 이조판서로 근무하다가 난리통에 평안 도순찰사에 평안 감사가 된 것으로, 몇 년째 그 자리에 머무는 일은 이원익 개인으로서는 안된 일이라 여겨졌다. 그래서 정승으로 뽑아 올리자는 이야기가 자연스레 나왔는데, 1594년 11월 초에 그렇게 될 기회가 있었다. 당시 좌의정 자리가 비어서 새로 뽑아야 했는데, 영의정 유성룡이 올린 후보자 명단 중에 이원익도 있었다.

> 비망기로 이르기를 "이원익이 평안 감사를 그만두게 된다면 어떤 사람이 그를 대신할 수 있겠는가?" 하니 유성룡이 답하기를 "평안 감사의 소임은 지금 그 비중이 극히 크니, 경솔히 바꿀 수 없습니다. 가령 다른 사람이 그 직을 맡는다 해도 결국은 이원익이 그대로 있는 것만 못할 것입니다. 신이 그 사정을 모르는 것은 아니었으나 다만 워낙 인망人望이 집중된 사람이기 때문에 부득불 정승으로 추천하였던 것입니다. 대신할 만한 사람은 창졸간이라 자세히 알지 못하겠습니다" 하였다.
> 비망기로 이르기를 "평안 감사의 직책도 중요하지만 정승만큼 중요하겠는가. 만일 이원익으로 정승을 삼는다면 그대로 체찰사體察使를 부여해서 그로 하여금 남하하여 여러 장수들을 거느리게 하며, 그 대신으로는 이덕형을 보내는 것이 어떻겠는가? 익히 생각해서 아뢰라" 하였다.
> 유성룡이 회계하기를 "하교를 받고 보니, 양쪽의 처리 대책에 있어서 극히 윤당합니다. 다만, 오늘날의 사세로 볼 때 평안도는 근본 구실을 하는 지역이고 이원익은 전부터 오랫동안 그곳에 있어서 그곳 백성들과 서로 이미 매우

친숙해졌기 때문에 호령을 할 때나 무슨 일을 시행할 때 더욱 편이하게 할 수가 있습니다. 그러나 이덕형은 재주나 기량은 그 직을 충분히 감당할 만하지만, 듣기로는 친상親喪을 당해 너무 슬퍼하여 몸이 워낙 쇠약해졌다 하니, 많은 일을 처리하기가 어려울 듯하므로 신은 염려가 됩니다. 그러나 성상의 재량에 달려 있을 뿐입니다"하니 알았다고 답하였다.[83]

결국 우의정 유홍을 좌의정으로 승진시키고, 우의정 자리에는 김응남을 앉히는 것으로 정리가 되었다.

당시 이원익은 이미 한 차례 평안 감사직에 유임된 상태였으므로, 앞서 안주 목사 때와 비슷하게 지방행정을 워낙 잘하다 보니 중앙에서 '더 높은 출세'를 할 기회는 놓치는 역설적인 경우를 맞았다고 할 수 있다. 아무튼 이후로도 이원익은 계속 정승 물망에 오르게 된다. 공교롭게도 정승 자리가 자주 비었기 때문이었다. 우의정 시절부터 안 좋은 소문이 많다가 좌의정으로 승진한 유홍은 결국 두 달을 못 채우고 체직되었으며, 그 빈 자리를 두고 다시 이원익을 정승에 올리자는 이야기가 나왔으나 역시 무산되고는 김응남을 좌의정으로 올리고 새 우의정에는 정탁을 앉혔다가, 다시 6개월 만에 정탁이 사간원의 탄핵을 받고 사직했던 것이다.

이번에는 유성룡도 반대하지 않았는데 "전에는 평안도가 근본이 되는 지역이었으므로, 소신도 그대로 유임시킬 것으로 아뢰었으나 지금은 원익을 정승으로 삼는 것이 마땅할 듯합니다"라고 했다.[84] 그러나 한편으로 하삼도(전라, 충청, 경상)가 평안도만큼 중요한 지역이니, 이쪽을 이원익처럼 믿을 만한 사람에게 맡겨야겠다는 인식이 계속 선조와 조정 중신들의 뇌리에 있었다. 이원익을 우상으로 삼기 약 넉 달 전에는, 그를 권율 대신 도원수로 삼아서 하삼도의 방위를 총괄시켜야 한다는 의논도 나왔던 것이다.

평양성 중 가장 북쪽에 위치한 을밀대. 군사 요충지 평양을 상징하는 곳 중 하나이다.

유영경이 아뢰기를 "관서 지방도 중요하지만 남쪽 지방이 더욱 긴급하니 이원익을 남쪽 지방으로 보내는 것이 가장 좋겠습니다" 하니, 상이 이르기를 "내가 영상에게 '이원익을 원수로 삼고, 이덕형을 평안 감사로 삼으면 어떻겠는가?' 하고 물었더니, 영상이 불가하다고 하였기 때문에 그만두었던 것이다" 하였다.

이항복이 아뢰기를 "이원익이 낫습니다" 하니, 상이 이르기를 "이원익으로 원수를 삼는다 하더라도 적을 물리치는 일은 내가 기필하지 못하겠다" 하였다.

이항복이 아뢰기를 "그 일은 이원익이라 하더라도 능히 하지 못합니다" 하고, 유영경은 아뢰기를 "이원익이 본디 이덕형보다 낫습니다" 하였다.

상이 이르기를 "평안도는 어떻게 할 것인가?" 하니, 유영경이 아뢰기를 "남쪽 지방에 우려가 없는 연후에 서쪽 지방을 보전할 수 있을 것입니다" 하자, 상이 이르기를 "평안도도 근본 구실을 하는 지방이니 이원익을 체직시키는 것은 좋지 않다. 그러나 내가 한 말과 여러 재상들이 답한 말을 상세히 다 적어서 비변사와 상의해 처리하라."[85]

유영순이 아뢰기를 "원수를 교체하는 문제는 중대한 일이므로 소신이 감히 아뢸 바가 아닙니다. 그러나 적을 칠 일이 바야흐로 급박한데, 어찌 월권행위를 꺼려서 아뢰지 않겠습니까. 밖의 여론들은 모두 원수에게 실책이 있다 하는데, 조정에서는 갈아치우기를 어렵게 여기고 있습니다. 이원익 같은 이를 어찌 도원수로 삼지 않습니까. 관서가 비록 중하나 어찌 남쪽 지방의 위급한 처지와 같겠습니까. 이 사람을 보내지 않으니, 여론이 모두 울분해합니다" 하니, 상이 이르기를 "관서의 방백方伯을 교체시키기는 어려울 것 같다" 하자, 정곤수가 아뢰기를 "유영순의 말이 매우 옳습니다" 하니, 상이 이르기를 "이원익을 대신할 사람을 생각해 보라. 비록 재주가 있는 자라도 일의 전말을 모르고 갑자기 맡는다는 것은 어려울 듯하다" 하였다.

유영순이 아뢰기를 "중국 군사를 접대하는 일이 비록 중요하지만 지금은 남쪽 지방이 더욱 급박합니다. 소신의 말은 다만 여론을 아뢰었을 뿐입니다" 하니, 상이 이르기를 "만일 경중을 논한다면 이원익을 당연히 원수로 삼아야 하고 이덕형을 관서 방백으로 제수하고 싶은데, 단 지금은 이미 늦어서 적기에 미치지 못할 것 같다."[86]

결국 이 안건도 무산되었다가, 얼마 후 정탁이 정승 자리에서 물러남으로써 결국 이원익이 우의정과 함께 4도 도체찰사를 맡아 '투잡'을 뛰게 된 것이었다. 이원익 개인으로 볼 때 드디어 정승이 되어 최고 관직의 반열에서 국가의 정책을 결정하는 입장이 되고, 동시에 오랫동안 애쓴 북도에서 생전 처음 발을 디디는 남도로, 그것도 한꺼번에 4개 도를 모두 살펴야 하는 입장으로 바뀐 셈이었다. 지금으로 말하면 부총리와 남부 지역 총사령관을 한 사람이 맡는 셈이니, 조정이 이원익 한 사람에게 걸고 있던 기대가 얼마나 컸던지를 짐작할 수 있다. 남도의 사정이 급박하다는 인식 때문인지 승정원에서는 이원익의 평안 감사 교대 절차를 생략하고 바로 올라오게 하자고 건의했으나, 선조는 오히려 통상 절차보다 더 머무르며 신임 감사를 '지도'할 시간을 주자는 쪽이었다. 그만큼 평안도의 문제도 중요하다고 여겼던 것이다. 그러나 이원익이 연병練兵, 둔전屯田, 정장定將 등의 절차와 요령을 잘 정리해서 일종의 '매뉴얼'로 만들어두었으며, 이를 책으로 간행해서 비치해 두고 후임자가 참조할 수 있게 하면 된다는 말을 듣고 교대 후 상경하도록 결정했다.[87]

상경한 이원익은 선조를 여러 차례 배알하고 긴 대화를 나누었다. 말하자면 우의정으로서 당면한 과제와 정책의 방향에 대해 견해를 표명하고, 전임 평안 감사로서 그에 관한 정보를 브리핑하는 자리였다.

> 상이 우상에게 이르기를 "이 사변의 시초에 우상이 홀로 장담하기를 '왜적이 절대로 돌아갈 리가 없다'고 했었는데 지금 과연 그렇다" 하니, 원익이 사례하기를 "그 당시 우연히 말한 것이니, 대개 그 결말을 보고 나서야 알 수 있는 일입니다" 하였다.
> 상이 이르기를 "지난 일은 말해봤자 어쩔 수 없으나 앞일은 그래도 도모할 수 있다. 앞으로의 사변이 끝이 없으니, 경들이 동심협력同心協力하여 도모해야만 해낼 수 있을 것이다"(……)
> 상이 이르기를 "금일 우의정을 만난 것은 '대인大人을 만나면 이롭다'고 한 격이다" 하니, 원익이 절하며 사양하기를 "소신은 용렬 무상한 자로서 한 마디도 상께 보답함이 없었고 비록 상달上達하고자 해도 민망할 뿐입니다" 하였다.
> 상이 성룡에게 이르기를 "우상을 보내야겠지만, 너무 서두르는 느낌이니 우

선 며칠 머무르게 하라" 하니, 원익이 아뢰기를 "오늘이라도 떠날 수 있습니다만 성교聖敎의 지휘가 어떠한지를 모르겠습니다. 신은 잠시 머물 필요가 없으니, 비록 오늘 명령을 받고 떠나도 됩니다" 하니, 성룡이 아뢰기를 "남쪽 지방이 탕패蕩敗하고 인심도 이반되어 대신이 내려오지 않을까 두려워하고 있으니, 또한 염려됩니다" 하였다.[88]

그러나 이처럼 화기애애했던 선조와 우의정 이원익의 만남에는 약간의 어색함이 감돌게 되는데, 이원익이 제기한 개혁 정책안에 선조가 수긍하지 않았기 때문이다. 이원익은 먼저 군대의 행례行禮에 대해 이렇다 할 규정 절목이 없음을 지적하고, 군율을 엄정히 하는 일에 중요한 만큼 통일된 행례 절목을 만들어 시행할 것을 건의했다. 또 고갈된 군액을 채우는 문제에서 집을 잃고 떠돌아다니거나 일가(또는 일가의 장정 전원)가 몰살한 경우에는 빨리 군적에서 지워야 하며, 공연히 그런 군적을 남겼다가 그 일가 친척까지 피해를 받는 일이 없도록 해야 한다고 했다. 무엇보다 지금 당장 쓸 수 있는 인력을 기준으로 임시 군적을 만들고 평화가 회복된 다음에 다시 정리해야 한다고 건의했다.

이 두 가지는 선조도 별 이견이 없었다. 그러나 환곡 문제가 걸림돌이었다. 전쟁이 시작된 임진년에 대여한 환곡을 아직도 돌려받지 못하고 있고, 따라서 재정 문제가 심각한 한편 새로 환곡을 시행할 밑천도 없는 형편이었다. 이원익은 상황상 지친 백성들에게 환곡을 납부하라고 재촉하기 딱한 일이나, 이를 해야만 국가 재정의 만성 부실을 막고, 새로 필요한 환곡 밑천도 마련하며, 나아가 명나라 군사에 군량을 대는 부담도 줄일 수 있다고 주장했다.

이 문제를 두고 비변사에서 검토하여 환곡을 돌려받을 필요성은 절실하나 민심이 나빠질까 염려되니, 이원익이 말한 군액 정리의 원칙에 준하여 유민이나 몰살이 빚어진 호戶는 완전 탕감하고, 그렇지 않은 호는 일부 탕감한 다음 일시불이 아니라 차차 내도록 하면 불만을 최소화할 수 있다고 선조에게 보고했다. 그러나 선조는 매우 불쾌하다는 투로 단칼에 물리쳐버렸다.

> "임진년의 환상還上을 봉납케 하는 것은 도리에 어긋난다. 그리고 거슬러 생각해 보면 당초 환상을 설치할 때에 그 곡식이 어느 곳에서 나왔겠는가. 반드시 관가에서 마련하였을 것이고, 그렇지 않으면 백성들이 한 되나 한 말씩을 합해 봉납하여 자본을 만들었을 것이다. 지금도 어찌 마련할 만한 계책이 없길래 굳이 이처럼 할 필요가 없는 일을 하려고 하는 것인가."[89]

'할 필요가 없다'는 말은 억지에 가까운 폭언이었지만, '도리에 어긋난다'는 말에는 공감하는 사람도 많았다. 조선 말기 '삼정의 문란'에서도 환곡이 가장 백성들을 괴롭힌 것처럼, 가뜩이나 전쟁통에 먹고 살기가 어려운데 몇 년이나 지난 빚을 갚으라고 정부가 강요하는 일은 차마 할 수 없는 일이 아닌가?

하지만 "백성이야말로 나라의 근본이며, 백성을 편안히 하는 일이 정치의 근본"이라는 신념을 강조했던 이원익이었으나, 그는 곤히 자는 자식이 안쓰럽다고 제시간에 깨우지 않아서 학교에 지각하도록 하는 일이 그 자식을 정말 위하는 일이 아니듯이 때로는 독한 마음을 먹고라도 백성을 다그칠 필요가 있다고 여겼다. 그래서 항구적으로 돌아갈 수 있는 시스템을 민과 관이 고통을 분담하며 일으켜 세워야지, 당장 형편이 어렵다고 시스템을 붕괴시키면 결국 원칙과 상식이 매몰되고 약삭빠른 자들만 이득을 보는 세상이 된다고 생각했던 것이다. 반면 선조는 최고통치자의 입장에서 무엇보다 우선할 것은 민심의 안정이라고 보았다. 환곡을 거두지 않음으로써 내일 더 어려운 상황에 처하게 될지 모르지만, 오늘 백성들에게 원한을 심어주는 일은 피해야 한다고 여겼던 것이다. 오늘날의 시각에서 볼 때 이원익의 입장이 더 정론에 가깝겠지만 선조의 인식도 이해하지 못할 것은 아니었다. 아무튼 이원익을 천하에 둘도 없는 사람이라 여기며 환영해 마지않았던 선조가 그가 내놓은 개혁 정책에 이렇게 불쾌하다는 반응을 보인 것은 정치적으로는 불안스럽지 않을 수 없었다.

이순신과의 만남, '정승봉'의 추억

아무튼 도체찰사로서 선조가 그에게 거는 기대는 여전했으며, 그것은 중망衆望이기도 했다. 마침내 한양을 떠난 이원익은 충청도와 전라도 순시를 마친 다음 8월에 영남으로 가 경북 성주에 체부體府를 개설했다. 이 과정에서 첫 번째로 한산도에 들러 이순신을 접견했다. 알려진 대로라면 4도 도체찰사와 3도 수군통제사의 첫 만남이었다.

> 공이 영루營壘를 살펴보고 방수방략防守方略을 점검해 보고는 크게 기특하게 여겼다. 공이 돌아오려 할 때에 이순신이 가만히 공에게 말하기를 "체상體相께서 이미 진鎭에 오셨거늘, 한 번 군사들에게 잔치를 베푸셔서 성상의 은택을 보여주심이 어떻습니까?" 하니, 공은 뜻은 좋으나 아무런 준비를 하지 않았다고 대답하니, 이순신은 이미 잡을 소와 술을 준비해 놓았으니 허락만 하시면 잔치를 베풀 수 있다고 아뢰었다. 공이 크게 기뻐하며 허락하였다. 마침

> 내 소를 잡아 잔치를 베풀고 군사들의 재주를 시험하여 상을 주니, 군사들이 모두 기뻐하며 사기가 충천하였다. 이를 기념하여 후인들이 그 땅을 '정승봉政丞峰'이라고 불렀다.[90]

명신과 명장이 만나 흐뭇한 자리를 만들었음이니, 오늘날 이 이야기를 읽는 우리도 저절로 미소가 지어진다. 그런데 조금 달리 생각해 보자. 잔치야 언제든 벌일 수 있는 일이 아닌가? 그런데 이원익의 이름으로 잔치 한 번 베풀었다고 정승봉이라는 지명까지 생길 정도로 대단한 일이었을까?

그런데 사실 '대단한 일'이었다. 임진왜란이 일어난 지 4년. 가장 철저히 유린된 경상도와 충청도의 민생은 차마 말로 못할 정도였고, 침입은 가까스로 막았다 하더라도 전라도의 사정도 별반 다르지 않았다. 민간 생활 수준이 땅에 떨어졌다는 것은 병영의 사정 역시 그만큼 열악했다는 뜻이다. '회식'은커녕 하루 한 끼를 이어가기도 힘든 군 생활이었으니, 한 주먹의 곡물로 하루를 때우는 게 고작이라고 당시의 기록은 전하고 있다.

그런 상황에서 소를 잡아 잔치를 벌이는 일은 특별할 수밖에 없다. 그런데 이순신은 자기의 이름으로 잔치를 베풀어 사기를 북돋울 수도 있었을 텐데, 왜 굳이 이원익에게 팔밀이를 했을까? 그것은 사람의 마음을 보는 이순신의 능력이 탁월했음을 알려준다. 그는 기왕 귀하디 귀하게 마련한 잔치 자리를 모두들 한껏 기대를 걸고 있는 신임 도체찰사, 이원익의 행차와 결부하고 싶었다. 그리하여 '이제는 정말 무엇이 달라지나 보다. 이제 고생할 날도 멀지 않았나 보다' 하는 희망을 병사들에게 심어주고 싶었던 것이다. 한산도 순방을 온 이원익은 예상대로 빈손이었다. 이원익으로서는 순방만 하면 그만이지, 별달리 선물을 주고받거나 연회를 여는 일은 불필요한 허례라 여겼기에 그러는 것이 당연했다. 그러나 이순신은 '허례'라도 때로는 사람의 의기를 충천시키기에 절실히 필요하다는 사실을 잘 알고 있었던 것이다. 늘 실용성 위주로만 일에 접근했던 이원익으로서는 이순신에게 '한 방 먹은' 셈이었다. 그러나 그 역시 그 뜻을 곧바로 깨닫고, 이순신이 기획해 둔 '이원익 축제'에 기꺼이 참여하였다. 이순신은 나중에 "병사들이 목숨을 아끼지 않도록 한 사람은 상공相公이셨

이원익과 이순신의 추억이 깃든 한산도의 '정승봉'(화살표).

다"라고 깊은 감사의 뜻을 표시했다. 평소의 소신을 고집하지 않고, 그의 뜻과 마음을 잘 받아들여 준 데 대한 고마움이었으리라.[91]

이원익도 이순신에 대한 인상이 좋게 박혔다. 이순신이 죽은 뒤까지도 정승봉 잔치 이야기를 즐겨 거론하며 "이 통제는 대단히 재국才局이 있었다"고 이야기했다고 한다. 한산도 방문 이후로 이원익은 시종일관 이순신을 두둔하는데, 약 1년여의 도체찰사 활동을 보고하기 위해 상경하여 선조를 만났을 때는 이처럼 이야기했다.

> 상이 이르기를 "통제사 이순신은 힘써 종사하고 있던가?" 하니, 이원익이 아뢰기를 "그 사람은 미욱스럽지 않아 힘써 종사하고 있을뿐더러 한산도에는 군량이 많이 쌓였다고 합니다" 하였다.
> 상이 이르기를 "당초에는 왜적들을 부지런히 사로잡았다던데, 그 후에 들으

충무공 이순신 장군.

이원익과 이순신의 첫 만남에서부터 서로 잘 이해했다. 이원익은 그가 곤궁에 빠질 때마다 끝까지 변호했다. 상이 이르기를 "절제할 만한 재질이 있던가?" 하니, 이원익이 아뢰기를 "소신의 생각으로는 경상도에 있는 많은 장수들 가운데 순신이 제일 훌륭하다고 여겨집니다." 결국 이원익은 정재재란 때 이순신을 어이없는 죽음으로부터 구했다.

니 태만한 마음이 없지 않다 하였다. 사람 됨됨이가 어떠하던가?" 하니, 이원익이 아뢰기를 "소신의 소견으로는 많은 장수들 가운데 가장 쟁쟁한 자라고 여겨집니다. 그리고 전쟁을 치르는 동안 처음과는 달리 태만하였다는 일에 대해서는 신이 알지 못하는 바입니다" 하였다.

상이 이르기를 "절제節制할 만한 재질이 있던가?" 하니, 이원익이 아뢰기를 "소신의 생각으로는 경상도에 있는 많은 장수들 가운데 순신이 제일 훌륭하다고 여겨집니다."[92]

이때뿐 아니라 나중에 이순신이 원균元均과 알력을 빚고, 이른바 '요시라 사건'으로 백의종군까지 몰리게 되었을 때도 그를 발탁했다는 유성룡은 오히려 이순신을 돕는 말을 아낀 반면 이원익은 계속해서 어전회의나 상소문에서 이순신을 두호한다.

이순신 말고도, 이제는 정승이자 '남부 지역 최고사령관'이 된 이원익은 여러 사람을 발탁하고 지지했다. 조정 중신으로는 이조참판이며 나중에 청백리로 이름을 남기게 되는 이기李墍를 선조의 측근으로 추천했으며, 앞서 싸움에서 홍의장군으로 크게 이름을 떨쳤으나 최근에는 은둔하고 있던 의병장 곽재우郭再祐를 적극적으로 등용하려 했다. 그리고 정기룡鄭起龍, 백사림白士霖, 정경세鄭經世, 박성朴惺 등이 그의 추천이나 후원으로, 또는 그의 참모가 됨으로써 빛을 보았다.

한편 배척한 사람들도 있었는데, 원균, 김응서, 권응수 등이었다. 이들은 겉보기에는 용맹한 장수처럼 보이지만, 저돌적이기만 할 뿐 신중하지 못할 뿐더러 사람됨이 청렴하지 않고 성격이 포악하여 휘하 장졸들을 지나치게 괴롭힌다는 점에서 쓸 만한 인재가 아니라고 여겼다.

원익이 아뢰기를 "전투에 임할 때와 평상시와는 같지 않습니다. 원균과 같은 사람은 성질이 매우 거세어서 상사와 문이 文移하고 절제節制하는 사이에 반드시 서로 다투기는 합니다만 전투에 임해서는 제법 기용할 만하다고 합니다" 하였다.

상이 이르기를 "원균에 대해서는 계미년부터 익히 들어왔다. 국사를 위하는 일에 매우 정성스럽고 또한 죽음을 두려워하지 않는다고 한다" 하니, 원익이 아뢰기를 "원균은 전공이 있기 때문에 인정하는 것이지 그렇지 않다면 결단코 기용해서는 안 되는 인물입니다" 하고, 김순명이 아뢰기를 "충청도의 인심이 대부분 불편하게 여긴다고 합니다" 하였다.

상이 이르기를 "마음은 순박한데 고집이 세기 때문이다" 하니, 원익이 아뢰기를 "원균에게는 군사를 미리 주어서는 안 되고, 전투에 임해서 군사를 주어 돌격전을 하게 해야 합니다. 평상시에는 군사를 거느리게 하면 반드시 원망하고 배반하는 자들이 많을 것입니다" 하였다.

상이 이르기를 "전일에 원균을 탐오하다 하여 대론臺論이 있었다. 원균은 지극히 청렴한데 탐오하다고 하는 까닭은 무엇인가?" 하니, 김수가 아뢰기를 "전에 조산 만호로 있었을 때는 어사御史 성낙이 장계하여 포장褒獎하였습니다" 하고, 원익이 아뢰기를 "원균이 어찌 지극히 청렴하기까지야 하겠습니까?" 하고, 조인득이 아뢰기를 "소신이 일찍이 종성에서 그를 보니, 비록 만군萬軍이 앞에 있다 하더라도 횡돌橫突하려는 의지가 있었고, 행군行軍도 매우 박실朴實하였습니다. 탐탁貪濁한지는 모르겠습니다" 하였다.

상이 이르기를 "이와 같은 장수는 많이 얻을 수 없다" 하니, 원익이 아뢰기를 "이후로 어떻게 될지는 모르겠습니다" 하였다.[93]

"김응서는 결코 용렬한 장수가 아니다. 항복한 왜적들을 거느리고 왔다갔다

하였으니 용렬한 자라면 이와 같이 했겠는가?" 하니, 원익이 아뢰기를 "응서는 원래 장수가 되는 도리를 알지 못하고 다만 객기客氣를 함부로 부리는 자입니다. 당초에 신도 장수를 삼기에는 합당하지 않음을 알았지만, 인재가 없는 상황에서 그래도 그가 다른 사람보다는 낫기 때문에 부득이해서 삼았던 것이었습니다. 먼저 성에 오르고 돌격하는 것은 또한 해낼 수 있기 때문에 이런 점을 허여했던 것뿐입니다." 하고, 성룡이 아뢰기를 "신은 응서가 어떠한 사람인지 알지 못하겠으나 대개 용기는 많은 자입니다" 하였다.

상이 이르기를 "그렇다면 김응서는 쓸 만한가? 나의 이 말은 꼭 쓰려고 하는 것이 아니라 다만 그 사람됨을 가지고 논하는 것일 뿐이다" 하니, 성룡이 아뢰기를 "신이 도원수의 장계를 보니, 응서의 죄는 다스리지 않을 수 없습니다 다만 장수를 부리는 방법은 마땅히 사세가 어떠한지를 살펴보아야 합니다. 중죄를 적용할 수는 없다 하더라도 잠시 견책譴責을 하는 것은 옳다고 하겠습니다."[94]

상이 이르기를 "권응수權應銖는 어떤 사람인가?" 하니, 원익이 아뢰기를 "매사에 사사로움을 따르는 폐단이 있습니다" 하였다.

상이 이르기를 "사사로운 일이란 무슨 일인가?" 하니, 원익이 아뢰기를 "매매買賣를 공공연히 하고, 또 사사로운 혐의로 형刑을 쓰는 것이 잔혹하여 사람들이 모두 아주 싫어하고 있습니다. 다만 영천전투에서 공로가 가장 많았기 때문에 조정에서는 매번 체직시키려고 했지만, 소신의 생각에 노장老將은 충돌해 오는 곳을 감당하지 못할 것이라고 여겨져 체직시키려고 하지 않았던 것입니다" 하였다.

상이 이르기를 "우리나라는 평상시부터 장수를 기용하는 방도가 어긋나서 반드시 과실이 하나도 없는 자를 찾으려 한다. 옛날에 오기吳起와 같은 자도 그 인품으로 논하자면 족히 볼 만한 것이 없었으나, 그 재지才智는 기용할 만하였던 것이다. 문사文士라 하더라도 역시 과오를 면하지 못하는 법인데 무인武人에게 어떻게 완전하기를 요구할 수 있겠는가" 하니, 원익이 아뢰기를 "적진에 임했을 때 종횡무진 돌격하여 곧바로 나아가는 기상이 있으니, 이 점은 가상합니다" 하였다.
상이 이르기를 "나의 의견으로는 기용할 만하다."[95]

여기서도 선조와 이원익의 견해 차이가 보였다. 선조는 본래 '한 가지라도 장점이 있으면 기용한다'는 인사 철학을 가지고 있었다. 그래서 무인이라면 용맹하면 그만이지, 굳이 인자함이나 청렴함 등까지 갖출 필요가 없다고 여겼고, 그런 생각에서 원균이나 김응서, 권응수 등을 감쌌다. 하지만 이원익이 보기에 장수란 백성-군졸을 이끄는 일종의 목민관, 지도자였다. 개인의 용맹함이나 공명심 때문에 부하들의 목숨을 가볍게 여기거나, 부정부패나 과도한 상벌賞罰 시행으로 인심을 잃으면 위급한 상황에서의 돌격 대장 정도면 몰라도 큰 책임을 맡아 많은 병사들을 지휘하기에는 부적절하다고 보았다. 업무 능력과는 무관한 인성적 측면만 중시하고, 사소한 실수라도 꼬집어서 인재를 매몰시키는 '도덕주의'적인 당쟁의 틈 속에서 선조의 '능력주의'는 많은 인재의 사장을 막았다. 이순신도 그런 맥락에서 전라좌수사에 기용될 수 있었다.[96] 하지만 장수가 단지 한두 번 쓰고 버릴 장기말이 아니라 한 지역을 책임지고 장기적으로 전쟁을 이끌어갈 지도자라고 본다면, 그의 사람 됨됨이까지 살필 필요가 있는 것이다. 처벌권을 마구 휘두름으로써 부하들을 공포로 복종시키는 것이 아니라, 도량과 공정함으로 이끄는 장수, 자기 군대만 위하느라 백성을 못살게 굴어 백성에게는 오히려 '또 다른 적'이 되는 존재가 아니라, 백성의 괴로움을 함께하고 위로하여 '안민═국방'의 이상을 달성할 수 있는 이순신과 같은 장수가 필요한 것이다.

하지만 무인의 인사 원칙에 대한 이런 견해 차이는 이순신을 버리고 원균을 높이는 선택으로 이어짐으로써 국난 극복 과정에 큰 장애를 빚었을 뿐더러, 선조가 은근히 이원익의 인사 추천을 '이 사람도 공평한 체하더니만, 결국 자기 패거리 쪽으로 기우는구나!' 하는 의심을 갖고 듣게 만들었다. 이는 왜란 종결 후 광해군 즉위까지 이르는 정국에서 한 불안 요소로 남는다.

"안민安民이 첫째이고, 나머지는 군더더기일 뿐!"

그러나 도체찰사 이원익이 가장 주의를 기울였던 과제는 무엇보다 민생 안정이었다. 그의 보고에 따르면 하삼도는 더없이 피폐하였고 특히 바닷가 고을은 예외 없이 유령 마을로 바뀌어버린 상태였다. 사람이 적어져서 전에는 국역國役을 면하던 양반들까지 역을 지게 되는 상황이었으니 일반 서민이 짊어져야 했던 부담은 말할 것도 없었다. 이러다 보니 백성들에게 국가를 위해 무기를 들고 나설 기운이나 의욕이 있을 턱이 없고, 오히려 이원익의 지적대로 '왜적이 물러간다는 소문을 들으면 슬퍼하고, 왜적이 머무른다는 소문을 들으면 기뻐하는'[97] 현실에서 그 무엇보다도 백성의 살림을 안정시키고 무너진 질서를 다시 세워야만 싸우든지 말든지 할 것이라고 믿었던 것이다.

"대개 백성은 오직 국가의 근본이니, 조정에서는 이 점을 절급한 임무로 삼아야 합니다. 그밖의 일들은 전부 군더더기일 뿐입니다."[98]

4도 도체찰사로서 선조에게 상황을 보고하는 자리에서 이원익은 이렇게 비장하게 말한다. 이것이야말로 이원익 60년 공직 인생의 대표적인 좌우명이었고, 그의 정치철학을 집약적으로 표현하는 말이었다. 너무도 당연한 말 같지만, 생각해 보면 당시는 전시였다. 그리고 그전에는 조선 사상 가장 형이상학적인 담론이 왕성하던 시기였다. 전시에는 안민安民보다는 국방이 먼저라는 인식이 팽배해지기 마련이고, 태평세월 속에 '이기호발理氣互發'이니 '기발이승일도氣發理乘一途'니 하는 형이상학적 주제를 놓고 티격태격할 때는 '정치의 근본은 교화이며, 그러기 위해 먼저 자신의 마음을 깨끗이 해야 한다'는 식의 담론이 주류가 되기 마련이었다.

그런데 이원익은 '이것도 저것도 별 게 아니다. 오직 백성만 바라보라. 백성의 고통을 덜고 백성에게 희망을 주는 정치를 하라!'는 메시지를 대뜸 내놓았던 것이다. 그것은 신흠申欽이 "완평完平은 학문이 부족한 것이 유일한 단점이다"라는 정엽鄭曄의 말에 반대하며 했다는 "이원익의 학문은 글이 아니라 행동으로 하는 학문이다"는 평가의 의미를 알게 하며, 이후 조선 후기 중흥中興의 벼리가 되었던 실實의 정신을 엿보게 한다.

그래서 이원익은 힘든 요역을 줄이는 일, 호조의 절목을 조정하여 부공賦貢을 탕감하는 일, 기막힐 정도로 줄어든 전결田結을 조사해서 그에 맞게 전세를 부과하는 일, 잡역을 줄이는 일, 기인其人 제도를 개혁해서 구하기 힘든 목면 대신 쌀로 대납토록 하는 일 등을 잇달아 건의했다. 또한 앞서의 주장을 바꾸어 임진년의 환곡을 거두지 말자고 했는데, 부공, 요역과는 달리 환곡이란 제대로 운영되는 이상 백성에게 도움이 되는 제도이므로 되도록 유지해야 하지만, 결국 상황상 역부족임을 인정한 것이다.

또한 앞서 평안 감사를 그만두며 평안도 사람들 중에서 걸출한 인재는 없어도 힘써 노력하는 사람은 많다며 조정에서 거두어주기를 건의한 것과 같이 "호남湖南은 차역差役이 매우 중하므로 인심이 원망한다는 말이 있는데 어찌 다들 난동까지야 생각하겠습니까. 그러나 국가가 잘 알아서 처치해야 하겠습니다. 전라도는 임진년의 병란 이후로 국가에 공이 많거니와, 양반 중에서 근왕勤王한 자는 다 호남 사람입니다. 또 호남이 원망하는데도 나라에서 사람을 대우하는 것은 그렇지 않으니, 성색聲色의 차이 없이 호남 사람을 필히 거두어 써야 하겠습니다"[99]라고 하여 '정여립의 난' 이래 푸대접받아 오던 전라도 사람들을 기용할 것을 건의하기도 했다. 아직까지도 정여립의 난의 기억이 생생하던 상황에서 내놓은 이 건의는 실로 대담한 것이었다.

그러나 이처럼 민생 개혁에는 열심히 활동한 반면, 한껏 기대한 것에 비하면 이원익의 전쟁 준비는 미흡하다는 시각이 있었다.

당시 왜군이 다시 쳐들어올 경우 우리의 대응책은 청야전술淸野戰術과 수성전守城戰이라는 데 선조나 이원익, 유성룡 등은 공감하고 있었다. 전처럼 큰 병력으로 일전을 결할 만한 병력도 없고, 그런 방식이 별로 효과적이지도 않다는 것이 증명된 터이므로 백성들에게는 안된 일이지만 논밭을 불태워 적들의 보급을 어렵게 하면서 군, 관, 민이 산성에 들어가 농성하며 적이 지치고 약해지기를 기다린다는 것이었다.

그러려면 일단 성곽을 많이 쌓아놓아야 할 것이 아닌가? 이원익은 선산에 금오산성을, 포항에 용기산성을, 경주에 부산산성을, 달성에 공산산성을, 함안에 황석산성을, 창녕에 화왕산성을 새로 쌓거나 개축하도록 했다. 또 '적이 쳐들어오면 일단은 그들을 달래어 항복하는 듯하다가, 허를 찔러 공격하라'는 책략을 전달하기도 했다. 그런데 조정이 보기에는 생각보다 공사의 진척이 더디었던 모양이다.

이정형이 아뢰기를 "(……) 지금은 흉적이 경내에 있어 방수防戍가 시급한 때입니다. 산성을 수축하며 중진重鎭도 설치하는 것이 오늘날의 급선무인데, 이원익이 남하한 후 오로지 백성을 무마하는 것으로 선무를 삼고, 요새를 점거하여 파수하는 일에 대해서는 아직 조치가 없습니다. 그러므로 간혹 그를 비방하는 사람이 있습니다" 하였다.

상이 이르기를 "물의가 그와 같은가? 원익이 남하할 때 내가 은밀히 영상에게 말하였는데 과연 내 말과 같구나" 하니, 정형이 아뢰기를 "영남은 잔파되어 민력이 극도로 약화되었으니, 원익이 요새를 설치하고 성을 수축하고자 하지 않는 것은 아니나 사세가 그렇게 만든 것입니다. 물의가 혹 그를 비방하더라도 성상께서 진압하시기에 달려 있을 뿐입니다. 신이 지금 남하함에 미쳐 감히 계달啓達합니다."[100]

상이 이르기를 "체찰사가 성주에 있으면서 무슨 일을 하던가?" 하니, 성룡이 아뢰기를 "대개 그 사람은 애민愛民을 위주로 하여 수습하고 무마하는 뜻이 지성에서 우러나오며, 자신을 철저하게 단속하고 거처가 숙연합니다. 체찰사의 명령으로 공산산성을 수축하니 영남 사람들이 모두 공산산성에 들어가 계획을 펴며, 근일에는 모두 '천생산성을 수축하면 거기에 들어가 웅거할 만하다'고 하므로 배설로 하여금 이 성을 수축하게 하고 있습니다. 이는 대개 명의 장수들이 늘 '이 성을 수축함이 옳다'고 하였기 때문입니다" 하였다.

상이 이르기를 "우상이 내려간 지 오래인데 하는 일이 없다고 한다. 이 말이 경중京中에까지 들린다고 하니 사실인가?" 하니, 성룡이 아뢰기를 "반드시 먼저 민심을 수습한 후에 모든 일을 할 수 있으니, 이는 곧 근본을 아는 것입니다. 이러한 말이 있는지는 알지 못하겠으나, 대개 이 사람은 자봉自奉이 몹시 검소하여 국사에 심력을 다하니 당장의 계책은 부족할지 모르나, 장래의

오로지 나라와 백성을 위한 이원익의 일념이 집약되어 있는 '국태민안'.

"대개 백성은 오직 국가의 근본이니, 조정에서는 이 점을 절급한 임무로
삼아야 합니다. 그밖의 일들은 전부 군더더기일 뿐입니다."
오로지 나라와 백성을 위한 이원익의 일념이 집약되어 있는 말이다.

성주를 지키기 위해 이원익이 체찰부를 설치한 가야산성지.

계책은 남음이 있는 사람입니다."[101]

이원익을 내려보낼 때 이를 두고 염려하는 이야기가 있었다는 선조의 발언을 보면, 선조가 이원익에게 기대하면서도 '저 사람의 성격상 지친 백성을 다그치며 성을 쌓는 일은 잘 못할 텐데'라는 걱정을 은근히 했던 모양이다. 그리고 아군의 병력과 훈련 부족이라는 약점을 보완하기 위해 무기의 개량을 시도함 직한데, 이원익은 그 뜻에는 공감해도 일의 중요한 우선 순위에 놓지는 않았던 것 같다. 무기 문제에 관심이 많았던 선조보다 이원익의 무기 지식이 떨어졌던 점을 보면 그렇게 보인다.

상이 이르기를 "이제 비호자모포飛虎子母砲를 내리겠다. 우상은 아직 그 만듦새를 보지 못하였는가?" 하니, 이원익이 아뢰기를 "신은 아직 보지 못하였습

창녕 화왕산성. 이원익은 이 외에도 청야전술을 펴기 위해 성을 새로 쌓거나 개축했다.

니다" 하였다.

상이 이르기를 "포에는 자루가 있는가?" 하니, 이원익이 아뢰기를 "없습니다" 하였다.

상이 이르기를 "이것에는 자루가 있다. 모포母砲는 형상이 종자種子 같은데 그 아래에 화약을 담고 흙을 채우고서 자포子砲를 모포에 바짝 대고 모포에 불을 놓으면, 자포의 중심이 마치 진천뢰震天雷처럼 공중에서 독毒을 낸다. 자포는 49개이나 모포는 1개이어서 간편하여 쓸 만하고, 헛 쏘더라도 해가 없다. 이것은 경략經略 송응창이 만든 것인데, 한 번 쏘아보니 소리가 진천뢰와 같았다. 이것을 가져다 군중軍中에 두고 밤에 쏘기도 하고 낮에 쏘기도 하여 이것으로 도둑에 대비하면, 사람들이 반드시 두렵고 놀라워 할 것이다" 하니, 이원익이 아뢰기를 "진천뢰도 매우 좋습니다. 경주 싸움에서 왜놈들이 속았다고 합니다" 하였다.

이원익이 왜군을 막기 위해 개축한 함안 황석산성.

우리나라에서
세계 최초로 만든 비격진천뢰.

화약의 폭발력이 낮아 큰 위
력을 발휘하지는 못했다.
당시의 과학기술 수준으로는
병력의 부족을 강력한 신무기
로 보완하기 어려웠다.

상이 이르기를 "남방 사람은 조총을 쏠 줄 아는가?" 하니, 이원익이 아뢰기를 "알기는 압니다마는, 한양 사람만큼 정교하지 못합니다" 하였다.

상이 이르기를 "심요深㘈의 종자 같은 곳에 화약을 담고, 그 위에 있는 구멍에 불을 곧바로 붙이고 자포의 중심을 손으로 누르면 곧 난포卵砲를 쳐 보내고, 화염이 곧바로 화편火鞭에 닿아서 죄다 흩어진다" 하니, 이원익이 아뢰기를 "그것은 소신이 보지 못했습니다" 하였다.

상이 이르기를 "심요라는 것은 흙을 담는 기구인데, 송 경략이 여기에 와서 많이 만들었다. 싸움에서 여러 개로 어지러이 쏘면 군중軍中이 반드시 크게 놀랄 것이다."[102]

이에 앞서 1593년 2월, 이원익이 아직 평안 감사일 때 인견했을 때도 이원익은 진천뢰의 구조를 잘 모르고 있었고, 염초(화약)를 어떻게 제조하느냐는 선조의 질문에 "바닷물의 흰 거품을 많이 모아다가 굽는다고 합니다"고 하여 "그것은 소금을 굽는 것이지 어찌 염초를 굽는 것이겠는가?"는 선조의 핀잔을 들은 적이 있다. 당시 워낙 급한 사무가 많아 무기 개량에 쏟을 힘이 부족했던 것인지, 아니면 이원익에게 이른바 '언어학, 사회과학적 재능'은 풍부해도 '과학기술적 재능'은 모자랐던 것인지, 아무튼 예상보다 이원익의 무기 관련 지식이 모자란다는 사실을 안 선조는 자못 실망했으리라 여겨진다. 『삼국지연의』의 애독자였던 선조는 이원익에게 탁월한 경세가이고 전략가이면서 연노連弩, 목우유마木牛流馬 같은 기구를 발명하기도 했다는 제갈량을 기대했지 않았을까.

하지만 산성과 신무기가 중요하다고 해도 산성이 혼자서 적군과 싸우지는 않으며, 아무리 위력적인 신무기라도 그것을 제대로 운용할 줄 아는 사람이 없다면 효력이 없다. 이원익은 시종일관 이 전쟁이 사람의 싸움이며,

군사들의 싸움이며, 그것은 곧 백성의 싸움이라는 생각을 갖고 있었다. 그래서 안민과 양병을 반드시 동시에 추진해야 한다고 여겼던 것이다. 평안도보다 하삼도의 상황이 더욱 열악했기 때문에 그쪽으로 매진할 필요가 더욱 절실했다. 또한 '병력의 부족을 강력한 신무기로 보완한다'는 발상은 오늘날에는 충분히 타당하지만, 당시의 과학기술 수준으로는 무리가 있었다.

가령 '우리나라에서 만든 세계 최초의 수류탄' 등으로 선전되어 있는 비격진천뢰만 해도 현대의 수류탄처럼 폭발하면서 파편이 적을 살상하는 힘을 발휘하기에는 당시 화약의 폭발력이 너무 낮았다. 그래서 몸체에 내둔 틈으로 파편과 불꽃이 튀어나가도록 했는데, 그래서는 그리 큰 살상력을 낼 수 없을뿐더러 왜군이 처음 한두 번은 호기심에서 가까이 갔다가 당했지만, 그 뒤로는 멀찌감치 피함으로써 피해를 입지 않았던 것이다. 왜란 초기에는 거북선을 창제하는 등 신무기 개발에 공을 들였던 이순신도 이 시기에는 그런 노력을 기울이지 않고 이원익과 마찬가지로 백성-병사를 기르기에 힘을 쏟았음을 볼 수 있다.

이원익은 그래도 중국 사람들에게서 염초(화약) 제조법을 배워 익히게 함으로써 전통 화약 무기의 발전에 일익을 담당했으니, 뒤에 정조 임금이 경연 자리에서 이원익의 업적을 특별히 기릴 정도였다.[103] 그리고 늦은 감이 있었지만 산성 수축에도 힘을 기울임으로써 1596년 10월에 이원익이 일단 상경하여 보고하도록 하기 직전에는 선조의 염려도 풀어지고 다시금 '역시 이원익'이라는 믿음으로 차 있었다.

강서의 예언 드디어 실현되다

이때 이원익을 인견한 선조는 눈물을 떨구며 "경만 믿는다. 다시는 전과 같은 고생과 치욕을 겪지 말았으면 좋겠다"고 간곡히 부탁했으며, 그 말을 들은 이원익도 쏟아지는 눈물을 옷소매로 닦았다고 한다. "충신의 눈물로 세상을 구한다"는 강서의 말이 드디어 그대로 이루어지는 순간이었다.

> 이원익이 입시하였는데 임금이 적의 상태를 말하고 또 방어할 계책을 물으니, 이원익이 역시 청야할 것을 아뢰었다. 임금이 울면서, "적을 막는 일을 오로지 경에게 일임하겠다! 경은 양남兩南으로 달려 내려가서 여러 장수와 더불어 힘을 다하여 조치하고, 죽음으로써 방어하라. 적을 나한테로 보내어 다시 용만龍灣의 고생이 있게 하지 말라" 하였다. 이원익이 명을 받고 조복朝服으로 눈물을 닦고 물러나와 바로 영남으로 내려와서 청야하고, 성을 지킬 방책을 하여 양남과 호서에 명을 전하기를, "여러 장수들은 군사를 거느리고 모두 관내管內의 산성에 들어가고, 대소 사민大小士民들은 집에 저장한 곡식을 모두 산성으로 운반해 들여서 청야하고 성을 지켜라. 오는 1월 5일에 종사관을 보내어 적간摘奸할 때에 명령을 어긴 자는 일체 군률로 시행하리라. 운운" 하였다.[104]

조금씩 생기려다 잦아든 선조와 사이의 알력보다 이원익에게 당장 골치 아팠던 것은 장수들과 사이의 알력이었다. 그가 좋은 장수가 아니라고 여겼던 원균도 말을 듣지 않았지만, 도원수 권율權慄이 불복종하는 일은 큰 문제였다. 본래 조정은 이원익에게 권율 대신 도원수를 맡기려다 우의정 겸 도체찰사를 맡긴 것이었기에, 이원익에게 직접 남도의 군사를 지휘할 권한도 주었다. 도체찰사 이원익은 1595년 8월에 자신의 종사관 노경임盧景任을 임금께 보내어 '적의 실정과 군문의 호령' 등을 갖추어 장계를 올렸다.

오시午時에 상이 도체찰사 종사관 홍문관 교리 노경임과 첨지중추부사 고급사告急使 권협을 인견하였다. 상이 노경임에게 이르기를 "무슨 일 때문에 왔는가?" 하니, 노경임이 아뢰기를 "사실이 모두 장계 가운데에 있습니다. 이원익과 권율이 마침 가까운 곳에 있는데, 조치하는 규획規劃이 같지 않기 때문에 신으로 하여금 친히 와서 아뢰게 한 것입니다" 하였다.

상이 이르기를 "같지 않다고 하는 것은 무엇을 가리키는가?" 하니, 아뢰기를 "이원익은 일을 반드시 자세히 살핀 연후에 하는데, 권율은 일의 크고 작음을 가리지 않고 급하게 하므로 같지 않음이 많기 때문에 이원익은 고민이 많습니다" 하였다.

상이 이르기를 "간섭하기 때문에 그런가?" 하니, 아뢰기를 "규획이 같지 않아서입니다" 하였다.

상이 이르기를 "그래서는 안 된다. 도원수는 마땅히 체찰사를 따라야 한다. 전장에 임하여서는 혹 스스로 결단할 일이 있겠지만, 평일에는 원수가 체찰사의 지휘를 받아야 한다" 하니, 우부승지 허성許筬이 아뢰기를 "원래 명호名號가 많아서 제장諸將이 영을 들어야 할 주장主將을 모릅니다. 이미 '원수元帥'라 이름해 놓았으면 원수 역시 마땅히 스스로 결단해야 하고, 또 남의 절제를 받아야 한다고 하면 부사副使라고 칭호해야 합니다"[105]

상이 이르기를 "우리나라 사람은 도량이 좁다" 하니, 이덕형이 아뢰기를 "체찰사가 종사관까지 보내 품하였는데, 이곳에는 다만 하서만 했을 뿐 별달리 조치한 일이 없습니다. 이후에도 이와 같이 하면 말할 수 없게 됩니다" 하였다.

상이 이르기를 "이는 작은 일이 아니다. 지난 겨울에 원수元帥의 장계를 보니 '감사監司 이용순은 뜻을 펴지 못하고 있다……' 하였기에 내가 매양 괴이하게 여겼는데, 지금 생각해 보니, 대개 체찰體察을 가리키는 말이다. 이 사람들의 호령이 서로 견제되는 것이 염려할 만하다" 하니, 이산해가 아뢰기를 "호령이 서로 견제되면 반드시 패하는 법입니다" 하였다.

상이 이르기를 "내가 종사관에게 이르기를 '원수元帥와 체찰사 사이는, 전쟁에 임해서는 품승稟承할 겨를이 없으나 보통 때에는 모든 일을 상의하고 의논하여야 한다. 어찌 체찰사가 백성들만 살필 수 있겠는가' 하였었다" 하니, 이덕형이 아뢰기를 "체찰사가 한 번 호령을 내렸는데, 또 도원수都元帥가 호령을 내리니, 호령이 여기저기서 나오면 사세가 매우 어렵습니다. 명처럼 한 사람은 군량을 주관하고, 한 사람은 군사를 주관하게 하는 것이 어떻겠습니까?" 하자, 상이 이르기를 "명호名號는 다르나 한 아문衙門이니, 이 제독(이여송)은 군사를 주관하고 송응창은 군량을 주관한 일과는 같지 않다" 하였다.

유성룡이 아뢰기를 "두 사람의 의논이 서로 달라서, 원수의 뜻은 4, 5만의 군사를 조발히고자 하고, 체찰사의 뜻은 산성을 수축하고 청야하면서 기다리고자 하니 두 사람의 뜻이 서로 어긋나고 있습니다. 그러므로 그 이하 장관將官들이 누구를 따라야 할지 모릅니다. 만약 한 아문을 만들면 원수는 마땅히 부원수副元帥가 될 뿐이며, 도원수都元帥로 칭호하면 도원수는 싸움만을 주장할 따름입니다. 밖에서 헤아리건대 어떻게 처리해야 할지 모르겠습니다."[106)

한산도대첩, 진주 전투와 함께 임진왜란 3대 대첩으로 불리는 행주대첩의 역사를 간직한 행주산성.

도원수 권율을 파직하다

성주에 체찰부를 개설하고 군사 회의를 소집했을 때 도원수 권율이 영令을 어기고 오지 않자 8월에 장계를 올려서 9월에 그를 파직하였다. 이로써 비로소 영이 서고 군문이 숙연하게 되었다. 허성이나 유성룡의 말대로 도원수라고 해놓고 또 도체찰사가 있어서 명령 체계가 일원화되지 않은 것은 문제였지만, 일단 조정에서 이원익의 지휘권을 상위에 놓은 이상 그것을 존중해야 마땅한데, 권율은 안하무인으로 체찰사의 지시를 무시하거나 부름에도 응하지 않기가 일쑤였다. 군사 전략에 있어서도 이원익은 적이 공격해 오면 산성에 의지하며 청야전술을 써서 적을 지치게 만들어야 한다고 본 반면, 권율은 병사들을 모아 적과 결전해야 한다고 보았다. 권율의 생각에 이원익의 주장은 백성들을 더욱 피폐하게 만들 뿐 아니라 적이 산성을 우회하여 진격해 버리면 소용이 없는 어리석은 방책이었다. 그래서 이기든 지든 병력을 한데 모아 맞아 싸워야 한다는 것이었다.

그러나 지난 전쟁에서 결전을 시도한 이일, 신립은 모두 패배했고, 권율 자신은 행주산성에서 승리하여 적이 한양 일대를 포기하는 데 큰 기여를 하지 않았던가? 기본적으로 왜군이 야전에는 더 능숙하고 조선 군대는 병력과 사기가 부족하다는 문제가 있는데, 전쟁이 오래 이어진 지금은 더 그럴 수밖에 없었다. 따라서 청야-산성론은 문제점이 없지는 않아

군령을 자주 어겨 이원익이 한때 파직했다가 복직시킨 권율 장군.

도 당시로서 최선의 방책이라고 보아야 했는데, 권율은 인정하지 않았다. 그러다가 권율이 파직되고 이원익이 도원수를 겸임하던 중 1595년 12월 전략적 필요에 의해 다시 장계를 올려 권율을 복직시키는 윤허를 받았다.

그런데 그는 정유재란이 일어나자 이원익에게 보고하지 않은 채 독단적으로 서생포 죽도에 있는 가토 기요마사의 적진을 공격하다가 실패했다. 이에 권율을 엄히 문책해야 한다는 논의가 조정에서 나왔는데, 이때 이원익은 "신이 제대로 통솔하지 못해 권율이 마음대로 출병했으니, 이것은 신의 죄입니다"라며 선조에게 죄를 청했고, 선조도 이원익을 위로하면서 권율을 문책하지 않았다. 이후 권율도 잘못을 반성하여 체찰사의 명을 어기지 않았다. 군령을 어긴 장수는 엄히 처벌한다는 원칙은 그때나 지금이나 마찬가지다. 하지만 리더십의 관점에서 보면 권율이 첫 번째 징계를

받고도 반성하지 않고 오히려 이원익에게 앙심을 품고 불복했음을 두 번째 군령 위반 사건에서 알 수 있다. 이것은 자신의 부덕의 소치이며, 똑같은 처벌을 내려봤자 오해와 원한만 깊어질 뿐 국가에 도움이 될 일이 없겠다고 판단한 이원익은 권율이 받을 벌을 대신 받겠다고 청한 것이다. 이로써 권율도 비로소 크게 반성하여, 다시는 이원익을 무시하지 않았다고 한다.[107] '모범을 보이고 스스로 희생함으로써 부끄러움을 알게 한다'는 이원익 특유의 리더십이 시간이 오래 걸리기는 했지만 결국 통한 셈이랄까.

그는 정승이자 도체찰사로서 막강한 인사권을 손에 쥐고 있었다. 군사 분야에서는 사실상 영의정보다 더 강한 최고권력을 가진 것이다. 그러나 인사권을 남용하여 자기 패거리를 모으려 하지 않았고, 자신을 비방하고 무시한다고 해서 불이익을 안기지 않았다. 그렇다고 마냥 호인好人처럼 장수들이 잘못을 해도 덮어주기만 한 것은 아니었으며, 군율을 제대로 따르지 않은 김응서에게 곤장을 치는 등 매서운 모습을 보여주기도 했다.[108]

그리고 이원익이 지지했던 인물들, 이순신, 곽재우, 정경세, 정기룡 등은 모두 국난 극복 과정에서 저마다 한몫을 했다. 정유재란 때 적군이 육박해 오자 이원익이 마땅치 않게 보던 김응서는 달아났고, 높이 평가했던 곽재우와 정기룡은 용감하게 싸워 적을 물리쳤음을 보면 그의 사람 보는 안목을 인정할 만하다. 다만 역시 쓸 만하게 여겼던 백사림도 황석산성에서 달아났다는 말을 들었는데, 그때는 이미 성이 함락되기 직전이었기에 싸워보지도 않고 달아난 것과는 차이가 있었으되, 이원익은 "지난 날 백사림을 추천한 사람 중에 나보다 더한 사람이 없고, 황석산성에서 수비를 그르친 실상을 자세히 아는 것도 나보다 더 잘 아는 사람이 없다. (……) 그 죄는 결단코 백의종군하여 스스로 죄를 보상하도록 하는 것에서 그칠 수는 없다."[109]며 중벌로 다스릴 것을 주장하였다. 백사림은 그때까지 곽재우, 이순신 등과 협력해 큰 군공을 세워왔으며, 김해 부사로서 백성을 잘 다스려 인망도 높았다. 하지만 마지막 순간에 순절하지 않아 위대한 이름을 남기지 못했는데, 이원익은 그가 자신이 추천한 사람이었기에 더더욱 엄격하게 처리할 것을 주장했던 것이다.

이처럼 임진년과 정유년의 중간 기간에, 이원익은 4도 도체찰사이자 우의정으로 최선을 다했다. 처음에는 당초의 기대만큼 못하다는 평가도 나왔으나, 결국 안민과 동시에 양병이라는 계속 지켜온 원칙대로 행동했고, 산성을 쌓고 장수를 적재적소에 배치했으며 화약 제조 기술을 수입하고, 명나라의 예를 본따 삼수병三手兵의 훈련 방식을 도입했다. 정유재란이 임진년 전란의 복사판이 되지 않은 일에 이원익의 공은 실로 크다고 해야 할 것이다. 조경남은 『난중잡록』에서 도체찰사로서의 이원익을 평가하여 "남방의 모든 장수와 수령들이 공경하고 두려워하기를 신神과 같이 하여 감히 속이고 은폐하지 못하니 잔민殘民들이 그의 덕에 소생되었다. (……) 가는 곳마다 백성을 구해주니 백성들이 살 길을 얻었다. 옛적에 사직社稷의 신하가 있다더니, 이 대감이 거기에 가깝도다"라고 했다.[110]

어쨌든 말없이 노력하던 나날은 지나가고, 다시 한 번 태풍이 불어오고 있었다. 이원익은 강화 문제를 놓고 명과 왜 사이에 벌어지는 밀고 당기기를 불안하게 바라보다가, 그 요상한 모양새를 보며 결국 난리가 다시 날 것을 알았다. 전쟁이 나면 일찍이 계획한 대로 청야전술을 써야 할 것이고, 그러면 가뜩이나 힘든 백성들의 터전을 우리 손으로 없애지 않으면 안 될 것이다. 그는 안타까운 가슴을 부여잡으며, 그날이 올 때까지 어떻게든 하나라도 더 쇠잔한 민력民力을 일으키기 위해 안간힘을 썼다.

읍이 피폐하니 백성은 드물구나 / 邑廢民殘少

산이 깊어 봄빛이 더딤인가 / 山深春色遲

강가에 해는 저물려 하니 / 江頭日欲暮

이때가 나의 애끓는 때로다 / 是我斷腸時[111]

제 6 장

선조와 이원익의 정유재란 승리

왜군이 마침내 전라도와 경상도를 침범한 뒤 왕경王京으로 육박해 들어왔다.

왕경은 조선 팔도의 중심에 있는데, 동쪽으로는 조령과 충주가 막고 있고, 서쪽은 남원과 전주가 있어서 도로가 서로 통하여 있다. 남원과 전주 두 성이 함락된 뒤로는 동쪽과 서쪽이 모두 왜군의 수중에 들어갔다. 우리 군사는 숫자도 적고 힘도 약하였기 때문에 후퇴하여 왕경을 지키면서 한강의 험함에 의지해 있었다. 마귀가 형개에게 왕경을 버리고 압록강으로 물러나 지키자고 청하였다. 그러자 해방사海防使 소응궁이 그렇게 해서는 안 된다고 여겨 평양에서 급히 왕경으로 달려가 이를 만류하였다.

마귀가 부장副將 해생을 파견하여 직산을 지키게 하였는데, 해생이 자못 왜적들을 참획하여 공을 세웠다. 조선에서도 역시 도체찰사 이원익을 보내 조령을 거쳐 충청도로 나오는 적의 선봉을 저지하게 하였다. 이렇게 적의 진격을 막고, 형개가 직접 왕경에 이르자, 인심이 비로소 진정되었다.

― 한치윤, 『해동역사』 제62권, 「본조本朝의 비어고備禦考」 3 '왜적을 막은 데 대한 시말始末 3'

제6장

정유재란丁酉再亂 발발, 이원익의 왜영 습격 사건

약 3년 만에 전쟁이 다시 시작된 것은(그 사이에도 경남 남해안에는 왜군이 '왜성倭城'을 거점으로 남아 있었고, 그들과 산발적인 전투가 이어졌지만) 명과 왜 사이의 웃지 못할 '외교 사기'가 되풀이되다 결국 파국에 이르렀기 때문이었다.

임진년의 전쟁을 놓고 왜와 명은 서로 자신들이 이겼다고 생각했다. 또한 과대망상에 사로잡힌 히데요시는 조선뿐 아니라 명나라를 정복하는 일은 힘에 부칠지 몰라도 조선에 대해서는 확실한 우위를 확보했다고, 자신의 위명이 동양에 진동하고 있다고 생각했다. 반면 명 황제 만력제萬曆帝나 선조에게 왜는 야만스러운 오랑캐일 뿐이었고, 할 수만 있다면 전력을 동원해 전멸시키고 싶지만 현실적 문제 때문에 참을 뿐이었다.

하지만 명나라에서 왜와의 강화에 앞장서고 있던 심유경이나, 침략군의 선봉에서 계속 싸워온 결과 더 이상 전쟁을 계속하는 것은 어리석다는 확신을 갖게 된 고니시 유키나가로서는 이런 자국의 입장이 불편하기만 했다. 협상의 상대방보다 자기 편을 설득하기가 어려웠던 셈이다. 히데요시는 강화의 조건으로 명나라는 황녀를 왜나라 천황의 후궁으로 바치고 무역을 재개하며, 조선은 8도 중 4도를 왜에 떼어주고 왕자와 대신을 볼모로 보낼 것을 주장했다. 이런 말도 안 되는 주장이 곧이곧대로 전달되면 전쟁이 재개될 게 분명한 일. 심유경과 고니시는 고심 끝에 고니시의 부관인 나이토 조안을 왜나라 사신이라고 속여, 무역 재개와 히데요시의 일본 왕 책봉이라는 두 가지 조건만 들어주면 항복하겠다는 요구를 들고 연경을 찾도록 했다. 연경에서는 이를 검토하고는 그나마 무역 재개 요구도 거절하고 히데요시를 일본 왕으로 책봉한다는 사신을 보내기로 결정했다.

책봉서를 들고 명나라 사신 이종성이 부산에 도착하자 그 내용을 히데요시가 알면 노발대발할 것이 뻔하다고 본 심유경과 고니시는 시간만 끌면서 사신 일행을 왜로 데려다주지 않았다. 이상하다고 생각한 이종성은 그만 단독으로 명나라로 달아나버렸다. 그러자 부산 일대의 왜군은 격앙되어 병력을 동원했는데, 성주의 체찰부에서 보고를 받은 이원익은 조선군에게도 동원령을 내리고 전투 준비를 시켰다. 그러나 황신黃愼이 신중하게 대응해야 한다고 조언하자 그 말을 받아들이고 황신을 왜 진영에 보내 피차 경거망동하여 전면전을 자초하지 말자는 뜻을 전하니 비로소 일촉즉발의 분위기가 수그러졌다. 하지만 이원익은 "돌아가는 모양을 보니 조만간 전쟁이 다시 일어나지 않을 수 없을 것이다"라고 탄식했다.

그 예상은 정확했다. 달아난 정사正使 이종성 대신 부사를 정사로 올리고, 심유경이 스스로 부사가 되어서는 마침내 왜나라로 갔으나 자신의 요구가 받아들여졌다고 듣고 있던 히데요시는 아닌 밤중에 홍두깨 같은 결과에 당연히 격노했고 곧장 재출병 명령을 내렸다. 고니시는 '결사적으로 싸워 죄를 갚도록' 했다. 가토는 이번에야말로 원수 같은 고니시를 누르고 가장 큰 공을 세울 열망에 불탔다.

1596년 말에 고니시가 먼저 부산으로 건너오고, 이듬해 1월에 가토가 건너올 상황이 되었다. 올 것이 왔다고 생각한 이원익은 조금이라도 적의 전력을 줄이고자 부하 군관인 정희현을 불렀다.

"자네, 왜놈들과 친분이 제법 있다면서? 저들 진영을 제 집처럼 드나들 수 있다고 했지?"

"아, 아닙니다. 제가 무슨. 그냥 그렇게 무상출입할 만큼 낯을 익힌 병사가 제 휘하에 있습니다."

"틀림없나? 그렇다면 그 병사를 시켜서 말일세……."

정희현이 말한 그의 수하 병사는 허수석이라고 했다. 허수석은 이원익의 명을 받들고 왜영에 침투, 화약고와 군량 저장소를 불태우고 정박해 있던 적의 선박 수십 척을 잿더미로 만드는 데 성공했다. 이원익은 명의 이종성이 달아나는 걸 보았을 때 이미 전쟁이 다시 올 줄 짐작했는데, 히데요시에게 통신사로 다녀온 황신을 만나보고는 이미 일이 급박함을 알았다. 그래서 적군이 바다를 건너기 전에 먼저 적의 교두보를 공략해야 한다며 황신과 함께 건너온 심유경에게 제안했으나, 심유경은 "병가兵家에서는 만전을 도모하는 자를 양장良將이라고 칭하는 법이오. 좀 더 신중합시다"라며 받아들이지 않았다. 나중에 한치윤韓致奫은 이를 두고 "왜병들이 이때 아직 바다를 건너오지 않고 있었던 만큼 부산의 왜영을 한 번 쳐서 그들의 소굴을 깨뜨린 다음에 중병重兵으로 그곳을 지키는 것이 이른바 먼저 출동하여 상대를 제압한다는 것이다. 이원익의 이 계책은 잘못된 것이 아

닌데, 어찌하여 심유경은 이를 저지하여 또다시 기회를 놓치게 하였단 말인가"라며 한탄하고 있다.[112]

그래서 전면 선제공격은 할 수 없었지만, 이처럼 독자적으로 '첩자'를 사용한 파괴 작전을 수행했던 것이다. 조선으로서는 쾌거라고 볼 만한 성공적 작전이었으나, 묘하게 이 일이 불씨가 됨으로써 조선은 다시 시작된 전쟁에서 처음부터 악수惡手를 두고 만다.

이순신의 군관 하나가 우연히 부산 쪽에 나갔다가 허수석이 왜영을 불태운 것을 보고는 돌아와 이순신에게 보고하다가, 그것을 무슨 생각에서인지 자신의 공으로 말해버린 것이다. 아마 왜군이 스스로 사고로 불을 냈다고 생각하고는, 자신의 공이라고 해도 아무도 모를 것이라고 계산한 모양이었다. 아무튼 이순신은 그 말을 그대로 믿고는 그에게 표창을 해달라는 장계를 올렸다. 그 장계는 이원익도 받아보았는데, 그는 아무런 지적을 하지 않고 넘어갔다.[113] 아마 이순신에게 어찌된 일인지 묻고 취소 장계를 올리도록 조처하려 했던 것 같다. 그러나 이 사실을 이조좌랑 김신국金藎國이 선조에게 보고해 버렸다. 그의 보고에서 유추하면 이원익은 허수석에게 다시 일을 맡길 생각이었고, 따라서 이 문제가 공연히 불거져 왜군 진영에까지 상황이 알려질까 봐 일단 쉬쉬하면서 허수석에게 조금만 기다려라, 반드시 일을 바로잡아 주겠다고 달랜 듯하다. 그러나 허수석은 참지 못하고, 어찌 공을 세운 사람은 놔두고 엉뚱한 사람이 거론되느냐며 김신국 등에게 사실을 이야기해 버린 것이다.

이것으로 다시 허수석을 시켜 파괴 공작을 벌일 수 없게 되었을 뿐 아니라,[114] 이순신에게도 화살이 돌아가게 되었다. 이원익 부하의 공이 이원익의 공이기도 한 것처럼, 이순신 부하의 공도 이순신의 공이 아닌가. 그런 점에서 아무리 모르고 한 일이라지만 경솔하게 표창을 추천했음은 이순신 스스로 공을 탐냈기 때문 아니냐는 소리가 나올 만도 했다.

논공행상에서 이순신이 정직하지 못하다는 말은 사실 그전부터 나오고 있었다. 바로 자신이 선배인데도 3도 수군통제사가 된 이순신의 지시를 따르는 입장이 된 원균이 계속 제기하는 주장이었다. '함께 적을 무찌르고, 보고는 천천히 하자고 해놓고는 이순신이 혼자 보고를 올려 공을 대부분 자신의 수하들에게 돌렸다', '멀쩡히 장성해 있는 나(원균)의 아들이 공로를 세워 보고한 것을 두고, 어린 아들을 가지고 거짓으로 보고했다며 모함했다' 등이었다. 선조는 가뜩이나 그런 소리를 들어오던 중에 '허수석 사건'까지 접하자 이순신을 대하는 눈이 고와질 수가 없었다. 이순신이 아무리 특수 상황이라지만 자신에게 보고도 하지 않고 무과武科를 실시해 장교를 선발하거나, 둔전屯田을 일궈 병사들의 호구지책을 삼은 것 등도 찜찜했고, 무엇보다 자신이 여러 차례 그 잘난 수군을 이끌고 부산과 마산 등에 도사리고 있는 왜적을 치라고 지시했음에도 번번이 여건이 안 된다며 불복하는 것이 못마땅했다. 이 이순신이라는 자, 재주는 뛰어난지 몰라도 사람됨은 틀려먹은 자가 아닌가? 선조는 점점 더 그런 의심을 하게 되었다.

임진왜란 최대의 공로자에 대한 최고 통치권자의 이런 의혹은 결국 '요시라 사건'으로 폭발하고 말았다. 널리 알려진 대로는 고니시 유키나가가 요시라라는 이름의 이중간첩을 활용해 '가토 기요마사가 몇 월 며칠에 바다를 건너올 테니 기다리고 있다가 요격하라'고 거짓 정보를 주어 유인했으며, 이순신은 그 속임수를 꿰뚫어보고 출동하지 않았으나 조정은 이를 빌미로 이순신을 처벌했다는 것이다. 그런데 고니시와 가토가 서로 원수지간이었음은 틀림없으며, 요시라는 왜란 이전부터 귀중한 정보를 많이 전해주던 대마도인이었다. 그래서 요즘은 고니시가 정말로 이순신의 손을 빌려 가토를 제거하려 했을지 모른다는 설도 제기된다. 그러나 본질은 이순신의 말처럼 '적들의 수가 적으면 도망칠 것이고, 많으면 역습할 것'으로, 요시라의 말이 진짜이든 가짜이든 조선 수군이 섣불리 공격하기 어려웠다는 데 있었다. 그것은 일단 오랜 전란과 기근, 전염병으로 수군의 인원이나 건강 상태가 매우 열악했으며, 내내 당하기만 했던 왜군도 대비책을 세워 '조선 수군 공략법'을 익혀 두었으므로 전처럼 만만하게 볼 수 없었던 것이다. 조선의 배는 왜군의 배보다 무겁고 속력이 느렸으나, 조선 수군이 배의 방향을 바꾸거나 하는 조타 능력은 앞섰으며, 배가 무겁다는 점을 이용해 들이받으면 왜군의 배가 부서지는 경우가 많았다. 따라서 좁은 해역에서 진을 잘 짜고 맞붙으면 조선 수군이 이길 가능성이 높았으며, 이순신은 그 점을 잘 꿰뚫어보고 그토록 승승장구할 수 있었던 것이다. '이길 수 있는 조건을 만들어 놓고 싸운다'는 것은 옛날이나 지금이나 승자의 철칙이다.

하지만 왜군 쪽도 그토록 참패를 거듭한 끝에 자신들의 약점을 깨달았다. 조선 수군과는 좁은 해역에서 싸우지 말고 넓은 바다에서 싸워야 하며, 혹시 복병에 걸렸더라도 질서 정연하게 퇴각하면 느리고 탑승 인원도 적은 조선 배로는 추격해 올 수 없다. 또 조선 수군이 육지의 기지로 일제히 공격해 오면 틀어박혀 굳게 지키면 된다. 그러다 보면 식량이 충분치 않은 조선 수군은 오래 못 버티고 돌아가리라! 그래서 정유재란 이전에도 부산포를 공격해 왜놈의 근거지를 쓸어버리라는 조정의 지시에 거듭 불복해 온 이순신이었다.

그러나 선조는 이번만은 그대로 못 넘어간다는 자세였다. 그의 생각에는 가토를 요격해서 잡는 일은 어려웠을지 몰라도 적어도 부산 앞바다를 왔다갔다 하며 위력 과시라도 할 수 있었다. 그러면 왜군은 추가 병력 지원을 못해 남해안에서 고립되고, 결국 전쟁을 수행할 수 없게 될 것이 아닌가? 그런데 게을러서인지 겁이 많아서인지 이순신이 팔짱만 끼고 있는 통에 적들이 속속 상륙해 버리고 말았다! 분이 끓어오른 선조는 "이제는 다 틀렸다. 이 나라는 망했구나!" 하며 한탄했다고 한다.[115] 당연히 이순신을 그대로 둘 수는 없었다.

누가 이순신을 변호할 것인가?

흔히 이순신의 처분을 두고 서인들이 벌떼처럼 들고 일어나 엄벌을 주장했고, 동인은 이를 무마하려 했으나 힘이 부족해 어쩔 수 없었다는 식으로 알려져 있다. 하지만 사실은 그렇지 않았다. 선조의 분노가 워낙 컸고, 자신들이 보기에도 이번 일은 이순신의 잘못이라 여겨졌으므로 조정 중신들은 당색에 상관없이 이순신을 성토하는 분위기였다. 그리고 서인들은 당시 조정에서 동인을 압도할 만한 힘을 가지고 있지도 않았다. 왜란 발발 이후 이 시점까지 정승이 되었던 사람은 윤두수를 제외하면 전원 동인이었다. 그런데 이순신이 당파 싸움에 희생되었다는 속설이 널리 퍼진 것은 유성룡이 『징비록』에서 '내기 이순신을 천거했다 하여 나를 비방하는 무리가 이순신도 비방하였다'라고 쓴 일과, 윤두수, 윤근수가 원균의 인척이라는 점 때문이 아닐까 한다. 하지만 윤두수, 윤근수는 원균과 가깝다는 사실 때문에 오히려 노골적으로 그를 편들지 못했다. 유성룡도 마찬가지여서, 이순신의 운명을 결정하던 어전회의에서 오히려 이순신을 공격하는 입장에 섰다.

상이 이르기를 "나는 이순신의 사람됨을 자세히 모르지만 성품이 지혜가 적은 듯하다. 임진년 이후에 한 번도 거사를 하지 않았고, 이번 일도 하늘이 준 기회를 취하지 않았으니 법을 범한 사람을 어찌 매번 용서할 것인가. 원균으로 대신해야 하겠다. 명군 장수를 보면 이 제독 이하 모두 조정을 기만하지 않는 자가 없더니, 우리나라 사람들도 그걸 본받는 자가 많다. 왜영을 불태운 일도 (……) 이순신은 자기가 계책을 세워 한 것처럼 하니 나는 매우 온당치 않게 여긴다. 그런 사람은 비록 청정淸正의 목을 베어 오더라도 용서할 수가 없다" 하였다.

서애 유성룡이 쓴 『징비록』

이산해가 아뢰기를 "임진년에 원균의 공로가 많았다고 합니다" 하니, 상이 이르기를 "공이 없었다고 할 수 없다. 앞장서서 나아가는 것을 귀하게 여기는 것은 사졸士卒들이 보고 본받기 때문이다" 하였다.

유성룡이 아뢰기를 "신의 집이 이순신과 같은 동네에 있기 때문에 신이 이순신의 사람됨을 잘 알고 있습니다" 하자, 상이 이르기를 "한양 사람인가?" 하니 유성룡이 아뢰기를 "그렇습니다. 성종 때 사람 이거李琚의 자손인데, 일을 맡길 만하다고 여겨 당초에 신이 조산 만호로 천거했었습니다" 하였다.

상이 이르기를 "문리가 트인 사람인가?" 하니, 유성룡이 아뢰기를 "그렇습니다. 성품이 굽히기를 좋아하지 않아 제법 취할 만하기 때문에, 그 사람이 어느 곳 수령으로 있을 때 신이 수사水使로 천거했습니다. 하지만 임진년에 신이 차령에 있을 때 이순신이 정헌正憲이 되고, 원균이 가선嘉善이 되었다는 말을 듣고는 작상爵賞이 지나치다고 여겼습니다. 무장武將은 교만해지면 쓸 수가 없게 됩니다" 하자, 상이 이르기를 "그때에 원균이 그의 동생 원전을 보내 승전을 알렸기 때문에 그런 상이 있었다" 하였다.

유성룡이 아뢰기를 "거제에 들어가 지켰다면 영등포와 김해의 적이 반드시 두려워하였을 것인데, 오랫동안 한산도에 머물면서 별로 하는 일이 없었고 이번 바닷길도 역시 요격하지 않았으니, 어찌 죄가 없다고 하겠습니까. 다만 그를 이 시점에서 교체하면 어려울 것 같기 때문에 전에 그렇게 계달하였던 것입니다. 비변사로서 어찌 이순신을 비호하겠습니까" 하니, 상이 이르기를 "이순신은 절대로 용서할 수가 없다."

(……) 이정형이 아뢰기를 "원균은 사변이 일어난 처음에 비분강개하여 공을 세웠는데, 다만 군졸을 돌보지 않아 민심을 잃었습니다" 하였다.

상이 이르기를 "성품이 그처럼 포악한가?" 하니 이정형이 아뢰기를 "경상도가 적에게 넘어간 것은 모두 원균에게서 말미암은 것입니다" 하였다.

상이 이르기를 "우상(이원익)이 내려갈 때 '원균은 적과 싸울 때에나 쓸 만한 사람'이라 하였으니, 성품에 문제가 있기는 한 모양이다" 하니, 김응남이 아뢰기를 "인심을 잃었다는 말은 우선 잊고, 그를 통제사로 써야 합니다" 하였다.

상이 이르기를 "이억기는 내가 일찍이 본 적이 있는데, 쓸 만한 사람이다" 하니, 이정형이 아뢰기를 "원균만 못합니다" 하였다.

상이 이르기를 "원균은 자기 생각대로만 하고 고칠 줄을 모른다. 체찰사(이원익)가 이치에 맞게 설득해도 고치지 않는다고 한다" 하니, 유성룡이 아뢰기를 "대개 나라를 위하는 성심이 있습니다. 상당산성을 쌓을 때 움막을 만들고 자면서 역사를 감독해 수축하였습니다" 하고, 이산해가 아뢰기를 "상당산성을 수축할 때에 강압적으로 역사를 감독했기 때문에 원망하는 사람이 많았습니다" 하고, 이정형이 아뢰기를 "상당산성의 역사는 비록 이루어졌지만 도로 비에 무너지고 말았습니다" 하였다.

상이 이르기를 "체찰사(이원익)가 이순신과 원균에게 분부하는 일이 있으면,

비록 납득이 안 되더라도 이순신은 그런대로 면종面從을 하지만, 원균은 노기를 내어 청종聽從하지 않는다고 한다. 이는 그의 공을 빼앗겨서인가? 원균을 좌도 주사左道舟師에 임명하고, 또 다른 사람으로 하여금 2인을 진압하게 하는 것이 어떻겠는가?" 하니, 이정형이 아뢰기를 "이순신과 원균은 서로 용납하지 못할 형세입니다."[116]

하지만 이때 지방에 내려가 있었기에 조정의 회의에 직접 참석할 수는 없었던 이원익은 '일방적 성토 분위기'에 아랑곳하지 않고 전과 같이 이순신을 극력 두둔했다. 그는 '이순신에게 죄를 주어서는 안 됩니다. 그는 바다에서 이미 큰 공을 세웠습니다. 계책에도 실수가 없고 살피는 일에도 잘못이 없습니다. 원균은 본래 사나운 사람이고 무능한 편인데, 그가 대신 그 자리를 맡는다면 패배는 불을 보듯 뻔합니다'는 내용으로 세 차례나 장계를 올렸다고 한다.[117] 그는 앞서 이순신과 원균의 대립 문제가 조정에서 쟁점화되었을 때에도 이와 일관된 입장을 나타냈다.

유성룡이 아뢰기를 "원균이 힘껏 싸운 것은 사람들이 모두 아는 바입니다. 그러나 한 번 수전을 벌인 뒤부터 착오를 일으켜 영남의 수군 중에는 원망하고 배반하는 자가 많이 있으니, 원균에게 맡길 수 없는 것은 분명합니다. 더구나 이순신과 원균이 사이가 나쁜 것도 진실로 조정에서 아는 바입니다. 소신의 생각으로는 수륙의 차이가 있더라도 함께 협동해야 할 것이므로 두 사람이 모여 의논하게 하였으나 원균은 발끈하여 노기怒氣가 있었습니다" 하니, 상이 이르기를 "이순신도 그러하던가?" 하자, 이원익이 아뢰기를 "이순신은 스스로 변명하는 말이 별로 없었으나, 원균은 기색이 늘 발끈하였습니다. 예전의 장수 중에도 공을 다툰 자는 있었으나, 원균의 일은 심하였습니다. 소신이 올라온 뒤에 들으니, 원균이 이순신에 대하여 분한 말을 매우 많이 하였다 합니다. 이순신은 결코 한산에서 옮길 수 없습니다. 옮기면 일마다 다 글러질 것입니다. 위에서 하교하시어 그대로 병사兵使로 있게 하는 것이 나을 듯합니다. 조정에서 여러 가지로 하유下諭하여도 뜻을 움직일 수 없었으므로 소신도 이런 위급한 때에 마음을 합하여 함께 구제해야 한다는 것을 말하였으나, 원균은 노기를 풀지 않으니, 이것은 어렵지 않겠습니까" 하니, 상이 이르기를 "난처한 일이다" 하였다.

윤두수가 아뢰기를 "원균은 소신의 친족인데, 신은 오랫동안 그를 보지 못하였습니다. 대개 이순신이 후진인데 지위가 원균의 위에 있으므로 발끈하여 노여움을 품었을 것이니, 조정에서 헤아려 알아서 처치해야 할 것입니다" 하니, 상이 이르기를 "내가 전에 들으니, 당초 군사를 청한 것은 실로 원균이 한 것인데 조정에서는 원균이 이순신만 못하다고 생각하므로 원균이 이렇게 노하게 되었다 하고, 또 들으니 원균은 적을 사로잡을 때에 선봉이었다 한다" 하였다.

유성룡이 아뢰기를 "원균은 가선대부가 되었을 뿐인데 이순신은 정헌대부가 되었으므로, 바로 이 때문에 원균이 분노한 것입니다" 하니, 상이 이르기를 "내가 들으니, 군사를 청하여 수전을 벌인 것은 원균에게 그 공이 많고 이순신은 따라간 것이라 하며, 또 들으니, 이순신이 왜인들을 잡은 숫자는 원균보다 나으나 공을 이룬 것은 실로 원균에게서 비롯하였다 한다" 하였다.

이원익이 아뢰기를 "소신이 원균의 공은 이순신보다 나을 수 없다고 조용히 말하니 원균이 말하기를 '이순신은 물러가 있고 구원하지 않다가 천 번 만 번 불러서야 비로소 진군進軍하였다' 하였는데, 원균은 침범당한 지방에 있었으니 오직 대적하기를 바랐겠으나, 이순신이 원균과 함께 나가 싸우지 못한 것은 그 형세가 그러하였던 것입니다" 하고, 이덕열이 아뢰기를 "이순신은 열다섯 번 부르기를 기다린 뒤에야 비로소 가서 적의 배 60척을 잡고서는 맨 먼저 쳐들어간 것으로 자기 공을 신보申報하였다 합니다" 하고, 이원익이 아뢰기를 "호남에 있던 적의 배가 자기가 있는 곳에 돌진해 오면 적이 사방에 넘치게 될 우려가 있었기 때문에 어쩔 수 없이 뒤에 간 것입니다. 원균이 당초에 많이 패하였으니 이순신이 따라가서 옆에 서 있거나 손수 잡지 않았더라도 관하管下가 잡은 것 또한 많았을 것입니다. 벤 수급이 많은 것으로 논한다면, 원균보다 많습니다" 하고, 정탁이 아뢰기를 "그들이 공을 다투는 마음을 보면 두 장수가 다 잘못한 것이 있음을 면하지 못하나, 이순신은 또한 가볍지 않은 장수이니, 위에서 하교하여 화해시켜서 뒷날의 공효를 당부하는 것이 어떠하겠습니까?" 하고, 이원익이 아뢰기를 "원균은 당초에 많이 패하였으나 이순신만은 패하지 않고 공이 있었으므로, 다투는 시초가 여기에서 일어났습니다."[118]

 그러나 결국 이순신은 통제사직에서 해임될 뿐 아니라 모진 문초를 겪은 뒤 백의종군하게 된다. 그나마 목숨을 건진 것은 이원익의 온 힘을 다한 변호 덕분이었다고 할까. 아무튼 조선 최강의 무기를 스스로 내버린 셈이었으니, 이원익은 실망을 금할 수 없었다. "이제 일은 틀리고 말았구나!"라고 탄식했다고 한다. 그래도 어찌됐든 당장 자신이 맡은 일을 해야 했다.
 3월이 되자 명나라에서 총독 형개邢玠, 경략 양호楊鎬, 총병 마귀麻貴, 부총병 양원楊元 등이 이끄는 5만 5,000여 명의 병력을 보내왔다. 이들은 상당한 군세를 한양에 주둔시키고 나머지를 각각 영남, 호남과 충청도로 내려보냈다. 그중에서 양원의 3,000여 병력은 남원에 주둔했는데, 이원익은 영남의 군세를 보강하여 적진을 먼저 공격하기 위해 양원에게 주둔지를 옮길 것을 부탁하려 했으나 곽재우의 일깨움을 듣고 그만두었다고 한다.[119] 곽재우는 의미가 불분명한 비유를 써가며 말하는데, 아마도 현실적으로 전력을 집중해 선제공격을 하는 것은 지나친 모험이고 왜군이 공세를 펼칠 경우 전처럼 영남을 거슬러 오르기보다는 호남으로 쇄도할 가능성이 높으므로 양원에게 호남 방어에 충실토록 해야 한다는 뜻이었을 것이다. 하지만 이원익은 얼마 후 남원을 직접 방문해 양원에게 주둔지 이동을 권하는데, 영남으로 와달라는 게 아니라 공략당하기 쉬운 평지성인 남원 대신 산성으로 들어가 수비하라는 말이었다. 하지만 양원은 듣지 않았다. 십여 문의 불랑기포, 호준포 등을 가리키며 "저것만 있으면 평양성에서처럼 왜구들을 섬멸할 수 있다"고 큰소리쳤는데, 아마 물자 조달도 어렵고 비좁은 산성에 조선의 군민과 함께 틀어박히는 게 부담스러웠던 것일까.

이원익은 못내 불안해하면서, 전라 병사 이복남李福男에게 남원에 들어와 수비를 돕도록 했다. 이복남은 일찍이 이원익이 추천해 조정에서 쓰이게 된 사람인데, 전라 병사로 있으면서 탐오한 짓을 벌여 백성을 괴롭혔으므로 이원익이 도체찰사로 남원을 방문했을 때 잡아다 곤장을 치고는 벼슬을 빼앗았다. 그 뒤 다시 기용되어 나주목사를 거쳐 다시 전라 병사를 맡고 있는 이복남을 남원으로 부른 것은 '네가 괴롭힌 남원 백성들에게 사죄하는 뜻에서 봉사하라'는 뜻이었을 것이다. 이복남에게는 1,000명 정도의 병력이 있었는데, 한때 이원익의 눈에 들었던 장수답게 연병練兵을 잘하여 남원성 내의 다른 어떤 병력보다도 정예였다. 한편 이원익에게 호남 방어의 중요성을 조언한 곽재우는 화왕산성을 지키고, 역시 이원익이 아끼던 백사림은 황석산성에 들어가도록 배치했다. 이원익 자신도 성주 인근의 금오산성으로 체찰부를 옮겨 그곳에서 업무를 처리하고 작전을 지휘하는 한편 조령과 죽령, 추풍령 길목의 방어를 담당했다.

그리고 통제사로서 한산도에 부임한 원균에게는 자신의 종사관인 남이공南以恭을 보내 전선戰船을 둘로 나눠 한산도를 지키는 역할과, 왜군 진영의 근해를 초계하는 역할을 번갈아 맡도록 했다. 부산 일대에는 조선군이 배를 댈 데가 없지만, 일부가 접근했다가 잠시 후 돌아가고 다른 함대가 또 접근했다가 다시 잠시 후 돌아가는 식으로 반복하면 적의 동태를 감시하고 적을 불안하게 하며, 적의 공격을 억제하는 효과를 낼 수 있다는 계책이었다. 유명한 승려 의병장인 사명당四溟堂 유정惟政과도 만났다. 서생포에 상륙한 가토 기요마사가 "명나라 말고 조선과 단독으로 강화하고 싶다"며 조선측 대표로 유정을 지목했으므로, 3월까지 네 차례 회담을 가졌던 것이다. 이원익은 4도 도체찰사로서 유정에게 정황을 청취하고는 "분통한 말이 많아서 차마 기록하지 못하고 비변사에서 직접 정황을 들도록" 그를 한양으로 보내고 그렇게 보고했다.[120] 아마도 일부 영토를 바칠 것을 요구했거나, 명나라와 손을 끊고 함께 명나라를 치자는 제의를 했을 것으로 여겨진다.[121]

원균의 패전, 피를 토하는 이원익

그러나 7월, 이원익이 우려하던 일이 벌어지고야 말았다. 원균의 수군이 적에게 궤멸된 것이다. 원균은 본래 이순신이 겁쟁이라서 출동하지 않는다, 자신에게 통제사를 맡겨만 주면 보란 듯이 해내겠다고 큰소리를 쳤지만 막상 한산도에 들어가보니 수영의 상황이 출동할 만하지 않다는 것을 깨달았다. 게다가 이순신을 따르던 장수 및 군졸들과의 불화도 일어나서 도무지 전투에 임할 처지가 못 되었다. 이원익의 계책을 실행하고자 남이공이 도착했지만 원균은 번갈아 출격하라는 명령에 따르지 않았다. "안골포의 왜적들을 먼저 육군이 소탕해 달라. 그러지 않는 이상 출동할 수 없다"는 말만 되풀이했다. 하지만 섣불리 육지에서 왜군 진영 깊숙이 들어가며 공세를 펼 수 없는 노릇이어서, 이원익은 병력 부족 문제나마 다소 덜어주려고 제석산성을 지키던 병력을 빼서 원균에게 붙여주었다. 하지만 원균은 여전히 출전을 미루다가 6월 18일에야 겨우 남이공과 함께 출동했다. 안골포에서 미리 대기 중이던 적과 마주쳤는데, 그들은 잘 무찔렀다. 가덕도까지 가서도 수

평소 명령을 잘 따르지 않아 이원익의 신임을 잃은 원균.

전에서는 승리했다. 하지만 적들이 배에서 내려 토굴 속으로 들어가버리면 더 이상의 공략이 어려웠는데, 돌아오는 길에 적의 역습을 받아 보성군수 안홍국이 전사하는 등 피해를 입었다.

이렇게 한 차례 출격한 원균은 역시 육군이 안골포, 가덕도를 처리해 주어야 수군이 출동할 수 있다며 틀어박히고 말았다. 참다 못한 권율이 끌어다 곤장을 때리는 등 무리할 정도로 독전督戰하자, 할 수 없이 다시 한번 출동했다. 그러나 이번에는 처참한 패전이 기다리고 있었다. 칠천량에서 치고 빠지기를 반복하며 유인하는 적에게 말려들어 지쳤을 때 불의의 습격을 받아 원균은 실종되고 전라우수사 이억기李億祺, 충청수사 최호 등이 전사했으며, 100여 척의 선박이 소실되고 만 것이다. 이것으로 왜란 발발 이래 한 번도 빼앗기지 않았던 제해권이 적의 손에 넘어가게 되었다.

그것은 청천벽력 같은 일이었다. 칠천량 해전이 일어나자마자, 남해안

에 집결해 있던 왜군은 두 갈래로 전라도를 공략해 들어갔다. 그동안 기다렸던 것은 그들이 출격한 사이에 조선 수군에게 뒤통수를 맞을 것을 염려했기 때문이었는데, 이제는 거칠 것이 없었던 것이다. 모리 히데모토가 지휘하는 '우군'은 양산을 출발해 밀양, 창녕, 합천을 거쳐 곽재우가 지키던 화왕산성에 이르렀으나 공략이 어려움을 알고 그냥 지나쳐 황석산성에 닿았으며, 우키다 히데이에가 이끄는 '좌군'은 부산을 떠나 배편으로 사천과 왜교에 상륙하고는 하동, 구례를 지나 남원으로 밀려들었다.

이원익은 안음, 거창, 함양군의 군민에게 황석산성으로 들어가 피신과 방어를 하도록 했으며, 안음현감 곽준郭䞭과 김해부사 백사림, 전 함양군수 조종도 등이 3,000여 명을 이끌며 가토 기요마사, 구로다 나가마사, 나베시마 나오시게 등이 이끄는 왜군 약 3만 명에 맞섰다. 모두 결연하게 싸움에 임했으나, 대부분이 훈련받지 않은 일반 백성이라 열 배나 되는 왜군에게 당할 수가 없었다. 이젠 틀렸다고 생각한 백사림은 자신의 가족을 줄에 달아 성 밑으로 내려보내고 자신도 탈출하여, 그를 믿고 따르던 많은 사람들에게 분노와 절망을 안기고 그를 아끼던 이원익의 얼굴에도 먹칠을 했다. 곽준과 조종도는 순국했으며, 그 아들들과 부인도 함께 숨졌다. 사흘 만에 성을 점령한 왜군은 여자와 어린아이까지 가리지 않고 무자비한 도륙을 했다. '코베기'가 본격적으로 이루어진 것도 이때부터라고 한다. 왜군은 포로로 잡은 조선인을 노예로 팔아 돈을 챙기려 했는데, 많은 인원을 끌고 다닐 수가 없으므로 반드시 일정 수를 목 벤 다음에 한 명을 노예로 할 수 있도록 지침을 받았다. 그 표시로 목을 베면 또 짐이 되었기에 코를 베었던 것이다. 이렇게 벤 조선인 남녀노소의 코는 왜로 보내져, 히데요시의 검수를 거쳐 '코무덤'에 묻혔다. 이원익은 곽준을 기려 제문을 지었다.

전에 홀로 앉아 있을 때는 / 昔几席之從容
고고한 한 사람의 선비였지 / 休休一介士
창황한 병란을 만나고 나니 / 當兵刃之蒼黃
맹렬한 기남자가 되었구려 / 烈烈奇男子
마음을 굳게 다지고 성을 지키려 하니 / 誓心嬰城
인을 이루고 의를 취함이라 / 成仁取義
그 정성은 해를 꿰뚫고 / 貫日之精
그 기상은 서릿발보다 맵구려 / 凌霜之氣
공의 높은 뜻이 가르침 되어 / 維公教誨
두 아드님 당신의 모습을 따랐으니 / 二子式似
아버지는 나라 위해 죽고 / 父死於國
아들은 아버지 위해 목숨을 바쳤네 / 子爲父死
충효가 한 집안에 오롯이 이루어지니 / 忠孝一家
강상은 천추에 우뚝하구려 / 綱常千禩
사람은 누구나 죽는 법이오만 / 人誰無死
공의 죽음은 미덕을 온전히 하는 죽음이라 / 死而全美
남들은 공을 위해 슬퍼하나 / 人爲公悲
나는 공을 위해 기뻐한다오 / 我爲公喜
술잔을 들어 축배를 올리니 / 擧酒賀公
공을 우러러보기를 높은 산처럼 한다오 / 高山仰止[122]

이원익은 가슴이 아팠다. 마음으로만이 아니라, 실제로 피를 토했다. 그는 본래 건강한 체질이 아닌 데다, 우의정과 도체찰사로서 하나라도 감당하기 힘든 직분을 겸임하여 동분서주했으므로 몸이 약해지고 아파지지 않을 수 없었다. 그래서 군사 관련 업무는 도원수 권율에게 일임하고 자신은 민사만 맡게 해달라고 청원하기도 하고, 나중에 병세가 심해졌을 때는 도체찰사직에서 사임시켜 달라고도 했으나 모두 받아들여지지 않았다. 피를 거듭 토하여 잠시 쉬기 위해 막사에 누워 있을 때, 마침 명나라 사람이 그를 찾아왔다가 없으니 짜증을 내며 돌아간 적이 있었다. 그래서 나중에 "김응서는 왜와 내통하고 있고, 이원익은 어디 있는지도 모르겠습니다"고 명 조정에 보고하여 작게나마 문제가 되었으나 김응서의 경우는 왜 말에 능하여 왜인들과의 교섭을 종종 맡았는데 그것을 오해한 것이었다, 다른 명나라 사람이 "그때 이원익은 토혈병을 앓느라 잠시 요양 중이었다"고 보고하여 무마되기도 했다.[123]

왜군 우군이 황석산성을 점령할 즈음, 좌군은 남원성을 공략하고 있었다. 남원에서는 일찍이 이원익의 충고를 듣지 않은 양원 부총병의 명군과 전라 병사 이복남의 연합군 약 4,000명이 고니시 유키나가, 시마즈 요시히로, 하치스카 이에마사, 우키다 히데이에의 5만여 명에 맞서 치열하게 싸웠다. 양원은 믿고 있던 대포를 쉴새없이 발사했지만 적의 군세가 워낙 강대했다. 결국 양원은 불과 몇 명의 명나라 병사와 함께 달아났고(왜군과 밀약하여 성문을 열어주고 목숨을 구했다는 풍문도 있었다), 이복남은 순국했다. 그는 죽기 전 성 안의 화약고에 불을 당겨 자폭, 주위의 왜군 병사들을 함께 저승으로 데려갔다. 이원익은 그 소식을 듣고 "내가 그 사람을 사지로 몰아넣었구나" 하며 탄식했다고 한다.

이원익은 아픈 몸과 마음을 가지고도 안간힘을 쓰면서 점점 위급해지는 사태에 침착하게 대응하고 있었다. 불안을 이기지 못하는 쪽은 임금을 비롯한 조정이었다. 적군이 남원과 황석산성을 돌파해 전주로 접근하고 있다는 소식에, 임진년 때처럼 또 피란을 가야 하는가 하는 이야기가 나왔다. 이미 1년 전에 전란이 다시 일 조짐이 짙어지니 그럴 경우에는 파천할 것인가, 간다면 어디로 가는가 하는 이야기가 나왔다. 윤두수 등은 강화도로 들어갈 것을 제안했는데, 당시 이원익은 "우리가 반드시 패배할 것이라고 벌써부터 겁을 먹어서야 되겠습니까? …… 상께서 도성을 굳게 지키는 모습을 보여주셔야 할 것입니다"라고 일침을 놓았다. 임진년 때처럼 적병이 코앞에 닥친 상황이라면야 어쩔 수 없을지 몰라도, 싸움이 시작되자마자 도망칠 궁리부터 하는 모습을 보인다면 군민이 어찌 힘껏 싸우겠으며, 명나라 사람들은 얼마나 조롱할 것인가?

그리하여 적들이 전주에 입성하고, 그 절반 병력이 계속 북상하여 충청도에 육박하고 있다는 소식이 전해졌어도, 결국 선조는 이번만은 용기를 내어 한양에 남고 대신 세자인 광해군에게 중전을 모시고 피란하도록 했다. 당시 어지간한 관료와 백성들은 성문을 차례차례 빠져나가, 한양은 을씨년스럽기 짝이 없는 유령 도시처럼 보였다.

"나의 힘이 아니라 상국의 힘이다(非我也 相國也)"

그래도 파국은 일어나지 않았다. 1597년 9월이 고비였다. 7일에 명군이 직산에서 북상 중이던 왜군과 교전하여 그 진격을 저지하는 데 성공했고(이 때 이원익은 직접 군사를 이끌고 조령을 지킴으로써 왜군의 북상을 결정적으로 좌절시켰다), 16일에는 세계 해전사에서 기적과도 같은 명량해전이 벌어졌기 때문이었다. 백의종군을 하고 있던 이순신은 원균의 칠천량 패전 뒤 십여 일이 지난 8월 3일에 3도 수군통제사로 재임명되었다. 그러나 전선이라고는 열두 척. 병력도 보잘것없었다. 말이 삼도의 수군을 통솔하는 통제사지, 일개 수영의 수사만도 못한 전력을 가지고 뭘 할 수 있을까?

그러나 이순신은 "내가 오랫동안 나가 있었더니 내부에 틈이 많이 생겼구나. 그러나 상국께서 나의 계책을 전적으로 써주셨기 때문에 오늘날 수군이 이나마도 보존될 수 있었으니, 이는 나의 힘이 아니라 상국의 힘이다 非我也 相國也"라고 말했다고 한다.[124] 그리고 그 전력으로 무얼 하겠느냐, 차라리 배를 버리고 뭍에서 싸우라고 선조가 하유하자 "소신에게는 아직도 배 열두 척이 있사옵니다"라고 대답했다. 여기서 이원익이 이순신이 올린 계책을 전적으로 썼다는 게 무슨 의미인지는 확실하지 않은데, 이원익이 이순신을 믿고 원균을 믿지 않았으므로 남이공을 보내 원균을 감시하고 견책하게 하는 등 원균이 제멋대로 할 수 없게 함으로써 그 정도의 전력이나마 남길 수 있었다는 뜻이거나, 이순신이 이원익이 평안도에서 한 일을 본받아 민력을 키우고 그것으로 곧 병력도 확보하는 정책을 써서 둔전을 일구고 무과를 시행하는 등의 방법을 쓴 덕에 칠천량 패전 후에도 병력이 완전히 흩어지지 않았다는 뜻으로 보인다.

아무튼 이원익과 이순신 사이에는 일종의 동지적인 교감이 있었다. 그것은 인간적인 면에서도 그랬다. 이원익은 4도 도체찰사가 된 후 최일선인 한산도를 몸소 방문해 이순신의 인격과 재주에 감탄한 바 있지만, 그해에는 이순신에게 '공은 공이요 사는 사'라는 원칙을 지켜 보이면서도 인정에 따른 변통을 허용하기도 했다. 이순신이 이원익에게 편지를 올려 "제게는 올해 81세가 되시는 노모가 있습니다. …… 부모 마음은 자식을 하루를 못 봐도 안타까운 법인데, 하물며 제가 3년이나 찾아가 뵙지 못했으니 어떻겠습니까. …… 이 겨울에도 뵙지 못하면 봄이 되어 왜군이 또 쳐들어올 조짐이 있어 도저히 진을 떠나기가 어려울 것인즉, 며칠의 말미를 주셔서 모자가 상봉할 수 있게 한 번만 눈감아 주신다면 일이 잘못되어도 합하의 이름에 누가 되지 않게 하겠습니다"라며 사정을 두어서 위수 지역을 잠시 벗어나게 해달라고 탄원했던 것이다.[125] 이원익은 답장에서 "지극한 인정에서야, 그대와 나의 마음이 어찌 다르겠소. 이 편지를 읽고 나니, 마음이 움직임을 어쩔 수가 없구려. 그러나 공의公義에 관계된 일은, 어찌 감히 어긋남을 허용할 수 있겠소?"라고 거절의 답장을 썼다. 그러나 편지를 전하는 자에게 "나는 모월 모일에 기찰할 것이다"라고 귀띔했는데, 그때까지 노모를 만나고 본영에 복귀하라는 은근한 암시였다. 이를 눈치챈 이순신은 소원대로 노모의 거처에 찾아가 눈물 어린 상봉을 하고 귀환했다는 이야기다. 공식 기록상으로는 이것이 1597년에 사망하는 어머니와 이순신의 마지막 만남이 된다(백의종군에 처해져 옥에서 풀려난 다음, 바로 얼마 전에 돌아가셨음을 알고 통분해 했다고 한다).

그런데 여기에는 약간의 의문이 따른다. 『난중일기』의 기록대로라면 모자 상봉이 이루어진 시기는 1594년(선조 27년) 1월이다. 그런데 이때는 아직 이원익이 도체찰사에 임명되지 않았을 때다. 하지만 『난중일기』가 함께 수록되어 있는 『이충무공전서』에 이원익과 이순신이 주고받은 편지가 남아 있어 이 일이 없었다고 의심할 수도 없다. 또한 이순신의 편지 내용에는 '노모가 올해로 81세가 되었다'고 했는데, 그렇다면 이순신의 모친인 초계 변씨가 태어난 해가 1515년임을 볼 때 1594년이 아닌 1595년이 되고, 그것은 '뵙지 못한지 벌써 3년'이라는 내용과도 맞아떨어진다. 임진왜란이 터진 1592년부터 따져보면 말이다. 또 '봄이 되어 왜군이 또 쳐들어올 조짐이 있어'라는 언급 역시 한창 당항포, 장문포, 영등포에서 왜군과 접전하고 있던 1594년과는 맞지 않고, 해상전투가 소강상태로 접어들었던 1595년과 맞는다. 그렇게 볼 때 이 편지가 오가고 그에 따라 이순신 모자가 상봉한 때는 1595년이며, 이원익이 8월에 체찰사가 되었고 이순신의 편지에 '이 겨울에도 뵙지 못하면'이라는 언급도 있음을 보면 음력 10월이나 11월쯤이었을 것으로 짐작된다. 이순신이 착오를 일으킨 것일까? 아니면 '3년 동안 뵙지 못했다'는 말은 거짓말이며 사실은 1594년 1월에(어쩌면 또 다른 때에) 몰래 가서 뵈었던 것일까?

후자가 맞는다면 이순신은 이원익을 속인 것이 된다. 하지만 '이원익은 속이고 싶어도 차마 속일 수가 없다.' 이순신은 원칙을 중시하면서도 인간적인 말미를 내준 이원익에게 깊이 감사하고 감동했을 것이며, 이후 그를 상관으로 충실히 받들었을 것이다. 그런 믿음과 존경이 백척간두에 서 있는 것과 같은 명량해전 전야의 상황에서도 "이는 나의 힘이 아니라 상국의 힘이다"라고 말할 수 있도록 하지 않았을까.

아무튼 이순신은 고작 배 열두 척으로 9월 16일의 명량해전에서 대승했다. 조선 배의 구조적 유리함, 울돌목의 지형 조건, 필사즉생必死則生의 불굴의 신념과 그에 바탕을 둔 초인적인 지도력이 거둔 기적이었다. 이것으로 한산대첩처럼 조선이 제해권을 장악하지는 못했으나, '역시 이순신'이라는 두려움과 조선 수군이 자신들의 남해안 본거지를 공략할지 모른다는 우려를 왜군의 뇌리에 되살리기에는 충분했다. 직산전투와 명량해전으로 기세등등하던 왜의 재침략은 한풀 꺾인 것이다. 여기에 정기룡과 곽재우도 가토 기요마사의 군대를 공략하여 패퇴시킴으로써, 백사림을 제외하면 이원익이 믿었던 인물들은 모두 그 기대에 부응하였다. 당시 이원익은 성주에서 개령으로 옮겨 전투 준비를 하다가 병이 심해지는 바람에 충주로 옮겨가 있던 상태였다.

이렇게 희망은 다시 살아나는 듯했고, 조금씩 퇴각하여 남해안의 본거지로 돌아간 왜군의 뿌리를 뽑아버리기 위해 1597년이 저물 무렵 경략 양호가 이끄는 3만 6,000의 명군과 도원수 권율이 이끄는 1만 2,000의 조선

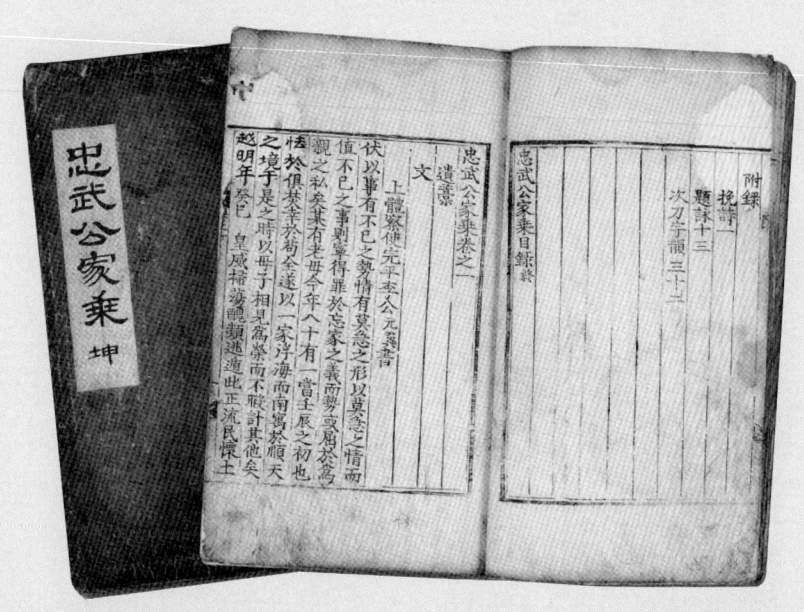

『충무공가승』 이원익에게 보낸 이순신의 서신이 기록되어 있다.

이원익과 이순신 사이에는 일종의 동지적인 교감이 있었다.
그런 믿음과 존경이 백척간두에 서 있는 것과 같은 명량해전 전야의 상황에서도
"이는 나의 힘이 아니라 상국의 힘이다"라고 말할 수 있도록 하지 않았을까.

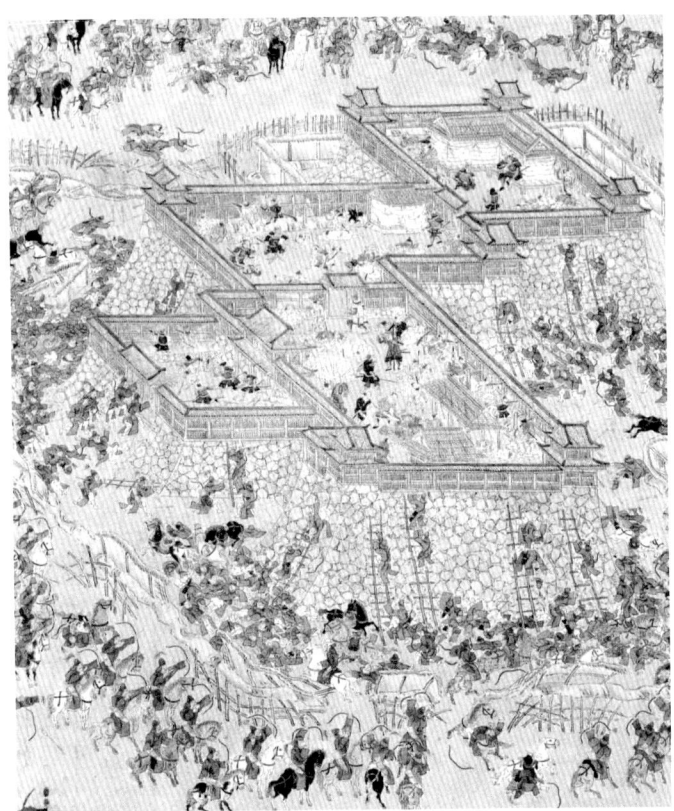
조·명 연합군의 전사자가 크게 늘자 결국 함락을 포기한 '울산성 전투'를 그린 그림.

군이 합세하여 가토 기요마사가 지키고 있던 울산성을 공략했다. 임진왜란 사상 가장 치열한 전투 중 하나였던 울산성 전투에서 가토군은 보급이 끊긴 채 오래 고립되어 말을 죽여 끼니를 잇고 눈 녹인 물로 목을 축이는 지경까지 몰렸으나, 결국 조·명 연합군은 울산성을 함락하지 못한 채로 물러나야 했다. 1만 5,000에 달하는 전사자를 감당할 수 없었기 때문이다.

정응태의 무고, 다시 연경으로 가다

그런데 이 일이 엉뚱한 정치 문제로 비화하였다. 경략 양호가 패전하고, 또 그 패전 사실을 숨기기 위해 거짓으로 보고했다 하여 명나라의 주사主事 정응태丁應泰가 탄핵했던 것이다. 그런데 양호는 명나라로 돌아가면서 "정응태의 탄핵 내용에는 당신네 나라에 대한 것도 있다"고 귀띔했다. 이에 따라 우리가 가만히 있을 수는 없다는 여론이 조성되었고, 양호를 위해 변명하고 우리나라에 대한 비방도 해명하는 사신을 보내야 한다고 조정의 의견이 모였다. 그리고 일이 중대한 만큼 영의정 유성룡이 가야 한다는 중론이었다.

그런데 유성룡이 여기서 발을 뺐다. "여든 먹은 노모가 계시므로 갈 수 없다"는 것이었다. 그런데 듣는 사람으로서는 의아한 변명이 아닐 수 없었다. 이순신의 예도 그렇듯 여든 먹은 노모가 계신 사람이 한둘이 아닌데 그 때문으로만 중대한 국사를 외면할 수가 있는가? 게다가 그 노모는 딱히 중환을 앓고 있지도 않았고 이후에도 3년을 더 생존했기에 3, 4개월이면 다녀올 수 있는 연경행을 못내 꺼릴 이유도 없어 보였다. 『연려실기술』은 유성룡이 자신에게 쏟아지는 기대를 부담스러워하며 "일국의 대신을 소나 말처럼 잡아끌어서는 안 되지!"라는 말까지 남겼다고 한다.[126] 당시 우의정 이덕형은 건강이 나쁜 데다 접반사 일을 맡아보느라 순천의 제독부중에 머무르고 있었기에 부적당했고, 이원익은 건강이 악화될 대로 악화된 때문에 드디어 도체찰사를 사임하고 좌의정으로 승진했으나 집에서 자리 보전을 하는 상황이었다. 그래서 유성룡이 한사코 가지 않겠다고 하니 상황이 딱하게 되었는데, 이원익이 나서서 "제 기력은 감당할 만합니다. 다만 이런 일에는 문재가 뛰어난 사람이 적당한데 제가 재주가 없으니……"

라고 유성룡에게 알렸다. 그러자 유성룡은 선조에게 "이원익이 가겠답니다"라고 보고했다. 선조는 이원익에게 주문사를 맡기고, 그때부터 유성룡을 경원했다고 한다. 유창한 언변과 박학다식함, 사람의 마음을 빼놓는 풍채 등에 반해 한때는 '성인과 같은 사람'이라고 유성룡을 믿고 좋아했던 선조였으나, 전부터 위험한 자리마다 빠지는 모습이 영 미덥지 않더

위험한 자리를 기피해 선조를 실망시킨 서애 유성룡.

니만 이번에도 말이 되지 않는 이유로 위험한 길에 나서지 않으려는 모습을 보고 그만 믿음을 잃어버린 것이다.

　유성룡의 전기를 쓴 송복 교수는 여기서 유성룡의 노모 운운이 근거 없는 변명일 뿐임을 인정하면서도, 그는 개인적 이해 때문이 아니라 큰 뜻에서 주문사를 거절한 것이라고 한다.[127] 정응태 사건의 본질은 양호가 명나라 조정에 잘못을 저질렀고 그것을 탄핵받은 것이기 때문에, 우리는 그냥 두고 보기만 했으면 될 일인데 굳이 사절을 보내며 대신 변명해 줄 의리를 찾을 까닭이 없었다는 것이다. 그러나 정응태는 양호를 재차 탄핵하며 조선도 싸잡아서 (1)양호와 짜고 함께 명 황제를 기만할 뿐 아니라 (2)왜와 밀약하여 명을 쳐서 요동을 빼앗으려 하고 있고 (3)조朝니 종宗이니 하는 묘호를 쓰는 참람함이 있다고 지목했다. '강 건너 불'이 아니었던 것이다. 송복 교수는 이에 대해 (2)는 몰라도 (1), (3)은 사실이 아니었느냐면서 "공연히 양호를 편들어 정응태에게 조선을 공격할 거리를 만들어주지 말고

모르는 척 하는 게 상책이었다. 유성룡의 의견은 처음부터 그랬다"고 주장했다.

그러나 정응태는 이 3개조를 내세우기에 앞선 첫 번째 탄핵에서 "왜군의 규모는 사실 별로 크지 않은데 양호와 조선이 속여서 유례 없는 대군을 파병하도록 했다", "양호의 허락으로 조선 각지에 성을 쌓았는데, 이를 발판 삼아 나중에 명을 공격할 우려가 있다"는 주장까지 내놓고 있었다. 명의 조선 파병 자체가 쓸데없는 일이었을 뿐 아니라 '잠재적 적에게 빌미를 주는 일'이라는 의미를 담은 주장이었던 것이다. 정응태는 양호를 명을 배반하고 조선을 위해 일하는 역적으로 만들고 싶었고, 그에 맞추어 조선을 근본적으로 음해했던 것이다. 이런 정응태의 각본을 염두에 두고 보아야 3개조의 의미를 제대로 알 수 있다. (1)과 (3)도 단순한 사실의 지적이 아니라 '양호와 조선은 한패다', '조선은 전부터 명나라를 배반할 뜻을 가지고 있었다'는 생각을 뒷받침하는 의미의 주장이었던 것이다. 명은 수백 년 동안 조선에 사신을 보내왔고 조선 왕이 조·종을 쓰는 일을 그때까지 몰랐을 리가 없는데 새삼 그것을 문제 삼는 까닭은 '생각해 보라. 조선이 과연 우리 명나라의 번신藩臣이라 스스로 여긴다면 이런 일을 해왔겠는가?' 하며 주의를 환기하기 위한 것이었다. 또한 정응태는 당시는 강화 과정에서 황제를 속였다는 죄로 투옥되어 있던 심유경과 가까운 사람이며, 그에게서 "왜는 본래 조선을 항복시켜 함께 명을 정벌할 참이었다더라"는 이야기를 들었을 것이다. 그래서 (2)의 주장을 거침없이 내세울 수 있었을 것이다.

이런 마당에 조선이 나 몰라라 하고 있다가는 명의 노여움을 사거나 명군의 철수를 초래하는 정도가 아니라, 장차 명과 전쟁을 벌여야 할지도 모를 일이었다. 이 사건의 본질은 양호와 정응태, 그들이 대표하는 이른바 '남-북 파벌 대립'이었을지 몰라도 그 불똥은 결코 무시할 만한 것이 아니었다. 게다가 송복 교수의 주장과는 달리 유성룡은 "가만 두고 보는 것이 최선"이라는 주장을 한 적이 없으며, 일관되게 어서 바삐 해명하는 사신을 보내야 한다고 말해왔다. 적어도 『실록』의 기록상으로는 그렇다. 다만 그 자신이 나중에 쓴 『징비록』에서 다른 식으로 풀이하고 있을 뿐이다.

과연 당시에 유성룡이나 이원익이 어떤 생각을 가지고 어떻게 행동했는지 지금 와서 완벽하게 규명할 수도 없다. 하지만 두 사람은 위기의 순간이 올 때마다 일관되게 보인 행동 방식이 있다. 이원익은 늘 앞장섰고, 유성룡은 물러섰다. 무조건 앞장서는 것이 용기가 있거나 지혜로운 일은 물론 아니다. 하지만 이런 두 사람의 행동 방식의 차이, 사고방식의 차이를 분명히 규정하지 않고 이들의 공과를 논하거나 평가를 내리기란 어불성설이 아닐까.

아무튼 이원익은 1598년 7월에 진주사陳奏使가 되어 생애 두 번째로 연경으로 향했다. 부사는 허성과 조정립이었다. 그런데 압록강변에 닿았을 때 저 멀리서 정응태 일행이 다가오는 것이 아닌가. 마주쳐서 좋을 일이 없다고 생각한 이원익은 숲으로 피했는데, 정응태는 의주에 이르렀을 때쯤 사정을 알고는 두세 장교와 병사들에게 빠른 말을 몰아 이원익 일행을 뒤쫓아가도록 했다. 그들은 요동 어귀쯤에서 일행을 따라잡아 불러 세우더니, 다짜고짜로 짐보따리를 땅에 팽개치고는 문서 등을 마구 뒤지는 것이었다. 그리고 "이것들아, 냉큼 돌아가라!"며 서슬이 시퍼래서 닦달하기도 했다. 일행은 모두 겁에 질려서 어쩔 줄을 모르는데, 이원익이 앞으로 나서며 유창한 중국어로 카랑카랑하게 꾸짖었다.

"우리는 우리 임금의 명을 받들고 주문奏文을 가지고 명나라로 들어가는 중이다. 어찌 지금 길을 멈추어 임금의 명을 거역한단 말이냐? 너희들이 기어이 힘으로 우리를 묶어 돌아가게 한다면, 우리가 어찌 임금께 고할 말이 없 겠느냐?"[128]

체구도 작고 몸도 성치 않은 듯한 노인, 그러나 창칼을 휘두르며 얼러대는 자들 앞에서 한 발짝도 물러서지 않으며 유창한 자기네 말로 꾸짖는 모습에 그만 정응태의 수하들은 기가 죽었다. 그리하여 일행이 다시 길을 재촉할 수 있었다고 한다.

연경으로 가는 길목에서는 위협적인 정응태만이 아니라 우호적인 형개도 만났다. 그는 한양으로 가던 길에 이원익과 마주치고는 "양공楊公이 귀국을 위해 힘껏 애쓰다가 모함을 받았으니, 연경에 가시거든 힘써서 그릇되지 않게 하시오"라고 은밀히 말했다. 사실 이원익의 입장에서 양호가 썩 마음에 드는 사람은 아니었다. 명나라 장수가 으레 그렇지만 무례하고 탐학하는 일이 적지 않았으며, 울산성 전투를 앞두고 군량 조달 책임을 맡고 있던 이원익에게 무리하게 군량을 대라고 닦달했다가 이원익이 조리 있게 설명하니 겨우 납득한 적이 있었다. 명나라 조정에 보내는 보고에서 이원익과 권율이 왜군의 공세에 임해 근거지를 옮긴 것을 두고 '도망쳤다'고 곡해할 수 있는 표현을 쓰기도 했다. 아무튼 지금 지치고 병든 몸으로 먼 길을 가는 것은 양호가 아니라 조국을 위한 일이었다. 명나라가 과연 자신을 어떻게 받아들일 것인지, 애초에 이 일이 빚어진 근본인 남-북 간 대립의 틈바구니에서 과연 일을 원만히 해결할 수 있을 것인지, 동과 서로 갈려 싸우는 나라에서 남과 북으로 갈려 싸우는 나라로 들어가는 이원익의 마음은 무겁기만 했다. 그는 한 역참에서 그런 마음을 시로 읊었다.

외로운 성에 멀리서 온 나그네, 밝은 달이 비추는 밤 / 孤城遠客月明宵

동쪽을 바라보니 높은 하늘 저편 머나먼 고국이여 / 東望雲天故國遙

백주 마시며 국화꽃을 바라보는데 모두들 말이 없네 / 白酒黃花人不問

아침이 오면 머나먼 관로를 또다시 걸을 생각 때문인가 / 漫漫關路又明朝[129]

이렇게 두 달 가까이 길을 짚어 겨우 연경에 도착한 이원익. 가지고 온 주문을 관청에 올렸지만 그 다음은 도저히 넘을 수 없는 벽이었다. 배신陪臣, 즉 번방 임금의 신하가 황제를 알현하는 일은 전례가 없다는 이유로 명나라 관리들이 이원익을 원천봉쇄했기 때문이었다. 하기는 당시는 만력제의 태정怠政이 극에 달하여 명나라 고관들도 황제를 뵙지 못하고 있었으니 이원익에게 기회를 주고 싶어도 어려웠을 것이다. 하지만 그것은 주문 역시 읽지 않는다는 뜻이 아닌가? 자칫 모처럼의 연경행이 무위로 끝날 상황이었다. 게다가 다급해진 정응태는 다시 양호를 탄핵하며 더욱 극렬하게 조선을 비방하고 모함했다. 그러자 이원익은 답답한 마음에 스스로 붓을 들어 만력제에게 올리는 주문을 썼다.

병란이 일어난 뒤로 천조天朝의 문무 대신으로부터 장령, 사졸에 이르기까지 요동땅을 오간 것이 무릇 몇 번이며, 저희 소국小國의 전후 사정을 보고 들어 알게 된 것이 무릇 몇 해입니까? 소국에 과연 그런 일이 있었다면, 그 여러 문무 대신들이 반역의 뜻을 가진 소국을 위해 황상을 속이고 스스로 용서받을 수 없는 형벌을 자초했다는 말인데 어찌 그럴 수가 있겠습니까? 그 많은 장령과 사졸들이 반역하려는 소국을 위해 말없이 병장기 아래 목숨을 버려 그 나라를 구하려 했다는 말인데 어찌 그럴 수가 있겠습니까? 그런 일은 결단코 있을 수가 없습니다.[150]

이것은 조선 왕의 공식 사절로서 올리는, 양호를 두둔하는 주문이 아니라 이원익 개인 자격으로 조선을 변호하는 주문이었다. 그것이 가능했던 것은 명나라 백성이라면 기본적으로 올릴 자격이 있는 민본소民本訴, 즉 상소의 형식을 취했기 때문이었다. 이원익은 천하 만민이 명 황제의 백성이므로 조선 사람인 자신도 민본소를 올릴 자격이 있다면서 그리한 것이다. 오늘날의 우리로서는 언짢은 사고방식일지 몰라도, 이원익은 그런 명목적인 담론을 한껏 강조하고, '그 많은 문무 대신, 장령, 사졸들이 헛고생을 하고 개죽음을 했다는 말인가? 어찌 정응태 한 사람만 진실을 알고 다른 사람은 아무도 몰랐을 수 있겠는가?'라며 명과 조선이 든든한 '혈맹'이라는 사실을 적시함으로써, 논리와 감성으로 명 황제의 마음을 움직이려고 하였다.

하지만 명 황제가 그 주문을 읽지는 못했다. '변방 신하의 글을 황제께 올린 예가 없다'는 것이었다. 이원익은 6부의 관리들과 13도 어사들을 두루 찾아다니면서, 아픈 몸에도 불구하고 머리를 땅에 짓찧어 피를 흘려가며 주문을 황제께 올려달라고 사정했다. 대신들이 아침에 출근하는 길 옆에 무릎 꿇고 앉아 빌었다. 보다 못한 통정사가 각노閣老에게 빌어보라고 하고, 각노는 주문을 받아들었으나 황제께 올리겠다는 말은 없이 "이 일은 우리가 이미 잘 알고 있소"라고만 했다. 명나라 예부에서 그만 돌아가라고 재촉하기에 "누명을 그대로 쓰고 돌아가느니 이곳에서 죽겠다"고 대답하자, 예부에서는 황제가 앞서 올린 공식 주문을 읽어보고 한 말인지는 확실하지 않지만 "짐은 조선을 보존하는 데 힘을 다하리라. 조선은 대대로 충실했으니 한두 사람이 뭐라고 한다고 의혹되지 않는다"는 뜻으로 포유褒諭했음을 들고, 정응태가 올린 비방 상소가 실제 정책으로 이어지지 않고 있음을 들면서 누명은 풀렸다고 봐도 좋다고 이원익을 설득했다. 결국 그는 거기서 납득하고 발걸음을 돌릴 수밖에 없었다. 이원익의 연경행을 아무 소득도 없이 끝난 헛수고였다고 보는 경우도 있으나,[131] 그가 쓴 주문이 황제의 손에는 들어가지 않았다고 해도 정책에 영향을 주는 여러 고관들에게 읽혔고, 그들의 눈에 이원익의 절절한 충의가 새겨졌음은 틀림없다. 예과 급사중禮科給事中 나돈羅敦처럼 적극적으로 조선 편에 서서 이원익에게 변명할 방법을 알려주는 사람도 생겼다.[132] 그리하여 결국 문제가 크게 악화되지 않고 정리되는 데 기여하지 않았을까 한다. 반대로 정응태 쪽에서는 다급해져서 비방 상소를 잇달아 올렸는데, 다급해지다 보니 무리한 주장이나 억측도 남발하게 되어 결국 그 주장의 신빙성을 스스로 떨어뜨리게 되었다. 그것만 봐도 이원익의 활동이 전혀 무익했다고 하기는 어렵다. 정응태는 "여기 연경에 이원익이 와 있으니 그를 잡아다 고문하면 진상을 알 수 있을 것입니다"라고 역설하기도 했는데, 그런 일이 끝내 없었음을 보면 명나라 고위층에서 정응태보다 이원익의 입장이 더 설득력 있게 받아들여졌음을 짐작할 수 있다.

마침내 만인지상萬人之上이 되다. 그러나……

이원익은 1599년(선조 32년) 정월에 명나라에서 돌아왔다. 그가 명에 머물던 사이에 상황은 크게 달라져 있었다. 일단 1598년 8월 18일, 난리의 원흉 도요토미 히데요시가 죽었다. 그 사실이 즉시 조선과 명에 알려지지는 않았지만, 그의 사후 내려진 결정에 따라 왜군은 남김없이 철수하기 시작했다. 이를 두고 볼 수 없다고 여긴 조-명 연합군은 물러가는 왜군에게 맹공을 퍼부었고, 이때 큰 별이 졌다. 1598년 11월 19일, 노량해전에서 이순신이 총탄을 가슴에 맞고 전사한 것이다. 그리고 유성룡이 실각했다. 그가 납득이 되지 않는 이유로 연경행을 미룸에 따라 선조의 총애도 식어버렸는데, 그 틈을 타서 이이첨, 이호신 등이 탄핵 상소를 올려 유성룡을 몰아세운 것이다. 9월에는 영의정 벼슬만 체직되었으나, 11월에는 삭탈관직을 당하고 고향으로 쫓겨 내려가게 되고 만다. 처음에는 진주사를 회피했다는 점만 문제가 되었으나, 차차 탄핵의 기세가 거칠어지며 "심유경과 한통속이 되어 왜적과의 화의를 주장했다", "탐오하고 사치하였으며 붕당을 조직하여 자신과 친한 사람들만 등용했다" 등의 말까지 나오자 걷잡을 수 없게 되었던 것이다.

"관작을 멋대로 남발하여 선심을 쓰고 은혜를 갚기도 하였으며, 자기의 심복들을 내외에 포진시켰습니다. 각 진의 여러 장수와 크고 작은 군읍郡邑에는 반드시 친척 중에서 친한 자를 임명하여 보냈고, 참하관參下官을 승진시켜 줄 때는 자격이 수령을 감당할 만하다고 하였지만 반은 시골의 친한 사람들이었으며, 서례庶隸의 미천한 자를 발탁할 때는 둔전屯田 지키는 관리를 설치한다고 하였으나, 거의 모두가 자신에게 아첨하는 추한 무리들이었습니다. 뇌물과 선물꾸러미가 남모르게 오가니 비루한 일은 말을 하자면 지극히 추할 뿐입니다. 광주廣州의 사전私田에 백성들을 시켜 경작하고 단양丹陽의 신장新庄에 포망逋亡한 자들을 소집하였으며, 안동의 집은 기름진 땅을 많이 점령하였는데도 부역을 하지 않으므로 부사府使 정사호가 그 가호에 부역을 시키려고 하자 남몰래 친한 자를 시켜 남쪽 지방으로 좌천시키니, 식자들은 모두 침뱉고 욕하였습니다."[133]

이렇게 유성룡이 실각하면서 비어 있는 영의정의 자리는 뜻밖에 막 중국에서 돌아온 이원익에게 돌아갔다. 나이 53세. 마침내 일인지하 만인지상의 자리, 조선에서 글공부하는 사람이면 누구나 꿈꿔보지 않는 사람이 없는 자리에 오른 것이다. 하지만 이원익은 하나도 기뻐하지 않았다. 그리고 유성룡을 변호하는 차자를 올렸다.

"신이 연경에서 돌아와 조보朝報를 얻어 보았더니 유성룡이 진주사陳奏使를 보내려 할 때 즉시 가기를 자청하지 않은 것으로 인하여 논핵을 당하였습니다. 대체로 변무辨誣하는 일은 한시가 급한 일인데, 일처리를 늦추어 사람들의 논란을 불러일으켰으니, 누구를 허물하겠습니까. 그러나 이 한 가지 일로 인해 공격하는 의논이 분분하게 일어나 드디어 사건이 크게 만연될 단서가 되어 걱정이 됩니다.

(……) 유성룡은 일찍이 세상 사람이 우러르는 덕망을 업고 만인의 추중을 받아 정승이 되었습니다. 그리고 성조聖朝의 알아주심을 만났다 하여 그 지식과 재국이 미치지 못함을 헤아리지 않고 계략을 쓰는 일이 있었습니다. 큰일을 당하면 과감히 담당하는 기상이 없고, 잡다한 일을 조처할 때는 번쇄하여 시의에 맞지 않는 것이 많았으며, 안으로는 조정에 기강이 떨치지 못하고 밖으로는 사방에 실제 혜택을 베풀지 못했습니다. 그래서 10년 동안 정사를 보필하면서 한 가지 도움도 없었다는 것으로 죄를 주면 그도 무슨 말을 하겠습니까?

그러나 지금 "널리 사당私黨을 심고 임금의 권세를 참람하게 사용해 뇌물이 집에 가득하고, 간사하고 탐욕하여 기강을 어지럽혔다"는 등의 말로 공격하니, 낭자한 죄악이 한두 가지가 아닙니다. 비록 옛날 크게 간사하고 교활하여 군부君父를 우롱하고 나라를 전복시킨 자도 이보다 더할 수 없습니다. 아, 이것이 어찌 정확한 논의라 하겠습니까.

그가 강화를 주장했다는 한 가지 일로 비난하는 것은 그 논의가 진실로 정당하지만, 그러나 그간의 곡절 역시 상당히 서로 부합하지 않은 것이 있습니다. 신이 일찍이 보건대 유성룡은 늘 청렴개결한 것으로 자처하였고, 그 우국憂國하는 정성은 실로 본받을 만합니다. 이번에 유성룡이 배척되자 그와 친하다 하여 배척된 자도 있고, 논의가 다르다 하여 배척된 자도 있습니다. 이른바 친하고 논의가 다른 자는 사류士類 가운데 진실로 많은데, 그들을 하루아침에 모조리 배척하는 것은 조정의 복이 아닐 듯합니다.

신은 일개 속된 관리일 뿐이라, 본래 청류선사淸流善士를 기대하지 않았으며, 수십 년 동안 조정의 논의가 복잡하게 얽히는 것을 남의 집 일처럼 보아왔습니다. 그러나 지금은 재상이 된 이상 감히 도외시하고 입을 다물고 있을 수가 없습니다. 삼가 바라옵건대 성상께서는 살펴주옵소서. 처분을 바라나이다."[134]

선조는 이 차자에 알았다고만 대답했고, 그때부터 유성룡을 탄핵했던 언관들은 일제히 글을 올려 "소신들이 잘못 유성룡을 배척했다는 말을 영의정이 했다니 억울합니다. 저희의 직책을 갈아주소서"라고 탄원했다. 이원익을 직접 공격하는 일은 자제했지만, 결국 자신들의 잘못은 하나도 없고 이원익이 엉뚱한 소리를 하고 있다는 이야기였다. 선조는 그들의 사직을 받아주지 않는 한편, 이원익에 대해서도 유성룡에 대해서도 아무런 조치를 취하지 않았다. 이원익은 실망하고는 병을 핑계로 조정에 나오지 않았다.

이원익의 상소 내용을 보면 그가 유성룡의 행동을 모두 지지하고 있었다고는 볼 수 없다. 아니, 오히려 그 역시도 그르다고 여기는 부분이 있었다. 다른 기록을 봐도 그렇다.

선생(김상헌)이 말씀하시기를,

"일찍이 완평完平 상공을 뵈었는데, 상공이 이렇게 말씀하셨네. '일찍이 영남에 가서 장차 여러 사람과 함께 퇴계退溪의 서원에 모여 이야기를 하려던 차였다. 길 옆에 임정林亭이 있어 두어 사람이 그 밑에 모여 있었는데, 그중 한 사람이 조월천(조목)의 말을 전해 와서 요청하기를 '매우 미안하지만 말馬을 잠깐 멈추시기 바랍니다' 하였다. 그래서 내가 답하기를 '우리는 곧 여러 사람과 서원에 모일 예정인데, 여러분들은 왜 저 서원에 함께 모이지 않습니까?' 하니, 월천이 말을 전하여 '우리는 퇴계의 서원에 들어갈 수 없는 사람입니다' 하였다. 드디어 임정에 올라가서 대략 서로 안부를 나눈 다음, 월천이 곧 '대감은 진회秦檜를 어떤 사람으로 봅니까?' 하기에, 내가 웃으면서 '진회가 어찌 물어보고 나서야 알 수 있는 사람이겠습니까' 대답하니, 월천이 '사람들이 진회를 대간大奸이라고 한 것은 그가 오랑캐와의 화친和親을 주장하여 나라를 그르쳤기 때문입니다. 오늘날의 유모(유성룡)가 화친을 주장하여 나라를 그르친 것이 어찌 진회보다 덜한 것이겠습니까?' 하기에, 내가 '오늘날의 사세事勢는 송나라 때와 같지 않으며, 또 유성룡의 소견이 밝지 못해서 그런 것이지, 어찌 그에게 진회같은 마음이야 있었겠습니까' 하자, 월천은 자못 그렇지 않다고 여겼다.(……)' 하였다. 그러나 완평의 이 말도 유상에게 실수가 없다고 여긴 것은 아니다."[135]

전후의 행동을 볼 때 이원익은 왜를 "불공대천의 원수"로 부르며 왜와의 화친을 강력히 반대했고, 평양에서나 한양에서나 몸소 나가 싸우거나 연경으로 떠나거나 하며 늘 솔선수범하였다. 이런 그의 눈에 쉽게 화친을 논하고, 이런저런 핑계로 위험할 때마다 뒤로 빠지는 유성룡이 마땅해 보일 리는 없었다. 그래서 상소에도 '큰 일을 당하면 과감히 담당하는 기상이 없고'라고 꼬집지 않았을까. 그러나 이원익은 유성룡에게 온갖 비방과 의혹이 쏟아지는데 그럴 정도로 간악무도한 사람은 아니라는 점, 유성룡 개인의 잘잘못을 따지기보다 당쟁의 일환으로 그런 비방과 의혹이 나오고 있다는 점, 유성룡의 청렴함과 우국충정은 깊이 공감하고 있다는 점 등에 비추어 '감히 도외시하고 입을 다물고 있을 수가 없었던' 것이다.

그래서 스스로 말하듯 오랫동안 당쟁의 흐름에서 벗어나 있었고 그런 시비 속에 휘말리는 것을 싫어했지만, 반드시 할 말을 하지 않으면 안 될 상황이라 여겨 자신도 위험해질 것을 뻔히 알면서 유성룡을 변호하고 나섰던 것이다.

하지만 그의 이런 마음 먹고 내놓은 의견이 당장 유성룡에게 도움이 되지는 못했을 뿐더러, 짐작대로 그 자신에게까지 불똥이 튀는 결과를 낳았다. 유성룡과 '그 일파'에 대한 비판론이 불붙듯 하던 때 대뜸 그를 옹호하는 글을 올렸으니, '이원익도 유당柳黨이다' 하는 낙인이 찍힐 수밖에 없었던 것이다. 특히 유성룡과 가장 사이가 나빴던 이이첨李爾瞻, 정인홍 등 북인 계열은 이를 계기로 이원익에게도 악감정을 품게 되었다. 광해군 때 찬집되어 북인 계열의 사관이 집필했을 것으로 추정되는 사론史論은 이때의 이원익을 이렇게 평하고 있다.

> 이원익은 젊었을 때는 물욕이 없어 세상이 되어가는 대로 따라 움직여 별달리 건백建白한 일이 없다가 임진년 봄에 이르러 서도西道의 백성을 진무鎭撫하여 사람들이 흩어지지 않았다. 다만 아깝게도 국량이 좁아 조정에서의 의논이 공정하지 않았으며, 한갓 유성룡의 재예才藝가 아까운 것만 알고 그가 화의를 주장하여 나라를 그르친 죄를 몰라 차자를 올려서 논변論辨하기까지 하였으니 애석하다.[136]

이원익이 출사를 하지 않자 선조는 사관을 보내 출사를 재촉했다. 그래서 마지못해 조정에 나왔으나 또 40여 일 만에 사직소를 올리기를 10여 차례나 했다. 그는 남과 북으로 갈린 명나라에서 그래도 자신의 진심을 받아주는 것을 보고 고국에 돌아왔는데, 그 사이에 정작 조국은 동과 서는 물론이고 동마저 또 남북으로 갈려 치열하게 물고 뜯는 가운데 자신의 진심은 아무도 알아주지 않음을 발견한 것이다. '도유우불'의 아름다움은 이미 꽃처럼 져버렸으니, 영의정 자리가 무슨 대수이겠는가. 전쟁도 끝났고, 몸은 아프고, 존경하거나 믿었던 사람들인 이순신, 유성룡, 이복남, 백사림 등은 대부분 죽거나 불명예스럽게 물러나 있었다. 이원익으로서는 모두가 귀찮고 부질없게 여겨질 만했다.

결국 윤4월 말에 내놓은 사직 상소가 받아들여져 한양성 외곽인 동호東湖의 초당에 칩거했다. 그런데 사직 상소의 문구가 또 문제가 되었다.

부제학 이유중, 교리 박이서 등이 상차하기를,

"삼가 이원익의 사직 차자를 보니 '소견所見과 소론所論이 시류와 어긋난다'라는 말이 있는데 이른바 시류란 어떤 사람이며, 이른바 어긋난다는 것은 무슨 일입니까? 유성룡은 자신이 수상首相이 되어서는 화의를 선창하였으니, 인심이 날로 글러지고 국사가 날로 쇠약해지게 하여 군부君父를 무시하는 지경에 이르렀습니다. 다행히 성명께서 통촉하시고 공론이 격발됨에 힘입어 견벌譴罰을 조금 시행하여 국시가 약간 정해졌으나 인심이 아직도 울분해 하는 것은 그 교활한 사람佞人의 머리를 매달지 못해서입니다.

그런데도 원익은 연경에서 돌아온 지 며칠도 되지 않아 차자를 올려 성룡을 위해 못하는 말이 없이 변명을 하였는데, 심지어 '주화主和하는 것으로 배척함은 그 논의가 비록 바르지만 역시 사실과 서로 부합되지 않은 곡절이 있다'고 하였으니, 이는 일세의 공론을 속이고 그의 화의를 주장한 죄를 덮어주려는 것입니다. 한때의 청의淸議를 시류라 지목하고, 나라를 그르친 논의를 억지로 끌어대어 대립하고자 하니, 신들은 통분스럽습니다. 왜구는 전하와 조종祖宗의 깊은 원수인데도 성룡이 놓아주었으니 성룡은 전하와 조종의 죄인인데, 원익은 옹호하여 성룡을 옳지 않다고 하는 이상 다시는 전하의 조정에 서지 않으려고까지 합니다. 이런 못된 계책이 한 번 이루어지면 사특한 논의가 사방에서 일어나 백성의 도리와 사물의 원칙이 남김없이 단절될 것입니다."[137]

이원익은 문제의 차자에서 "대체大體와 무관한 어떤 일을 논하다가 의견이 다를 경우야 해될 일이 없겠사오나, 요즘 일의 경우에는 조정의 큰 의논이 있는데 신은 대신의 신분으로서 이미 시류와 소견과 소론이 어긋나매 지적을 면치 못하고 있습니다. 이렇게 하고서도 버젓이 자리에 앉아 물러나지 않는다면 이야말로 부끄러움도 없이 출세를 탐하는 사람이니, 국가가 어찌 이런 자를 수상의 지위에 두어 국가를 그르치게 할 수 있겠습니까. 신은 단연코 재직할 수 없으니, 삼가 바라옵건대, 성상께서 속히 파직시켜 공사 간에 모두 편안케 해주소서"[138]라고 언급했는데 말하자면 자신의 유성룡 옹호론이 벌떼 같은 공격을 받고 있으니, 영의정으로서 자리에 있을 수 없어 물러간다는 소회를 간곡히 토로한 것이었다.

그러나 그런 소회까지도 문제를 삼고 나선 것이었으니, 북인이 주도하는 이른바 조정 공론은 점점 이원익에 대해서도 칼끝을 날카롭게 갈고 있었다.

선조는 문제의 차자에 대해 "우리나라는 옛 전국시대와 같지 않으니, 경은 그만두면 초나라로 가겠는가? 제나라로 가겠는가? (……) 경은 몸이 경계를 벗어나지 않았으되 마음은 이미 떠나버렸다. 국가가 위태롭고 어려운 이때에 경은 어찌 차마 이렇게 하는가"[139]라며 안타까움과 함께 원망스러움을 나타냈다. 그리고 한 달이나 지나서야 비로소 체직을 시켰는데, 이원익의 차자 문구를 문제 삼는 일이 없었다면 끝내 상소를 받아들이지 않았을지 모른다.

날로 소란해지는 당쟁 속에서 죽기로 결심하다

그리고 몇 달이 지났지만 영의정 자리를 비워두고 새로 임명하지 않으니, 옥당에서 영의정을 빨리 임명하시라고 재촉했다. 그러자 선조는 "훌륭한 대신감은 있으나 그 자리에 앉힐 사람은 없구나"라고 한탄하고는 9월에 다시 이원익을 영의정에 제수했다. 이원익이 다시 상소를 올려 사양하자 "과인은 경이 조정에 나오는가, 물러가는가를 가지고 이 나라가 살아남겠느냐, 망하겠느냐를 점치고 있다"고 하며 끝내 다시 조정으로 불러들였다. 이번에는 뜻이 맞는 이헌국李憲國이 우의정이 됨으로써 전보다는 입장이 나아진 듯했다. 하지만 조정을 감싸고 있는 답답하고 흉흉한 기운은 변함이 없었다. 왜란 전에 동서로 쪼개졌던 조정은 다시 동인이 남, 북으로 갈라져 세 조각이 되었다가, 또다시 북인들끼리 대, 소로 나뉘어 네 조각이 나 있었다. 남이공, 김신국 등 이른바 소북小北의 대표자들과 홍여순, 임국로任國老 등 대북大北 계열 사이에 서로 탄핵 공방전이 치열해지자, 이원익은 큰 마음을 먹고는 11월 말에 선조에게 독대를 청한다. 11월 26일에 이루어진 독대에서 이원익은 이렇게 이야기했다.

"조정에서의 의논이 제齊·초楚의 전장을 방불케 하며 서로 엎치락뒤치락하고 있으므로 나랏일이 잘못되어 가고 있는데, 이를 위해서 어떻게 알 수 있겠습니까. 근래의 제목題目으로 말하건대, 당초에 동론, 서론이 있었는데 이른바 서론은 이미 물러갔으나, 동론 중에서 또 남인, 북인으로 갈라졌고, 이 가운데 북론이 또 대북, 소북으로 갈려졌습니다. 그리하여 당론黨論이 분분해져 더욱 심하게 구별이 지워졌으니 장차 나랏일이 어떻게 될지 알지 못하겠습니다.

신이 이른바 '지난 번 한 떼의 사류士類'라고 한 것이 어찌 유성룡의 한 패거리를 모두 사류로 생각해서 그런 것이었겠습니까. 다만 그 당시 사람들은 그래도 국사를 염려하였기 때문에 한꺼번에 배척하여 축출하는 것은 또한 조정의 복이 아니라는 생각이 들었는데 신의 어리석은 생각은 진정 이 때문이었습니다. 그 뒤로는 시습時習이 점점 부박해져서 나랏일에 대해서는 전혀 신경을 쓰지 않고 있으므로 신이 항상 분통하게 여기고 있습니다.

홍여순과 임국로의 경우는 오로지 사당私黨만을 심고 있을 뿐 공론은 생각지도 않고 있습니다. 이에 비해 소북 쪽은 편당의 습속이 있긴 하지만 그래도 유자儒者의 명칭을 붙일 만한 인사가 그 속에 있기도 합니다. 그리고 근래에는 김신국과 남이공을 화두話頭로 삼고 있는데 이것 또한 조정의 욕이라 하겠습니다. 남이공이 전에 전랑銓郞으로 있을 때 홍여순을 배척했는데, 이 때문에 홍여순을 구제하려는 사람들이 항상 김신국과 남이공을 원흉으로 여기고 있으니 진실로 통탄스럽습니다. 여순은 도처에서 탐욕을 부려 사람들에게 미움을 받고 있습니다. 외방外方 사람들까지도 여순을 등용했다는 말을 듣고는 모두 탄식하기를 나랏일을 알 만하다 하였으니, 여순이 인심을 잃은 지가 오래 되었다고 하겠습니다.

임국로는 소신과 육촌 친척이 됩니다만, 부자父子가 모두 달아나 호종扈從하지 않았으므로 식자들은 모두 실절失節했다고 여겨 무시했습니다. 그런데 지금 또 홍여순의 당에 아부하면서 나랏일은 염두에도 두고 있지 않기에, 전날 차자에서 그 두 사람의 이름을 거론하여 신의 소회所懷를 진달드리려고 했던 것일 뿐입니다. (……)

남방南方 사람들은 도망하여 흩어진 자가 반이나 된다고 합니다. 대개 백성을 보호한 뒤에 나라의 형세를 보존할 수 있는 것인데, 수령이 훌륭하면 백성들이 안정될 것입니다."[140]

이렇게 이원익은 당쟁의 실체를 더 노골적으로 선조에게 들이대며, 폐단을 시정할 것을 촉구했다. 평소와는 달리 특정 당파나 개인을 꼬집어 배척하는 일도 꺼리지 않았다. 당시 임국로는 이원익의 친척이고 홍여순은 옛 친구였지만 이원익이 보기에 그 사람됨이 흉악했으므로 당파를 초월해서 배척했다. 그래서 겉보기로는 남이공, 김신국의 소북을 편들고 대북을 해치려는 듯한 모습이 되었다.

이원익의 뜻은 갈수록 분열을 거듭하며 서로 헐뜯기에 여념이 없는 당쟁 자체를 배격하고, 당색에 무관하게 도저히 용납할 수 없다 여겨지는 사람들을 배격하는 데 있었을 것이다. 하지만 겉모양으로는 분명 특정 당파에 따라 주장한다고 오해받기 쉬운 식으로 주장한 것은 현명하지 못했다. 일찍이 이원익은 이이의 붕당 해소 노력을 비판하여 "싸움을 말리려는 사람이 중간에 들어 어느새 자기도 치고받고를 하고 있으면 어찌되겠나"고 했는데, 이제 자신도 그런 식의 실수를 저지른 것이었다. 당장 대북 쪽에서 이원익을 신랄하게 비판하고 나왔다. "원익은 자상하고 점잖아 평소 선인善人으로 일컬어져 왔는데, 이토록까지 혼약昏弱하다니 실로 서글픈 일입니다. 그의 한 마디 말이 중하거늘 연명連名한 차계를 가지고 마침내 혼자

들어갔으니 이것 또한 슬픈 일입니다. 그의 죄가 가볍다고는 하더라도 후에 미치게 될 환란을 배양한 죄는 피하기가 어렵습니다."[141] 선조는 이원익을 독대한 자리에서는 "과인은 경과 마음이 통하오"라고 말했으나, 속마음은 편치 않았다. 예전부터 이원익 역시 당파 따라 움직이는 사람이 아니냐는 의심을 한 가닥 품고 있었는데, 지난 번의 유성룡 옹호를 거쳐 이번 독대로 그 의심이 기어코 굳어지고 말았던 것이다. 『하담파적록』에 따르면 이원익이 이때 구체적으로는 "임국로는 신의 재종친입니다만, 만약 그 사람을 쓴다면 해가 곤충과 초목에까지 미칠 것입니다"라고까지 극언했으며, 선조는 이원익을 탄핵하는 상소가 올라오자 "이원익의 속내는 유성룡의 당을 옹호하려는 것뿐이다"라고 차갑게 말했다고 한다.[142] 어쩌면 이원익의 독대에서 더 중요한 언급일 수 있는 "대개 백성을 보호한 뒤에 나라의 형세를 보존할 수 있는 것인데, 수령이 훌륭하면 백성들이 안정될 것입니다"는 언급은 통째로 잊히고 있었다. 당시 왜란의 수습 과정에서 도탄에 빠진 민생을 붙들어 일으키는 것이 무엇보다 중요한데도, 수령들은 점점 당색에 따라 임명되면서 수준 이하의 인물들이 여럿 임명되어 백성을 더욱 고달프게 하고 있었던 것이다. 이원익은 영의정이 되어서 암행어사를 파견해 수령의 비리를 단속하게 하고, 무엇보다 당쟁을 없애 조정이 비생산적인 싸움에 매몰될 것이 아니라 그 시간에 민생 안정에 진력해야 한다고 몇 차례나 주장했으나 별 효과가 없었다. 자기 자신에게 치명적이었고, 역효과밖에 나지 않았던 독대도 그런 고심 끝에 둔 악수惡手가 아니었을까.

이원익은 다시 영상에서 물러났으며, 이번에는 선조도 간곡하게 붙잡지 않았다. 그리고 1600년 1월 1일에 이산해를 영의정으로, 임국로를 이조판서로, 홍여순을 병조판서로 임명했다. 대북 일색의 정권을 만들었을 뿐 아오리 이원익의 유서.

당쟁에 휘말린 이원익은 역적으로 몰려 사약을 받을 것까지 생각했다.

신(信)과 의(義)로써 이원익을 심복한 홍의장군 곽재우.

이원익이 당쟁에 휘말려 영의정에서 물러나자
당시 경상 병사로 재직 중이던 곽재우가 상소를 올리고,
자신도 물러가겠다며 항의하였다.

니라, 임국로, 홍여순만은 절대 안 된다던 이원익의 간곡한 부탁을 여지없이 깔아뭉갠 것이다. 일이 이렇게 되자 이원익은 절망하지 않을 수 없었으며, 장차 자신이 역적으로 몰려 사약을 받을 가능성까지 점쳤던지, 자손들에게 무덤을 쓰는 법에 대한 지침을 남겼다고 한다.[143] 그는 또한 아픈 가슴을 달래며 붓을 들어 이런 시를 썼다.

나이가 드니 정신이 희미한데 / 年垂耄耋少精神
병든 몸 이끌고 적막한 땅으로 나간다 / 扶病投身寂寞濱
원체 궁하게 살다 보니 어려움을 잘 견디고 / 元是寒蹤能耐苦
본래 성격이 삐뚤어져 남을 따르지 못한다 / 本來偏性不隨人
관복을 갖추어 입고 슬프게 임금께 하직하고 / 百齡簪笏悲辭主
도래솔 우거진 곳으로 기쁘게 어버이를 찾는다 / 兩阜松楸喜近親
이제부터 나의 일은 끝났으려니 / 從此唯堪了吾事
잘잘못은 후대의 역사에 맡기리라 / 非非是是付千春[144]

사실 왜란 전에는 기축옥사에서 동인의 거물들이 뿌리뽑혔고, 다시 정철이 후계자 문제로 임금의 눈 밖에 나면서 순식간에 나락으로 떨어졌다. 사상 최악의 국난으로 잠시 수그러드나 싶었지만, 이제 다시 기승을 부리는 당쟁으로 유성룡처럼 한때 온 조정에 영향력을 떨친 사람까지도 '대역무도한 역적'으로 몰리며 사약을 내려야 한다는 이야기가 마구 나오는 판이 아닌가? 이원익도 죽음을 각오할 만했고, 이제는 자신의 일은 끝났다고 보고 '잘잘못은 역사에 맡긴다'는 체념 어린 말을 남길 만했던 것이다.

그러나 이원익이 그처럼 사냥 끝난 뒤의 사냥개처럼 통째로 삶기는 일을 놔두기에는 그가 거둔 공적과 조야에 끼친 인망이 너무 컸다. 그리고 그를 아끼고 아쉬워하는 사람들의 목소리도 나왔다. 우의정 이헌국은 "이원익은 오직 한 마음으로 나라를 위하는 사람입니다. 전하께서도 그의 어짊을 알고 계시지 않습니까? 그가 이제 필마로 교외에 나가니, 길 가던 사람들은 한숨 짓고 심지어 눈물을 쏟는 사람까지 있었습니다. 신은 이제부터는 함께 일할 사람이 없습니다."145)라고 상소했다. 또한 경상 병사로 재직 중이던 곽재우도 상소를 올리고, 이원익을 쓰지 않는 조정일 바에는 자신도 물러가겠다고 밝혔다.

"이상공을 쓰지 않으면 저 또한 물러가겠습니다"

"신은 듣건대, 집이 가난하면 어진 아내를 생각하게 되고, 나라가 어지러우면 어진 정승을 생각하게 된다고 하였으니, 어진 정승이 국가에 관계되는 바가 어찌 크지 않겠습니까. 하夏 나라의 소강少康은 1성成의 전지田地와 1여旅의 무리밖에 없었으니 중원中原을 회복한다는 것은 마치 하늘을 오르는 것과 같은 격이었습니다. 그러나 한 사람의 구신舊臣 미靡가 있었으므로 두 나라의 잔민殘民을 거두어 우禹임금의 구업舊業을 계승할 수 있었습니다. 한漢나라의 소열제昭烈帝는 제실의 종주라고 일컬었지만 웅거할 땅이 없고 부릴 백성이 없었으니 한실漢室을 부흥시킨다는 것은 까마득히 어려운 일이었습니다. 그러나 한 사람 제갈양을 얻어 정립鼎立의 형세를 이룸으로써 한조漢朝를 연장시킬 수가 있었습니다. 나라가 어지러운데도 어진 정승을 생각하지 않는다면 가망이 없게 됩니다.

전하께서 지난 번에 이원익을 영상에 제수하자 일국의 사람들이 전하께서 사람을 얻은 것에 감탄했습니다. 그런데 영상이 된 지 얼마 안 되어 갑자기 체직시켰으니 신은 실로 그 이유를 모르겠습니다. 삼가 어진 정승이 시대에 용납되지 못하는 것을 한스럽게 여길 뿐입니다. 대저 이원익의 재능이 국인國人의 소망에 부응한지는 진실로 알 수 없기는 합니다. 그러나 지난 날 그가 체찰사로 있을 적에 신이 그의 언론을 들었고 그의 조처하는 것을 보았는데, 나라를 걱정하고 백성을 사랑하는 마음이 지성至誠에서 나왔고, 공평하고 청렴 근신한 행동은 천성으로 타고난 것이었습니다. 우매한 신은 생각하기를, 참으로 조용히 죽음을 마쳐 나라를 지킬 사직의 신하라고 여겼습니다. 그런데 전하께서 가까이 하지 않고 신임하시지 않아 조정에서 편안히 있게 하지 못하였습니다. 이원익의 진퇴에 대한 의리는 옛사람에 견주어보아도 부끄러움이 없습니다만 국사는 어찌할 것입니까? 신은 삼가 안타까워합니다."[146]

홍의장군 곽재우郭再祐(1552~1617)는 의리를 좋아하고 전수戰守를 잘했으며 기이한 꾀를 많이 냈으므로, 왜적이 그를 두려워서 피하였으니 낙동강 오른쪽 여러 고을들은 편안할 수 있었다. 그는 신信과 의義로서 이원익李元翼 체찰사를 심복하였고, 모든 일에 불평하는 일 없이 시종 열심히 체찰사를 섬겼다(『오리선생문집』 속집 부록 제2권 「행장行狀」).

속객과 신선은 본래 길이 다르니 / 塵客仙曹道自殊
나는 영달을 구하고 그대는 고고함을 택했다 / 我求榮達子枯孤
뜻이 서로 같은 곳을 알려고 한다면 / 欲知意味相同處
가을날 밝을 때 술 한 병이 바로 그것이지 / 秋月明時酒一壺

그대를 송별하노라니 섭섭한 마음을 견디지 못하겠기에 이렇게 시를 지어 마음을 달래봅니다.(『오리선생문집』 보유補遺, '次郭忘憂再祐韻: 망우당 곽재우의

시에 차운하다.' 경순년 1650년 광해 2년)

성균관 유생들도 가만 있지 않았다. 임건林健을 비롯한 여러 유생들이 연명하여 '아! 현자와 사특한 자의 진퇴를 보면 곧 국가 흥망을 알 수 있는데, 조야朝野가 흠앙하던 이원익은 강호江湖에 낙향하여 있고, 고금에 드문 악인惡人 홍여순은 어느 사이에 재상의 반열을 차지하였으니, 사람을 쓰고 버리는 전하의 선택이 아마도 나라 백성들의 마음에 어긋나는 듯합니다'라고 상소했다.[147] 그러자 선조도 반응을 보였으나, 다시 영의정에 임명하지는 않고 4월에 좌의정에 제수했다.

하지만 다시 '유성룡을 옹호하고 조정을 소란케 한 사람을 좌의정이라니, 당치 않습니다!' 하는 상소가 언론에서 거듭되자 곧바로 체직하였다. 그리고 6월에 다시 정승을 뽑게 되어 좌의정 이항복, 우의정 이헌국이 후보자 명단에 이원익을 넣어 올리자 "이원익은 물의가 있는 사람이니 안 된다"고 잘라 말했다. 그러고는 9월에 다시 이원익을 불렀는데, 정승이 아닌 4도 도체찰사의 직함으로 영남으로 내려가게 하였다.

이원익에 대한 아쉬움의 소리가 많으니 벼슬자리는 주어야겠는데, 중앙 정치에 참여시키기는 싫다는 것이었다. 이 일을 두고 사관은 이렇게 평했다.

> 비록 중임을 맡겼으나 실은 그를 밖으로 내친 것이니, 이는 이원익이 유성룡을 구원하는 말을 한 뒤로 조정에 그를 공격하는 자가 매우 많았고, 왕도 역시 그를 소원하게 대하였기 때문이었다.[148]

생각해 보면 이원익은 이렇게 힘든 상황에 처할 까닭이 없었다. '조금만 약게' 행동했더라면 말이다. 그는 누가 뭐래도 왜란에서 세운 공이 하늘을 덮을 정도였고, 유성룡처럼 한 당파의 영수로서 반대 당의 필사적인 비판의 대상도 아니었다. 처음 유성룡이 실각하고 대신 영의정이 되었을 때, '유성룡 대감이 저리된 것은 안타까운 일이지만 어쩌겠는가' 하며 가만히 있었더라면 그는 선조 말년까지 내내 영상의 자리를 지켰으리라. 아니, 그 뒤에 다시 영상이 되었을 때만이라도 어차피 자신의 목소리만으로 어찌해볼 수 없는 당쟁의 격화에 눈을 감고 모르는 척했더라면, 굳이 선조에게 독대를 청하여 오해받기 쉬운 간언을 하지 않았더라면, 끝내 임금의 눈밖에 나서 권력 중심에서 밀려날 뿐 아니라, 자칫 목숨까지 위험한 지경에까지 이르지는 않았을 것이다.

그러나 이원익으로서는 어쩔 수 없는 일이었다. 그가 '이원익'으로서 남아 있는 한, 잘못이라고 생각하는 일을 보고 입을 다물 수는, 자신의 이익만을 따져서 굿이나 보고 떡이나 먹을 수는 없는 일이었다. 이십 대의 하급 관리 시절 '바보짓'을 했던 이원익은 오십 대의 조정 중신으로서도 바보짓을 할 수밖에 없었다. 그리고 그 바보짓은 육십 대에도, 칠십 대에도 되풀이될 것이었다.

이제 이원익은 몸과 마음이 모두 상한 채로 영남으로 내려갔다. 그래도 백성을 돌보는 뜻과 재주는 변함이 없어서 창원, 울산, 동래 등에 둔전을 설치해 민생의 회복을 도왔다. 성주에서는 그를 기리는 송덕비를 세웠다. 현장에서 보고 느낀 것을 토대로 역로의 폐단을 지적하고 개선책을 마련해 상주하기도 하고, 변방의 방위를 강화할 대책을 입안하기도 했다. 그러나 마음의 괴로움 탓인지 도통 입맛이 없었고, 먹는 것을 극도로 줄여 더더욱 건강이 쇠약해지니 조정에서 이항복 등이 선조에게 간하자 선조는 고기를 먹도록 하라는 뜻으로 유시했다.[149]

결국 1601년 1월 1일부로 체직하고 이덕형으로 대신했으나, 그해 8월에는 다시 평안, 황해, 함경 3도 도체찰사를 맡겨 북방으로 가도록 했다. 그래도 그 몸으로 다시 변방에 가라고 하는 말이 스스로 멋쩍었던지 "한양에 체찰부를 세우고 여기서 집무하라"고 했으나, 이원익은 "체찰이란 가서 살핀다는 것인데 어찌 내려가지 않을 수가 있겠습니까" 하며 짐을 꾸렸다. 그리하여 9월 6일, 마침내 떠나는 이원익을 전별하는 자리에서 오랜만에 선조와 이원익의 대화가 있었다.

선조와 이원익, 왜란을 극복하고 나라를 살렸다

상이 이르기를 "경이 그동안 남방南方에서 수고하였는데 지금 또 수고를 해주어야 되겠다" 하니, 원익이 아뢰기를 "신의 몸이 아무리 수고롭더라도 어찌 감히 고달프다고 말씀드릴 수 있겠습니까. 다만 전에도 여러 번 지방을 순시하는 명을 받았으나 조금도 도움을 드린 적이 없었고, 늘 신병身病으로 인하여 갔다가는 즉시 돌아오곤 하였으므로 지극히 황공할 따름입니다" 하였다.

상이 이르기를 "경은 어느 도부터 먼저 가려는가?" 하니, 원익이 아뢰기를 "신에게 신병이 있어서 추운 겨울에는 순심巡審할 수 없으므로 겨울이 닥치기 전에 먼저 함경도에 갔다가 바로 평안도로 갈까 합니다" 하였다.

상이 이르기를 "관서 사람들이 경이 온다는 소문을 들으면 필시 손꼽아 기다릴 것이다" 하니, 원익이 아뢰기를 "신의 이번 임무는 오로지 병사를 훈련시키기 위해서입니다. 신임 감사들이 국사에 진력할 터이니 상의해서 하겠습니다마는 신의 생각으로는 전과 같지는 않을 듯싶습니다" 하였다.

상이 이르기를 "그것은 무슨 말인가?" 하니, 원익이 아뢰기를 "변란 초에 왜적이 오랫동안 평양을 점거하였으므로 본부本府의 사람들이 존비尊卑를 막론하고 모두 종군從軍하였으며, 심지어 감영이나 관청에 딸린 무리들까지도 예외가 없었으니, 이들도 그러한데 더구나 그 밑의 사람들이겠습니까. 그 뒤에 적군이 물러가긴 했어도 아직 경내境內에 남아 있었으므로 예전처럼 계속 연습을 시키면서 상을 주어 권장하고, 또 다른 부역을 시키지 않고 훈련에만 전력하도록 했기 때문에 싫어하거나 기탄하는 일이 없었습니다. 그러다가 신이 그곳에 있을 적에는 적이 멀리 퇴각해 있는 상황이었는데, 관속官屬은 수령이 빼앗아 가고, 사천私賤은 주인이 데려가는 바람에 사세가 점점 변하여 처음과 같지 않았습니다. 그런데 현재는 모두 흩어져버리고 없으니 이는 형세가 그러했던 것입니다.

신이 지금 훈련을 시키라는 분부를 받은 이상 마음과 힘이 닿는 대로 해나가야 하겠습니다만, 일이 뜻대로 안 될까 두렵습니다. 그리고 감사는 그 도의 주인이고, 체찰사는 객客의 입장이니 감사가 착실히 거행해 주어야만 할 수 있습니다. 만일 감사가 기꺼이 해주려 하지 않으면 아무 쓸모없는 한 장의 공문서에 불과할 뿐이니 무슨 일을 이룰 수 있겠습니까. 지금은 신임 감사가 책임을 감당할 만한 사람이니 마땅히 힘을 합쳐 시행할 계획입니다" 하였다. 상이 이르기를 "그러면 언제쯤 돌아올 것인가?" 하니, 원익이 아뢰기를 "전처럼 병만 발생하지 않는다면 처음 전교하신 대로 그곳에 오래 머물겠습니다. 지금 서북 지방을 지휘하자면 중심지가 성천인데 본부에 양식이 없다고 합니다. 따라서 먼저 종사관을 파견해 장사將士들이 먹을 양식을 마련하여 오래 머물게 할 계획입니다" 하였다.

상이 이르기를 "대개 나의 뜻은 경에게 전담시켜서 검칙하게 하고 싶다. 그러니 오랫동안 외방에만 머물지 말고 때때로 올라오는 것이 어떠한가?" 하니, 원익이 아뢰기를 "상께서 신의 원행遠行을 염려하시어 이같이 하유하시니 너무도 감격스럽습니다. 이제 그곳에 가면 일이 되지는 않더라도 어찌 조그만한 효과야 없겠습니까. 여기에서 호령할 일은 조정朝廷이 위에 있으므로 마땅히 품하여 시행할 것인데 어찌 소신에게 품하여 시행할 수야 있겠습니까" 하였다.

상이 이르기를 "경이 지금 멀리 떠나는 마당에 하고 싶은 말이 있거든 내외를 가리지 말고 숨김없이 다 말하라" 하니, 원익이 아뢰기를 "지금 내리신 중임重任도 제대로 거행하지 못할까 두려운데 다른 일을 생각할 여지가 있겠습니까. 북방의 경보가 바야흐로 급해져 변이 발생할까 우려되는데 긴절한 일이 많기는 하나 가장 먼저 해야 할 것은 포수砲手를 연습시켜 급할 때 대비하도록 하는 일입니다. 신이 관서에 있을 때에도 이 일을 해본 경험이 있습니다. 명나라에서는 군사를 무척 후하게 대우하는데, 우리 나라는 신역身役도 제대로 감해주지 않습니다. 그래서 아무리 많은 인원을 훈련해낸다 해도 그들의 마음은 필시 병사가 되는 것을 고달프게 여길 것이니, 끝내 힘을 얻을 수가 없을 것입니다. 상께서는 서북 지방에 유념하시어 백성들의 힘든 일을 덜어주소서. 그래야만 위급할 때 그들을 사용하여 대처할 수 있을 것입니다. 오늘날은 마땅히 임진난 때 상께서 초야에 계시던 때처럼 반드시 경비를 절감해야만 뭔가 이룰 수 있습니다. 고인古人이 말하기를 '재용을 절약하고 사람을 사랑하라(節用而愛人)' 하였는데, 그 주註에 '재용을 절제 있게 한 뒤에야 나라의 근본이 튼튼해진다'고 하였습니다. 전쟁으로 결딴난 백성에게서 어떻게 함부로 취할 수 있겠습니까. 제가 말씀드린바 백성의 힘든 일을 덜어주어야 한다는 것이 바로 이것입니다. 그래야만 백성들에게 살아갈 마음이 생길 것입니다. 크게 해야 할 일이 한두 가지가 아닙니다마는 이것이 목전의 급선무라고 생각되기에 감히 아룁니다."[150]

이원익의 흉중에는 터놓고 하고 싶은 말이 무진장 쌓여 있었겠지만, 오직 도체찰사로서 실무에 관한 말씀만 올렸다. 그리고 "하고 싶은 일이 있거든 내외를 가리지 말고 숨김없이 말하라"는 선조의 말이 떨어지자, 당쟁에 관한 이야기도 하고 싶었겠지만, 평생 추진한 대로 민생을 안정시켜 곧 국방을 튼튼히 한다는 원칙을 다시금 제시했다. 그리고 "임진난 때 초야에 계실 때처럼"이라고 언급해 은연중에 선조에게 옛 마음을 회복할 것을 주문했다. "백성에게 살아갈 마음이 들게 하라" 이 말은 실로 오늘날에 들어도 전율이 느껴지는 말이다. 그 말이 30년간 공직에 있으면서 내무, 재무, 병무, 지방행정 등등 모든 직책을 맡아보고, 전쟁터에서 달려도 보고, 굶어 죽는 백성들을 끌어안아도 보고, 또한 영의정의 자리에 앉아 국가 수뇌부에서 벌어지는 온갖 다툼과 음모와 갈등을 낱낱이 겪어본 사람의 입에서 나온 말이기 때문이다. 그것이야말로 이원익 정치사상의 결론인 동시에, 그 한 마디로써 민생의 안정, 국방의 강화, 제도의 개선, 실용의 추구, 당쟁의 폐지와 소인배들의 배척 등의 천만 마디의 말을 요약해서 진언한 것이다. 이원익은 '정치 이야기'는 한 마디도 하지 않고 선조를 하직한 것 같지만, 실제로는 모두 남김없이 말했던 것이다.

그런 '남김 없는 소회'는 아마도 이때쯤 지은 것으로 보이는 「고공답주인가雇工答主人歌」에도 담겨 있다. 임진왜란 직후 선조가 백성들이 직접 읽고 깨달을 수 있게 친히 한글로 「고공가雇工歌」를 지었다. 경연에서 「고공가」가 선조의 어제임을 알게 된 이원익은 영의정에서 물러나 동호에 내려가 쉴 때 답가로 「고공답주인가」를 지어 바친 것이다. '불성실한 조정 신하들'을 고공, 즉 머슴에 비겨 꾸짖는 「고공가」에 화답하여 이원익 신하와 임금이 동심합력하여 국난을 극복할 것을 주문하고 있다.

어허, 저 양반아! 돌아앉아 내 말 듣소.

어떠한 젊은 손이 셈 없이 다니는가?

주인마님 말씀을 아니 들어보았는가?

나는 이럴망정 외방의 늙은 종이

공 바치고 돌아갈 때 하는 일 다 보았네.

우리 댁 세간이야 예부터 이렇던가?

전민田民이 많단 말이 일국一國에 소리 나데.

먹고 입는 드난 종이 백여 구口 남았으니

무슨 일 하느라 텃밭을 묵혔는가?

농장이 없다던가? 호미 연장 못 가졌나?

날마다 무엇하려 밥 먹고 다니면서

열나무 정자 아래 낮잠만 자는가?

아이들 탓이던가? 우리 댁 종의 버릇 보노라면 이상한데

소 먹이는 아이들이 상마름을 능욕하고

진지進止하는 어린 손님들 양반님을 기롱譏弄하는가?

삐뚜름하게 제급除給 모으고 딴 꾀로 제 일 하니

한 집의 많은 일을 그 누가 힘써 할까?

곡식 창고 비었거든 고지기인들 어찌하며

세간이 흩어지니 옹기인들 어이할까?

내 원 줄 내 몰라도 남 원 줄 모를런가?

풀어헤치거니 맺히거니 헐뜯거니 돕거니

하루 열두 때 어수선을 편 것인가?

밖별감 많이 있어 외방 마름 도달화都達化도

제 소임 다 버리고 몸 꺼릴 뿐이로다.

비 새어 썩은 집을 뉘라서 고쳐 이며
옷 벗어 무너진 담 뉘라서 고쳐 쌓을까?
불한당 구멍 도적 아니 멀리 다니거든
화살 찬 수하상직 그 누가 힘써 할까?
크나큰 기운 집에 상전님 혼자 앉아
명령을 뉘 들으며 논의를 뉘와 할까?
낮시름 밤근심 혼자 맡아 계시거니
옥 같은 얼굴이 편하실 적 몇 날이리?
이 집 이리 되기 뉘 탓이라 할 것인가?
헤아림 없는 종의 일은 묻도 아니 하려니와
도리어 생각하니, 상전의 탓이로다.
내 상전 그르다기에 종의 죄가 많건마는
그렇다 세상 보려니 민망하여 여쭙니다.
삭 꼬기 말으시고, 내 말씀 들으소서
집일을 고치거든 종들을 휘어잡고
종들을 휘어잡으려거든 상과 벌을 밝히시고
상벌을 밝히려거든 어른 종을 믿으소서.
진실로 이리 하시면 가도家道가 절로 일어나리다.[151]

    이는 임진왜란 직후 혼란스럽던 조선 사회를 가도가 무너진 집에 비겨 서술하는데, 이런 위기에서 벗어나려면 기강을 세우고 백성을 안심시켜 다시 경제를 일으키고 국방력을 재구축해야 한다. 그러기에는 지방 아전들의 발호('소 먹이는 아이들이 상마름을 능욕하고'와 수령들의 태만 내지는 자포자기 '외방 마름 도달화도/제 소임 다 버리고 몸 꺼릴 뿐이로다')를 먼저 다스려야 하며, 사상 초유의 국난을 수습하느라 노심초사하며 고달픈 선조의 처지('크나큰 기운 집에 상전님 혼자 앉아/명령을 뉘 들으며 논의를 뉘와 할까?/낮시름 밤근심 혼자 맡아 계시거니/옥 같은 얼굴이 편하실 적 몇 날이리?')는 이해하지만, 그럴수록 주위의 대신들을 믿고 합심하여 국난을 극복해 나가야 한다('집일을 고치거든 종들을 휘어잡고/종들을 휘어잡으려거든 상과 벌을 밝히시고/상벌을 밝히려거든 어른 종을 믿으소서')는 뜻이 담긴, 질박하면서도 절절함이 단어마다 묻어나는 가사이다.

「고공가」와 「고공답주인가」가 보여주는 명량상우와 도유우불

선조와 이원익의 명량상우, 도유우불의 군신관계를 보여주는 문화적 업적은 선조의 사서삼경 언해 작업과 관련된다. 선조는 1574년부터 1606년까지 무려 32년간 줄기차게 언해 작업을 추진하여 백성이 쉽게 사서오경을 읽을 수 있게 함으로써 위대한 문화 창달의 대업을 이루었다. 이렇듯 선조는 경전의 언해 작업을 완성했을 뿐 아니라 친히 언문으로 「고공가」를 지어 백성이 친히 깨달아 알게 한 것이다. 이때 이원익은 이에 대한 화답으로 「고공답주인가」를 지어 바친 것이다.

1574년(선조 7년) 10월 10일 경연에서 유희춘에게 삼경三經 언해 작업을 논의하고, 우선 『대학大學』, 『논어論語』의 언해와 주석을 지어 받았다. 선조는 언해 작업을 반대하는 사람들에게 "나는 꼭 하고 싶으니 백성들이 쉽게 읽을 수 있도록 하면 얼마나 좋겠는가, 한꺼번에 다 할 생각 말고 하나씩 언해해서 되는 대로 올려달라"고 말했다. 1584년(선조 17년)에는 교정청

校正廳을 설치하고 사서오경의 언해 작업에 착수한다. 여기에는 정구, 최영경, 한백겸, 정철 등 문사文士들이 대거 참여하여 1588년(선조 21년) 10월 29일『소학小學』, 삼경三經까지 번역을 마무리했다.

이때쯤 한글로 번역된 삼경을 읽으면서 선조는 친히「고공가雇工歌」를 언문으로 지었다. 임진왜란으로 1592년 4월경 경복궁이 조정의 파천으로 비게 되자 난동자들이 궁 안으로 들어와 노비 문서 등 모든 서적과 실록, 자료를 파괴했는데, 이때 선조의「고공가」도 미처 간행되기도 전에 유실되었다.

1601년 9월(선조 34년), 임진왜란이 끝나고 선조가 홍문관에 명하여 언해된 사서오경을 구할 수 없음을 말하자, 홍문관이 제의하여 1604년(선조 37년) 교서관을 별도 설치하고 1606년(선조 39년) 3월 20일『주역周易』언해까지 모두 완성했다.

이원익은 경연에서「고공가」가 선조의 어제御製임을 알게 되며, 1599년 1월 영의정이 되자 그해 5월경 선조에게 답가로서「고공답주인가雇工答主人歌」를 한글로 지었다.(家在駱山下 每携琴登陟 自彈自歌 精於音律 無所不通 故至自作 雇工答主人歌而爲 宣祖御製 雇工歌也) 이것이 순조純祖 대에『잡가』에 실리게 되었다. 안민제일의 치도 정신治道精神으로 선조와 명량상우明良相遇하고 도유우불都兪吁咈하여 나라를 살려 구국의 영웅으로 추앙받아 오더니,「고공가」와 그 답가「고공답주인가」를 통하여 군신 간에 육례六禮를 다 갖추어 구국안민의 치도를 했으니 역사를 또 하나 썼다 할 것이다. 이 얼마나 거룩한 은총인가!

「고공답주인가」는 작자 이원익이 1599년 5월 영의정을 사직하고 동호초당에 가 있을 때 지은 것으로 추정되는바, 백성들에게 전해 내려오면서 순조 때 필사된『잡가』라는 노래책에 실리게 되었다. 이원익은 전민田民을 거느린 주종主從의 입장에서 선조가 지은「고공가」에 대한 답가로서「고공답주인가」를 노래했다. '허전의「고공가」가『잡가雜歌』에 실렸다'고 한 것은 임란 때 유실된 것이 민가에서 전해지다가 그의 손을 거쳐『잡가』에 실리게 되었다는 의미로 해석되어야 한다. 만일「고공가」가 허전이 지은 것이라면 집안일 돌볼 겨를도 없이 나랏일에 바빠 살고 있는 이원익으로서 한가롭게 답가를 지어 올릴 까닭이 없을 것이다.

이수광李睟光은『지봉유설芝峯類說』에서 허전이 임진왜란 직후에「고공가」를 작시한 것을 노래집에 실었다고 하나,『도남조윤제박사회갑기념논문집』에서 김동욱金東旭 박사는 "고공가의 作者를 宣祖로 하고 答歌를 李元翼으로 한 것은 이수광代부터의 通說을 딴 것이며, 추측컨대 本歌 中에 나오는 '마노라'라는 名辭를 主上의 稱號로 한 것이 아닌가 한다"고 했다.

이원익은 1592년 평안도 도순찰사, 평안감사 도순찰사, 우의정, 좌의정을 거쳐 1599년 1월 영의정 겸 사도도체찰사를 역임하며 만 7년여 동안 나라와 임금, 고급 관료와 벼슬아치, 백성과 하층민의 살아온 실정을 보면서 당시에 피폐한 백성의 삶과 어지러운 당쟁, 왕권의 실종 등 나라의 앞날이 보이지 않는 실상을 개탄하여, 선조의「고공가」에 화답하는「고공답주인가」를 썼다.

이 시는 화자인 어른 종의 입장에서 안주인의 말을 듣지 않는 머슴을 꾸짖고, 안주인에게는 집안의 법도를 일으키기 위한 충언을 하고, 종들은 먼저 주인을 위하여 일해야 한다는 것을 강조하며, 현존하는 문제점을 지적하면서, 동시에 그에 대한 해결책을 명료하게 제시하고 있는 점이 특징이다.

여기에서 자신의 직분에 불충실하고 말싸움, 사리사욕, 당쟁을 일삼는 신하, 벼슬을 했다가 퇴했다가 하는 못 믿을 신하를 '머슴'으로, 선조를 '마누라'로, 자신(이원익)을 포함하여 높은 벼슬아치들을 '어른 종'으로, 백성과 하층민을 '종'으로 각각 비유했다.

신하들을 '드난 종'에 비유해 텃밭을 묵혀 놓고 밥만 먹고 낮잠만 잔다고 꾸짖고, 지방관청 아속들을 '소 먹이는 아이들'에 비유해 '마름'으로 비유한 지방관청 수령들을 능욕하니 곡식 창고는 비게 되고 살림은 말이 아니게 되었다며 한탄한다. 게다가 외별감, 외방사음, 관찰 등 변방을 지키는 무관(군)마저 맡은 임무에 소홀하고 제 몸만 사리고 있으니 "누가 힘써 나라를 방어할 수 있겠나" 하고 개탄한다. 나라의 기강이 무너지고 국고가 텅텅 비는 궁핍한 현실을 안타까워하면서 이를 비판하고 충언하고 있는 것이다.

이 가사歌辭에서 한 나라의 기강을 바로잡는 일을 농사짓는 주인과 종의 관계를 통해 비유하면서, 마누라[王]의 말씀을 듣지 않는 게으르고 헤아림 없는 머슴과 종들인 대소신료들을 꾸짖으며 주인을 위하여 머슴들이 먼저 열심히 일해야 하고, 주인 '마누라'는 집안을 바로 잡기 위해 종들을 휘어잡아야 한다고 충고한다. 종들을 휘어잡는 방법은 상벌을 분명히 하는 것인데, 상벌을 공평하게 하려면 '어른 종(정승)'을 믿어서 신상필벌의 법도를 세우는 것이라고 명쾌하게 해결 방안을 제시한다.

「고공가」에서 보여주는 단순한 현상 파악의 비판에서 한 걸음 더 나아가 그러한 잘못된 현상을 타파할 수 있는 대책을 제언함으로써, 국가 기강 확립과 나라 경영의 충실을 도모할 수 있는 방법을 명료하게 제시하고 있다. 여기에서도 오리의 안민국태의 실천 사상을 강조하고 있음이 확인된다.

이런 성심 어린 진언이 선조의 뇌리에는 닿지 않았으나, 가슴에는 닿았던 것 같다. 이후로도 선조는 이원익에게 중앙에서 정무를 총괄할 기회를 주지는 않았으나, 그의 건강을 늘 염려하고 알뜰하게 살폈다. 1601년 겨울에는 초엄, 호피를 보냈고, 이듬해 2월에 이원익이 언덕에서 낙상해 다치자 어의 허준을 급히 보내 진찰하고 점쟁이에게 그의 길흉을 점치게까지 했다. 그가 어떻게 살고 있느냐는 물음에 심부름을 한 내관이 "강가에 집이 있는데, 낡고 초라해서 찬 바람이 스며듭니다" 하고 대답하자 탄식하고는 자신이 쓰던 담요와 발을 걷어 가져다주라고 했다. 신하를 아끼는 어진 임금의 모습을 보이려는 의도였을 수 있으나, 그래도 그 마음 한 켠에 이원익에 대한 진정한 마음이 없었다고는 하기 어려우리라.

이원익으로서는 거북한 일이었을지 몰라도, 특별한 명예도 얻게 되었다. 1601년 10월에 청백리(염근리)에 뽑혔는데, 얄궂게도 이원익이 그토록 중앙 정치에서 꺼려지게 된 원인 제공자, 유성룡과 함께 이름이 올랐다. 그때는 유성룡이 복권되어, 한때 "그의 머리를 매달지 못하는 게 한이다"며 세상의 온갖 악행은 유성룡 혼자서 다 저지르고 다니는 듯 비방하던 목소리는 언제 그랬냐는 듯 사라져 있었다. 당시는 유성룡이 문제가 아니라 유영경, 이산해, 홍여순, 이이첨 등이 서로 돌아가면서 대북, 소북이니, 골북骨北, 육북肉北이니 하며 북인들끼리 싸움을 벌이느라 정신이 없을 때였다. 복권 후 벼슬을 사양하고 칩거 중이던 유성룡도, 체찰사직을 맡고 있으되 중앙 정치에는 영향을 끼칠 수 없던 이원익도 어차피 재기 불능이라고 여겨졌으므로, 허울 좋은 명예나 안겨주어 자족하게끔 하려는 뜻이었으리라.

1603년에는 그나마 체찰사직도 마치고, 금천의 집에서 은둔하듯 살았다. 그때 미루고 미뤄지던 임진왜란의 공신록이 드디어 작성되었는데, 이원익은 문·무에 모두 공이 크다고 하여 선무공신宣武功臣과 호성공신에 모두 녹훈되었다가 나중에는 호성공신으로만 녹훈되었다. 유성룡, 윤두수, 김응남, 유영경 등과 함께 2등이었으며, 1등에는 이항복, 정곤수鄭崑壽가

올랐다. 호성공신은 선조를 호위한 공로자를 뜻하는 것이었기에 유성룡, 이원익 같은 대신들의 정치 행정상의 공로는 적게 매겨지고, 말구종이나 의원, 내관 등의 무리와 동격이 되는 것이므로 어떤 면에서는 영예롭다고만 볼 수도 없었다.

1604년 7월에는 완평부원군完平府院君에 봉해졌다. 정1품의 공신이자 국가의 원로로 인정된 것이었다. 가문의 영예라고 할 수 있었으나, 이제 이원익이 조정에서 실제로 활동할 일은 없다는 표시일 수도 있었다. 실제로 이후 1608년에 선조가 승하할 때까지 이원익은 가끔 예제禮制에 관련해 의례적으로 국가 원로들에게 자문이 주어지는 일 말고는 별다른 국사를 맡지 않았고, 이제 육십 대에 들어선 이원익은 금천에서 선친인 함천군의 비문을 인쇄하여 친족들에 배포하면서 가묘의 규칙을 가르치는 일, 고조인 익녕군의 묘소를 정비하는 일, 옛 친구인 강서, 동료였던 이정형을 기리는 글을 짓는 일 등을 하며 조용히 살았다.

1603년 11월에는 개인적인 슬픔도 겪었다. 오랜 동반자였던 정경부인 정씨가 숨진 것이다. 관운은 있는지 몰라도 재물복도 인복도 없는 남편을 만나서, 오랜 관직 생활 중에 얼굴도 보지 못하고 떨어져 지낸 세월이 허다하고, 높은 관직에 어울리는 재물 하나 없는 생활을 오래 견디고 조용히 내조해 오던 부인. 그 주검 앞에서 이원익은 원로대신이 아니라 한 사람의 남편으로서 만시「도망悼亡」을 지었다.

상투 틀고 쪽을 찔러 부부가 된 지 / 結髮爲夫妻
지금 돌아보니 벌써 몇 해였소 / 于今歲幾閱
벼슬살이에 사방을 나돌아 다니느라 / 宦遊出四方
독수공방 하게 만든 날은 얼마였소 / 怨曠何多日

한 방에서 함께 지낸 지 며칠도 안 되는데 / 同室曾無幾

더욱이 난리도 겪고 병도 앓았지요 / 又遘難醫疾

십여 년 동안을 혼미하게 지내다 보니 / 沈迷十年餘

캄캄하오, 은혜와 정이 이제는 끊어졌구료 / 昧昧恩情絶

타고난 천성이 본래 순박하여 / 賦性本淳樸

평생에 악한 일을 하지 않았지요 / 平生不爲惡

저 하늘에 무슨 죄를 지었다고 / 何辜于彼蒼

이 사람에게 이런 액을 내린단 말이오 / 斯人有斯厄

난리통에 이리저리 피해 다니다가 / 兵塵奔竄裏

다행히도 구렁텅이에 버린 몸 되지 않았고 / 幸不委溝壑

이 날에야 겨우 고향에 돌아와 살려는데 / 此日返故山

또 어찌 슬픈 일을 당해 서럽게 하는 것이오 / 又何傷感感

그대와 내가 이승과 저승으로 갈림에 유감이 없더라도 / 幽明兩無憾

자녀들이 모두 옆에 있지를 않소 / 子女俱在側

나는 병에 시달리면서도 아직 죽지를 못하고 / 而我病不死

지루하게 숨만 쉬고 있다오 / 支離存視息

널을 어루만지며 고뇌하다 그만 그대를 떠나보내려니 / 撫柩送君歸

부럽구려, 그대는 이제 할 일을 마쳤으니 / 羨君事乃畢

그대 따라 나도 가기를 간절히 바라나니 / 苦願從此逝

세상에 오래 머묾이 어찌 낙이겠소 / 久世非所樂

황천에서 혹시 서로 따르게 된다면 / 泉下倘相隨

업의 연을 응당 전처럼 하리다 / 業緣當如昨[152]

이원익은 임진왜란이라는 사상 최악의 국난에 임해 최선을 다해 자신의 할 일을 했다. 그는 이미 나이가 적지 않았고 병도 있었지만 수고로움을 돌아보지 않고 조선 팔도를 두루 돌았으며, 마침내 명나라까지 다녀왔다. 그러면서 군사를 모집하고, 훈련시키고, 싸움을 지휘하고, 장수들을 다스리고, 인사행정을 실시하고, 군량을 조달하고, 외교를 수행하고, 비밀 작전을 계획하고, 정보를 수집하고, 행정을 총괄했다.

흔히 임진왜란의 공로자라고 하면 우선 이순신을 떠올리고, 그 다음으로는 유성룡, 또는 곽재우, 유정 등의 의병장들을 떠올린다. 하지만 그들이 영웅이었다면, 이원익은 영웅이 영웅일 수 있도록 했다. 그리고 스스로도 몸을 아끼지 않으며 영웅답게 전쟁터를 누볐다. 이원익 한 사람이 없었더라면 임진왜란의 결과는 달라졌을지 모른다. 실로 선조의 말처럼, "조선에는 오직 이 한 사람이 있을 뿐"이었던 것이다.

「임란 극복과 이원익의 역할」이라는 논문을 쓴 권기석 박사도 이렇게 결론을 짓고 있다.

> 그는 평안도의 목민관으로서 전시 상황을 만나 민심 수습과 외적 방어라는 두 가지 과제를 성공적으로 달성하였고, '출장입상'이라는 말 그대로 선조의 곁에 있을 때는 여러 방략을 강구하여 제시한 재상이었지만, 곁을 떠나면 전투를 지휘하고 병력과 군량을 모집하는 장수였다. (……) 이렇게 일인다역을 고루 수행하여 끝내 전란을 승전으로 이끈 인물은 역사상 유례를 찾기 힘들다.[153]

그의 기여는 전쟁이 끝난 뒤에도 계속되었고, 계속될 필요가 있었다. 그러나 갈수록 미묘해지는 정국 속에서 몸을 사리지 않고 '바보짓'을 한 덕분에, 그는 당파주의자라는 오명을 쓰고 중앙 정치에서 소외되었다. 그 자신도 이를 담담히 받아들이는 모습이었다. '오리 이원익의 시대는 갔다.'

「아내를 애도하며」 이원익이 남긴 만시(晚時).

널을 어루만지며 고뇌하다 그만 그대를 떠나보내려니
부럽구려, 그대는 이제 할 일을 마쳤으니
그대 따라 나도 가기를 간절히 바라나니
세상에 오래 머묾이 어찌 낙이겠소
황천에서 혹시 서로 따르게 된다면
업의 연을 응당 전처럼 하리다

그 자신을 포함한 모든 이가 그렇게 생각했다. 그러나 그것은 오산이었다. 그에게는 아직도 국가에 봉직할 세월이 이십여 년은 남아 있었다. 그의 선택이 국가의 운명을 바꾸고, 그의 노력이 국가의 붕괴를 막아낼 순간이 아직도 그를 기다리고 있었다.

장수는 전투의 승리를 좌우하고
지도자는 전쟁의 승리를 좌우한다

명나라와 일본 사이에 강화 회담이 진행되면서 전쟁이 소강상태가 길어지는 상황에서 피폐해진 하삼도를 재건하는 일이 중요했다. 게다가 경상도와 전라도는 왜군과 마주하는 최전선이었으므로 전쟁의 재개에도 대비해야 했다. 선조는 이원익을 우의정으로 올리고 곧 사도 도체찰사로 임명하여 이 일을 맡겼다. 북부 사도 도체찰사인 유성룡은 뒤에 남아 후방 지원을 담당했기 때문에 도원수 권율을 지휘하는 이원익이 실질적으로 군의 최고 지휘자였다.

최고 지휘자로서 이원익이 가장 먼저 한 일은 적과 대치하는 기간이 길어지며 해이해진 기강을 바로 세우는 것이었다. 군율을 어기면 도원수 권율도 파직시켰고 김응서와 원균에게는 매를 쳤으며, 자신이 추천한 사람이지만 백사림이 성을 지키지 않고 달아나자 엄하게 벌할 것을 주장했다.

도체찰사가 되자마자 하삼도를 둘러본 이원익은 전쟁의 재개에 대비하여 곳곳에 산성을 수축하였다. 우선 우리나라의 지형이 수성전에 유리했다. 또 강화 기간이 길어지면서 조선군의 병력이 많이 약화하였기 때문에 평지에서 왜군과 정면으로 부딪치는 일을 피하는 것이 좋았다. 이러한 상황에서 청야수성전술이 최선이라고 판단한 이원익은 요충지마다 성을 쌓아 백성들을 보호하게 한 것이다.

지도자로서 중요한 덕목이 인재를 알아보고 능력에 따라 적재적소에 배치하는 것이다. 1596년 강화 회담이 어그러지고 왜군이 반드시 재침할 것이라고 판단한 이원익은 이순신에게 거제를 거점으로 왜군의 침입로를 방어하게 했고, 곽재우를 한양이 아니라 경상도에 배치하게 하여 왜적의 침입에 대비하게 했다. 또 영남의 지리와 인심을 잘 아는 정경세에게 산성 수축을 맡겼으며, 이시발이 훈련한 정예군을 절도사 원균 아래 두면 문제가 생길 것이므로 이시발이 직접 지휘하게 했다.

내치고자 하는 선조의 의중에도 불구하고 이순신을 적극적으로 옹호한 이원익이 원균, 김응서, 권응수에 대해서는 어쩔 수 없이 이들을 기용한다고 하더라도 그 역할과 권한을 제한해야 한다고 주장했다. 이들은 적을 향해 돌진하는 용맹함이 있으니 전투가 있을 때 선봉에 세우기에는 적합하나 장수의 자질이 부족하니 평소에는 군사를 거느리지 않게 해야 한다고 했다. 결국 이원익의 뜻대로 인사가 이루어지지 않았는데, 그 결과는 정유재란 초기 조선은 어려움으로 겪어야 했다.

일본의 재침을 예상하고 그에 대비한 이원익의 노력에도 불구하고 정유재란 초기 왜군은 또다시 별다른 피해 없이 조선 땅에 상륙했다. 게다가 전과는 달리 이번에는 왜군이 남해의 제해권과 전라도 지역까지 장악했다. 당쟁의 여파로 파직된 이순신 대신에 통제사가 된 원균은 칠천량 해전에 대패했고 조선 수군은 완전히 무너졌다. 육지에서는 김응서가 제대로 싸우지도 않고 도망하고 여러 성이 함락되는 와중에 곽재우가 지키던 화왕성만이 온전했다. 인물의 자질에 넘치는 지휘권과 권한을 부여하는 인사를 했을 때 어떤 비극이 일어나는지 잘 알 수 있다.

왜군의 전라도 점령은 아군의 군 지휘권이 하나로 통합되지 않고 나뉜 탓도 있다. 조명연합군에서 명군을 조선의 뜻대로 지휘하기 어려웠다. 이원익은 왜군의 수가 더 많아지기 전에 연합하여 치기를 원했으나 명나라 장수들이 이를 저지했다. 또 원균이 패하여 제해권을 잃게 되자 왜군이 전라도로 쳐들어갔다. 명나라 장수 양원이 산성을 지켜야 한다는 이원익의 뜻과 달리 평지인 남원 부성을 지키다가 전세가 불리해지자 달아났다. 남해와 전라도를 장악한 왜군은 수로와 육로 양쪽으로 한양을 향해 북상하려 했다.

육지에서 북상하던 왜군을 명 양호군과 협력하여, 이원익의 조선군 8천 명의 조직적인 군량 조달과 명군 3만 5천 명의 연합작전으로 직산에서 막아냈다. 이때 경리 양호가 이원익에게 군량 조달 문제를 일임하자 이원익은 이를 매끄럽게 처리했으며, 결국 아군이 직산 전투에서 이기게 되었다. 직산에서 패배한 왜군은 다시 북상하지 못했는데, 경상도에서 북상하려던 가토 기요마사가 화왕에서 곽재우에게 패해 퇴각, 후퇴하여 울산성에 들어앉아 움직이지 않았고, 칠천량 해전에서 원균이 죽고 다시 통제사가 된 이순신이 명량에서 대승해 왜군의 보급로를 차단했기 때문이다. 정유재란 전 이원익이 신임하여 배치한 인물들이 그 위치에서 성과를 낸 것이다. 이순신은 명량에서 왜군을 물리친 얼마 안 되는 병력조차 이원익 덕분에 보존되었다고 말한다.

정유재란에서 이원익이 장수가 되어 직접 전투를 지휘하여 전공을 세우지는 않았다. 그러나 군율을 바로 세우고 인재를 기용하고 적재적소에 배치하고 상황에 맞는 전술을 준비하고 보급을 원활하게 함으로써 아군이 승리할 수 있게 기반을 닦았다. 무엇보다 많은 지역의 민생을 안정시킴으로써 안민이 곧 국방이라는 원칙으로 준비하여 이 환란을 버틸 수 있는 근본을 마련했다. 능력과 자질이 어울리는 인물이 지도자가 되면 나라를 구하는 영웅이 될 수 있음을 이원익 자신이 잘 보여준다고 할 것이다.

제7장

광해군 시대,
그 빛과 어둠의 한가운데에서

오열하듯 흐르는 청평의 물은 / 嗚咽淸平水

서쪽으로 흘러 한강으로 이어지누나 / 西流入漢津

두견새 우는 달 밝은 밤에 / 鵑啼明月夜

한 외로운 신하를 느껴 울게 하누나 / 血泣一孤臣

— 『오리선생문집』 속집 「습유」 '무제無題'[154]

제7장

새로운 시대를 이끌어갈 책임

1608년 2월 1일, 선조가 세상을 떠났다. 향년 57세, 재위 40년 7개월. 오랜 훈척 정치의 폐단을 끝내고 사대부 정치 시대의 장을 열었으나, 곧 당쟁의 질곡 속에 체제 개혁이 유실되고, 사상 최악의 전란을 맞이해 임금 스스로도 끼니도 제대로 때우지 못하며 도망을 다니는 수모를 겪었을 뿐 아니라 나라와 백성이 말도 못할 고통을 치러야 했던 40년 세월이 이로써 끝났다.

이원익은 이때 이덕형, 이항복, 윤승훈, 유영경, 기자헌奇自獻, 심희수, 허욱, 한응인 등과 함께 원임 대신으로서 선조의 임종을 지켰고, 장례 절차를 주관했다. 그리고 광해군 대신 선조가 계비 인목왕후仁穆王后에게서 뒤늦게 본 적자嫡子인 영창대군永昌大君을 옹립하려 했다는 혐의로 영의정 유영경이 파직되자, 2월 14일에 영의정에 기용되었다.

선조대왕이 일찍이 세자에게 말하기를 "여러 신하 중에 오직 이원익만이 정승을 삼을 만한데 그 사람이 남과 화합하는 일이 적으므로 나는 그를 쓰지 않았던 것이다. 너는 모름지기 성심으로 그 사람을 써라" 하였다. 이렇기에 세자가 즉위하여 공을 영의정에 임명하게 된 것이다.[155]

「연보」에는 이렇게 적혀 있고, 「행장」에는 "여러 신하 중에 오직 이원익이 큰 일을 맡을 수 있다. 그러나 정성과 예도를 기울여야 그를 쓸 수 있을 것이다"라고 선조가 말했다고 되어 있다.[156] 이원익의 기량과 성품을 높이 평가했지만 당파에 따라 움직인다, 또는 앞뒤를 가리지 않고 직설적으로 남을 공격한다고 오해 아닌 오해를 하고 있던 선조로서는 할 법한 말이다. 하지만 과연 광해군이 그 말을 듣고 정말 이원익을 정성스럽게 초치할 뜻이 있었는지는 불분명하다.

선조가 승하한 바로 다음 날, 인목왕후는 신하들에게 선조가 생전에 맡긴 유교遺敎라며 편지 한 통을 공개했다. 편지를 받는 사람은 유영경, 한응인, 박동량, 서성, 신흠, 허성, 한준겸의 일곱 사람이었으며, 내용은 "대군이 어린데 미처 장성하는 것을 보지 못하게 되었으니, 이 때문에 걱정스러운 것이다. 내가 불행하게 된 뒤에는 사람의 마음을 헤아리기 어려운 것이니, 만일 사설邪說이 있게 되면, 원컨대 제공들이 애호하고 부지해 주기 바란다. 감히 이를 부탁한다"는 것이었다.[157] 유영경은 영창대군파의 좌장이나 다름없었고, 나머지는 선조가 생전에 아끼고 믿었던 사람들인 동시에 여러 왕자나 부마들과 인척 관계를 맺고 있었으므로 왕실과 특별히 가까운 사람들로 분류되었다. 역시 선조가 그런 유교를 실제로 내렸다고 해도 이상할 것이 없었다. 하지만 선조 승하 직후에 인목왕후의 손으로 그런 내용이 공개되었다는 것은 특별한 정치적 의미가 있는 것이었다. 즉 광해군이 왕위를 계승하는 일은 어쩔 수 없다고 해도, 영창대군은 계속해서 존중을 받아야 하며 그를 애호하고 부지하는 임무를 맡은 유영경 등의 신하들 역시 존중받아야 마땅하다는 것이었다. 그것은 또한 광해군보다 나이가 아홉 살이나 어리면서도 '새어머니' 자리에 앉은 자신, 인목왕후의 입지 또한 어엿한 대비, 자전慈殿으로서 인정되고 존중받아야 한다는 의미를 띠었다. 그런 점에서 볼 때 그 유교 자체가 조작되었을 가능성도 배제하지는 못한다.

광해군의 입장에서 볼 때 이 유교의 정치적 의미는 마치 야당을 새 내각에 일정 부분 참여시켜야 한다는 조건을 떠안은 정권과 같이 부담스러울 수밖에 없었다. 그는 즉위 후 첫 인사 조치로 유자신柳自新, 박건, 정광성 등 외척들을 정부에 진출시킴으로써 이에 일종의 맞불을 놓았다. 이원익을 영의정에 제수할 때도 처남인 유희분柳希奮을 우부승지로 올리는 인사를 겸했다. 전 왕(선조)의 외척과 새 왕의 외척이 바야흐로 긴장 관계를 조성하기 시작하고 있었다.

여기에 이이첨, 정인홍, 허균, 한찬남韓纘男, 홍여순 등의 대북 집단이 새 임금의 '친위대'를 형성했다. 이이첨은 시강원 사서로 세자 시절의 광해군과 인연을 맺었고, 정인홍은 왜란 중에 의병장으로 활약한 다음 영창대군을 옹립하려는 유영경 등을 극렬하게 비판하며 당장이라도 광해군에게 왕위를 넘겨야 한다는 상소를 선조 말년에 올렸다. 광해군 즉위 때 64세였던 그는 이후 스승인 남명南冥 조식처럼 '은거하는 사림士林'의 모습으로 주로 지방에 머물며 가끔씩 올리는 상소로 정치에 참여하는, 광해군파의 정신적 지주가 되었다. 『홍길동전』의 저자로 알려져 있으며 조선 사대부의 일반적 관행에서 벗어나는 기행을 일삼아 유명해졌던 허균은 이이첨의 오랜 지우였으며, 홍여순은 남이공, 김신국 등과 척을 진 이후로 정인홍, 이이첨 등과 세를 이루어왔다. 이 대북들은 가장 선명하게 광해군을 지지하는 세력이었으나 그만큼 반대 세력도 많았고, 외척의 인연으로 또 다른 측근을 형성한 유희분, 유자신, 박승종朴承宗 등은 소북이었기에 갑자기 권력의 중심으로 떠오를 수는 없었다. 그래서 가장 먼저 광해군을 노골적으로 반대한 허물이 있는 유영경을 몰아내려는 움직임이 대북과 소북이 합세해 일어났고, 그리하여 유영경이 실각하자(한 달 뒤에 경흥으로 유배되고, 반 년 뒤에 자결을 명령받았다), 빈 자리에 이원익이 발탁된 것은 이원익의 명성[158]과 선조의 유훈을 고려한 것일 수도 있지만, 비교적 당색이 엷은 원로를 명목상 고위직에 앉히고 뒤에서 실권을 행사하려는 광해군 친위대의 속셈이 반영된 결과일 수도 있다.

따라서 이로써 세 번째로 영의정이 되어 사실상 새 정권의 첫 번째 영의정으로서 자신의 포부를 펴볼 자리에 앉은 이원익이었지만 그 정치적 기반이 든든하지는 않았으므로 불편함을 지울 수 없었다. 가령 인사에서 마냥 팔이 안으로 굽는 모습을 보면서도 어쩔 수가 없는 처지였다. 유영경이 실각한 뒤에도 그와 같은 패거리라고 해서 탄핵받고 물러나야 했던 대신들이 여럿이었는데, 그중 이조판서 성영이 물러나자 빈 자리에 관례대로 이광정, 김수, 이정귀李廷龜를 삼망三望해 올렸다. 그러자 광해군은 이맛살을 찌푸리며 "적임자가 딱히 없으니 가망加望하라"고 지시했다. 그래서 신흠을 올리니, 유영경과 함께 영창대군을 부탁받았다는 이른바 '유교칠신遺敎七臣'의 한 사람인 신흠이라니? 가당치 않다는 듯 또 가망하라는 것이었다. 그리고 왕비의 외숙인 정창연에게 뜻이 있음을 넌지시 비쳤다. 이원익이 할 수 없이 정창연, 김신원, 한효순을 새로 삼망해 올리니 곧바로 정창연을 신임 이조판서로 삼았다. 왕이 믿을 수 있는 신하에게 힘을 실어주고 싶은 것은 자연스럽겠지만, 그래도 정승이 그 입장을 살필 뿐 아니라 직책에 사람이 맞는지 아닌지를 살펴 삼배수 추천을 하는 것은 국초부터 정해진 '합리적 인사행정'의 기반이자 '군신공치君臣公治' 이념을 실천하는 중요 요소였다. 그런데 이처럼 정승의 추천을 허수아비 놀음으로 만들었으니, 이원익이 영의정으로서 흥이 날 리 없었다. 게다가 그가 아끼던 사람인 정경세가 이런 비상식적인 인사를 비판하는 상소를 올리자 뉘우치는 기색은 없이 정경세를 귀양 보내는 임금의 모습에 더욱 마음이 무거웠다.『실록』은 '신정新政의 초두에 제일 먼저 외척外戚을 기용하였고 제배할 즈음에는 이처럼 구차스러웠으므로, 중외中外가 크게 실망하였다'고 논하고 있다.[159) 하지만 이 정창연이 결국 거듭되는 물의로 사직하니, 광해군은 그를 찬성으로 올리고는 한때 이산해의 심복이었다가 이제는 정인홍 편에 줄 서있었던 이조참판 조정趙挺으로 대신하려 했다. 이때 조정의 옛 과오(왜란 중에 선조의 편지를 분조 중이던 광해군에게 전하는 임무를 맡았는데, 편지를 없애 버리고 홀로 피신했다)를 들추어 정언 유학증 등이 탄핵하자, 광해군은 크게 짜증을 내며 유학증을 좌천시켰을 뿐 아니라 유학증을 천거한 전랑 김치金緻까지 처벌했다. 이원익은 "언로를 막아서는 안 됩니다" 하며 이에 반대했지만 수용되지 않았다.

피바람 속에 마음은 병들고
─은의겸진恩義兼盡을 주청하다

인사의 편파성, 불공정성을 눈 뜨고 지켜볼 수밖에 없었던 것보다 더 견디기 힘들었던 일은 꼬리를 물고 이어지는 옥사였다. 사실상 광해군의 목에 칼을 들이댄 것이나 다름없던 유영경을 배척한 것은 그럴 수 있다 하더라도, 즉위 십여일 만에 친형이자 잠재적 정적의 하나인 임해군臨海君의 옥사가 일어나자 이원익은 고개를 저을 수밖에 없었다.

본래 광해군은 왕위 후계자로서 정통성이 약했다. 후궁(공빈 김씨)의 자식인 데다 그나마 임해군에 이어 둘째였고, 정식 세자 책봉 절차를 거치지 않고 왜란의 발발에 따라 벼락치기로 세자가 되었기 때문이다.

명나라는 조선을 마음대로 통제하려는 속셈으로 왜란 도중에는 선조에게 "전란의 책임을 지고 물러나 세자에게 왕위를 넘겨라"고 하더니, 전쟁이 끝난 후에는 반대로 "맏이를 놔두고 둘째를 세자로 삼다니 인정할 수 없다"고 하여 조선 정부의 입장을 난처하게 만들 뿐 아니라, 선조와 광해군 사이의 관계를 갈수록 냉랭해지게 했다. 선조는 분통이 터질 때면 광해군에게 "너는 명나라의 공식 인정을 받지 못했으니 세자가 아니다" 하고 쏘아붙였다고도 한다. 그러므로 광해군이 다른 후계자로 교체될 가능성을 따지는 게 자연스러웠지만, 임해군은 맏아들임에도 불구하고 세자로 뽑히지 못했을 만큼 기량이나 인성에 문제가 많다고 두루 평가받고 있었으며, '적장자'인 영창대군은 아직 코흘리개에 불과해 도저히 광해군의 상대가 될 수 없었다. 그래서 결국 그에게 옥좌가 돌아간 것이지만, 광해군은 여러 역모 의혹과 불경죄 혐의에도 불구하고 끝까지 양녕대군을 감쌌던 세종과는 달리 자신의 친형도 이복동생도 관대히 봐주지 못했다. 그래서 즉위년 2월 14일에 "임해군의 집에서 병장기가 발견되었고, 그가 오래전부터 여러 장수들과 음모를 꾸민 정황이 있다"며 옥사가 시작되자 바로 그날 영의정에 임명된 이원익은 당연히 다른 대소 신료와 함께 진상조사와 대책 논의에 들어갔다. 이원익은 여기서 역모 혐의의 미심쩍음을 문제삼았다고 한다.

모든 대신은 정국을 당하여 좌우로 눈치만 살피고 감히 발언하지 못하였는데, 공만이 "역모는 큰 사건이니 반드시 원고와 피고가 다 나와야 바야흐로 단서를 찾아 다스릴 수 있는 것이다. 지금 삼사三司가 고발하였으니 삼사는 비록 힐문할 수 없다 하더라도 아뢰는 말 속에 '쇠몽둥이와 칼을 싸가지고 궐문을 드나들 때 문 지키는 군졸 중에 그것을 본 자가 있다'는 구절이 있으니 이 군졸을 찾아서 심문해야만 한다" 하니, 여러 대신들이 모두 옳다고 하고 곧 군졸들에게 문의했더니 군졸들이 모두 말하기를 "몽둥이와 칼은 작은 물건이 아니고 우리도 눈이 있는데 궐문에 들어왔다면 어찌 보지 못했겠습니까?" 하고 저마다 큰 목소리로 항변하였다. 그러자 대청臺廳에서 놀라 당황하며 한참 후에 군졸들을 더 면밀히 심문하기를 바라니, 광해가 따로 비답하기를 "이 옥사는 바깥사람에게 물어볼 필요가 없다. 쇠몽둥이와 칼을 궁중에서 혹시 본 사람이 있지 않겠느냐"고 했다.[160]

이것은 『실록』에서도 뒷받침되고 있다.

전교하기를 "칼, 쇠몽둥이, 도끼 등의 물품을 은밀한 곳으로 들여다놓은 정상을 궐내에서도 또한 본 사람이 있다는데 이런 물건을 누가 어느 문으로 들여갔는가? 또 이는 궐내에서 쓰는 물건이 아닌데도 은밀히 들여다가 숨겨놓았으니, 장차 무엇을 하기 위한 것이었는가? 이런 내용으로 지순知順, 하문을리下文乙里 등 4인에게 엄히 심문하라" 하였다.
이때 무인武人 김위金渭가 소장을 올려 쇠몽둥이와 칼을 들여가는 것을 수문장 남궁연이 보았다고 하였으므로 남궁연에게 물어보니 본 적이 없다고 하였다. 그래서 추국청에서도 또한 그대로 버려두었다. 그런데 그 뒤 김위는 이런 말을 했다는 것으로 녹공錄功되어 봉군封君되었으니, 근거 없이 허황한 것

이 이러하였다.[161]

당초 임해군의 옥사는 삼사가 이런저런 뜬소문을 주워 모아 밀계密啓함으로써 이루어진 것이다. 따라서 내세울 만한 증인이 없었기 때문에 의심하는 사람이 많았다. 이원익이 쇠몽둥이와 칼을 대궐로 들여갈 때 문을 지킨 증인을 추국하기를 청하기에 이르러서는 왕이 따르지 않았다.[162]

결국 광해군은 궁노宮奴 한 사람을 매수하여 쇠몽둥이와 칼에 대한 증언을 하게 함으로써 옥사를 성립시켰다고 한다. 이원익은 납득하기 어려웠으나 결국 이덕형, 이항복 등과 뜻을 모아 임해군을 멀리 귀양 보내도록 건의하는 것으로 일을 끝내려 했다. 그래도 불편함을 이길 수 없었던지, 임해군 관련 결정이 내려진 다음 날이자 영의정에 임명된 다음 날인 2월 15일에 처음으로 사직 상소를 올렸다. 물론 즉각 반려되었지만, 이원익은 그 뒤 1613년(광해군 5년)에 계축옥사가 일어나면서 정치판이 근본적으로 뒤흔들릴 때까지 83번이나 사직 상소를 쓰게 된다. 사직의 이유는 대체로 건강 문제였다. 실제로 건강이 나쁘기도 했지만, 일인지하 만인지상에 어울리는 권한도 인정받지 못하며 도무지 내키지 않는 일에 형식적으로나마 앞장서지 않을 수 없는 처지가 싫었기 때문이리라. 그는 신료의 대표로서 뼈가 부서지고 살이 튀는 임해군 옥사의 추국 현장에 참석할 의무가 있었고, 1608년 8월에는 역시 신료의 대표로서 "역적 유영경을 극형으로 다스리시옵소서"라고 광해군에게 간청하는 역할을 맡아야만 했다.

이원익은 아픈 마음을 부여잡으며 퇴청해서는 또 사직 상소를 쓰고자 붓을 들었다. 그리고 3월 말에는 사직을 청함과 함께 이런 내용을 올렸다.

"신은 지난 6, 7년 이래 고칠 수 없는 중병에 걸렸습니다. 일을 쉬고 잘 조섭함으로써 가까스로 실낱 같은 목숨을 연명하여 왔었는데, 수순數旬 동안 애써 움직이다 보니 전의 증세가 다시 발작하였습니다. 이제는 늙은 나이라서 다시 소생하기를 기대할 수가 없습니다.

성지聖旨에 '이 뒤로는 다시 사의를 표하지 말라'고 한 내용이 있었습니다만, 신이 그래도 또 잇따라 소장을 올려 사면辭免을 청하면서 번독스럽게 하였으니 신하로서 감히 할 수 없는 짓을 했습니다. 그러나 죽을힘을 다하여 조정에 나아가 일에 임하려 하더라도 공청公廳의 회좌會坐에 한결같이 병으로 참여하지 못한다면 그 또한 신하로서 더더욱 감히 못할 일인 것입니다. 이렇게 보나 저렇게 보나 모두 도리에 맞게 할 수가 없으니, 신의 낭패스러운 사정이 이 지경에 이르러, 두렵고 조심스러운 나머지 어찌해야 좋을지 방도를 모르겠습니다.

더구나 지금 역옥逆獄이 막 일어나서 사체가 매우 중한데 신이 수상의 자리를 더럽히면서 오랫동안 국문에 참여하지 못하였습니다. 각 죄인들 가운데 혹 불궤不軌스런 일에 대해 말을 한 경우가 있는데 그 상세한 곡절은 잘 모르겠습니다만, 그런 말을 들으니 저도 모르게 머리털이 곤두서고 몸에 소름이 끼칩니다. 화禍가 지친至親 사이에서 일어났으니 전하의 타고난 지극한 우애에 있어 걱정하고 슬퍼하고 통박痛迫스럽기가 의당 지극할 것입니다. 따라서 은혜로움과 의로움을 모두 극진히 하는 일(恩義兼盡)은 반드시 이미 헤아려 정하고 계실 것이니, 이에 관해서는 신이 감히 말하지 않겠습니다. 또 그 도당들 가운데 역적을 모의한 정상이 현저히 드러난 자는 당연히 율律에 의거 처치해야 하니, 무슨 따로 논할 것이 있겠습니까.

단지 염려되는 것은 곤강崑崗에 불이 나서 옥석玉石이 함께 타듯이 큰 옥사를 다스리는 사이에 억울하게 죽는 사람이 반드시 많게 될 수 있다는 것입니다. 죄명이 매우 중대하기 때문에 추국하는 일도 매우 엄하기 마련인데 연체連逮된 사람을 이름에 따라 추국하여 의논하는 즈음에 간혹 죄상이 그렇게 명백하지 않은 사람이 있어 추관推官이 마음속으로 의심하고는 있지만 반드시 그렇다는 것을 분명히 알 수 없기 때문에 또한 감히 갑자기 평반平反하지 못하게 되는 것입니다. 만일 위에서 죄에 따라 실정을 추구하고 실정에 따라 죄를 의논하여, 상격常格을 벗어나서 조처하지 않는다면 죄 없는 사람이 형옥에 빠지는 것을 면할 수 없게 됩니다. 형옥이 한 번 가하여지면 끝내 살아날 수 있는 이치가 없으니 어찌 측은하지 않겠습니까.

전하께서는 잠저潛邸에 있을 때부터 어진 마음과 어질다는 소문이 원근에 전파되어 있으므로 원근의 백성들이 전하의 사람을 사랑하고 살리기 좋아하는 덕을 우러른지 오래입니다. 이번 사복嗣服하는 처음을 당하여 행여 필부필부匹夫匹婦가 부당하게 죄에 걸리는 일이 있을까 하여 감히 이렇게 아룁니다."[163]

이 상소는 이원익이 임해군이나 영창대군 같은 골육지친의 잘못을 다스릴 때 "오직 은혜를 온전케 해야 한다"는 '전은론全恩論'을 주창했다는 근거가 되는 상소다. 『연려실기술』에서 "이원익이 상소하여 사직하겠다고 하면서 말하기를, '신은 이미 은혜를 온전히 하시라는 말씀全恩之說을 올렸으니, 다시 법을 엄히 적용하시라는 말씀執法之說을 드릴 수 없습니다'라고 하였다"[164]라고 설명했으며, 이원익 스스로도 4년 뒤에 올린 차자에서 "근래 또 듣건대, 조정의 논의가 조사대질했던 일을 가지고 대신의 불충을 논하고, 은혜를 온전히 해주어야 한다는 주장으로 역적을 놓아주고 임금을 위태롭게 했다고 논한다는데, 조사 대질했던 날에는 신이 수상의 자리에 있었으며, 은혜를 온전히 해주어야 한다는 설은 신이 실로 맨 처음 발론한 것입니다. 불충하고 임금을 위태롭게 하는 것은 신하의 극죄이니, 참으로 황송하고 두려워 죽고자 해도 되지 않습니다"라고 말하고 있다. 그러나 이원익의 본래 상소에서는 전은론이 아니라 '은의겸진론恩義兼盡論'이 나타나 있고, 한편으로 공연히 연루되어 죄 없이 피해를 보는 사람이 없게 할 것을 주문하고 있음이 분명하다. 인仁과 의義, 차마 엄하게 하지 못하는 마음과 잘못을 미워하여 엄히 다스리려는 마음이 충돌하는 경우에 어떻게 해야 할 것인가는 유가의 오랜 고민거리였다.

경전적 전거를 봐도 "우리나라에서는 아버지가 자식을 숨겨주고, 자식이 아버지를 숨겨주는 일을 올바르다고 여긴다"는 공자의 말이나 "순임금의 아버지 고수가 대죄를 지었다면, 순임금은 분명 왕위를 버리고 아버지를 들쳐업고 산속으로 피하여 평생 세상에 나가지 않았을 것이다"라는 맹자의 말처럼 원리원칙대로 죄인을 처벌하기보다 인간 본연의 정을 중시해야 한다는 해답이 있는가 하면, 주나라 초기에 나라를 반석 위에 올린 주공周公이 반역한 친형제 관숙과 채숙을 처형하여 공과 사를 엄격히 구분해야 한다는 본보기를 보인 사례도 있다.

이원익은 오직 인을 따르면 기강이 무너지고 충성의 덕목과 임금의 안위가 위태로워질 것이며, 오직 의를 따르면 골육지친의 인정이 끊어져서 살벌하고 무도한 정치가 비롯될 것임을 우려했다. 그래서 "은과 의를 모두 극진히 할 것"을 주장했던 것이다. 구체적으로는 임해군의 역모죄를 처벌하되 목숨까지 끊지는 말아야 한다는 말이었다. 이원익의 그런 원칙은 나중에 영창대군 등을 처리할 때도 마찬가지로 주장했을 뿐 아니라, 인조반정이 일어난 다음 광해군과 폐세자 이질의 처분을 두고도 똑같이 제기했다. 비정한 정치판에서 반드시 지켜야 할 공적 원칙을 지키면서 최대한 인간다움을 지키려 했던 그의 고민이 '은의겸진'이라는 네 글자에 깃들어 있는 것이다. 이원익 자신이 나중에 스스로 전은론을 주장했다고 밝힌 점은,

'내가 의도 극진히 해야 한다고 했지만 은혜를 극진히 해야 한다고 했고, 그것은 충의 덕과 임금의 안위를 위협하는 측면이 있으니, 내 책임을 묻는다면 할 수 없다"는 소회라고 보아야 할 것이다.

그러나 이런 은의겸진론은 비판적인 입장에서는 전은론으로만, 오로지 '역적을, 아니 자기네 패거리를' 무조건 두호하려는 입장으로만 풀이되었다. 1608년(광해군 즉위년) 7월 7일 정인홍이 분노에 차서 올린 상소에서도 그랬다.

"역적의 괴수 이진(임해군)이 반역을 도모하여 부도不道의 죄를 지었으니, 천토天討가 마땅히 내려져야 할 것이며 왕법王法이 용서할 수 없는 것입니다. 그러므로 신료의 입장에서는 오직 그를 주벌할 수 있고, 다른 의논을 용납할 수도 제기할 수도 없는 것입니다. 그런데 어찌 은혜를 온전히 해야 한다는 말이 갑자기 나온단 말입니까. 이로 인해 뭇사람들이 의혹하고, 국론이 둘 셋으로 나뉘어 장차 차마 말할 수 없는 것이 있게 되었으니, 어찌 인심人心과 세도勢道의 망극함이 이 지경에 이를 줄이야 생각이나 하였겠습니까. 신은 삼가 생각건대, 은혜를 온전히 해야 한다는 말이 역모의 진상이 아직 밝혀지지 않고 옥사獄事의 형세가 아직 성립되지 않았을 때 나왔다면, 진실로 임금의 미덕을 빼앗아서 은혜가 자기에게 돌아오도록 한 것이 되며, 역모의 형적이 이미 갖추어져 그 실정이 모두 파악된 뒤에 나왔다면, 이 두 글자(全恩)는 또한 마땅히 신하의 입에서 나와서는 안 됩니다. 다만 입에서 나오지 않아야 할 뿐만 아니라, 어찌 털끝만큼이라도 그 마음에 생각해서야 되겠습니까. 옛날 사람은 이웃나라의 역신逆臣에 대해서도 토벌하자고 주청하여 그만두지 않았습니다. 더구나 역적이 지극히 가까운 곳에 있어 조석 간에 사단이 나게 생겼다가, 하늘이 그 일을 망가뜨려 그 괴수가 사로잡히고 도당들이 실정을 자백한 것이 불 보듯이 빤한데, 은혜를 온전히 해야 한다 하고, 임해가 모역한 일은 없고 난언亂言만 하였다고 하는 사람은 유독 무슨 마음입니까. 신하로서 국가를 위하여 역적을 토벌하는 의리가 과연 이와 같은 것입니까."[165]

그리고 그것은 뒤집어 보면 '임금의 친형제의 처벌 문제'를 오직 의義의 관점에서만 바라본다는 뜻이었다. 정인홍은 남명 조식이 아끼는 제자였고, 의를 특히 강조했던 남명의 가르침을 뼛속까지 새긴 사람이었다. 그런 이념에 당파성이 더해지면서 그는 외곬수로 빠져들었던 것이다. 이원익과 정인홍은 모두 왜란 때 서로 가까운 곳(성주 일대)에서 각각 도체찰사와 의병장으로서 열심히 싸웠으며, 일본과의 화친에 부정적이었다. 그리고 상황을 이리저리 따지지 않고 옳다고 생각하는 일을 바로 행동에 옮기는 점에서도 비슷했다. 그러나 이를 계기로 두 사람은 물과 기름 같은 사이가 되고 만다. 계축옥사 이후, 정인홍이 앞장서서 광해군 집권 전반기에 예우를 다했던 이원익, 이덕형, 이항복 등을 격하하고 배척할 수 있었던 근거도 그들이 '불충, 불의하다'는 것이었다. 임금의 자리를 위협한다면(그 '위협'의 실체성은 과장되거나 조작된 것이 많았지만), 왕의 친형제가 되었든, 양어머니가 되었든 가차 없이 처단해야 하며, 거기에 대고 인仁을 논한다면 그 역시 불충, 불의한 자로서 처단해야 마땅하다!

뒤에 인조반정이 일어나 광해군이 쫓겨나고 정인홍은 아흔을 바라보는 나이에 시장 바닥에서 몸이 찢겨 처참히 처형되었으며, 이원익은 다시 영의정이 된 뒤 어느 날 정인홍을 추억하면서 "나는 차라리 소인이 되고 싶다"고 말했다고 한다.

상국 이원익은 일찍이 한 원로 재상에게 말하였다. "실없는 이야기지만 공도 또한 마음을 바꾸어 한번 소인이 되어볼 생각은 없습니까?" 원로 재상이 답하였다. "내가 비록 후세에 이름을 전하고 있는 옛사람에 미칠 수는 없다 해도 항상 옛사람으로 스승을 삼고 있는데, 어찌 만년에 소인이 되려는 생각을 가질 수 있겠소?"

이원익은 또 말을 이었다. "그렇지 않습니다. 정인홍은 본디 굳세고 엄정한 사람으로 세상에 그 짝이 드물다고 하지 않았습니까. 그가 그렇게 이름이 났을 때에야 누군들 그가 폐모론에 참견하리라고 생각하였으리까? 그가 나이 늙고 뜻이 쇠하게 되자 벗들은 밖에서 흔들고, 자손들은 안에서 부추겨 마침내 대비의 폐위를 청하는 상소를 드리게까지 되었습니다. 그리하여 아흔 살에 결국 네거리 바닥에서 극형을 당했으니 남의 일로만 생각되지 않습니다. 나는 항상 마음이 잘못되어 여생을 옳게 살지 못할까 하는 걱정이 풀리지 않습니다." 영의정을 지낸 백강白江 이경여李敬輿는 일찍이 이공의 말을 듣고 이렇게 말하였다. "이원익의 자기 수양이 늙어서 오히려 더욱 엄밀하니 그가 만년을 잘 마치리라."[166]

소인이 되고 싶다니, 이 일화를 잘못 해석하면 "이원익은 자기 한 몸 오래오래 편안히 살기 위해, 옳은 것을 옳다고 하기 겁내는 사람이었나 보다. 정말 소인배였군!" 하며 혀를 끌끌 찰지도 모른다. 그러나 '소인이다'와 '소인이 되고 싶다'는 다른 이야기다. 군자는 어떤 사람인가? 오직 의義를 추구하며, 의가 아니면 목에 칼이 들어와도 꼼짝도 않는 사람이다. 그러나 사람이 너무 의만 생각하다 보면 인仁을 잊어버릴 수도 있는 것이다. 차가운 이념만 믿으며 사람의 인지상정을, 나아가 목숨까지 가볍게 여기는 광란자가 되어버리는 것이다. 그렇게 살벌한 세상에서는 사람이 살지 못한다. 그래서 역설적으로 올바른 삶보다 삶 그 자체에 연연하고, 지고한 이상보다 작은 행복에 만족하는 '인간다운' 소인의 마음을 때로는 돌아볼 필요가 있는 것이다! 이것이야말로 광해군 시대 내내 이어졌던 '인이냐 의냐'라는 화두에 이원익이 내놓은 '은의겸진'이라는 해답이었다. 만약 광해군이 이 해답을 경청하고 실천하려 했다면 과연 인조반정이 있었을까?

마침내 조선 최고의 개혁에 착수하다
——대동법大同法의 시작

답답함을 사직 상소 쓰기와 그 속에 임금께 올릴 충심의 조언 담기로 풀고 있던 영의정 이원익. 그래도 그가 한동안 정말로 작심하고 정승에서 물러나지 않았던 것은(아무리 사직서가 반려된들, 두문불출하고 출사하지 않으면 왕으로서도 어쩔 수가 없었을 것이다. 이원익도 결국 그렇게 함으로써 체직된다. 하지만 한동안은 사직서는 써도 출사는 빠지지 않았다), 시대가 급히 원하고 있던 제도 개혁을 주도할 책임감 때문이었을지 모른다.

임진왜란의 후유증은 10년이 넘도록 가라앉지 않고 있었다. 호조판서 황신은 1611년(광해군 3년)에 국가의 세입이 왜란 이전의 십분의 이, 삼에도 미치지 못하는데, 지출은 예전 규모에 육박한다고 보고했다.[167] 또한 삼남 지역의 전결 수는 왜란 이전의 113만 결에서 1603년(선조 36년)의 양전量田 기준으로 29만결로 격감해 있었다. 전쟁 통에 논밭이 불타고 메워지고 한 점도 있지만, 토지 문서가 유실되면서 국가가 파악할 수 있는 전결이 얼마 남지 않았던 것이다. 이러니 백성의 살림과 나라의 살림이 모두 말이 아닐 수밖에 없었다. 이를 극복하기 위한 여러 개혁 조치가 선조 말년에 추진되었으나, 쉽지 않은 일이 정치적 갈등과 맞물려 결국 시원하게

대동법시행비(평택시 소사동 소재).

광해군 초반 이원익이 가장 비중을 둔 것은 세제 개혁이었다.
이원익은 백성의 공납 부담을 최소화하기 위해 대동법 추진을 주장했다.
1608년(광해군 즉위년) 5월 7일, 기득권 세력의 결사반대에도 불구하고 먼저 경기도에서
'조선 최고의 개혁'으로 일컬어지게 될 선혜법(대동법)이 처음 실시 됐다.

해결을 본 경우는 없었다. 따라서 새 정권은 백성의 기대에 부응하여 개혁을 실현해야 하며, 그 개혁의 주제는 이원익이 평생 보듬어 왔던 신념대로 '민생의 안정과 국가의 안녕은 서로 다르지 않으며, 민생 안정을 가장 근본으로 삼고 일을 추진하면 나머지는 대부분 해결된다'여야 했다.

광해군 초기에 실행된 민생 개혁으로 민간에서 국용의 말을 징발하는 제도를 덜 부담이 되게끔 쇄마제刷馬制에서 고마제雇馬制로 바꾼 것, 『동의보감』을 완성하고 간행하여 민간에서 자체적으로 전염병 등과 싸울 수 있게 도운 것 등이 있으나, 그중 가장 중대하고 후대에까지 가장 큰 영향을 끼친 것은 바로 대동법 개혁이라고 할 수 있다.

당시 국가가 요구하는 부담 중에서 백성들이 가장 힘들어하는 것은 공납이었다. 공납이란 옛날 동양의 전통적 세금 체제인 전세租, 요역庸, 공납調 중 하나로, 전세는 보유한 토지의 수확량에 비례해 내는 세금, 요역은 병역이나 공공 건설 등에서 노동력을 제공하는 것, 공납은 각 지역의 특산물을 바치는 것이었다. 그러나 공납은 매우 불합리하고 불공정한 세금 제도였다. 먼저 재산의 정도에 관계없이 무조건 집집마다 부과했으므로 형평성이 떨어졌고, 한 번 정한 특산물의 명목은 시대가 바뀌고 기후가 달라져도 그대로인 경우가 많아서 '모래밭에서 사슴을 잡아 바쳐야 하는' 경우마저 있었다. 그리고 화폐와 달리 쉽게 썩고 변질되는 특산물은 운반하는 도중에 이미 바칠 수 없게 되어버리는 수가 많았다. 그래서 한양 주변의 상인들이 할당된 특산물을 대신 구해서 납부하고는 대가로 돈이나 쌀을 받았는데, 그 과정에서 폭리를 취하고는 했으니 공납 제도야말로 조선 중기 백성들의 가장 힘든 부담이었다.[168]

사실 옛날 '삼종의 세제'가 수립될 당시에는 물자가 널리 유통되지 않던 상태에서 지역별로 독특한 특산물을 중앙으로 모아 왕의 위신을 세우고 유통도 촉진한다는 의미가 있었을 것이다. 그러나 이미 근세로 접어든 당시의 조선에서 굳이 현지의 물품을 직접 받을 필요가 있었을까? 물론 제주도의 감귤처럼 특수한 지역에서밖에 구할 수 없는 것도 있었지만 그것은 진상進上으로 충당되고 있었고, 어차피 현실적으로 '현지 직송'이 제대로 되지 않아서 방납이 성행할 바에야 국가가 공납에 해당하는 만큼 세를 쌀이나 화폐로 받고, 그 자금으로 한양 주변의 상인들에게서 필요한 물품을 구입하는 편이 더 합리적이었다.

그래서 이미 전부터 그런 식으로 개혁하자는 목소리가 간간히 있었으니, 중종 때 조광조가 공안을 개정하여 쌀로 납부하는 방식을 제안했으며, 선조 때에는 이이가 여러 개혁안의 하나로 '특산물의 가치에 상당하는 쌀을 내도록 해서 그것으로 필요한 물품을 구입하자'는 대공수미법을 주장했다. 당시 일부 근실한 지방관들은 지역민들의 고충을 딱하게 여겨 담당 지역 차원에서 쌀이나 면포를 받고 그것으로 공납품을 구입해 중앙에 내는 '사대동私大同'을 시행하는 경우가 있었으며, 이이는 그것을 전국적 차원에서 시행하자는 것이었다. 또 그 직후, 당시의 영의정 이준경이 공납의 폐단을 줄이기 위한 정공도감正貢都監을 설치하는 것을 검토했다. 조광조, 이이, 이준경은 모두 개혁을 중시한 사대부 관료들이었고, 사적으로는 이원익과 이런 저런 연결 고리가 있던 사람들이었으니, 이원익이 대동법의 선구자가 된 것도 이상할 것이 없었다.

대동법이 본격적으로 성립을 보기 전에 논의만이 아니라 실제로 쌀로 공물을 변통하도록 한 장본인은 임진왜란 도중의 유성룡이었다. 전쟁의 상황상 당장 군량미 내지 급료로 쓸 수 있는 쌀을 최대한 확보할 필요가 있었고, 공물을 거두고 운송하는 경로가 엉망이 되었으므로 어느 정도는 피치 못해 시행한 임시의 대공수미법代貢收米法이었다. 그러나 좌의정 김응남을 비롯하여 그것이 "오히려 백성에게 불편하다"며 반대하는 주장이 거듭 제기되었고, 이를 두고 유성룡은 "세금 부담이 늘어난 호족들과 이권을 잃은 방납 업자, 지방에서 재물을 변통할 방법이 줄어든 지방관들의 농간일 뿐"이라고 반박했으나 결국 종전의 공납 제도로 복귀하는 일을 막을 수는 없었다.

대공수미법에 대한 반론이 반드시 기득권 수호 차원에서 나온 것은 아니었다. 왜란 도중에는 중앙에서뿐 아니라 지방에서도 당장 쌀이 필요하고 또 부족했으므로 중앙에 내는 전세곡 말고 또 방물 대신에 쌀을 올려보내기란 어려움이 있었다. 또 물건의 유통이 어려워서 막상 중앙에서 쌀을 받아도 그것으로 시장에서 필요한 현물을 구입하기 힘들었다.

전란이 끝난 뒤에도 대량의 쌀을 배편으로 나르다가 전복될 위험, 쌀을 한 곳에 많이 쌓아두었다가 화재 등으로 유실될 위험, 평소에 지방 관아에서 쓰던 물자를 쓰지 못하게 된 지방관들이 편법으로 백성들에게 별세를 거둘 가능성 등의 현실적 문제점이 거론되었으며, 무엇보다 지역별로 다른 토지의 상태나 수량을 볼 때 '1결당 몇 두'라는 일률적인 세율을 매기기 어렵다는 점이 걸림돌이었다. 평안도나 황해도처럼 사신이 왕래하는 지역에서는 원래 별도 부담이 큰데, 이들도 일률적으로 내도록 할 것이냐는 문제 제기도 있었다. 그래서 사실 일시에 전국적으로 대동법을 실시하기란 무리가 있었고, 일정 지역에서 시험적으로 우선 실시해 보는 것이 바람직했다.

1608년(광해군 즉위년) 5월 7일, 영의정 이원익은 바로 그런 개혁안을 받들고 임금 앞에 엎드렸다.

선혜청宣惠廳을 설치하였다.

전에 영의정 이원익이 의논하기를 "각 고을에서 진상하는 공물이 각사各司

의 방납인들에 의해 중간에서 막혀, 물건 하나의 가격이 몇 배 또는 몇 십 배, 몇 백 배가 되어 그 폐단이 이미 고질화되었는데, 기전畿甸의 경우는 더욱 심합니다. 그러니 지금 마땅히 별도로 하나의 청廳을 설치하여 매년 봄 가을에 백성들에게서 쌀을 거두되, 1결당 매번 8두씩 거두어 본청에 보내면 본청에서는 당시의 물가를 보아 가격을 넉넉하게 헤아려 정해 거두어들인 쌀로 방납인에게 주어 필요한 때에 사들이도록 하는 게 좋겠습니다. 이렇게 함으로써 일부의 사람들이 간사한 꾀를 써 물가가 뛰게 하는 길을 끊으셔야 합니다. 그리고 두 차례에 거두는 16두 가운데 매번 1두씩을 감하여 해당 고을에 주어 수령의 공사 비용으로 삼게 하고, 또한 일로一路 곁의 고을은 사객使客이 많으니 덧붙인 수를 감하고 줌으로써 1년에 두 번 쌀을 거두는 외에는 백성들에게서 한 되라도 더 거두는 것을 허락하지 마소서. 오직 산릉山陵과 조사詔使의 일에는 이러한 제한에 구애되지 말고 한결같이 시행하도록 하소서" 하니, 따랐다.

그런데 전교 가운데에 '선혜宣惠'라는 말이 있었기 때문에 이 청의 명칭을 삼은 것이다. 의정을 도제조都提調로 삼고, 호조판서가 부제조를 겸하도록 하였으며, 낭청 2원員을 두었다.

이 뒤로도 수령이 못된 자일 경우 정해진 법밖에 더 거두어도 금할 수 없었고, 혹은 연호烟戶를 침탈하기도 해서 법으로 정한 뜻을 다 행할 수는 없었다. 그러나 기전의 전결에 대한 역役은 이에 힘입어 조금 나아졌다."[169]

그리하여 '조선 최고의 개혁'으로 일컬어지게 될 선혜법(대동법)이 처음 실시된다. 대상은 경기 일원에 한정되고, 임시 실행이라는 꼬리표가 붙어 있었다. 이원익은 예전의 대공수미 개혁 논의와 그 문제점을 숙고한 다음에 이 개혁안을 마련했다. 즉 유성룡의 시대에 호조에서 대공수미를 담당하다 보니 일의 전문성이 떨어지고 '민생의 안정과 나라 살림의 안정을 동시에 꾀한다'는 목표 의식이 부족한 나머지 작은 폐단도 견디기 어려워했던 것을 감안해, 스승 이준경이 정공도감을 설치하려 했던 일을 본받아 별도 전담 기구인 선혜청을 설치했다. 그리고 이 직전에 호조참의 한백겸韓百謙이 상소하여 유성룡의 수미법이 갖고 있었던 여러 약점들(운송 비용의 과다함, 해당 관청들의 강압적인 접근, 방납 업자와 지방 수령들의 반발 등등)을 지적한 내용을 면밀히 살피고, 이를 극복하려고 애썼다. 유성룡 때 1결 2두였던 것이 16두로 크게 늘어난 것이 그 결과로, 이로써 방납인에게 후히 보상하고 지방 관아의 쓰임에 충당토록 한 것이다.

하지만 역시 이런저런 폐단과 시행착오가 잇따랐고, 기득권자들은 이를 빌미로 선혜법의 폐지를 주장했다. 그래서 그로부터 1년이 채 안 지난 시점에서, 조정에서는 이를 계속 시행할 것이냐를 두고 조정 중신들의 주장이 엇갈렸다.

선혜청이 아뢰기를 "선혜청이 쌀을 거두는 일을 대신에게 수의收議하였더니, 영의정 이원익은 의논 드리기를 '법이 오래되면 폐단이 생기니 폐단이 극에 달하면 반드시 변통하는 거조가 있어야 합니다. 폐단이 극심한데도 변통하지 않으면 도탄에 빠진 백성들이 구제될 수 있는 때가 없습니다. 성상께서 즉위하신 처음에 맨 먼저 백성을 근심하는 전교를 내리시니, 백성들은 모두 목을 빼고 바라기를 큰 가뭄에 비를 바라듯이 하였습니다. 이를테면 방납 등의 일이 오늘날의 극심한 폐단이 되었으므로 변통해서 백성의 고통을 조금이나마 제거하고 덕의德意가 선포되기를 바라고 있었으나 또 사세에 구애될까 염려하여 감히 결단해 행하지 못하고 우선 기전畿甸에 시험할 내용으로 사목을 만들어 계청啓請해서 윤허를 받았습니다. 모든 민간의 각종 공역貢役

을 모두 1년을 기한으로 정하여 1년의 공역의 대가를 선혜청이 그 거둔 쌀로 계산해 준 것이 자못 많고 또한 아직 주지 않은 곳도 있는데, 지금 만약 단지 반년만 시험해 보고 곧장 정파停罷할 경우 민간의 응역應役에 한계가 분명하지 않아 각사各司의 모리배가 혼동해서 징책徵責할 것이니 이루 말할 수 없는 피해가 있을 것입니다. 그러니 반드시 1년 동안 계속 시행해서 마감한 뒤에야 바야흐로 민간의 이병利病의 대략을 알 수 있을 것입니다.'
(······) 전교하기를 "의논대로 하되, 가을까지 한시적으로 시험 삼아 시행하라."[170]

선혜청이 수렴한 중신들의 의견에 따르면 대동법 발의의 장본인인 이원익은 여러 폐단이 보고되고는 있으나 일단 1년 동안이라도 계속 시행해서 시행착오를 고쳐나가면 되는 것이며, 만약 이제 그만둔다면 시작하지 않은 것만 못한 셈이 되리라는 의견이었다. 판중추 윤승훈과 청평부원군 한응인도 그에 동의했다.

그러나 우의정 심희수는 "쌀로 거두는 일은 실로 민폐를 개혁해서 불에 타고 물에 빠진 듯한 백성을 구제하려는 본의에서 나온 것이지만, 먼저 경기에 시행해 본 결과 이미 하나하나 문제가 있어 도리어 불편해졌으니 걱정입니다. 방납하는 간사한 소인의 무리들이 고의로 교란시키는 점도 있으나, 그밖에 식견 있는 이들의 공명한 의논도 모두 끝내 시행할 수 없을 것으로 보고 있으니, 지금 당장 폐지해도 불가할 것이 없습니다"라고 강한 비관론을 내놓았다. 다만 지금 당장 폐지한다면 정책에 두서가 없다는 인상을 줄 수 있으니 가을까지만 시행하자고 했으며, 광해군은 그 주장에 동의했다. 이렇게 시작하자마자 위태로워진 대동법은 이로써 혜택을 입은 백성들의 '폐지 반대 시위' 덕분에 명맥을 잇게 되었다.

"난리 후 남은 백성이 열에 두셋밖에 되지 않는데, 온갖 비용을 모두 민결民結에 책임지우므로 그 참혹함이 이때보다 더 극심한 적이 없고 그 침탈 또한 이때보다 더 극심한 적이 없습니다. 그러므로 신음하는 백성의 목숨이 끓는 가마솥에 든 것 같더니, 지금 다행하게도 행운을 만나 대동 선혜大同宣惠를 건의함으로써 우리 백성이 넓고 큰 은혜를 입어 병들고 지친 자가 모두 일어나 춤추며 소생을 기대하였습니다. 그런데 좋은 법과 아름다운 뜻이 유종의 미를 거두지 못한 채 시행한 지 한 해도 못 되어 성급히 혁파의 의논이 일어났습니다. 대동은 백성이 좋아하는 법이요, 혁파는 백성이 싫어하는 일이니, 1년 동안 경영하여 백성을 이롭게 한 좋은 법을 의견을 물어보지도 않은 채 하루아침의 모의로 이를 다시 고치고자 하니, 사민들은 그 원통함이 하늘에 사무쳐 끝이 없습니다……"[171]

1609년(광해군 1년) 4월 27일에 김상용이 명나라 사신을 영접하려 벽제로 나갔을 때, 경기도의 백성 263명이 연명하여 이와 같은 호소문을 바치고 말 머리를 에워싼 채 간절히 호소했다는 것이다. 결국 대동법, 정확하게는 경기선혜법京畿宣惠法은 유지되었으나 광해군은 이를 전국으로 확대하자는 제의를 번번이 묵살했다.

야사에는 대동법으로 이익이 줄어든 호족들이 광해군에게 영향력이 컸던 '개시' 김상궁에게 뇌물을 주고, 그녀의 사주를 받은 광해군이 대동법에 내내 비판적인 태도를 가졌다고 한다. 어쨌든 오늘날 광해군을 재평가하며 '세종 못지 않은 성군이었다'는 이야기까지 나오는 까닭은 중립 외교와 함께 이 대동법에 있다.

대동법의 효용성이 얼마나 컸던가는 이원익과 적대적이라고 할 수 있는 대북파의 핵심인 허균이 이렇게 찬탄하며 남긴 글에서도 알 수 있다.

> 근래에 오리 정승(이원익)이 선혜청을 설치하고 먼저 경기에 시행하였는데 경기의 백성들이 매우 편하게 여긴다. 그래서 산릉山陵을 세우는 일과 두 차례의 조사 접빈을 치렀는데도 백성들이 큰 요역인 줄을 모르니 그 효과가 이미 나타나고 있는 것이다. 아, 어떻게 하면 팔도八道를 다 이렇게 만들 수 있을까.[172]

당시 이원익은 대동법을 추진하는 한편 면세전의 확대를 방지하고, 부역을 공평하게 하는 제도를 시행하며, 굶주리는 백성을 위한 환곡 모곡耗穀의 회수책 등을 마련하는 등 왜란의 상처에 허덕이는 민생과 국가 재정을 모두 추스르려고 있는 힘을 다하였다.

갈수록 짙어지는 음험한 기운

이원익은 제도 개혁에 힘쓸 뿐만이 아니라 제도를 운용할 사람을 제대로 갖추는 개혁도 절실히 필요하다고 보았다. 그래서 점점 당쟁으로 험악해져 가는 조정을 개혁하고자 초야에 묻혀 있던 인재들을 초빙하는 일과, 임금이 솔선하여 당쟁을 억제하고 조제보합의 '탕평' 인사를 하는 일을 건의했다.

> 전하께서 보위에 오르신 초기에 무엇보다 어진 이를 구한다는 전교를 내리시고, 우선 두 세 사람을 뽑아 대간과 시종의 자리에 두셨으니, 치정의 요령을 얻은 것입니다. 하지만 이밖에도 재신宰臣과 조사朝士로서 벼슬을 내놓고 시골에 물러가 있는 자들과 순유醇儒와 선사善士로서 초야에서 지조를 지키는 자들이 많이 있습니다. 여러 대신들로 하여금 각각 사람을 추천하게 하여,

그들을 불러 시험해 쓰되 각자의 재주를 마음껏 발휘하게 하소서. 만일 그들을 쓰되 그 재주를 다하지 못하게 한다면 역시 문식에 불과할 뿐입니다. 그리고 벼슬을 내놓고 물러간 자들과 스스로 지조를 지키는 자들은 다만 시골에서만 구할 것이 아니라, 마땅히 조정의 주변에서 구해야 합니다. (……)

위에서 분부하여 전조銓曹가 당론을 타파하고 사람을 쓰도록 하셨으니, 지극한 처사라 하겠습니다. 인재는 한정되어 있고 논의는 갈래가 많아 사분오열로 서로 보합되지 않으니, 당을 깨어버리고 인재를 수용하는 일이 참으로 급선무입니다. 그러나 고르기를 정밀하게 하지 않아 어지럽게 섞인 채로 진출시키면 끝내는 싸움의 실마리를 주게 되고, 보합은 불가능할 것입니다. 논의가 서로 다른 것을 염두에 두지 말고 공평무사한 마음을 가진 사람을 얻어 쓰면 처음에는 비록 서로 부딪칠 걱정이 있으되 마지막에는 반드시 화합하는 미덕이 있을 것입니다. 삿된 것이 이겨서 편벽될 경우에는 논의가 서로 같을지라도 어찌 오래 화합할 수가 있겠습니까? 옛 선비가 말하기를, '공도公道로 하면 하나로 뭉치고, 사도私道로 하면 만 갈래로 갈라진다'고 하였습니다. 공도를 펴 조정을 화목하게 하는 일은 오직 전하께 달려 있을 따름이며, 조정이 화목해지면 모든 일이 잘 이루어질 것입니다.[173]

조정의 붕당 조짐이 30년 전에 일어났는데, 근래에는 그 풍습이 더욱 고질이 되어 인물의 현부賢否는 분변하지 않고 자기 당이면 취하고 그렇지 않을 경우 버리며, 논의의 시비는 따지지 않고 자기 당이면 가하다 하고 그렇지 않을 경우 불가하다 하므로 현우와 시비가 뒤섞이고 있습니다. 한 사람을 진용進用하면 그 진용된 자가 어진 사람이더라도 반드시 '그 당이기 때문이다' 하고, 한 사람을 물리치면 그 물리침을 당한 자가 어리석은 사람이더라도 반드시 '그 당이 아니기 때문이다' 하며, 논의의 가부까지도 어느 쪽임을 가리켜 말하지 않는 경우가 없습니다. 온 나라의 경·사 대부가 한 사람도 당목黨目

가운데 들지 않은 자가 없어 피차가 서로 시기하고 각기 혐의를 가지기 때문에 일을 만나면 방황하며 담당하려 하지 않고 남의 일 보듯 하여 국사를 어찌할 수 없는 지경으로 빠뜨리니, 이를 생각하면 진실로 통탄스럽습니다.

임금이 한 시대의 다스림을 도모하자면 마땅히 한 시대의 사람을 등용해야 하니 어찌 당을 한다고 미워하여 다 몰아낼 수 있겠습니까. 성상께서 모두를 거두어 용납하는 데 뜻을 두신 것은 바로 천지와 더불어 그 도량을 한 가지로 하는 지공무사이시니 조정에 있는 신하 중에 어느 누가 감격하고 기뻐하지 않겠습니까. 그런데 현우를 따지지도 시비를 가리지도 않고, 한갓 같은 편이면 무조건 찬동하고 반대편이면 무조건 공격한다는 설로 할 말을 다하는 대간을 물리침으로써 진정의 방법을 삼으신다면, 진정시킬 수가 없어서 끝내 진정될 기약이 없을 것이니, 장차 어떻게 인재를 수습하여 함께 국사를 이룰 수 있겠습니까. 대개 같은 무리끼리는 서로 찾는 것이 자연의 이치입니다. 사대부도 사류士類로 자처하니 사류가 사류와 당을 하는 것입니다. 그 붕朋이 된 자 중에 더러 경박한 사람이 있기는 하나 사론士論이 널리 펴지는 것은 대체로 사류가 등용된 뒤에 국세國勢가 장대해지고 사론이 행해진 뒤에 국맥國脈이 장구해지는 데 달려 있으니, 가령 국가에서 사류와 사론을 항상 주主로 삼아서 피차를 구분하지 않고 재주에 따라 수용한다면 임금을 높이고 백성을 보호하는 데 도움되는 바가 있을 것이고, 오래도록 행한다면 혹 보합태화保合太和의 가망도 있을 것입니다.

신은 타고난 성품이 잔달고 막혀서 선조先朝 때부터 논한 바나 소견이 한결같이 이러했습니다. 일찍이 시류時流들을 당인이라고 나무라자 시류도 신을 당인이라고 헐뜯었으니, 신이 용납되지 못한 것이 어제오늘이 아닙니다. 지난 번에 재신 홍가신이 소를 올렸을 적에 신은 가신 같은 자가 바로 사류이고, 이런 소가 바로 사론이라고 생각했습니다. 그런데 그때 삼가 성상의 전교를 보건대 당론黨論이라고 가신을 책망하셨으니, 이로써 말하면 시류만이 신을 당인이라고 나무랐을 뿐만 아니라 성상께서도 당론이라고 신을 책망하신 것입니다. 대신으로 당론을 하고서 조정에 설 수 있겠습니까. 신은 병으로 거의 죽게 되어 세상에 대하여 생각을 끊은 지 오래입니다. 뿐더러 봉직奉職을 제대로 하지 못하여 비난하는 사람들의 말이 날마다 일어납니다. 형벌을 면할 수 없는 처지에 있는 몸으로 감히 다시 이런 말씀을 드리니 신의 죄가 만 번 죽어 마땅합니다.[174]

하지만 광해군은 이원익의 건의에 대해 원칙적으로 동감을 표시하면서도, 걸맞은 실천은 하지 않았다. 아니, 갈수록 자신을 전면적으로 지지하는 당파 쪽으로 기울어지는 모습을 보였다. 당시의 사관은 숨은 인재를 발굴하라는 이원익의 조언이 실행되지 않는 것을 애석해 하며 이렇게 논평했다.

사신은 논한다. 완평부원군 이원익은 어진 재상이었다. 일시의 사류들이 경앙하는 데 겨를이 없었을 뿐 아니라 비록 평소 미워하고 원망하던 자들도 탄복하지 않는 자가 없었다. 성상께서 왕위를 이은 처음에 영의정의 자리에 앉히니 흡족히 여기고 사림은 서로 축하하였으니, 이는 바로 크게 할 수 있는 시기였다. 원익이 상의 기휘를 저촉하는 말과 시대를 구원하는 계책을 차자를 올려 진달하였는데 이 계사의 내용은 그 가운데의 한 가지 일에 지나지 않는 것이었다. 그런데 한갓 형식적으로 처리하여 끝내 실용되지 않았다. 두어 달이 지났으나 대신으로 조용히 물러간 자와 스스로를 지킨 선비들을 천거했다는 말은 듣지 못한 반면 조정 위에는 뭇 음험한 기운이 어둡게 끼었으니, 차자 가운데의 말과는 크게 어긋나 버렸다. 애석함을 이루 금할 수 있겠는가.[175]

그런 '음험한 기운'은 임해군의 처단과 '회퇴변척소晦退辨斥訴' 사건으로 더욱 짙어지게 된다. 1608년 2월에 이원익 등의 건의에 따라 강화도에 유배된 임해군은 이이첨 등이 계속해서 "역적은 마땅히 죽음으로 다스려야 한다"며 추가 처벌을 제기하고 있었기에 처지가 딱했다. 그러다가 그해 6월에 명나라에서 광해군의 즉위를 두고 시비를 걸어옴에 따라 입장이 더욱 난처해졌다. 이에 앞서 광해군은 "임해군이 임금 자리를 양보했다"고 꾸며낸 이야기를 연경에 보내 트집을 봉쇄하려 했는데, 명나라에서 보낸 사신이 그 사실을 직접 확인하겠다며 임해군과의 대질을 요구했기 때문이다. 당황한 조정은 부랴부랴 임해군을 유배지에서 불러오고, 반드시 이렇게 저렇게 대답해야 한다고 단단히 언질을 주었다. 자신들이 죽이려던 사람의 입만 바라보고 있어야 하는 웃지 못할 모습이었다. 광해군과 대북파 등에게는 다행히도 임해군은 정해진 답변을 함으로써 명나라의 의심을 잠재웠으나(사신에게 막대한 은을 뇌물로 바친 점도 컸다), 이는 임해군을 살려두었다가는 또 무슨 일이 일어날지 모른다는 확신을 정권의 핵심인사들에게 심어주었다. 그리하여 다시금 그를 죽여야 한다는 논의가 벌떼처럼 일었는데(정인홍의 사주를 받은 지방 유생들의 상소도 계속 이어졌다), 분위기가 워낙 살벌한지라 이덕형, 이항복 등도 어쩌지 못하고 외면하는 가운데 오직 이원익만이 "절대로 죽여서는 안 된다"는 주장을 고집했다. 어떤 재상(아마도 이항복일 듯하다)이 "이 일은 그냥 눈을 감읍시다. 돌아가는 꼴을 보니 필시 장차 대비마마까지 위험해질 터인데, 이렇게 작은 일 때문에 목숨을 버리면 그 일은 누가 막는단 말이오?"라고 이원익을 타이르자 이원익은 "죄 없이 왕자를 죽이는 일이 작은 일이오? 나는 부당한 처분을 차마 따를 수 없소!"라고 대답했다고 한다.[176] 인자함보다는 의리를 강조하는 북인의 사상적 경향을 따름이었던지, 이원익과 절친했던 곽재우조차 상소를 올려 임해군을 반드시 처단하라고 주장하는 가운데[177] 이원익은 외롭고 고단했다.

이원익의 외고집이 통했는지 어쨌는지, 광해군은 공식적으로 임해군을 처단하라는 명령을 내리지는 않았다. 그러나 어차피 상관없었다. 1609년 4월 29일, 임해군은 유배지에서 살해당했다. 『실록』에 따르면 그를 지키던 이정표가 독약을 내밀었으나 임해군이 끝내 저항하며 마시지 않자, 끈으로 목을 졸라 죽였다고 한다. 후궁의 몸에서 태어났다고는 해도 왕의 맏아들이었다. 한때 왕좌를 꿈꿨던 사람이었다. 그가 다름 아닌 친동생의 뜻에 따라 쓰러져가는 유배소에서 돼지처럼 도살당했다. 물론 이보다 몇 배나 잔인한 일은 지난 전란기에 수없이 많이 있었다. 부모가 자식을, 남편이 아내를 죽여 잡아먹는 일도 있었다. 그러나 그것은 어쩔 수 없는 극한상황에서 비롯된 일이었다. 이제 전란은 끝났고, 임해군이 실제로 반역을 모의했는지는 몰라도 이제는 완전히 무력해진 상황에서, 다시 한을 품은 선혈이 청사靑史의 한 장을 불그죽죽하게 더럽히고 말았던 것이다. 이원익은 절망했다. 그때 이후로 그는 사실상 벼슬을 물리치고 조정에 나가지 않았다. 이항복, 이덕형, 심희수 등도 속이 불편하기란 마찬가지여서, 이미 즉위년 7월에 정승들이 아무도 출사하지 않아 원임 대신 이산해가 대신 정무를 보는 궁색한 모습이 펼쳐지기도 했다.[178] 출범한 지 얼마 안 되는 정권에 벌써부터 우스꽝스러움과 을씨년스러움이 감돌고 있었던 것이다.

정인홍은 이 과정에서 철저하게 "법대로 처단"을 주장했는데, 명나라 사신이 임해군을 면담하려 한다는 말에 "그 머리를 잘라다 보여주자"고 말했다고도 한다. 그런 그가 1610년(광해군 2년) 9월에는 '회퇴변척소'를 올림으로써 조야를 한바탕 소란스럽게 만들었다. 그 달에 김굉필金宏弼, 정여창鄭汝昌, 조광조, 이언적李彦迪, 이황의 '오현五賢'을 문묘에 종사하기로 결정되었는데, 이는 사림 집권 이래 수십 년 동안 제기되어 온 사림의 숙원

사업으로서 당파를 떠나 모두 경사스럽게 여기는 분위기였다. 그런데 여기에 찬물을 끼얹은 것이 바로 정인홍의 회퇴변척소, 다시 말해서 '회재(이언적)와 퇴계(이황)를 문묘에 종사해서는 안 된다는 상소'였던 것이다. 정인홍에 따르면 이언적과 이황은 일찍이 만악의 근원처럼 여겨졌던 윤원형이 조정에 있을 때 '구차스럽게' 벼슬살이를 했다. 반면 자신의 스승인 남명 조식은 내내 초야에 머물며 더러운 벼슬을 하지 않았는데, 남명은 빠지고 회재, 퇴계가 문묘에 들어간다니 이는 있을 수 없는 일이라는 것이었다. 이언적과 이황이 윤원형이 조정에 있을 당시 잠깐 벼슬을 한 것은 사실이다. 그러나 이윽고 바로 그 윤원형에 의해 탄압을 당하고 피해를 보았다. 따라서 굳이 축제 분위기를 깨면서 분란을 일으키느니 조식의 추가 종사를 위해 노력하는 게 나았을 것을, 그는 도무지 앞뒤를 가릴 줄 몰랐던 것이다. 더구나 이언적과 이황은 사림 전체의 추앙을 받고 있었으므로 그가 올린 상소의 파장은 컸다. 성균관 유생들이 집단 반발해 유생의 명부인 『청금록』에서 정인홍의 이름을 삭제해 버리는 일까지 벌어지게 된다.

그러자 광해군은 정인홍을 옹호하며 유생들을 잡아 가두라는 명령을 내렸다. 이것이 정인홍과 대북을 일방적으로 편드는 모습으로 비침으로써 광해군과 그의 조정에 대하여 서인과 남인, 유림 일반은 적대적인 자세를 갖게 되는 결과를 초래하고 말았다. 광해군은 한 발 더 나아가 정인홍이 선조의 승하 직전 올린 상소(인목대비는 '감히 후계자 문제로 환후 중인 임금을 협박했으니, 칼만 안 들었지 정인홍이 임금을 시해한 셈'이라고 역설하고 있었다) 문제에 대해서도 정인홍을 일방적으로 두둔했다.

"정인홍의 무신년 상소는 나 한 사람을 위한 것이 아니고 실로 종묘와 사직을 위하고 대의를 위하고 만세의 명분을 위하려는 데에서 나온 것이다. 내가 그 사이에 무슨 사사로운 은혜를 두었다고 요망한 무리들은 기어이 이것을 트집 잡고 늘어지며 모욕하고 조롱하는 구실을 삼아 마구 비난한단 말인가. 그런데도 사람들이 그를 이상하게 보지 않고 누구 하나 나서서 못하도록 규제하는 사람이 없으니, 군신 간의 의리가 이로부터 비로 땅을 쓴 듯이 없어져 버렸다. 그러니 내가 아무 말 없이 잠자코 있고자 한들 그게 될 일이겠는가. 이 뜻을 승정원은 알도록 하라."[179]

다시 작심하고 충언을 올렸으나……

이쯤 되자 이원익만이 아니라 이덕형, 이항복, 심희수 등도 툭하면 사직 상소를 써서 올리며, 좀처럼 출사하지 않고 있었다. 광해군의 조정에서 일을 본다는 사실 자체가 어느새 적어도 지방 유림들 사이에서는, 욕 먹을 일이 되어버렸던 것이다. 이원익의 그 숱한 사직 상소는 회퇴변척소가 나오기 몇 달 전인 1610년 1월에 비로소 수리되었다. 그 자리는 오랫동안 비어 있다가 9월에 가서야 이덕형에게 돌아갔다. 하지만 1611년 8월에는 이덕형을 다시 좌의정으로 물리고, 이항복을 우의정으로, 그리고 영의정에는 다시 한 번 이원익을 임명한다는 결정이 내려졌다. 처음 정부를 구성할 때의 진용을 재건한 셈인데, 이 세 원로들이 거듭거듭 벼슬을 사양해 왔으며 바야흐로 정인홍에게 영의정이 제수될 것이라는 소문이 파다하던 참이어서 이는 충격적 결정으로 받아들여졌다.

그러나 역시 사퇴하려는 이원익에게 사모와 이령耳領을 보내며 네 번째 영의정 자리를 맡아줄 것을 간곡히 부탁하던 광해군. 그는 왜 그랬을까? 그동안의 파행적 국정 운영을 반성하고 초심으로 돌아가려는 뜻으로?

임해군의 죽음과 회퇴변척소 이후 땅에 떨어진 정권의 평판을 회복하자는 생각에서? 아니면 앞으로도 영창대군과 인목대비를 포함해 여러 차례 옥사를 치러야 할 텐데, 그 명목상 사령탑에 이원익을 세워서 그의 '반정권적' 권위를 불식하는 한편 자신의 행동에 최소한의 정당성을 부여하고자?

어쨌든 이를 긍정적인 변화의 조짐으로 받아들였던지, 이원익은 10월 14일의 경연 자리에서 마음에 담고 있던 말을 작심하고 모두 쏟아내었다. 상소가 아니라 직접 임금을 마주보며 최고의 원로대신이 말로써 올리는 간언이었으니, 당시의 분위기는 자못 숙연했을 것이다. 이원익은 이미 64세로 늙고 병든 몸이었으나, 그의 자세는 꼿꼿했고, 언어는 또렷했다. 일찍이 새파란 하급 관리로서 명나라의 예부상서에게 직언할 때의, 평안 감사로서 총사령관 이여송에게 지도를 내밀 때의, 살기등등한 정응태의 군사들에게 둘러싸였을 때 앞길을 막지 말라며 그를 꾸짖을 때의, 자신을 점점 불신하고 있던 선조에게 간악한 자들을 멀리하라고 간언할 때의 자세와 조금도 다름없는 당당한 태도였다. 마침 경연의 주제는 은나라의 탕왕湯王이 하나라의 걸왕桀王을 정벌하고 새 왕조를 세운 이야기였다.

"백성이란 임금을 따르고 안 따르고를 임금이 자신들을 학대하느냐, 어루만지느냐에 따라 정합니다. 민심이 등을 돌리고 천명이 떠나서 백성이 앞다투어 어진 임금에게로 돌아감은 인력으로 어쩔 수 없는 자연의 이치인 것입니다."[180]

이원익은 어찌 보면 12년 뒤, 인조반정으로 천명이 바뀌고 광해군이 옛날 임해군이 갇혔던 강화도 교동에 갇히게 될 것을 내다보는 듯한 말로 간언을 시작했다. 그리고 상벌을 공정하게 할 것을 아뢴 다음, 이렇게 말을 이었다.

"임금의 마음은 온갖 변화의 근원이고, 임금의 마음을 닦는 일에는 경연보다 절실한 일이 없습니다. 옛 임금 때에는 상신과 시종들이 입궐하여 일을 품하고 치도를 논하는 일이 잦았는데, 지금은 그 법이 이미 폐지되어 임금께서 신하를 접하는 일은 다만 경연이 있을 뿐입니다. 그런데 즉위하신 이래로 경연을 여는 날이 드물며, 성상께서는 내내 대궐 안에만 계시니, 좌우전후에 함께 하시는 사람이 오로지 궁인宮人들 뿐입니다. 그들이 말하는 것은 모두 성상께서 듣고 싶어 하시는 것이요, 그들이 하는 일은 모두 성상을 즐겁게 하는 일이므로 성상의 마음은 날마다 안이해지고 있습니다. 어떻게 장차 뜻을 굳히고 정신을 발휘할 수 있겠습니까?"

그리고 선조 때에는 전쟁통에도 경연을 열 정도로 철저히 경연에 힘써 홍문관에서 숙직하는 관원들이 부모가 병에 걸렸어도 마음대로 나가지 못해 발만 구르고는 했다고 말하며 그만 눈물을 흘렸다. 자신이 청년관료 시절 하급 사관의 사정이 딱해 홍문관 숙직 순서를 바꿔 연속으로 근무했던, 그래서 '성인' 소리를 들었던 옛일을 떠올렸을 것이다. 그는 계속해서 최근 공사公事 처리가 지체되고 중요한 일도 오랫동안 결재가 나지 않은 채 미뤄지는 일이 많음을 지적했으며, 또 후궁에서 푸닥거리 등 잡스러운 행사가 자주 벌어짐을 우려했다.

그리고 형사刑事와 인사人事에서 공평함을 얻을 것, 소인을 물리치고 어진 사람을 기용할 것을 주문한 다음, 다시 임금과 신하의 소통 문제를 제기했다.

"임금이 신하를 자주 접견하면 뜻이 서로 통하니, 그 행동을 보고 그 말을 들으며 그 마음씀을 살핀 다음 승진시키거나, 강등시키거나 한다면 쓰인 자는 임금의 지우를 얻었다 여겨 맡은 일에 진력할 것이며, 물리쳐진 자도 두려움을 갖고 감히 멋대로 하지 못할 것입니다. 그런데 성상께서는 즉위하신 날부터 오늘까지 신하들을 접견하신 날이 많지 않으니, 신하에 대해 제대로 알지 못하실 것입니다. (……) 요즘은 청요직조차 전조銓曹가 바깥 의견에 따라 입계하니, 상께서는 그 사람을 잘 모른 채로 그저 낙점하거나 혹은 한두 가지 말이나 일이 거슬린다 하여 취사선택을 하시니, 이로써 곧은 사람은 날로 멀어지고 아첨하는 사람은 날로 조정을 채워가고 있습니다."

소통의 필요성은 언로를 개방하는 문제로도 이어졌다.

"국토는 매우 넓고 백성은 매우 많으니, 한 사람의 총명을 가지고 어찌 두루 듣고 볼 수 있겠습니까? 오직 민심을 북돋우고 언로를 활짝 열어놓은 다음에야 조정의 득실과 백성의 이해가 면류관 아래에 곧이곧대로 전해질 것이며, 아름다운 말이 묻혀 있지 않게 될 것입니다. 상께서 왕위를 계승하시고 초기에는 안으로는 사대부, 밖으로는 백성의 상소가 분분히 올려졌습니다. 그 가운에는 혹여 무지한 논의와 못된 생각을 품은 자들의 사리에 맞지 않은 말도 섞여 있었으나, 역시 새로운 정치를 펴는 시기에 온갖 생각이 빠지지 않고 베풀어지는 아름다움을 볼 수 있었습니다. 그러나 요즈음은 백성뿐 아니라 조정 관원들조차 입을 닫고 있으며, 잘못이 있어도 그것을 지적하는 사람을 찾을 수 없습니다. 상께서는 이를 두고 '태평성대로구나, 아무런 문제도 없구나' 여기실지 모르나, 신은 위태로운 화가 조석에 닥쳐있는데도 상께서 알지 못하실까 은근히 걱정됩니다. (……)
신하는 설령 그 몸에 과실이 있더라도 임금의 과실을 보면 바로잡으려 해야 하니, 이것은 실로 임금을 사랑하는 마음에서 나온 것입니다. 임금은 다만 간언을 따르고 허물을 고치면 됩니다. 간언을 따르고 허물을 고치면 임금을 사랑하는 마음을 가진 사람들이 앞을 다투어 계달하여 허물을 바로잡으시게 할 것이며, 필경 임금의 허물이 씻은 듯 사라지고 임금의 덕이 환하게 밝아지리니, 그 효과는 일찍이 허물을 저지르지 않았을 때보다 더 나을 것입니다."

그리고 물자의 낭비가 점점 심해진다며 절용에 힘쓰라는 말과 함께, 이원익 고유의 안민 사상을 피력했다.

"백성은 나라의 근본이니, 근본이 튼튼해야 나라가 편안합니다. 백성을 보전하는 자가 왕이 됨은 막을 수 없는 일입니다. 임금의 높은 부귀, 재정의 풍요함과 백관의 두루 갖춰짐, 예의문물의 아름다움, 그 어느 한 가지도 늘 주림에 허덕이는 백성에게서 나오지 않는 것이 없습니다. 임금이 재물을 보면서도 백성을 생각한다면 마치 상처를 보는 듯한 마음이 들 것이며, 백성을 마치 어린아이처럼 돌보려는 마음이 저절로 들 것입니다.

나라가 병란을 겪은 뒤로 조정에서 법을 세워 백성을 편하게 하던 아름다운 뜻이 어느새 사라져 없어졌습니다. 그 기회를 타고 간악한 아전들이 폐단을 일으키니, 그 극심함은 백성들이 견디지 못할 정도입니다. 이제 문란한 제도를 고쳐 변통을 도모하지 않는다면 도탄에 빠진 백성들을 구할 수 없을 것입니다. 옛 사람이 이르기를 '수성이 창업보다 어렵다' 하였습니다. 오늘날은 수성의 때입니다만, 또한 창업의 때이기도 합니다. 상께서는 제도를 개혁하는 것을 두고 매번 경계하시는데, 이는 조종조의 성법成法을 지키시려는 뜻일 것인즉, 바람직합니다. 하지만 매사에 그렇게만 하신다면 본래 조종께서 법을 새로 세우신 뜻이 바래고 낡아버린 법으로 백성을 병들게 하는 것이니, 이 어찌 바람직하겠습니까?"

이원익은 이 긴 간언 속에서 임해군의 문제와 회퇴변척소의 문제는 거론하지 않았다. 그것은 이미 이 정권에 상처로 남았으며, 지금은 그 잘잘못을 따질 때가 아니라 새롭게 정치를 쇄신할 때인 것이다. 따라서 앞으로 주의하지 않으면 큰일이 벌어질 수 있는 문제들을 조목조목 지적했는데, 이는 모두 당시 갈수록 심각해지고 있었고, 결국 광해군의 운명을 좌우하게 될 중대한 문제들이었다. 광해군은 역대 임금 중 경연을 회피하기를 둘째가라면 서러워할 만큼 심하게 했으니, 세종이 재위 32년 동안 1928회, 폭군으로 일컬어지는 연산군이 12년 동안 512회의 경연을 열었던 반면 그는 14년 동안 다만 13회를 열어 한 해 당 한 차례도 열지 않았다(그나마 그 대부분이 초기에 있었다). 경연도 열지 않고 조회도 보지 않으니 가면 갈수록 신하들이 임금의 얼굴을 볼 수 있는 기회는 추국청에서 옥사를 다스릴 때뿐이었다. 이런 경향은 말년이면 더욱 심해져서 광해군은 한꺼번에 지은 여러 궁궐 중 한 곳에 숨다시피 하여, 신하들이 그를 찾느라 이리 뛰고 저리 뛰는 진풍경까지 연출했다. 그렇게 한 데는 나름 이유가 있었으리라. 그러나 임금과 신하는 생사고락을 함께하여야 함에도 불구하고 임금이 비빈과 환관들과만 시간을 보내고 있다면, 따분함과 굴욕감에 찌든 신하들 중에는 자신들끼리 모의를 하는 일이 생기지 않겠는가.

대북파가 장악해 버린 인사와 언론을 다시 공공의 것으로 되돌릴 필요가 있다는 것, 아직은 착수되고 있지 않지만 궁궐을 무리하게 짓는 것 등으로 지칠 대로 지친 민력에 더욱 부담을 주어 원성이 하늘을 찌르게 하면 안 된다는 것, 대동법을 비롯한 제도 개혁에 다시 박차를 가할 필요가 있다는 것, 모두 당시 광해군이 심각하게 받아들이고 열심히 추진해야 할 과제였으며, 그것을 게을리할 경우 대북파 외의 모든 국가 구성원들로부터 외면과 질시를 당할 수밖에 없는 과제였다.

하지만 광해군은 이런 '늙은이의 잔소리'를 마땅치 않게 받아들였다. "나도 급한 공사가 있으면 빨리 처리한다", "최근에 전례典禮가 많아서 감독을 맡은 사람들에게 두루 상을 주지 않을 수 없었다" 등의 변명을 던지고, 당시 화두가 되고 있던 호패법에 대한 이원익의 의견을 물은 다음(이원익은 찬성하는 입장이었고, 정인홍과 이이첨은 반대했는데 그들이 지방에 사병처럼 거느리는 인력이 이로써 파악될 것을 우려한 때문이었다) 자리를 파했다. 그리고 야사에 따르면 그냥 마땅치 않아 한 정도가 아니라 신경질적인 반응을 보였다고 한다.

광해가 갑자기 벌떡 일어나 내전으로 들어가더니 화가 치민 어조로 주위에 말했다. "사람들이 이원익은 날마다 좁쌀밥 한 숟갈만 먹는다더니, 지금 보니 말도 안 된다! 오늘 나는 모욕을 당했다. 매우 상서롭지 못하다. 너희는 조만간 저자의 손에 죽을 것이다!"[181]

좁쌀밥 한 숟갈만 먹고 사는 늙은이가 도무지 무슨 말이 그리 많고, 그렇게 또렷또렷, 카랑카랑하게 말하느냐는 것이다. 그의 귀에 이원익의 간언은 비판으로, 모욕으로밖에는 들리지 않았다는 것이다. 광해군이 정말 그렇게 한심하게 굴었는지는 모르겠으나, 어쨌든 그가 이원익의 간언을 하나도 받아들이지 않고, 갈수록 정반대로만 행동한 것은 역사의 진실이다. 그리고 그것은 결국 그 자신과 국가에 불행을 가져온다.

광해군과 이이첨 등은 1612년 2월에 다시 '김직재의 옥사'를 일으켰다. 본래는 김제세라는 사람이 군역을 피하려고 공문을 위조했다는, 별 대수롭지 않은 사건이었는데, 정권은 이를 김백함과 그의 아버지 김직재가 팔도에서 사람을 모아 대대적인 반란을 준비 중이라는 역모 사건으로 부풀렸다. 김백함은 거듭되는 고문 끝에 순화군의 아들이자 광해군의 조카가 되는 진릉군을 왕으로 추대하려 했다고 자백한다. 결국 김직재 부자는 거열형에 처해졌고, 진릉군은 유배지에서 죽었다. 여세를 몰아 대북은 광해군에게 존호尊號를 올리고 광해군의 생모 공빈을 추숭하는 사업, 이미 처리한 유영경 일파에 대해 처벌을 추가하는 사업을 추진하였으며, 옥사 놀음의 대미를 장식하기라도 하겠다는듯 1613년에는 유영경을 처단한 인물들에게 정운공신定運功臣, 임해군을 제거한 공이 있는 사람에게 익사공신翊社功臣, 김직재 옥사의 담당자들에게 형난공신亨難功臣을 내린다. 덧붙여 임진왜란 당시 광해군의 분조 활동에 참여한 사람들에게도 뒤늦게 위성공신衛聖功臣이 주어져, 모두 합치면 연인원 166명에 달하는 대규모 공신 집단이 탄생했으며, 이는 조선조 왕들 가운데 단연 최대 규모였다. 이 공신들은 이른바 광해군의 공식적 친위세력이라고도 할 수 있었지만, 이이첨 등 말고는 대부분 허수였다. 1등 공신 말고는 『실록』에 명단이 자세히 나오지 않는데, 인조반정 후 이를 수치로 여겨 기록을 피했을 수 있지만 당시 녹훈된 다수가 한사코 사양했으며 어떤 경우에는 아예 공신 명단을 발표조차 안 하여 자신이 공신인 줄도 모르는 경우마저 있었다.

이원익도 이 중 익사공신(2등)에 들었다. 영의정의 직분 때문에 몇 차례 친국 현장에 참석했기 때문이다. 그러나 스스로 공신이라고 호칭하는 일이 한 번도 없었고, 곧 병을 이유로 물러나 집에서 조리하도록 허락받았으며, 두 달 뒤인 1612년 4월에 사직 상소를 낸 다음 집에서 두문불출했다. 찾아오는 손님조차 거절했다고 한다. 이제 그는 이 정권에 대한 희망을 완전히 버리지 않았을까. 그가 빠짐으로써 빈 정승의 자리에는 드디어 정인홍이 우의정으로서 올랐다.

그리고 계축년, 1613년이 밝았다. 광해군이 마침내 목표로 삼은 8세가 된 이복동생 영창대군의 최후가 정해지는 운명의 해였다. 먼저 4월에 '칠서七庶의 옥사'가 터졌다. 고관들의 서자로서 교육은 충분히 받았으면서도 서자라 하여 과거에 응시할 수 없었던 박응서, 서양갑, 심우영, 허응인 등 일곱 명은 함께 술 마시며 유람하면서 "이 망할 세상"을 조롱하는 것으로 세월을 죽이고 있었다. 그러다가 그들이 어느 은 상인과 시비가 붙은 끝에 그를 살해함으로써 검거되었는데, 이이첨 등이 이 대수롭지 않은 사건을 부풀려 대규모 역옥逆獄으로 키워낸 것이다. 고문에 못이긴 죄인들이 "연흥부원군 김제남(인목대비의 부친)이 역모를 일으켜 영창대군을 왕으로 추대하려 했다"고 자백하자, 다시금 피바람이 몰아친다. 이것을 계축옥사라고 한다.

김제남과 영창대군은 당연히 탄핵의 칼끝을 피할 수가 없었으며, 일찍이 인목대비가 내놓은 선조의 유훈에서 언급된 유교칠신 중 그때까지 남아 있던 한응인, 박동량, 서성, 신흠, 허성, 한준겸도 김제남과 모의했다 하여 끌려들어 갔다. 여기에 이정귀, 황신, 김상용, 정사호 등 서인 출신의 대신들도 표적이 되어 문초를 받았다. 이 와중에 이항복은 '대신이 대군 때문에 죽을 수는 없다'며 입을 닫고 있었고, 이덕형은 형제의 정을 봐서 은혜를 베풀라는 뜻으로 품했다가 역적을 비호한다며 탄핵을 받았다. 이 소식을 들은 이원익은 병으로 앓고 있던 몸으로 자리에서 일어나 '은혜를 베풀라는 설은 일찍이 제가 가장 먼저 올린 것'이라고 하며, '병으로 한 번도 추국에 참여하지 못해 진상을 논할 입장이 아니나, 잘못 억울한 피해자가 없도록 해주실 것'을 부탁했다. 한편 정인홍은 상소를 올려 "역적의 당여黨與를 토벌하되 제거하기는 풀을 베듯이 하고, 급하기는 머리카락을 태우면서 불 속에서 구제하듯이 하여 괴수는 꺾어뜨리고 왕초는 사로잡은 후에야 그만두어야 합니다"[182]라고 주장했다.

5월 30일에 김제남을 서소문에서 처형했으며, 그때 그의 부인인 노씨는 맨발로 인목대비가 거처하는 궁궐 담장까지 달려가 대비의 아명을 부르며 "애야! 네 아버지가 죽는다, 아버지가 죽어! 어째서 살려주지 않고 가만히만 있느냐!" 하고 울부짖었다. 김제남의 아들과 사위 세 사람도 독한 장형을 이기지 못하고 죽었다. 여기에 인목대비가 선조의 정비 의인왕후의 무덤에 무당을 보내 저주를 했다는 의혹도 나오면서, 7월 말에 영창대군을 강화도에 귀양보냈다. 이 열 살도 못된 어린아이는 이듬해 밀명을 받은 강화부사 정항에 의해 갇힌 채로 쩔쩔 끓어오르는 방 안에서 쪄 죽었다. 이제 남은 사람은 인목대비뿐이었다.

아버지와 형제와 아들을 몰살한 광해군은 이미 인목대비에게 철천지 원수였고, 광해군의 입장에서도 그런 대비를 궁궐 안에 가만히 둘 수는 없었다. 진위가 의심스러운 '저주 사건'으로 폐비의 명분도 확보해 둔 상태였다. 그러나 이른바 '폐모론'은 5년 이상 끌며 쉽게 결론이 나지 않았는데, 당시의 유교 사회에서는 형제를 죽이는 일보다 부모를(아무리 친어머니가 아니고, 나이로는 여동생뻘인 사람이라고 해도) 벌 주는 일이 훨씬 중대한, 상상도 하기 힘든 범죄였기 때문이다. 일찍이 권력투쟁 과정에서 동기를 해친 경우는 태종, 세조가 있었고 중종도 그런 경우라고 할 수 있었다. 그러나 모후를 해친 사례는 없었기에, 더더욱 쉽게 결정할 사안이 아니었던 것이다.

하지만 어차피 호랑이 등에 탄 셈이었다. 정인홍은 지방 유생들을, 이이첨은 한양의 부민들과 후원하고 있던 성균관의 유생들을 동원하여 인목대비를 폐서인하고 중벌에 처하라는 상소를 잇달아 올리게 했다. 그 중 한 대목을 보면 권력의 냉혹한 규칙은 이미 예의와 상식을 압살하고 있었다.

"이 여자는 선왕이 병이 나시기 전부터 오늘에 이르기까지 우리 전하를 따돌리면서 왕위를 욕심내었습니다. 아침에는 저주를 자행하고, 저녁에는 반역을 모의했으며, 어미와 아들이라는 이름을 빌려 한 집안에서 화변을 조성하고, 대비라는 칭호를 빌어 큰 역적 음모를 꾸몄습니다. 그리고 기회를 틈타 일을 저지르려 한 불여우와 같은 행동에 대해서는 남산의 대나무를 다 쓰더라도 기록해 낼 수 없으며, 동해의 물결을 터대더라도 다 씻어낼 수 없을 것입니다."[183]

결국 오른 귀양길에 상공우相公雨는 내리고

이런 가운데 이원익은 병든 몸으로 다시 한 번 결단을 내려 직언하기로 한다. 그리고 그것으로 광해군 시대에서 그의 역할은 마감된다. 1615년(광해군 7년) 2월, 폐모론에 대한 자신의 입장을 상소를 통해 밝힌 것이다.

"삼가 아룁니다. 수년 이래 병으로 물러나 있었으므로 한 번도 국청에 참여하지 못하였고, 또 일찍이 외부 사람과 만나지 않았기 때문에 추국의 전말 및 외간의 설화에 대하여 자세한 내막을 전혀 듣지 못하였습니다. 지난 번에 유생들이 대비大妃를 동요한 대관臺官의 처벌을 청할 때 조정의 의논을 들어보았는데, '대신臺臣이 각기 거처해야 된다는 말만 하였을 뿐, 실로 동요의 뜻은 없었다' 하고, 경연에서도 이런 말이 없었다고 하기에 신이 처음에는 의심하다가 끝내는 그만두고 말았습니다. 지난날 해조가 교서를 반포하려는 일로 수의해 오자, 신의 생각에 '이 일은 추국의 곡절과 관계된 것이라 병들어 물러난 신하로서 알 일이 아니다'고 여겼기 때문에 감히 왈가왈부하지 않았으며 다시 해조의 공사에 이의를 제기하지도 않았습니다.
그런데 지금 항간에 떠도는 말을 들으니, 머리를 맞대고 흉흉하게 하는 말이

'이로 인해 장차 대비에게까지 미칠 것이다'고 합니다. 신은 그만 놀라서 간담이 철렁 내려앉아 자신도 모르게 혼비백산하였습니다. 어머니가 비록 사랑하지 않더라도, 자식은 효도하지 않을 수 없는 것입니다. 모자 간이란 그 명분이 지극히 크고 그 윤기가 지극히 중합니다. 성인은 인류의 극치인데, 성명의 시대에 어찌 이런 일이 있겠습니까. 만일 조정에 과연 이 논의가 없었다면 신이 경솔히 항간의 말을 믿고 사전에 시끄럽게 한 것이니 그 죄를 피할 수 없을 것입니다. 바라건대 신이 함부로 말한 죄를 다스려 사람들의 의혹을 풀어주소서. 그러면 이보다 더 다행스러운 일이 없겠습니다. 임금 사랑하기를 아비 사랑하듯이 하는데, 소회가 있으면 반드시 그 아비에게 고하는 것은 자식의 지극한 정입니다. 신은 숨이 겨우 붙어 있어 머지 않아 죽을 것입니다. 성은을 받은 것이 깊었으나 보답할 길이 없으므로 차자를 쓰다가 떨려서 문장이 제대로 되지 않았습니다. 처분을 바랍니다."[184]

'어머니가 비록 사랑하지 않더라도, 자식은 효도하지 않을 수 없는 것입니다' 이 간절한 표현은 어쩌면 '임금이 비록 귀담아듣지 않더라도, 신하는 간언하지 않을 수 없는' 자신의 처지를 생각하며 쓴 글귀였을지도 모른다. 하지만 이원익 개인적으로는 그것은 화약고에 성냥을 당기는 격이었다. 이 상소를 받아든 광해군은 놀라며 전에 없이 불쾌하다는 반응을 보였다. 그리고 "차자를 보고서 놀라워 마음이 편치 못하다. (대비에 대한) 과인의 떠받듬과 백관의 조알이 여전한데, 경은 어디에서 그런 말을 듣고 문자로 나타내 사람들을 놀라게 하는가? 솔직하게 진술하여 아뢰라"고 답하고는 다시 답변 상소가 올라오는 일도 기다리기 힘들었는지 사관을 시켜 곧바로 물어오도록 했다. 이후 몇 차례 오간 통신에서 광해군은 "불효가 어떤 죄악인데 과인을 의심하면서 항간에 떠도는 말을 믿는단 말인가?

(……) 내가 경에게 무슨 죄를 지었기에 어찌 나를 이렇게 대한단 말인가? 경이야 훗날 아름다운 명예를 얻게 되겠지! 하지만 나의 오명은 언제 씻으란 말인가?" 하며 이제껏 이원익을 대하던 은근하고 공손한 태도와는 동떨어진 격렬한 문장을 휘갈겨 써 보냈다. 그리고 저주 사건이야 궁녀들이 제멋대로 벌인 일이지 대비와 무슨 상관이 있겠냐며 안심하라고 돈유한 다음, 주변의 조신들에게 이렇게 말했다.

> "나는 평소 완평完平을 대접하기를 몹시 후하게 하였는데, 완평이 까닭 없이 차자를 올려 여러 사람들의 마음을 흔드니 몹시 놀랍다. 임금에게 오명을 씌우고 훗날 아름다운 명예를 사려 하였을 뿐 아니라, 당시의 대간과 시종을 모두 엮어 죄망罪網에 넣으니 이는 일망타진의 계책을 꾸민 것이다! 어진 재상의 사업이 과연 이와 같은 것인가? 그러나 이것이 어찌 완평 단독으로 한 일이겠는가. 실각한 간신배로서 임금을 모함하고자 하는 자가 흉측한 말을 지어낸 뒤에 완평에게 권하여 이 차자를 올리게 한 것이 아니겠는가. 또 이미 항간에서 들었다고 하였으니 필시 들은 곳이 있을 것인데, 위에서 비추어 주는 천일天日을 두려워하지 않고 죽기를 기하며 대답하지 않으니 더욱 가슴이 아프다. 조정에 과연 이와 같은 거조가 있었는가? 회계하라."[185]

말하자면 자신이 생각도 하지 않고 있는 폐모를 기정사실처럼 거론하며 자신의 얼굴에 먹칠을 했다는 것이었다. 사실이라면 광해군이 억울해 할 만도 했다. 하지만 그 뒤의 상황 전개를, 또 이미 진행되고 있던 일을 보면 과연 그는 억울했을까? 아무튼 이로써 즉위 이래 적어도 표면적으로는 이원익을 존중해오던 광해군의 태도는 완전히 뒤바뀌어, 다른 정적들을 대하는 것과 마찬가지가 되었다. "임금을 협박하고 역적을 두둔했다"며 중벌에 처하라는 대간의 탄핵이 빗발치듯 올라오자, 그래도 꺼림칙했던지 몇 달 동안 거부하다가 결국 6월에 홍천에 중도부처했다. 이원익에게 차자를 올리라고 권한 혐의를 받은 남이공도 유배되었고, 이원익을 변호하는 상소를 올린 홍무적, 정택뢰, 김효성, 한위 등도 처벌받았다.

나이 69세. 일흔을 바라보는 늙은 재상. 일찍이 영의정의 자리에 네 번 올랐고, 관서를 잘 다스려 생사당이 세워졌으며, 임진왜란을 당해 분골쇄신하여 "우리나라에는 오직 이원익이 있을 뿐이다"라는 말이 나오도록 했고, 이번 조정에서는 대동법을 이룩하여 조선 사상 최대의 개혁 물꼬를 튼 그 사람이 이제 귀양길에 올랐다. 그래도 지방민들은, 평범한 백성들은 그를 사랑하고 존경했다. 이원익의 호송대가 홍천에 도착하니 마침 몹시 가물어서 타들어 가던 논과 밭에 큰 비가 쏟아졌는데, 사람들은 밖으로 뛰쳐나와 하늘을 가리키며 이렇게들 말했다. "봐라! 상공우相公雨가 내린다!" 실제로야 우연의 일치가 아니었겠는가. 하지만 조선 519년에 야담과 설화는 수도 없이 많지만, 하늘이 어진 지도자의 덕에 감화하여 해갈할 비를 내려주었다는 설화는 태종우와 상공우밖에 없다. 그만큼 당시의 민간에 이원익에 대한 애모와 존숭의 마음이 널리 퍼져 있었음을 짐작할 수 있는 것이다.

솔직히 나날의 먹을 것을 걱정하는 백성들 입장에서야 광해군이 왕이 되든, 임해군이나 영창대군이 되든 큰 문제였겠는가. 어머니를 폐하고 동생을 죽였다는, 선비들이 기함을 하는 '폐모살제廢母殺弟'조차도 별 대단한 문제라고 여겨지지 않았을 것이다. 그러나 말끝마다 백성을 편안케 하는 일이 정치의 급선무라고 말하고 그 말을 어김없이 실천한 분, 전쟁 중에는 백성과 함께 싸우며 백성들의 살 길을 열어주었고, 안주의 뽕나무에서 경기도의 대동법까지 백성의 숨통을 틔우는 일에 정성을 쏟은 어른, 그 사람을 백성은 사랑하고 마음 깊이 존경한 것이다. 이원익 본인도 백성들과 같은 마음으로 '상공우'를 바라보았다. 그리하여 개인적으로는 실망과 좌절이 컸을 터인데도, 굶주리고 지친 백성을 위해 반갑고 기꺼운 마음을 시로 남겼다.

> 작년엔 봄 날씨 가물어 보리 흉년 걱정했는데 / 去年春旱憂無麥
> 금년엔 응당 큰 풍년 있을 줄 알리라 / 今歲應知大有年
> 아침에 단비 내려 논두렁에 물이 가득하니 / 甘雨朝來流滿陌
> 지친 농민들 노래하고 춤추며 김을 매누나 / 疲氓歌舞競鋤田[186)]

백성들 말고 일부 뜻있는 선비들도 그를 탄식하고 염려했다. 당시 북인의 박해로 관직에서 물러나 은거 중이던 청음淸陰 김상헌金尙憲은 시를 지어 이원익의 귀양길을 달랬다.

> 영고숙이 하사받은 고기 안 먹자 / 穎叔舍羹肉
> 군자들이 그 석류를 찬미하였네 / 君子美錫類
> 위공 역시 효성으로 인도하여서 / 魏公導慈孝
> 일언으로 인륜 기강 부식하였네 / 一言扶倫紀
> 어찌하여 천 년 간의 세월 사이에 / 如何千載間
> 일 같은데 당한 처지 반대가 됐나 / 事同遭反異
> 세상 인심 차마 말할 수가 없거니 / 世情不可道
> 세상의 일 이젠 길이 다 끝났구나 / 世事長已矣
> 일정 엄해 강한 햇살 받으며 가고 / 嚴程觸隆景
> 파리한 말 채찍 쳐도 못 일어나네 / 羸馬鞭不起

온갖 고생 겪으면서 길 가면서도 / 辛艱勳行路
부자께선 아무 일이 없는 듯 가네 / 夫子若無事
만 고개가 가파르게 솟은 강원도 / 萬嶺巇江原
조잔 아주 위태로운 촉문이라네 / 鳥棧危蜀門
쓸쓸하게 솟는 인가 연기 보이나 / 蕭條得人烟
읍 피폐해 백성들 다 쇠잔하다네 / 邑廢吏民殘
산 깊어서 물과 돌은 많기도 하고 / 山深饒水石
백성 풍속 소박하여 다툼은 적네 / 俗朴少爭喧
아궁이엔 나무 등걸 넣어 불 때고 / 火炕燒橶柮
콩죽 쑤어 저녁나절 끼니 때우네 / 豆粥充餔飧
행장에는 운명 있다 말하지 마소 / 行藏莫言命
살고 죽음 그 모두가 성상 은혜네 / 死生皆聖恩
사람들 맘 본디 절로 착하거니와 / 人心本自善
하늘 이치 끝내 아니 어두우리라 / 天理無終昏
구역 노래 들려오길 기다리나니 / 竚聞歌九罭
초혼부를 부르지는 감히 못하네 / 不敢賦招魂[187]

명나라에서도 이원익을 걱정하는 사람이 있었다. 정응태의 무고로 이원익이 연경까지 천리 길을 가 이마를 땅바닥에 찧으며 변명하도록 했던 장본인인 양호가 당시 요동에 있었는데, 이원익의 안부를 묻기에 귀양 갔음을 이야기해 주자, "오리와 오성은 어진 재상인데…… 너희 나라가 쓰지 않으니 필시 소인들이 정권을 잡은 모양이다"라고 탄식했다고 한다. 그가 칠십에 유배에 처해진 것은 '근거 없는 유언비어로 임금을 모독했다'는 까닭이었으나, 이로부터 2년 뒤인 1617년, 마침내 인목대비는 사실상 폐위

되고 거처이던 서궁(경운궁)에 유폐되어 한 발짝도 나오지 못하게 되었다. 『실록』에는 "문을 폐쇄하고 겹겹이 자물쇠를 채워놓고 분병조와 분총부를 이미 두어서 숙직하여 지키는 것을 엄하게 했는데, 또 판서 이하로 하여금 직접 가서 검찰하게 하였다. 이후에 또 헌부의 관원으로 하여금 숙직하게 하고 또 간원의 관원으로 하여금 숙직하게 하여서 밤낮으로 떠나지 않고 번갈아 서로 교대하게 하였다"로 기록되어 있다.[188] 인목대비 본인이나 인목대비를 모시던 궁녀가 유폐 시절에 썼다는 『계축일기』에 따르면, 음식물도 제대로 지급하지 않아서 궁궐 뒤뜰에 채소를 길러 그것으로 연명해야 했다고 한다. 이렇게 되자 조직趙溭은 "앞서 이원익이 이런 일이 있을까 발론했다가 중벌을 받지 않았습니까? 이제 이원익을 무슨 낯으로 보시렵니까?" 하는 취지의 상소를 올렸다.[189] 그는 아우에게 유언을 남기고 죽을 각오로 그런 상소를 올렸는데, 한강 정구 역시 비슷한 상소를 준비했다가 차마 올리지는 못했다.

임해군과 영창대군의 죽음 앞에 말을 아끼던 이항복도 "드디어 내가 죽을 자리를 찾았다"며 상소하여 폐모에 반대했다. 광해군은 그를 귀양 보내고, 기자헌, 이덕형, 정온鄭蘊, 정구鄭逑, 정경세 등도 줄줄이 처벌했다.

3년 8개월 동안 이어진 이원익의 유배 생활은 정치적으로 불안하고 물질적으로 궁핍했다. 정인홍은 이원익의 죄에 비해 유배는 너무 가볍다며 반드시 극형에 처해야 한다고 주장했고, 이원익이 춘천에 유배된 신흠, 한준겸과 오가며 음모를 꾸미고 있다는 주장이 나와서 '친척 말고는 아무도 만나지 않는다'는 해명을 하기도 했다. 당시 신흠이 이원익에게 올린 안부 편지가 남아 있으므로 조정에서 의심하는 것이 아예 근거가 없는 것은 아니었으나, 실제로 사람이 그의 여막 문을 여는 일은 거의 없었다. 다만 양양부사로 있던 정엽이 찾아온 적이 있는데, 이원익이 만나기를 꺼리자 정엽은 문을 밀치고 들어가 "상국께서는 무엇을 그리 두려워하십니까? 스스로 돌아보아 잘못이 없는데, 저들이 우리를 어떻게 하겠습니까?"라고 말했다고 한다.[190]

물질적으로는 본래 녹봉밖에 살림의 근거가 없던 이원익의 집에 녹봉이 끊기니 나날의 끼니조차 때우기 어려웠다. 이원익은 할 수 없이 몸소 돗자리를 짜고 그것을 팔아서 겨우 연명했다고 한다. 또 귀양지인 여주의 호장戶長이 그를 사적으로 많이 후원해 주었는데, 그 아내가 죽자 이원익이 평소의 고마움도 갚을 겸 지휘를 맡아 상을 치렀다. 이 소식을 들은 여헌旅軒 장현광張顯光은 "영의정이 호장 아내의 상을 치렀으니, 호장의 입장에서는 호화로우나 세상의 도道에 있어서는 어찌하겠는가" 하였다고 한다.[191] 이때 장현광이 웃었다고 하여 세상에는 "호장 신분에 호강했구나"라고 유쾌하게 말한 것처럼 전해지기도 했으나, 문맥을 보면 "이원익 같은 사람이 어쩌다가 호장 장례나 지휘하고 있게 되었는가? 장차 세상이 어찌 되려고……" 하고 탄식하며 허탈한 웃음을 지었다고 보아야 할 것이다.

그래도 정신적으로는 이때가 이원익의 생애에서 편안한 시기에 속하지 않았을까. 이원익이 앞서 남긴 글을 보면 그의 병세는 심각했다. "신의 병은 심화心火가 그 원인으로, 밤낮으로 근심하다 보니 원기가 손상되어 장작개비처럼 야윈 채 쓰러져 누워서 회복될 기약이 없습니다."[192] "심질은 본래 쉽게 낫는 병이 아닌데, 신은 그 병을 앓는 것이 더욱 심해져 밤새도록 정신이 혼미하여 마치 귀신의 영역에 있는 것과 같고, 날이 샌 뒤에는 입술이 타고 혀가 말려서 말이 제대로 이루어지지 않으며, 입안이 거칠어져 마치 짠 흙을 발라놓은 것 같습니다."[193] "병이 발작하면 더러 놀라 고함을 지르며 밖으로 뛰쳐나가기도 합니다."[194] 광해군에게 사직 상소를 올리며 그 이유로 든 자신의 병세 묘사를 보면, 반드시 핑계였다고 보기는 어렵다. 아마도 그는 오랜 심리적 압박과 과로로 우울증을 앓고 있었던 것 같다. 스스로 가리켜 "선왕께서 남다른 인정을 해주셔서 안팎의 벼슬을 두루 거쳤습니다. 그러나 일마다 모두 어긋나 실패만 하고 성공한 적이 없었으므로 늙고 병들기도 전에 기운이 이미 쇠퇴하고 뜻이 이미 무너졌으니, 비록 스스로 떨치려 하나 마치 물이 아래로 내려가 돌아올 수 없는 것과 같습니다"[195] 라고 했듯, 영의정이면서도 영의정답게 일할 수 없고, 정치가 잘못되는 것을 보면서도 혼자 힘으로 되돌릴 수 없는 분함과 애석함이 쌓이고 쌓여서 그의 몸과 마음을 위협하고 있었던 것이다.

공교롭게도 그를 그런 지경에 이르게 한 장본인인 광해군 역시 우울증으로 짐작되는 증세에 시달렸는데, 폐위되자마자 분에 못 이겨 죽은 연산군과는 달리, 폐위 후 귀양살이를 하면서 오래 건강하게 살았다. 타의에 의해서지만 심리적인 덫이 제거되고, 더 이상 잃을 게 없는 입장이 되며, 맡고 있던 중한 책임이 없어지자 마음이 편해진 덕분이 아닐까. 이원익도 비슷했다. 그는 이후 인조의 시대까지 살며 87세로 당대의 누구보다 장수하거니와, 늘 맡은 책임을 다하고 나라와 백성을 근심했던 그의 체질상 만약 쉬지 않고 현직에 있었다면 수명이 훨씬 단축되었을 것이다. 그러나 본의 아니게 종종 '물러나서 쉴 기회'를 얻었으므로, 그토록 오래 살 수 있었던 게 아닐까.

이원익은 북녘에 유배되어 있던 이항복이 병사했다는 소식을 홍천에서 듣고 이렇게 말했다고 한다. "영창대군이 죽을 때 공은 간언을 하지 않으며 '이보다 큰 일이 있는데, 대신이 한 왕자를 위해 죽어서는 안 된다' 하더니, 대비를 폐위할 때에는 극력 간하다가 끝내 삭막한 북녘 땅에서 죽는구나. 참으로 훌륭하다. 말을 잘 실천하는 사람이라 이를 만하다."[196] 사람은 어차피 죽는 것인데, 죽을 때 대의명분에 맞게 '훌륭하게' 죽는 것이 좋다는 이원익의 생각은 앞서 곽준의 죽음을 애도할 때도 나타났고, 무게는 다를지라도 그의 아내를 장사 지낼 때도 엿보였다. 그런 사상은 후대에도 전해져 나중에 그의 맏딸이 순국한 여동생의 죽음을 "잘 죽었구나"라고 언급할 때도 나타나게 될 것이다.

　그러나 뜻으로는 축하하더라도, 마음으로는 쓸쓸함과 처량함을 금할 수 없었을 것이다. 임진왜란이라는 최악의 난리통을 함께 머리를 맞대고 헤쳐나왔던 동료 대신들인 유성룡, 이덕형, 이항복 중 유성룡은 광해군이 즉위하기 1년 전인 1607년에 이미 세상을 떠났고, 이덕형과 이항복은 광해군의 의정부에서 함께 시대를 고민하다가 이덕형은 1613년에, 이항복은 1618년에 불귀의 객이 된 것이다. '나도 이곳 홍천 고을에서 죽게 되겠지' 이원익은 이렇게 생각하며 자신의 일생을 마음으로 정리했으리라. 그리고 말 한마디 하지 않지만 언제까지고 자신의 곁을 떠나지 않는 평생의 벗, 거문고를 들었으리라.

봄비 내리는 강성江城, 밤중에 앉아서 / 江城春雨坐中宵
평생을 회고하니 모든 일이 적막하구나 / 回顧平生事已廖
칠십 년을 시비 속에서 살아오다 보니 / 七十年來非與是
지금은 귀밑머리 상설처럼 희어졌구나 / 祇今霜雪鬢森蕭[197]

재주가 없다 보니 쓰여도 적절히 일하지 못했고 / 才疏用不適
성격이 편협하니 일을 많이 그르쳤다 / 性偏事乖宜
머리는 희었지만 붉은 마음은 남아 있는데 / 頭白丹心在
처지가 궁하니 본래의 뜻도 쇠잔하다 / 途窮素志衰
두 조정의 성은을 한없이 입었건만 / 兩朝恩渥重
끝내 그 은혜를 추호도 갚지 못했네 / 終未報毫絲[198]

몸을 가꾸는 일 의당 나에게 달려있거늘 / 唯當修在我
어찌 괴롭게 슬퍼하며 근심을 하겠는가 / 何用苦悲愁
궁하고 통하는 일은 정해진 명이 있고 / 窮通有定命
죽고 사는 것은 천시에 달려있다 / 死生在天時
운명을 따라서 시대를 따라서 / 隨命隨時了
편안히 즐겁게 살아가리라 / 安安樂不疑¹⁹⁹⁾

훈훈한 일화도 있었다. 이원익에게는 옥수玉水라는 이름의 몸종이 있었는데, 이원익은 그를 존중해 노비가 아닌 보통 사람으로 대했다고 한다. 옥수는 이원익을 내내 따라다니며 안주 목사일 때나, 평안도 순찰사일 때나, 4도 도체찰사일 때나 옆에서 받들었다고 한다. 그런 그도 나이가 들었는지 노량에 머물며 홍천까지는 따르지 못했던 모양인데, 아들인 순이를 보내 문안을 드리고는 했다. 이원익은 그게 즐거워서 그에게 시를 남겼다.

봄물 가득한 노량 들판에서 / 露梁春水野
여름철 구름 하늘에 든 홍천의 산협으로 / 洪峽夏雲天
산을 넘고 물을 건너 두 번이나 찾아오다니 / 跋涉來尋再
너는 아비의 어짐을 많이도 닮았구나 / 多渠繼父賢[200]

이 시를 받아든 순이도 답하여 '은혜에 보답하려 했을 뿐, 어찌 아버지의 어짐을 이었다 하십니까'라고 시를 지어 보냈다고 한다. 이원익이 노비에게도 글을 가르쳤음을 짐작케 하는 근거다. 일찍이 그가 「고공답주인가」를 지을 때도, 풍자의 의도가 담긴 노래였겠지만, 그가 평소에 집안 몸종들과도 허물없는 사이였기에 그처럼 자연스럽고 정말 머슴이 기탄없이 이야기를 늘어놓는 듯한 언어가 나오지 않았을까. 이원익은 제도적으로 노비를 없애자는 주장은 남기지 않았다. 그러나 노비를 인간 이하로 대접하지도 않았으며, 홍문관 아전의 딱한 사정을 들어주었듯, 호장의 장례에 팔을 걷어부치고 나섰듯, 신분의 고하를 따지지 않으며 사람을 오직 사람으로 대했다.

이처럼 이원익이 몸은 고달파도 마음은 편한 채로 세월을 보내는 동안 조정의 공기도 사뭇 달라졌다. 계축옥사에서 폐모에 이르는 동안 조정의 웬만한 서인, 남인은 다 찍어내고 바야흐로 '대북 독재' 시대가 열렸지만, 광해군은 막상 자신에게 무조건 충성한다는 사람들로 자리를 채워놨지만 생각대로 정치를 하기 어려움을 알게 된다. 바로 급박해져 있던 명과 후금의 대결 문제에서 중립 외교를 지향했던 광해군의 뜻을 '그 무엇보다도 의義를'이라는 입장의 대북파가 제대로 받들지 않았던 것이다. 오늘날 흔히 알려지기로는 광해군과 대북파가 중립 외교를, 서인과 남인이 대명 의리를 주장했으며, 인조반정에 따라 조선이 명-청 교체기의 국제 정세에 유연하게 대처하지 못하게 되고, 병자호란을 자초했다고 교과서에까지 나온다. 하지만 광해군이 명과 후금 사이에서 실리 외교를 지향했음은 사실이지만 대북파도 다른 정파와 마찬가지로, 아니 그 이상으로 대명의리만 강조하며 후금을 적대시했던 것이다.

이제는 대북파조차 믿지 못하게 된 광해군은 그만 정치에 염증이 나 버렸으며, 그나마 간간이 열던 조회를 아예 폐해버리고 궁궐 깊숙이 숨어버렸다. 중요한 인사 결정도 미뤄져서 요직이 마냥 비어 있는 경우가 많았다. 명나라의 만력제는 중년 이후로 정치에 뜻이 없어져서 후궁에 틀어박혀서 신하를 접견하지 않고 결재도 하지 않는 '태정怠政'을 했으며 그것이 명나라 몰락의 한 원인을 제공하기도 했는데, 광해군도 그렇게 했던 것이다. 이렇게 되자 한편으로는 지난날 가혹하게 문초하고 내쫓았던 서인과 남인 신

인조반정으로 폐위된 광해군의 묘.

하늘에 대한 미움이 누그러지기도 했다. 광해군도 그랬으며, 역시 자신들의 지도자에게 실망한 대부분의 대북파들도 그런 경향이었다. 그래서 1616년에 고산孤山 윤선도尹善道가 이원익을 "우리나라의 사마광司馬光"으로 부르며 복귀시킬 것을 상소했을 때는 벌집을 쑤신 듯 되었던 조정이 2년쯤 지나자 그런 이야기를 해도 별 문제가 되지 않는 분위기로 바뀌었다.

1619년에는 마침내 귀양 보낸 대신들을 풀어주는 조치가 취해지는데, 부분적으로는 당시 무리한 궁궐 공사와 원정군 파병의 부담으로 텅 빈 곳간을 조금이라도 채우고자 이 대신들에게 뇌물을 받고 풀어주려는 뜻도 있었다. 이때 박승종이 이원익 대신 은을 바치고 사면받게 해주려 했는데, 심희수가 "그것은 완평의 뜻이 아니오"라 하여 그만두었다고 한다. 하지만 다른 사람들은 풀어주면서 이원익만 내버려두는 것은 아무래도 모양이 이상했다. 그래서 1619년 5월, 이원익은 남이공, 이질李秩, 이귀李貴와 함께 뇌물 없이 풀려났다. 73세가 된 그는 여강의 앙덕리에 은둔해 살았다. 광해군 말년에는 박승종 등을 중심으로 이원익을 다시 기용하는 게 어떨까 하는 의견도 조금씩 돌았으나, 구체화되지는 못한 채로 반정이 일어났다.

여강 생활은 경제적으로는 유배 시절이나 다름없이 궁핍했다. 두어 칸 초가집은 비바람을 제대로 막지 못했고, 하루 걸러 끼니를 이었기에 가족들의 얼굴에는 늘 주린 빛이 돌았다고 한다. 그래도 이원익은 한결 편안해졌다. 여강에 나가 낚시도 하고, 거문고도 탔다. 전과는 달리 손님들도 간간이 찾아왔는데, 주변에 마침 비슷한 처지의 버림받은 사대부들이 거처하고 있기도 했다. 전부터 친밀했던 택당 이식과 정백창, 임숙영, 이경여, 조성립, 한언, 여이징 등은 자기들끼리도 배를 띄우고 술을 마시며 놀기를 잘했는데, 그들을 '수상칠인水上七人'이라고도 불렀다. 또 유배 시절부터 들르곤 했던 정엽과 옛 종사관이던 이유록이 자주 찾아오는 편이었다. 이원익은 이들과 어울려 놀다가도 정치 이야기가 나오면 말을 하지 않았으며, 가만히 눈물을 흘리기도 했다. 이렇게 또 3년 10개월이 흘렀다. 유배 시절까지 합치면 대략 7년 동안의 야인 생활이었다.

이원익의 광해군 시대는 어떤 의미가 있었을까. 대동법의 기초를 닦은 것을 비롯해, 임진왜란의 상처를 치유하기 위한 광해군 초기의 개혁 정책에서 그는 중대한 역할을 했다. 하지만 그런 개혁의 시기는 빠르게 끝났으며, 정치적으로 볼 때 두 차례 영의정을 지내며 그가 이룩한 것은 그리 많지 않았다고 보아도 좋다. 그는 정치가 어떤 방향을 잡아야 할지를 정확하게 알고 있었다. 그러나 끝내 광해군을 그 길로 인도하지 못했고, 폐모살제를 막지 못했다. 그동안 쌓은 공적과 자랑하지 않았으되 어느새 드러난 충심 때문에 그의 명성은 이미 범접할 수 없는 수준에 이르러 있었고, 이원익은 그것을 무기 삼아 자신의 직위를 걸고 임금의 행동을 바로잡으려고

이원익이 말년에 한때 은둔해 살며 낚시와 거문고를 즐긴 여강.

여강에 나가 낚시도 하고, 거문고도 탔다. 3년 10개월 동안의 여강 생활은 궁핍했으나 마음은 편안했다.

했으나 끝내 실패했다. 광해군 같은 군주의 마음을 사로잡고 영향력을 끼치려면 이이첨처럼 남의 비위나 맞추는 행동을 하거나, 허균처럼 뛰어난 문장과 기행으로 눈길을 끌거나, 정인홍처럼 초야에 물러나 한껏 고고한 척하면서 명쾌하고 단순한 논리로 과단성 있는 결단을 촉구하거나 했어야 했다. 그러나 이원익은 그 어느 것도 할 수 없었고, 하지 않았다. 그럴 수 있었다면 이원익이 아니었으리라. 일찍이 선조는 이원익에게 "과인은 경이 조정에 나오는가, 물러가는가를 가지고 이 나라가 살아남겠느냐, 망하겠느냐를 점치고 있다"고 말했다. 광해군 시대에 이원익은 바로 그런 의미가 되었다. 그를 등용하지 않는 정권, 그를 벌주고 내쫓는 조정은 받들 가치가 없다는 신호를 이원익은 자신도 모르게 뭇 사대부와 백성들에게 보내고 있었다.

제 8 장

늙은 신하의 마지막 소원

| 반정과 인조 초기 |

무신년에 완평 이 문충공李文忠公이 처음으로 대동선혜의 정책을 세워 기보畿輔에 시행하였다. 20년 후 길주군 권반權盼이 호서 관찰사가 되어 곧 완평의 뜻을 취하여 온 도내의 전역田役의 출입을 공평하게 조정하여 공정한 법을 만들었는데, 일을 끝내 시행해 보지 못하고 문적文籍으로만 남겨두었다. 12년이 지난 무인년에 고故 상국 김공(김육)이 이 도의 관찰사가 되어 그 문적을 발견하고는 감탄하기를, '백성을 살릴 방도는 이를 벗어나지 않을 것이다' 하였다. 입조入朝한 지 얼마 되지 않아 금상(효종)이 즉위하니, 지위와 대우가 더욱 높아졌다. 가장 먼저 이로써 말씀을 올리니, 이에 그 국局을 대동청大同廳이라 하고, 연성군 이시방이 또한 참여하여 계획하였다.

— 호서湖西의 선혜비宣惠碑 비문에서

제8장

인조반정仁祖反正과 이원익

1623년(광해군 15년) 3월 13일, 새벽부터 한양성 외곽의 홍제원에는 수백 명의 사람들이 웅성웅성 모여들었다. 굿거리를 하려는 것도 아니었고, 좌판을 벌인 것도 아니었다. 사람들의 얼굴에는 긴장감이 가득했고, 손에는 장검이 들려있었다. 그들 중에는 4년 전쯤 이원익이 유배지에서 풀려날 때 함께 풀려났던 이귀, 최명길崔鳴吉의 얼굴도 보였다. 그들은 죽은 이항복의 제자인 김류金瑬를 대장으로 하여, 환성을 지르며 창의문을 향하여 몰려가기 시작했다. 2시간 만에 그들은 창덕궁에 진입해 전각을 불사르며 임금을 찾았다. 연회를 벌이고 있던 광해군은 궐 밖으로 달아나 의관 안국신의 집에 숨어 있다가 붙잡혔고, 세자 역시 붙들렸다. 반정군은 단단히 잠긴 경운궁의 문을 열고 인목대비에게 거사를 고했으며, 새로 왕위에 오르게 될 능양군은 한 걸음 늦게 도착해 대비에게서 정통성을 승인받았다. 인조반정.

조선 사상 두 번째로 신하들이 정통 임금을 보위에서 끌어내린 쿠데타는 이렇게 이루어졌다.

이원익은 인조반정에 관여했을까?

기록은 이 점에 대해 엇갈리고 있다. 일단 『실록』에는 그런 언급이 없으며, 「행장」에 따르면 이원익은 꿈에도 몰랐던 것으로 되어 있다. 반정의 주역들이 이원익의 집에 자주 드나들던 정엽에게 먼저 동참을 권했으나 정엽이 응하지 않았고, 이원익에게 알리려던 것도 "혹시라도 그분이 반대하면 어쩔 셈이오?" 하며 못하게 가로막았다는 것이다. 한양에서 정변이 일어났다는 소식이 들리자 이원익은 그 내용은 모르는 상태로 급히 배를 타고 한양으로 가던 중에 전말을 알고는 눈물을 흘리며 배를 돌렸다고 한다. 이에 따르면 이원익이나 정엽이나 거사에 직접 참여할 의사는 없었으나 반정 자체를 반대하지는 않았던 셈이다.

한편 야담에는 은거 중인 이원익에게 누가 찾아와 "공의 문갑 위에 타구를 올려놓고, 문갑 위의 물건은 바닥에 내려놓았소"라고 말했다는 이야기가 있다. 문갑 위에는 문방사우文房四友를 두어야 맞는데 엉뚱하게 타구를 올려놓았다는 것은 지금의 임금(광해군)이 잘못되었으며 바로잡아야 마땅하다는 뜻이었다고 한다. 이로써 반정에 이원익이 동참할 것을 떠본 것이었는데, 이원익은 묵묵히 아무 말도 하지 않았다고 한다.

또 다른 야담에 따르면 반정의 주역 중 하나인 원두표元斗杓가 이원익의 뜻을 떠보려고 그의 거처로 바삐 내려갔다. 원두표는 실제로 왜란 중에 일을 잘한다고 도체찰사 이원익의 칭찬을 받은 적이 있어서 얼굴을 대하기가 어렵지 않았을 것이다. 하지만 막상 이원익을 마주한 원두표는 이야기를 꺼내기가 힘들었고, 결국 "장기나 한 판 두시지요"라고 했다. 그리고 장기를 한창 두던 중 짐짓 별일 아니라는 투로 "고대광실의 서까래가 썩

어가고 있습니다. 이걸 어떻게 할까요?"라고 넌지시 이원익에게 질문했다. 한동안 장고長考하는 듯하던 이원익은 이윽고 "서까래가 썩었다면…… 갈아야겠지요. 음, 이 장기는 내가 졌소" 하며 고개를 저었다. 원두표는 이를 반정에 적극 동참하지는 않되 반대하지도 않겠다는 뜻으로 읽었고, 그길로 상경하여 이귀, 김류 등에게 보고하니 반정 세력은 마침내 결심을 굳혔다고 한다.[201] 이 이야기로도 이원익은 소극적 자세에 머무르지만, 사전에 반정의 움직임을 알고 있었을 뿐 아니라 반정 주역들에게 간접적으로나마 승인을 해주었다고 하겠다.

그러나 이원익의 성격으로 볼 때 그처럼 의뭉스러운 행동을 했을지 의심스럽다. 이항복이 북청으로 귀양 가면서 인조가 그린 대나무 그림을 제자 김류에게 넌지시 전해주며 반정을 부추겼다는 일화처럼, 반정 주역들의 후예들이 자신들의 거사를 정당화하고자 만들어낸 일화가 아닐까 하는 의심이 든다. 하지만 이원익이 반정 세력과 통했을지도 모른다는 정황이 없지는 않다. 반정파가 거사 사흘 만에(3월 16일) 이원익을 영의정으로, 이정귀를 예조판서로, 한준겸을 영돈녕부사로 삼는 등의 인사를 했는데, 고위직 중에서 현장에 없었던 사람은 이원익뿐이었다. 이원익의 명성을 볼 때 그에게 영의정을 맡겨 반정 세력에 대한 지지도를 높이려 했을 가능성은 충분하다. 하지만 사전 교감이 전혀 없이 일방적으로 그런 인사를 할 수 있었을까? 강직하기로 소문난 이원익이 벼슬을 거절하고 "역적질을 그만두라" 하고 나오면 곤란한 일이다.

또한 이원익과 어울려 놀던 '수상칠인' 중 이식의 부인은 인조의 이종사촌이었고, 정백창의 부인은 인조의 비, 인열왕후의 언니였다. 절친한 사이는 아니었으나 같은 남인이며 같은 고을인 여주에서 유배 생활을 한 한준겸은 인열왕후의 아버지였다.[202] 이것은 단지 우연일 뿐일까?

아무튼 이원익은 신정부의 영의정 제의를 받아들였다. 인조가 주서 최몽량을 보내어 이원익을 모시고 올라오게 하니 이원익은 "새로 즉위하신 초기에 소명을 처음으로 받았으니, 진실로 수레에 멍에를 걸 겨를도 없이 길을 나서야 합니다만, 근래에 요통腰痛을 얻어 운신하기가 매우 어렵습니다. 그렇지만 명에 달려가는 것이 급하니, 어느 겨를에 침 맞고 뜸 뜨고 하겠습니까. 만약 온돌에서 며칠 조섭하여 조금이라도 차도가 있게 되면 21일에 병든 몸을 이끌고 나아가겠습니다. 다만 말을 타고 달려가자면 통증이 필시 심해질까 염려됩니다. 그렇게 되면 굽도 젖도 못하여 즉시 사은숙배하지 못할 것이니, 몸은 비록 한양에 들어갔지만, 소명에 달려가지 않은 것이나 진배없습니다. 그래서 배를 타고 올라갈까 하는데 강에 또 풍랑이 많으므로, 조정에 언제 나아가게 될지 또한 미리 예측하기 어렵습니다"라는 답변만 보내왔다. 그러나 인조가 다시 승지를 보내 재촉하는 한편 어의와 약재를 보내 병을 다스리도록 하니, 결국 3월 22일에 입성하여 인조를 만난다.

이원익의 출사를 두고 당시 대부분의 여론은 매우 긍정적이었던 것 같다. 『실록』은 이렇게 기록했다.

> 원익은 충직하고 청백한 사람으로 선조先朝부터 정승으로 들어가 일국의 중망을 받았다. 혼조 시절 임해군의 옥사 때 맨 먼저 은혜를 온전히 하는 의리를 개진하였고, 폐모론이 한창일 때에 또 상차하여 효를 극진히 하는 도리를 극력 개진하였으므로 흉도들이 몹시 그를 미워하여 목숨을 보전하지 못할 뻔하였다. 5년 동안 홍천에 유배되었다가 전리에 방귀되었다. 이때에 와서 다시 수규首揆에 제수되니 조야가 모두 서로 경하하였다. 상이 승지를 보내 재촉해 불러왔는데, 그가 도성으로 들어오는 날 도성 백성들은 모두 머리

를 조아리며 맞이하였다.[203]

또 반정의 주역 중 하나였던 이서李曙는 나중에 이렇게 당시를 회고했다고 한다.

> 완풍부원군 이서가 일찍이 다른 사람에게 말하기를, "계해반정 초기에 나라 사람들이 갑작스럽게 왕을 폐하여 바꾸었다는 소리를 듣고는 주상께 성덕聖德이 있다는 것을 알지 못했던 탓에 상하 사람들이 모두 놀라 소요하여 향배가 정해지지 않았는데, 이를 위세威勢를 가지고 진복鎭服시킬 수가 없어 이루 말할 수 없는 어려움이 있었다. 그런데 상국相國인 완평 이원익이 선조先朝 때의 원로로서 수상에 제수되어 소명을 받아 여주에서 올라와 입조入朝하자 인심이 비로소 정해졌으며, 사계 김장생, 우복 정경세, 여헌 장현광, 동계 정온 등이 차례로 입조하자 사람들 마음이 더욱 안정되어 모두들 왕실을 향해 마음을 주면서 충성을 다할 것을 생각하였다. 현인이 나라의 안위安危에 관계됨이 이와 같다" 하였다.[204]

세월이 꽤나 지난 뒤에도 이원익의 출사는 부정적이기보다는 긍정적인 일로 받아들여졌다. 가령 조선 후기의 실학자 홍대용洪大容의 글을 보면 이런 인식을 알 수 있다.

> 이때에 완평부원군 이원익이 국가의 원로元老였습니다. 폐모廢母하던 때에 있어 간하여도 들어주지 않으므로 교외에 은거하고 있다가 새 임금이 즉위하였음을 듣고는 말하기를 "내가 들어가지 않으면 민심이 안정되지 않을 것이다" 하여, 창졸간에 새끼줄로 교자를 이끌게 하고 호창呼唱하면서 한양으

로 들어오니 장안 민중들이 보고서 기뻐하며 이르기를 "완평이 들어오니 새 임금이 반드시 나라의 의로운 임금이다" 하였던 것인데, 지금까지 미담으로 전해지고 있습니다. 그 당시의 공중의 의론을 이로써 알 수 있습니다.[205]

하지만 이 결정을 좋게만 보지 않는 사람도 없지 않았다. 나중에 이원익의 손녀사위이자 문인이 되는 미수眉叟 허목許穆의 아버지인 허교許喬도 그랬다.

천계天啓 3년에 공이 산음현을 떠나 집에 와 있었는데, 그때 나라에는 반정反正의 일이 있어 이 문충공이 다시 정승이 되니, 공이 사적으로 찾아보고 말하기를 "공업功業이 세상을 덮었다 하더라도 청사淸士는 부끄럽게 생각할 것이오" 하니, 이상국이 얼굴빛을 고치며 탄식하면서 사람들에게 말하기를 "동애공(東崖公, 허자許磁)의 자손에 이러한 사람이 있었구나" 하였다 한다.[206]

어쨌든 정식으로 왕위를 이어받은 군주를 신하의 손으로 내쫓은 것이니, 내쫓긴 임금의 조정에서 영의정을 지낸 사람이 그동안의 이유야 어찌 됐든 내쫓은 임금의 밑에서 다시 영의정을 한다는 일은 자타가 납득을 하더라도 완전히 개운치는 못한 일이었으리라. 이원익이 최몽량에게 대답을 불러주던 3월 19일, 반정 정권은 이이첨, 정조, 윤인, 이위경, 이홍엽, 이익엽 등 광해군 정권의 핵심이면서 가장 심한 비판을 받아왔던 인사들을 몰아서 처형했다. 이이첨은 형장에서 "완평이 정승에 복위되어 있었다면 우리 일족은 반드시 살아남게 되었을 텐데"라고 중얼거렸다고 하는데,[207] 사실이라면 광해군 말년에 이원익을 다시 영의정으로 등용하고 일부 반대 세력들도 포용하는 포용 정치를 하려던 계획이 어느 정도 실제로 검토되었던 것 같다. 그것이 실행되었더라면 이원익은 반정을 맞이하여 어떻게 행동했을까? 아니, 반정이 과연 일어났을까?.

용서와 화해에 앞장서다

입경한 이원익은 창경궁 명정전에서 인조를 뵈었다. 이때 이원익의 나이 77세. 인조는 두 환관에게 이원익을 부축하여 단에 오르도록 했으며, 그가 앉자마자 요통은 좀 어떠냐는 말부터 물었다.[208]

> 원익이 대답하기를 "엄명이 다시 내리므로 달려 나올 듯은 일각이 급하였습니다. 그러나 병이 있어 즉시 길을 떠나지 못하였으니 태만한 죄를 면할 수 없습니다. 극히 황공합니다" 하였다.
> 상이 이르기를 "재덕이 없는 내가 대위大位에 올라 밤낮 걱정하면서 경이 오기를 기다려 국사를 의논해 처리하려 하였다. 경이 나를 버리지 않고 이처럼 병든 몸을 이끌고 올라와 주니 너무도 기쁘다. 보다시피 지금 국가의 위난이 극에 이르렀다. 오직 경의 보좌를 힘입어 종사를 안정시키려 한다" 하니, 원익이 아뢰기를 "신이 나이 80에 가깝고 보니 정신과 근력이 쇠약함을 느낍니다. 국가에 무슨 도움이 있겠습니까. 앞으로 국사에 난처한 일이 극히 많을 것인데, 그중에도 명군을 접제接濟하고 노적奴賊을 방비하는 일들은 더욱 어렵습니다. 성상께서 노심초사하심이 그 얼마나 크겠습니까. 듣건대 근일 조처하는 일이 이미 두서가 잡혔다 합니다. 차후에는 걱정하실 것이 없을 듯합니다."[209]

이원익과 인조의 첫 대화. 7년 만에 출사하여 그것도 다섯 번째로 영의정이 된 이원익이 임금께 처음 제기한 시사 문제는 외교 국방 분야였다. 당시는 광해군 폐위를 빌미로 명나라와의 항쟁에서 뒤탈이 없도록 조선부터 쳐들어오려던 후금의 위협이 눈앞에 다다라 있을 무렵이니 역시 이원익의 식견은 탁월하다는 생각이 든다. 하지만 이어지는 그의 주장은 약간 실망스럽다.

원익이 아뢰기를 "모든 일처리에 있어 전철만을 지켜서는 감동을 주기 어려울 것 같습니다. 반드시 비상한 조치가 있어야 민심을 감복시킬 것입니다. 앞으로 노적奴賊을 방비하고 명군을 접제하는 일이 극히 난처합니다. 현재 민생이 도탄에 빠지고 나라의 재정이 고갈되었습니다. 반드시 수입을 헤아려 지출하며 용도를 절약하고 백성을 사랑하며, 모든 요역徭役도 백성에게 책하지 말아서 민력을 조금이라도 펴게 해야 하겠습니다. 그러면 백성은 지극히 신령한 것이라 그들로 하여금 명나라 군사를 대접하게 하더라도 원망이 없을 것이며, 그들로 하여금 노적을 정벌하게 하더라도 꺼리지 않을 것입니다. 백성들이 군신의 대의는 모른다 하더라도 임진년의 재조再造 은혜에 모두 감격하고 있기 때문입니다. 전에야 온갖 간신배가 조정에 차 있었으니 누가 명군과 합세하여 노적을 토벌하려고 하였겠습니까. 요즈음 들으니 성상의 결단력에 감동을 주는 조치가 많다고 합니다. 민심이 뭉치면 충분히 몽둥이를 들고도 적을 막아낼 수 있습니다. 우리나라가 본래 천하의 강병強兵이라고 일컬어졌습니다. 진실로 민심을 얻는다면 사람마다 모두 즐거이 나라를 위해 싸울 것입니다. 이 적에 대해 무슨 어려움이 있겠으며 방비에 있어 무슨 걱정을 하겠습니까."

결국 그는 임진왜란 이전부터 일관되게 '민생의 안정은 곧 국방의 강화'라는 원칙을 주장해 왔으며, 여기서 이를 다시 피력한 것이다. 물론 원칙적으로는 맞는 말이지만 왜란의 물적·심적 상처를 치유하는 일은 아무리 좋은 정치를 펴도 쉽게 되지 않는 일이다. 게다가 잇따른 정변으로 민심은 더욱 흉흉해지고 기강은 흐트러진 상태였다. 이처럼 국가가 또 다른 전쟁을 감당할 여력이 도무지 없는 마당에는 광해군처럼 중립 외교를 펴서 전쟁 자체를 방지하는 편이 최선의 전략일 것이었다. 그러나 왜란 때도 "끝까지 싸워야 한다" "원수와 화친할 수는 없다"는 입장을 고수했던 이원익은 비록 그동안 광해군의 외교 노선에 대해서는 특별한 상소나 논설을 남기지 않았으나, 인조와 처음 대면하는 자리에서 중립 외교를 비판하고 대명 의리를 강조하는 듯한 발언을 한 것이다. 물론 그것은 몰락한 대북파를 포함해 당시 사대부들의 일반적 입장이기는 했다. 그러나 늘 실實에 치중해 온 이원익이라면 다른 시각에서 이 문제를 바라볼 수도 있지 않았을까? 이 점에 대해서만은 아무래도 아쉬움이 남지 않을 수 없다.

또 인조는 이원익에게 인재를 추천할 것을 주문했는데, 이원익은 "이조 판서가 이미 좋은 사람으로 섰는데 무엇이 걱정이 있겠습니까"라며 추천을 사양했다. 그래도 인조가 "초야에 있는 사람들은 이조나 병조가 어떻게 알 수 있겠는가?"라고 재차 추천을 의뢰하자 이원익은 이렇게 아뢰었다.

> "옛사람의 말씀에 '오직 공평한 것이 남을 감복시킨다'고 하였습니다. 전하께서 만약 공평한 마음으로 다스리며 일호의 사심도 보이지 않는다면 백성에 대한 솔선수범의 교화가 빠르게 펴질 것입니다. 궁중에 사심이 없으면 온 백성이 눈을 씻고 볼 것이나 만약 털끝만치라도 사의가 있다면 백성이 실망할 것입니다. (……) 붕당의 폐단은 예로부터 있었습니다. 이미 붕당이 되어

> 갑자기 깨뜨리기 어려울 것 같지만 오직 임금의 마음 하나에 달렸습니다. 임금이 사람을 쓰거나 버림이 한결같이 공평한 마음에서 나온다면 어진이가 진출하고 불초한 자가 물러가 조정이 자연 깨끗해질 것입니다."

인조는 대북을 쓸어버리고 그 공백을 반정 공신들로만 메우기에는 한계가 있으므로, 당시 '재야의 대표자' 격이었던 이원익에게 조정에 수혈할 만한 재능 있고 정치적으로 적합한 인물을 추천하도록 한 것이다. 그런데 이원익은 한 단계 높은 이야기를 했다. 인사 원칙에 있어서 공평성, 즉 당파를 초월한 능력 위주의 인사를 주문한 것이다. 물론 '수상칠인' 같은 재야의 인사들도 불러서 써야 할 것이다. 하지만 그런다 해도 전에 대북이 독주했듯이 이번에는 반정의 주도 세력인 서인이 독주해 버리면 그것이 효율적인 인사일 수 있으며, 그런 정권이 광해군의 전철을 밟지 않는다고 할 수 있는가? 따라서 구체적으로 누구누구를 기용할 것인지를 생각하기에 앞서 탕평 원칙을 확고히 하라는 것이 이원익의 정문일침頂門一鍼이었다. 앞서 광해군 때는 재야의 인사들을 기용할 것을 주청한 이원익이었는데, 광해군은 당파주의에 따라 그 건의를 묵살했다. 따라서 이번에는 당파에 빠지지 않는다는 원칙부터 단단히 못을 박고 가자는 뜻이었다. 이런 점에서는 '역시 이원익'이라고 할 수 있었다. 만약 정인홍 같은 사람이 그 자리에 있었다면 전 정권에 부역한 자들을 남김없이 쓸어버리는 것이 최우선 과제라고 역설했으리라.

그 정인홍의 처리를 두고는 신정권이 고심하는 중이었다. 광해군의 척족으로 전 정권의 실세 중 하나였으나 폐모살제 과정에서 적극적 역할을 하지는 않았던 유희분의 처리와 광해군과 폐세자의 처분 문제도 골칫거리였다. 이원익은 정인홍처럼 원흉 중의 원흉으로 지목되고 있었던 사람의 극형은 어쩔 수가 없다고 보면서도, "실로 큰 죄를 범한 자가 아니면 함께 배척하는 것이 옳지 않으며, 또 유희분과 박승종의 무리는 가산을 몰수하여서는 안 된다"는 입장을 개진했다.[210] 신광엽 같은 사람은 일찍이 이원익을 반드시 죽여야 한다고 역설했던 사람인데, 이원익은 그의 생명도 구해주었다. 그리고 광해군에게 원한이 절절했던 인목대비가 "그 인간을 반드시 죽여야만 분이 풀리겠다"고 주장하자, 이원익은 인조의 앞에 엎드려 눈물을 쏟으면서 "광해는 스스로 천명을 끊었으니 폐위한 것은 실로 마땅합니다. 그러나 만일 죽이기까지 한다면 노신老臣은 일찍이 그의 신하였으니 차마 받들 수가 없습니다. 그렇다면 신은 반드시 물러가야 하겠습니다"라고 고했다. 그러자 인조도 "과인도 그런 뜻이 있었는데, 경의 말이 그러니 어찌 그의 목숨을 보전하기를 힘쓰지 않겠는가?"라고 말했다고 한다.[211]

이원익의 말 한마디에 목숨이 왔다갔다 할 수 있는 상황이었으니, 몰래 뇌물을 바치며 잘 좀 부탁한다고 하는 사람도 없지 않았으리라. 야사에 따르면 광해군 때 권력을 휘두르던 사람 하나는 자기 애첩이 신던 진주로 장식한 신 한 켤레를 이원익의 아내(당시 이원익의 정부인 정씨는 이 세상 사람이 아니었으므로 여기서 아내란 그의 소실일 것이다)에게 뇌물로 몰래 보내면서 자기 목숨을 구해달라고 빌었다. 아내는 이것을 이원익에게 보이고 그 사유를 밝혔다. 진주 신을 본 이원익은 눈물을 흘리며 탄식하였다고 한다. "신하에게 이런 물건을 가지게 했으니 그 임금이 어찌 망하지 않을 수 있으며, 애첩에게 이런 물건을 신게 하였으니 그 사람이 어찌 죽지 않을 수 있으랴" 하고는 마침내 용서하지 않았다.

1623년 4월은 이원익으로서는 만감이 교차하는 한 달이었을 것이다. 먼저 4월 3일에 정인홍이 구십을 바라보는 나이로 저잣거리에서 처형되었다. 광해군 시대에 들어서는 최대의 정적이라고 할 수 있었으나 한때는 함께 손잡고 왜군과 싸우기도 했으며, 기질도 비슷한 데가 없지 않던 그의 비참한 죽음이 이원익에게 무심히 다가왔을 리가 없다. 그보다 하루 앞서서는 인목대비가 이원익을 친견하려다 그만두고 선물만 안겼다. 앞서 영의정이 된 그에게 "경은 일찍이 원부怨婦를 위해 대역적 이혼(李琿, 광해군)에게 직언하였다가 죄를 입고 출척黜斥되는 화를 당하였으니, 경의 충정은 해를 꿰뚫는다고 할 만하다"고 어루만지는 하교를 했고, 이제는 그의 고마움에 보답한다 하여 직접 만나보고 싶어 했으나 체면상 적절치 않다는 말이 있어 직접 만나지는 않은 채 작은 선물(무엇인지는 알려져 있지 않다)을 건넨 것이다. 『승정원일기』에 따르면 인목대비는 이를 두고 "그(이원익)가 비록 다행히 죽음을 면하기는 하였으나 멀리 찬배되어 곤욕을 당한 것이 어떠했겠는가. 이는 모두 나의 허물에서 나온 것이다. 감격한 마음에 직접 만나 말이라도 한 번 하려 한 것이다. 그리고 10여 년 동안 철옹성과 같은 곳에 들어가 유폐되는 치욕을 겪은 상황을 글로는 다 표현하기 어렵기 때문에 마음 속의 회포를 잠시나마 토로하고자 한 것이다. 그러나 조정의 의논이 온당치 않다고 하니, 감히 인견하지 못하겠다. 표문表文을 올리는 일은 부디 속히 도모하여 보냄으로써 주상으로 하여금 빨리 황은皇恩을 입어 광명정대光明正大한 지위에 임하도록 하고 또한 나의 소원도 이루어달라. 큰 공훈을 세운 것에 비하면 이처럼 변변찮은 물건으로 마음을 표하기에 부족하지만, 이를 통해 대략이나마 나의 마음을 표한다"[212]고 밝혔다.

여기서 표문이란 광해군을 폐하고 인조를 세운 일에 대해 명 황실에 보고하고 승인을 얻을 일을 가리키는데, 인목대비는 그 표문에 몇 가지를 첨부하도록 주문했다. 첫째, '광해군이 왕위를 이어받을 때 그가 불초한 줄을 미처 모르고 처음에 첩(인목대비 자신)의 이름으로 주청하였으니 실로 천자를 기망한 죄가 있다'는 것, 둘째, '첩이 유폐당해 욕을 본 햇수가 10여 년이라는 사실'을 상세히 기입할 것, 셋째, '외척과 간당이 함께 악행을 하며 화를 빚어낸 결과 첩의 부형을 대역죄로 무고하여 온 가족이 도륙당했다'는 것, 넷째, '유구국琉球國의 세자가 우리나라에 표류해 왔는데 변방의 신하로 하여금 몰래 죽이게 했다'는 것, 다섯째, '광해군 부자가 죄악이 가득하니 빨리 처형함으로써 인민에게 사죄해야 한다'는 것 등이었다. 한마디로 광해군은 절대 악인이고 명나라의 입장에서도 살려둘 수 없는 죄인이니, 그와 그 아들을 죽이는 일에 힘을 실어달라는 내용이었다.[213] 앞서 반정이 이루어지자마자 광해군을 죽이려 하던 인목대비를 이원익이 눈물로 간하여 겨우 무마하였지만, 이번에는 명나라의 이름을 빌려서라도 반드시 죽이려는 인목대비의 한은 오뉴월에 서리가 내리다 못해 꽝꽝 얼어붙을 지경이었다. 그녀는 광해군을 '폐주廢主'라고 부르지도 못하게 하고 '그 인간獨夫'이라 불렀으며, 별도로 '그 인간의 36가지 죄악'을 적어 신하들에게 회람시키기도 했다. 이런 대비의 서슬에 대신들은 모두 당황했으나, 이원익은 침착하게 반론을 제기했다.

"자전(인목대비)께서 하교하신 것 가운데 정도에 지나친 말씀이 많이 있기 때문에 여쭈어 재가를 얻고 싶습니다. 주문의 문장은 단지 사실에만 의거해야 합니다. '처음에는 어진 줄 알고 종묘사직을 받들게 했는데, 이제 와서 보니 무도하고 패륜한 행동을 저지르기 때문에 어쩔 수 없이 폐위시켰다……'고 하는 정도는 무방합니다. 그리고 '외척이 화를 빚어냈다'는 등의 말은 이미 기존의 주문에 적절하게 포함시켰기 때문에 또 거론할 필요가 없고, 또 유폐되어 욕을 보신 햇수에 대해서는 마땅히 사실대로 언급해야 할 것입니다. 그러나 '빨리 형벌을 가해야 한다'는 등의 말을 만약 주문에 삽입시킬 경우, 구적仇敵을 대하는 것 같은 인상을 주어 명나라 조정에서 듣고 놀라워할 것 같습니다. 이와 같이 주달하는 말에 대해서 명나라 조정의 인사들이 어찌 여군 女君 혼자 하는 일이라고 여기겠습니까. 미덕이든 실덕이든 간에 결과적으로는 모두 전하께 돌아오게 되는 법인데, 어찌 삼가지 않을 수 있겠습니까. 그리고 신들은 모두 폐조와 군신의 의를 지니고 있었던 입장인데, 만약 끝내 이와 같은 거조가 있게 된다면 어찌 차마 말할 수 있겠습니까."[214]

인목대비가 고집하는 다섯 가지 조목 중 일부는 이미 썼거나 좀 더 강조해 쓰면 될 일이지만, 대비 스스로 "이런 무도한 놈을 임금이랍시고 인정해 달라고 했으니 제가 죄인입니다"라거나 "빨리 처형해야 합니다"라고 격렬한 표현을 쓴다면 나라 망신이며, 다른 사람이 아닌 인조가 비웃음거리가 될 수밖에 없다(대비라고는 하지만 당시 사람들의 시각으로는 '한낱 여자일 뿐'인 사람의 뜻대로 놀아나고 있다면서)는 논거로 자제를 요청한 것이다. 그리고 앞서 눈물을 흘리며 간할 때처럼 "우리는 결국 광해군 시절에 녹을 먹은 사람이므로, 그에게 최소한의 의리도 지키지 않을 수는 없다. 정치 행위를 그렇게 사적인 복수의 수단으로 이용하려 한다면, 우리는 물러갈 수밖에 없다"는 메시지를 다시 한 번 강력히 피력했다. 전에는 감정으로, 이번에는 논리로 호소하는 이원익의 '은의겸진론'에 인조도 수긍하면서 "그러나 자전께서 저토록 고집하시는데 어쩌겠는가?"라고 난처함을 표시했다. 그러자 이원익은 백관을 이끌고 대비가 거처하는 궁의 합문 밖에 엎드려 생각을 돌릴 것을 간곡히 호소했다. 결국 인목대비는 마지못해 광해군 부자를 도륙하고야 말리라던 뜻을 접고 말았다.

그리하여 마침내 죽음을 면한 광해군은 앞서 3월에 강화도로 떠나갔는데, 당시 이원익은 남쪽 교외에 나가 꿇어앉아서는 "임금으로 하여금 이 지경이 되게 한 것은 저희들의 죄입니다" 하며 눈물을 흘렸다고 한다.[215]

그런 그를 바라보며 광해군은 무슨 생각을 했을까? 12년 전의 경연 자리에서 그가 "민심이 등을 돌리고 천명이 떠나서 백성이 앞다투어 어진 임금에게로 돌아감은 인력으로 어쩔 수 없는 자연의 이치인 것입니다"라며 충고했던 일을 떠올렸을까?

다시 제도 개혁에 나서다
─대동법大同法의 본격화

그러나 가장 의미가 큰 일은 4월 4일, 광해군 때 경기도 내에 시범적으로 시행하였다가 전국으로 확대되지 못하고 지지부진하던 대동법을 본격화하려는 논의가 이루어진 일이었을 것이다.

"선혜법宣惠法을 경기 지방에 실시한 지 지금 20년이 되어가는데, 백성들이 매우 편하게 여기고 있습니다. 팔도 전체에 통용시키면 팔도 백성들이 그 혜택을 받을 수 있을 텐데, 폐조 때에는 각사各司의 하전下典과 이익을 독점하는 세가勢家가 온갖 방법을 동원하여 저지시켰으므로, 그 편리한 점을 알면서도 시행하지 못한 지 오래입니다. 현재 갖가지 부역이 중첩되고 백성들이 도탄에 빠졌으니, 반드시 대대적으로 경장更張하여 민심을 위안시킬 소지를 만들어야 합니다. 비록 일시에 모든 도에 실시할 수는 없다 하더라도 우선 2, 3개 도에 먼저 실시하여 봄, 가을로 1결結당 10두씩의 미곡을 거두면 60만 석을 장만할 수 있습니다. 여기에서 서·남·북도의 군수용 및 영남 하도의 왜관倭館의 비용을 제하더라도 나머지가 또한 40만 석은 될 것이니, 이것을 가지고 조용調用한다면 부족할 걱정은 없을 듯합니다. 대신과 상의하여 결정하는 것이 타당하겠기에 감히 아룁니다."[216]

이렇게 호조에서 대동법의 부활 내지는 강화를 처음 주장한 것으로 되어 있으나, 그 실제 주창자는 이원익이었다. 1625년(인조 3년)에 조익이 대동법을 옹호하는 상소를 올리며 "대동법을 실시하기로 한 것은 당초에 영의정 이원익의 의론에서 나온 것"이라고 언급했으며,[217] 한참이나 지난 뒤인 1646년(인조 24년)에도 최명길이 "일찍이 계해년 무렵에 고 상신相臣 이원익이 삼도三道에 대동법을 실시하자는 의견을 맨 먼저 꺼냈는데, 이서李曙가 호조판서로 있으면서 극력 찬성하여 성사시켰습니다"라고 밝히고 있다.[218] 광해군 때는 독립성을 확보하기 위해 별도의 기구(선혜청)를 먼저 세웠으나, 이번에는 그러지 않고 호조를 먼저 내세운 것은 서인 위주의 반정 정권에서 '이원익이 독주한다'는 평이 나오는 것을 염려했기 때문이 아닐까. 다행히 호조판서를 맡고 있던 반정의 주역 이서가 대동법에 매우 호의적이었으며 행정적으로 별도의 전담 기구가 필요하다는 생각은 같아서 이원익은 먼저 재생청裁省廳이라는 기구를 설치했다. 그래서 이 재생청에서 비용의 절감과 부세의 경감 등을 추진하도록 하는 한편 전라도·충청도·강원도에서 대동법을 실시하기 위한 절목도 작성하도록 했다. 그것은 7월에 완성을 보았다.

재생청이 아뢰기를 "하사도의 작미 사목作米事目이 이미 계하啓下되었습니다만, 각 고을의 전결田結의 실제 숫자는 자세히 알기 어렵습니다. 먼저 각 고을로 하여금 계묘년 양전量田한 뒤에 개간한 실제 숫자와 자수字數, 결수를 철저하게 분명히 조사 보고하게 하여 참고 자료로 삼아야 하는데, 모두 8월 15일 전까지 보고하도록 하소서." 하니, 따랐다.[219]

이처럼 틀이 다 갖추어지고 마침내 대동법이 시행되었다. 정책의 최고 결정권자였던 인조는 대동법을 시행하면서도 계속적인 의구심을 갖고 있었는데, 이귀, 김장생 등 대동법의 현실적 병폐를 지적하는 사람이 많았는 데다 자신이 새로 정치를 하면서 '조종의 법을 멋대로 바꾼다'는 평가를 받을까 봐 조심스러웠기 때문이다. 7월 12일에 영사 윤방尹昉과 나눈 대화가 그 점을 보여준다.

> 상이 조강에 문정전에서 『논어』를 강하였다.
> 영사 윤방이 아뢰기를 "전일 영상이 '선혜청의 일은 각도의 감사에게 물어본 다음에 시행하는 것이 마땅하다' 하였는데, 지금 들으니 민간에서도 편하게 여긴다고 합니다" 하니, 상이 이르기를 "1결당 납부액이 얼마나 되는가?" 하자, 윤방이 아뢰기를 "1결당 바친 쌀이 거의 스무 말쯤 됩니다" 하였다.
> 상이 이르기를 "전에 들으니 기전畿甸 백성들의 경우 작은 현縣은 편하게 여기고 큰 고을은 불편하게 여긴다고 한다. 시행 초기에 모쪼록 잘 작정해야 하니, 만일 뒷날 더 배정하는 일이 있으면 백성들은 반드시 원망할 것이다. 또 반드시 경계經界를 먼저 정한 뒤에야 이 법을 시행할 수 있을 것이다" 하니, 윤방이 아뢰기를 "양전量田을 시행하면 수십 만 결을 얻을 수 있을 것이니 백성은 편리하고 국가는 이롭게 될 것입니다" 하였다.
> 상이 이르기를 "백성에게 편리하면 반드시 나라에는 이롭지 않고, 나라에 이로우면 반드시 백성에게는 편하지 않을 것인데, 어떻게 양쪽 다 이익을 얻겠는가?" 하니 윤방이 아뢰기를 "이 법을 시행하게 되면 방납의 폐단이 없어지기 때문에 백성에게 편리할 것입니다" 하자, 상이 이르기를 "정말 편하고 타당하다면 시행하는 것이 좋겠다."[220]

인조가 쉽게 이해하지 못한 '나라에도 이롭고 백성에도 편한 일'이야말로 이원익이 평생 추구해 온 것이며, 이원익의 정치사상의 가장 중요한 원칙이었다. 세금을 총량제로 걷지 않고 호환성이 없는 부문별로 걷는 데 따르는 비합리성과 그 과정에서 자연스럽게, 또는 모리배들의 장난에 따라 발생하는 폐해를 없앤다면 나라의 재정도 풍부해지고 백성의 부담도 줄어드는 것이다. 그것이 실實이고, 그것이 상식常識이다. 실용적 원칙에 따르고 상식을 존중하는 개혁과 정치야말로 그 시대에, 아니 모든 시대에 필요한 것이 아닐 수 없다.

　같은 맥락에서 이원익은 서얼의 허통에도 힘썼다. 임진왜란 당시 의병을 독려하기 위해 잠시 열렸지만 이후 다시 막혀버린 서얼의 벼슬길을 열어주기 위해 논의한 끝에, 이원익은 "양첩良妾한테서 난 사람은 손자 대에, 천첩賤妾한테서 난 사람은 증손자 대에 가서 과거 시험을 볼 수 있도록 하는 한편 요직要職은 허락하되 청직淸職은 허락하지 않기로 한다"는 사목을 마련하여 왕의 재가를 받았다. 이처럼 많은 제한을 둘 수밖에 없었음은 그만큼 '적서의 구분을 엄격히 해야 한다'는 인식이 팽배해 있었기 때문이다.[221]

　참으로 이 시기야말로 이원익이 평생에 가장 크게 존경을 받고 영향력이 큰 시절이라고 할 수 있다. 인조는 여든에 가까운 그의 연령과 건강을 염려하여 5일에 한 번씩만 조회할 때 견여(가마)를 타고 입궐하도록 했으며, 환관 둘이 늘 부축하여 전에 오르도록 했다. 송나라의 명신 문언박文彦博의 고사에 의거한 것이다. 그는 이런 영향력을 바탕으로 대동법의 확대 시행을 건의하여 시행했고, 광해조의 관련자들을 감쌌을 뿐 아니라 선조조에 권신의 멍에를 썼던 정철과 이발을 신원하여 관련자들의 숙원을 풀어주기도 했다. 하지만 이런 영광의 빛에도 그림자는 있었다. 조정의 실권이 공신-서인 위주라는 점이 문제였다. 그래도 이원익과 친하거나 남인으로 분류되는 한준겸, 정백창, 정온, 이식, 정경세, 이준, 최현, 장현광, 이광정, 김시양 등이 조정에 들어와 있었고, 서인 중에서도 이서, 신흠, 오윤겸吳允謙, 조익趙翼, 정엽, 윤방, 김장생金長生, 김상헌 등이 이원익을 존경하거나 호감을 갖고 있었다.

반정 공신들과 이원익의 사이의 긴장은 제도적인 문제에서 실마리를 드러냈다. 반정 초기에 공신들은 이원익 등 나이든 대신들이 병으로 자주 출사하지 못하는 점을 꼬집으며 "도당都堂을 부활시키자"는 의견을 냈다. 명분은 본래 비상 기구였던 비변사의 권한이 비대해지고 의정부가 유명무실해진 점을 바로잡는다는 것이었다. 그러나 이원익은 이에 반대하며 "신하들이 국사를 마음대로 할 우려가 있다"고 하여 결국 그 논의를 차단했다. 이 결정은 결국 조선 후기 제도상의 문제점 중 하나였던 비변사 권한의 비대와 공식 행정 계통의 왜곡하고 비변사를 장악한 당파가 국정을 농단하는 폐단을 낳았다고 하여 후일 비판을 받기도 했다.

> 우리나라는 명종 때부터 비변사를 두어 국가의 큰일을 모두 이곳에서 결정하자, 의정부는 허수아비가 되었다. 인조 원년 계해癸亥에 반정 공신들이 모두 도당의 옛 제도를 회복하려 하였으나, 완평부원군 이원익이 "근고近古의 일은 그 이유가 있었던 것이다. 나라의 큰 권세를 신하가 다시 천단해서는 안 된다"라고 하자 드디어 그 의론이 정지되었으니, 이는 이 상공의 실언이다. 만약 삼공이 권력이 없다면 어찌 삼공이라 할 수 있겠는가? 국가의 체통이 날로 떨어지는 것은 오직 여기에서 연유하였다.[222]

그러나 반정 공신들이 도당 회복론을 제기한 것은 사실 삼공을 허수아비로 만들고 국정을 자신들이 좌지우지하려는 속셈이었다. 그렇지 않으면 의정부의 정승들이 제대로 출사하지 못하는 현실을 꼬집으며 동시에 그 의정부의 권한을 강화하자고 말할 수 있겠는가? 비변사는 정승뿐 아니라 여러 대신들과 대장들도 참여하므로 큰 당파라면 모를까 소수의 공신이 장악할 수 없는데, 의정부에 권한을 집중하고 정승들이 출사하지 않는 틈을 타 찬성급들이 대리하면 자신들 마음대로 국정을 이끌어갈 수 있다고 여겼던 것이다. 또한 당시는 왜란에 이어 반정, 반란과 호란이 계속 이어지는 때였으니 비변사를 혁파하기에 적당한 시점도 아니었다. 비변사가 후일 평화가 지속되는 속에서도 해체되지 않고 특정 당파에 장악됨으로써 왕과 반대 당파를 억압하는 기구가 된 것을 이원익의 결정에 돌리는 일은 어폐가 있다고 할 것이다.

궤장 하사와 기영연 잔치, 그러나 조금씩 갈라지는 틈

하지만 직접적으로 양쪽의 의견이 충돌한 것은 광해군 정권에 참여했던 인사들을 처리하는 문제 때문이었다. 이원익이 대체로 관대하게 처분하고 광해군이 만든 공신록을 모조리 폐지하는 가운데 "왜란 때 세자인 광해군을 호종했던 위성공신만은 실제로 공로가 있으니 유지하자"는 의견을 내는 등 유독 전 정권 인사들을 두둔하는 듯하니 그 점을 못마땅하게 생각하는 사람들이 공신들 말고도 있었다. 이희겸이 지었다고 추정되는 『청야만집』에서는 이렇게 비판했다.

> 반정 초기에 이원익이 영의정이 되고 오윤겸이 대사헌이 되어 묘당과 대각에서 의논을 주도하였는데, 모두 충후忠厚한 사람이라 죄를 다스릴 때에 오

로지 너그럽게 처리하여, 마침내 흉악한 무리들이 목숨을 보전한 자가 많았으니 이것만도 이미 형벌을 잘못 집행한 것인데, 더러는 죄는 같아도 벌은 틀린 경우도 있어 형장刑杖이 문란하였다. 그들이 살육을 일삼지 않은 것은 비록 어질다고 할 수는 있어도 결국 후세의 비난은 면하기 어려웠다.[223]

이런 불만은 1623년 5월 23일에 폐세자 이질이 강화도의 유배지에서 땅굴을 파고 나와 탈출하려다 붙잡히고 폐세자빈은 자결하는 사건이 터졌을 때 한껏 불거졌다. 깜짝 놀란 신하들은 일제히 소를 올려 폐세자를 죽여야 한다고 주장했고, 인목대비도 따로 교서를 내려 죽이라고 했다. 다만 이원익만이 살려주어야 한다고 아뢰니, 이귀(그는 반정 공신 가운데 유독 서인이니 남인이니 하는 당색이 강한 사람이기도 했다)는 분노하여 "신은 이원익을 평소 존경하였는데, 이번에 보여준 행동은 뭇 사람들의 마음을 충분히 승복시키지 못하고 있습니다. 대신이 저 모양이니 앞으로 어떻게 기대할 수 있겠습니까?"[224]라고 경연 자리에서 폭언을 했다. 이를 들은 이원익은 사직했으며, 이 일로 이원익과 가까웠던 대사헌 오윤겸, 사간 정온도 사직하고 이귀가 대사헌이 되는 등 인조 초년의 남인 세력 내지는 친 이원익 세력이 후퇴하는 모습이 나타났다.

하지만 인조는 "젊은 무리가 그를 경솔하게 인책한다"고 이원익을 감싸고는, 그에게 궤장几杖을 내리기로 결정했다. 궤장이란 의자에 대는 방석과 비둘기 모양의 머리장식을 베푼 나무지팡이인데, 『경국대전』에 따르면 정1품으로 나이가 일흔이 지났더라도 국가의 경중輕重에 관계되어 사임하지 못하는 자는 궤장을 준다고 한다. 궤장을 하사할 때는 법도대로 국가에서 내리는 사궤연賜几宴이 열리는데, 이원익 때는 늙은 신하에게 베풀어 주던 기영연耆英宴이라는 연회도 겸하게 되었다. 궤장 하사는 1615년(광해군 7년)에 정인홍이 궤장을 받은 이래 8년만이었으나, 기영연은 왜란 등으로 나라의 사정이 좋지 않은 까닭으로 30년 동안 없다가 실로 오랜만에 보는 일이었기에 더욱 뜻깊었다. 그의 장수를 축하하고 공로를 치하하며 '비록 자주 출사하지는 못해도 벼슬을 그만두지는 말기를' 바라는 인조의 뜻을 나타내는 행사였을 것이다. 이원익이 상소를 올려 궤장을 사양하자, 인조는 이렇게 만류했다.

> "궤장을 내리는 법이 없다면 모르지만 그런 법이 있으니 경에게 주지 않고 누구에게 주겠는가. 나의 성경誠敬이 미진하여 경이 이토록까지 사양하니 내가 몹시 부끄럽다. 경은 모쪼록 사양치 말라."[225]

그리고 9월 7일에 기영연이 열렸다. 관례대로 이원익의 집에서 열어야 하는데, 집이 좁고 낡아서 말 한 마리가 몸을 돌릴 만한 마당도 없으므로 잔치를 벌일 만한 상황이 아니었다. 그래서 결국 이원익 집 근처의 공지에 휘장을 치고는 문무 고관들이 모여 노재상에게 축하를 올렸다. 진원부원군 유근부터 사간원 정언 오준에 이르기까지 33명의 축시(참석한 자리에서 올린 것도 있고, 미처 참석하지 못했다가 나중에 보낸 시도 있다)가 오늘날 남아 있는데 그중 몇 수를 소개해 본다.

(우의정 신흠의 시)

상국께서 음양을 조화하는 날 / 上相調元日

중흥의 나라 운수 열린 해로세 / 中興啓運年

천재일우 염매를 운용하고 / 鹽梅千載會

백관 앞에 검리로 드나든다네 / 劍履百僚前

계해 사궤장연첩.
이원익의 기영연을 축하하며 진원부원군 유근부터 사간원 정언 오준에 이르는 문무 고관이 보낸 시 33수가 수록돼 있다.

「사궤장연겸기로회도」. 사궤장연을 겸한 기영연을 기록한 그림. 오른쪽 아래 그림은 이원익이 인조에게서 받은 궤장(방석과 지팡이).

『경국대전』에 따르면 정1품으로 나이가 70이 지났더라도 국가의 경중에 관계되어 사임하지 못하는 자는 궤장을 준다고 한다.

주두를 선극에서 내려보냈고 / 周豆頒璿極
요준을 비단자리에 벌여놓았네 / 堯尊列綺筵
서원에는 국로를 맞아들이고 / 西園迎國老
동각에는 진선이 앉아 있다네 / 東閣坐眞仙
궤장 받아 참으로 영광스럽고 / 几杖榮膺錫
내리신 윤음 삼가 받들었다네 / 絲綸恪拜宣
노랫소리 구름 밖 퍼져나가고 / 歌傳雲外響
거문고 곡 깊은 밤 울려나오네 / 曲轉夜深絃
험난하고 평탄함 절개 같았고 / 夷險仍高節
상전벽해 변천을 수없이 겪어 / 滄桑閱幾遷
생령들이 이제는 희망이 있고 / 生靈今有望
기덕 중에 다시는 앞설 자 없네 / 耆德更無先
약식으로 지기에 의지를 하고 / 弱植依知己
청명한 때 어울림 다행스럽네 / 明時幸比肩
촛불이 다 되어감 놀라지 말고 / 不須驚燭跋
술 마시고 읊으며 흥겹게 노세 / 觴咏正狂顚

(형조판서 이시발의 시)

옛 덕망 있는 노인이 삼부로 돌아온 때는 / 舊德還三府
새 조정이 들어선 바로 그 해라 / 新朝第一年
달존은 본래 으뜸을 차지하고 / 達尊元絶右
선양은 다시금 전대보다 앞서네 / 善養更超前
궤장을 하사받은 높은 은총이여 / 几杖承隆典
술잔을 받아 성대한 자리 베풀었네 / 杯盤敞盛筵

동도에 구로회를 모은 듯하고 / 東都延九老

남두에 뭇 신선이 모인 듯하네 / 南斗集群仙

임금의 은총 선온에 넣어 내리시고 / 寵渥黃封灑

은혜로운 말씀 교서에 담아 전하셨네 / 恩言紫綍宣

이원에서는 법곡을 나누어 보내고 / 梨園分法曲

솔숲 스치는 바람에 거문고 줄이 울리네 / 松籟和繁絃

좋은 송축은 장노를 본받았으며 / 善頌推張老

웅대한 문장은 사마천과 겨룰 듯 / 雄詞較史遷

못난 나도 욕되게도 말석에 참석했으나 / 孤蹤叨至末

흔쾌한 구경은 다행히도 선두가 되었네 / 快覩幸居先

상산사호들 흔연히 한자리에 모였고 / 商皓欣陪躅

홍애는 어깨 두들기며 음악을 이끄네 / 洪厓悅拍肩

어떤 방법으로 이 좋은 자취를 전하랴 / 何方傳勝跡

신묘한 정취를 붓 끝에 기대해 보네 / 神妙賴毫顚

(좌승지 조익의 시)

시대는 오백 년의 설에 해당하고 / 時當五百歲

기회는 일천 년의 때를 만났도다 / 際遇一千年

지금 필적할 자가 없는 국가의 원로 / 元老今無匹

(높은 작위, 연령, 덕망의)삼존을 갖춘 분이 전에 또 있었던가 / 三尊孰有前

상의 은택 우악해서 특별히 예우하며 / 恩光優異數

원로를 초청해서 성대히 베푼 잔치 자리 / 耆舊盛初筵

지금의 세대를 일컬어 성스럽다 하거니 / 世代稱爲聖

의관들을 바라보아도 모두 신선 같아라 / 衣冠望若仙

중사를 시켜 보내신 궁중의 술동이요 / 御樽中使送
시신이 대독케 한 은혜로운 왕의 분부 / 寵綍侍臣宣
어찌 역사책에만 그 이름 전하게 하랴 / 何獨傳方冊
풍악을 울리게 함이 마땅하다 하시도다 / 端宜被管絃
삼태성의 별자리가 남극에서 빛을 발해 / 台躔耀南極
그 은덕 그 혜택을 동방에 두루 끼쳤고 / 德澤遍東埏
봉강 밖의 외적들을 막아 나라를 수비하며 / 守在封疆外
조화에 앞서는 공을 세워 사직을 지켰도다 / 功存造化先
멀리 상고 시대의 이상 정치를 뒤좇아 / 遠追隆古蹟
백성의 어깨를 가볍게 해주신 어른이여 / 永息小民肩
종묘사직이 반석처럼 다시 안정되었으니 / 盤石安宗社
지금부터는 잘못될 걱정을 할 것이 있으리요 / 從玆豈畏顚

그 자리에 모인 사람은 대부분 광해군 시대에 처벌을 받거나 좌천되어 있었던 사람들이니, 이원익을 축하하기 위해 모인 자리는 '승리자들의 대회'라고도 할 수 있었다. 앞서 이원익에게 무례한 말을 했던 이귀도 참석하여 축시를 올렸고, 김류, 정창연, 한준겸, 오윤겸 등도 자리를 빛냈다.

이날 이원익의 기분이 어땠는지는 알 수 없지만, 아마도 흡족하였으리라 짐작된다. 그 자신도 붓을 들어 '취해도 차마 자세를 흐트러뜨릴 수 없고 / 단정히 앉아 움직이지 않네 / 여러 신하 중 못난 자가 / 은총과 영예는 일대에 으뜸 되었네 / 온갖 마음을 다하여 / 일편단심 변하지 않으리라 / 사력을 다해도 은혜 갚기 어려우니 / 몸이 엎어지고 자빠지도록 쉬지 않으리라'고 하여 인조의 성의에 감사하며 보답하겠다는 뜻을 나타냈다.[226]

하지만 따지고 보면 궤장도 기영연도 새로운 실세들과의 불협화음에서 빚어진 것. 승리자들이라고 해도 같은 마음, 같은 입장은 아니었으며, 이해가 지나면 곧바로 그 다름이 노골적인 불화와 피바람으로 터져나올 것이었다.

이원익의 마음이 편안할 날도 얼마 남지 않았다. 선조 때 유성룡을 비호한다고 임금의 눈밖에 나고 광해군 때 바른 소리를 한다고 미움을 샀던 것처럼, 이 새로운 임금도 결국 이 '삼달존'을 정치의 핵심에 두기 거북할 날이 찾아올 것이었다.

이괄李适의 난과 그 후유증

먼저 이이와 성혼의 문묘 종사 문제가 빚어졌다. 광해군 정권 때 이황이 문묘에 배향되었으므로, 이제 서인이 득세한 이상 의당 자신들이 종사로 떠받드는 이이와 성혼도 문묘에 들어가야 옳다는 생각이 서인들 사이에 퍼지고 있었다. 이미 반정 후 한 달도 지나지 않은 1623년 3월 27일 경연 자리에서 김경여, 이민구, 유순익 등이 입을 모아 "이이를 문묘에 종사하자는 것이 공론"이라며 인조의 결단을 촉구했으나 인조는 "그의 문인 제자 및 친분 있는 자들의 말만 가지고 공론이라 하지 마라"며 마땅찮다는 반응을 보였다. 그러자 해를 넘길 무렵 경기, 호서, 호남의 유생들이 연명하여 이이와 성혼을 문묘에 배향해 달라고 상소를 올렸다. 그런데 여기서 문제가 된 것은 영남의 유생들이 연명 상소하여 "이이는 한때 불교에 빠진 사람이고, 성혼은 왜란 때 임금을 버리고 달아난 데다가 음모를 꾸며 사대부들을 해친 사람"이라면서 종사는 불가하다고 역설한 것이었다. 뻔히 서인이 차지하려는 영광에 남인이 쌍지팡이를 짚는 형국이었으니, 삽시간에 분위기가 흉흉해져 버렸다. 문묘 종사란 본래 수십, 수백 차례의 상소와 의논이 있은 후에야 될까 말까 하는 사안이므로 인조는 잘됐다는 듯 종사 논의를 덮었고, 그 후로도 간간이 문묘 종사 청원이 있자 "이런 상소는 들이지 마라"는 지시까지 내렸다. 이렇게 되자 서인들은 남인들에게 분노할 수밖에 없었다. 서인 입장에서는 "이원익의 얼굴을 봐서 남인들과 일부 북인 나부랭이들까지 정권에 참여할 수 있게 해주었거늘, 이게 그 보답이냐?" 싶었을 것이고, 이후 남인에 대한 견제와 광해군 시절에 부역했던 남·북인 인사들에 대한 공격은 훨씬 강력해졌다. 일찍이 정인홍이 회퇴변척소를 냈다가 자신과 대북, 광해군의 입장을 더 고단하게 만들었는데, 같은 실수를 영남 유생들도 저지른 것이다.

그리고 1624년 정월, 이괄의 난이 일어났다. 이괄은 유능한 무관으로 반정 당시 김류, 이귀 등이 실수를 하여 일이 틀어질 뻔한 것을 대신 병력을 인솔하며 정변이 성공하는 데 결정적 역할을 했다. 그러나 본래 괄괄한 성미에 다른 반정 공신들과 잘 맞지 않았다. 야담에 따르면 반정 직후의 논공행상 자리에서 이괄이 "당일에 약속 시간보다 늦은 김류의 목을 베려다 이귀의 만류로 하지 못했다"고 하자 김류가 발끈하여 "그러는 당신은 시간보다 일찍 오지 않았는가. 시간을 어기기로는 당신이나 나 마찬가지다"라고 반박했다고 한다. 그러자 이귀가 "시간보다 먼저 왔다고 처벌하는 사례는 들은 적이 없다"고 이괄 편을 듦으로써 김류는 풀이 죽고 분위기는 어색해졌다고 한다.

1623년 5월에는 이괄이 인조의 이종사촌이자 반정 3등 공신이기도 했던 홍진도의 말을 듣고 전 부사인 박진장의 행동을 감찰한다며 병사를 보내 노모를 폭행하고 재물을 빼앗는 등 만행을 부리는 사건이 일어났다.

이를 두고 이귀가 "외척이 이렇게 날뛰어서야 되겠습니까" 하며 극력 성토했으며, 그것으로 이괄은 김류뿐 아니라 이귀와도 불편한 사이가 된다. 그 이유 때문인지 8월에 외적을 방비하는 임무를 맡아 평안 감사 및 부원수 자격으로 평안도로 떠나갔으며 윤10월에는 공신 책록 과정에서 '반정 계획에 늦게 합류했다'는 이유로 1등이 아닌 2등 공신으로 밀리니, 불만이 컸다고 한다.

하지만 처음에는 반란을 일으킬 생각까지는 없었다. 그런데 그와 광해군 시절에 조정 중신이던 북인·남인들을 엮기 위해 아들 이전李栴과 기자헌, 한명련, 김원량, 정충신鄭忠信, 이시언 등이 역모를 꾸몄다는 무고가 터지며(이귀, 김류, 김자점金自點 등의 음모였다고 여겨진다) 이전이 구금되었다. 그러자 궁지에 몰린 이괄이 마침내 평안도에서 정말로 반기를 들게 되었다. 인조는 1월 24일에 중신들을 모아 대책 회의를 했다. 이원익은 이렇게 주청했다.

"역적 이괄이 군사를 일으켰으므로 관서關西의 인심이 동요될 듯 싶으니, 진정하는 방책이 없어서는 안 되겠습니다. 신이 전에 감사로 있을 때에 조금이나마 돌보아주고 안정시켰으므로 떠난 뒤에도 신에 대한 생각을 조금 갖고 있으니, 신이 달려가서 역순逆順을 깨우치면 백성의 마음이 혹 이로 인해 진정될 수 있을 듯합니다. 신이 늙고 병들기는 하였으나 어찌 감히 나라를 위하여 목숨을 아끼겠습니까."[227]

여든을 바라보는 몸에 병이 심했음에도 '일이 닥치면 몸소 뛰어든다'는 평생의 자세를 다시 한 번 나타낸 것이다. 여러 신하들도 입을 모아 찬성했다.

"관서 사람들이 어린아이가 부모를 사랑하듯이 이원익을 사모하여 생사生祠

를 세우기까지 하였습니다. 이괄이 어찌 그 어린아이들을 거느리고 그 부모를 칠 수 있겠습니까. 참으로 이원익으로 하여금 가서 서방 백성을 타이르게 하면, 이괄이 어쩔 수 없을 것입니다."[228]

그래서 이원익을 8도 도체찰사로 삼고, 이원익의 소망에 따라 형조 판서 이시발, 대사간 정엽을 부사로 삼고, 최현, 김시양을 종사관으로 삼았다. 이때 이원익이 임진왜란 때처럼 현지로 가서 난을 제압했더라면 그의 명성과 영향력은 다시 한 번 크게 떨쳤을 것이다. 그러나 건강이 악화되는 바람에 결국 난이 끝날 때까지 현지로 출발할 수는 없었다. 그 사이에 그를 크게 실망시키고 치욕과 황망함을 안겨준 일이 일어났다.

기자헌에게 사약을 내리고, 성철, 성효량, 한욱, 이시언, 윤수겸, 성백구, 성준길, 한준철, 신영남, 신경남, 신종남, 신승남, 이담, 이항, 유공량, 이양, 이형, 권이균, 권필균, 성대익, 이용진, 전회, 한인, 이성, 오문갑, 기순격, 전유형, 정석필, 남건, 윤창, 현즙, 유위, 한명철, 민유장, 허익, 윤상철, 남염 등 37인을 참斬하였다.[229]

1월 25일에 벌어진 일이었다. 김류, 김자점 등 공신들이 추진한 일로, 아마 인조에게는 "정승들에게 문의하여 동의를 얻은 일"이라 하고는 가까스로 허락을 받았던 것 같다. 그러나 이원익은 다음 날 아침 조회에 들어 겨우 이 사실을 알았다. 기가 막혔던 그는 "이처럼 많은 사람이 한꺼번에 죽었는데 수상으로서 듣지도 못하다니, 내가 너무 오래 살았구나! 장차 어디에 쓰겠는가?" 하며 길게 탄식하기를 끝이 없었다고 한다.[230] 역모 사건을 단순히 논의하는 일에도 영의정이 빠질 수는 없는 일인데, 그는 전혀 모르는 상태에서 제멋대로 수십 명을 처단했다니 기가 막히고 장탄식이 거듭 나올 수밖에 없었다. 더구나 그들 중 상당수는 정말 역모에 가담했는지 확실하지도 않았다. 특히 기자헌은 북인으로서 광해군의 총애를 받았으나 폐모론에 반대하여 귀양을 가기도 했는데, 인조반정에 동참을 권유받았지만 '의리상 할 수 없다'고 거절한 탓에 공신들의 눈엣가시였던 사람이었다. 그가 하룻밤 사이에 유명을 달리했으니, 원익은 더더욱 몸서리가 쳐질 뿐이었다.

게다가 2월 4일에는 법전에도 없는 형을 써서 이괄의 아내를 목 베어 죽이고, 이틀 뒤에는 며느리도 베었다. 그리고 2월 8일에는 반정 3등 공신이며 어질다는 평판이 있던 김공량까지 처형했다. 그가 이괄의 아들 이전의 사부였으므로 무고가 처음 이루어졌을 때 무엇이 잘못되었을 것이라고 변명해 준 탓으로 화를 입은 것이다.

이원익은 아마도 이 정권에 대해서도 단단히 실망했을 것이다. 하지만 그런 것을 따질 틈이 없을 만큼 상황이 급했다. 이괄은 유능한 장수였고 그의 휘하 병력은 당대의 정예였다. 게다가 실패하면 삼족이 멸하는 상황인데 있는 힘을 다하지 않았겠는가. 이괄은 한양에서 그의 일족을 도륙하고 있는 사이에 진압군을 격파하고 한양으로 접근했으며, 인조는 다급히 공주로 피란을 갔다. 이원익도 어가를 호종하여 같이 갔다. 2월 11일에는 이괄군이 한양에 입성해 경복궁 옛터에 진을 치고는 선조의 열 번째 아들인 흥안군興安君 이제李瑅를 왕으로 옹립했다.

하지만 이괄의 운도 거기까지였다. 처음에 그와 함께 역모를 꾸몄다는 오해를 받았던 정충신과 남이흥이 안현에서 이괄군을 크게 무찌른 것이다. 뒤에 도원수 장만은 "이시발이 키운 황해도 군사와 이원익이 평안도에서 마련한 체제대로 키운 포병대, 이 두 군대의 힘에 의지해 이겼다"고 말했다.[231] 이괄은 수구문을 거쳐 달아났으며, 다음 날 숙영지에서 부하에게 살해되었다. 잠깐이나마 왕을 칭했던 흥안군도 곧 붙잡혀 궁중에서 처형당했다.

이원익은 공주에서 인조에게 반정에 이어 역모까지 일어나 준동하고 있는 민심을 잡기 위해 물자를 절약하고 백성의 부담을 줄여야 한다고 조언했다.

> "양호兩湖의 민력은 이미 고갈되었으니 그들의 요역을 감면하지 않을 수 없습니다. (……) '우리를 어루만져 주면 임금이고 우리를 침학하면 원수이다' 하는 것이니 줄곧 거두어들이면 원망하는 백성이 반드시 윗사람을 이기려 할 것입니다. (……)
>
> 전하께서 이때를 당해서 조심하고 두렵게 여겨 일념으로 어루만져 돌보더라도, 한양으로 돌아가서는 안일한 마음을 갖는다면 잊지 말라는 뜻을 보존할 수 있겠습니까. 지금부터 조정의 백관도 한결같이 파천한 때처럼 간소하고 절약하기를 힘써야 합니다."[232]

공주에서 한양으로 돌아온 직후 다시 사직 상소를 올렸다. 인조는 만류하며 8도 도체찰사의 해직만을 허락했다. 이원익은 후금이 침공해 올 가능성이 높음을 지적하고, 강화도와 남한산성을 재정비하여 유사시에 임금은 강화도에, 세자는 남한산성에 피신해야 한다고 건의했다. 인조와 여러 대신들은 그 뜻은 좋지만 백성들을 동원하기가 어렵다는 입장이었다. 그래도 그해 9월에 남한산성의 증축 공사를 시작해서 1626년(인조 4년) 7월에 완공했다. 그리고 10년 뒤에 인조가 그곳에서 농성하다가 결국 치욕적인 항복을 했음은 잘 알려져 있는데, 이원익의 생각대로 강화도로 피신했다면 좀 더 버틸 수도 있었을 것이다. 사실 인조도 그렇게 하려 했으나, 적이 이미 그쪽 길을 끊었다는 소식에 할 수 없이 남한산성으로 들어갔던 것이다.

남한산성의 수축에 대해서는 이귀도 이원익에게 적극 찬성했으나, 1년쯤 전에 그를 모욕하는 말을 하여 이원익을 사퇴하게 만들었던 장본인인 그는 많은 경우 이원익과 부딪쳤다. 본래 발끈하면 가리지 않고 폭언을 일삼는 성질의 소유자로 신흠 같은 사람에게 여러 신하들 앞에서 욕설을 퍼붓기도 했던 그는 공식 석상에서 이원익을 깎아내리는 말도 종종 했다. 3월 21일에는 "이원익은 지극히 공정하여 사사로운 뜻이 없는 체합니다만, 자기 당에 속한 사람에 대한 일이면 반드시 나서서 도우려 합니다"라고 말하여 이원익을 남인 편만 드는 사람으로 비하했다. 이원익도 인조에게 "이귀의 말은 혹 옳기도 하고 빗나가기도 하며 뜻밖의 말도 있으므로 신이 늘 이귀와 서로 다툽니다"[233)라고 말할 정도로 두 사람 사이는 위태위태했다.

특히 이 시점(1624년)에서 둘의 의견이 크게 대립했던 부분은 인성군仁城君의 처리 문제였다. 인성군 이공李珙은 선조의 일곱 번째 아들로 인조에게는 숙부뻘이었는데, 광해군 때 인목대비 폐위에 찬성했으며 따라서 반정 직후부터 이귀 등은 처단을 주장해 왔다. 그러나 이원익, 신흠, 정경세, 정엽 등이 "광해군이 자리를 지키지 못했던 것은 다른 까닭도 있지만 폐모살제를 하여 인심을 크게 잃었기 때문"이라며 포용을 주장했는지라 그때까지 무사했다. 그런데 이괄의 난에도 연루되었다는 의혹이 나오고 옥사가 있을 때마다 이름이 언급되는 통에 점점 버티기 어려운 지경이 되고 있었다. 이귀가 계속 인성군을 처벌해야 한다고 우기고 이에 반대한 정경세 등까지 불충하다고 비난하자 이원익도 "역모에 여러 번 언급되었으니 그대로 두기는 어렵다. 하지만 직접 공모한 증거는 없으니 죽이면 안 되고,

멀리 보내는 것까지라면 무방하리라"는 입장을 취했다.[234]

그러다가 11월에 이원익도 인성군과 관련해 변명을 해주기 힘든 사건이 벌어졌다. '박홍구의 옥사'였다. 박홍구는 광해군 때 중용된 인물로 반정 당시 좌의정의 자리에 있었는데, 결국 탄핵되어 두어 달 뒤에 물러나 재야에 있었다. 그런데 11월 8일에 "박홍구가 서질庶姪인 박윤장, 이대온, 이대검, 기필헌 등과 공모하여 유배된 광해군을 태상왕으로 세우고 인성군을 새 임금으로 옹립하려 한다"는 역모 사건이 터진 것이다. 그런데 여기서 박윤장은 이원익의 서녀庶女에게 장가들었으니 곧 이원익의 사위였다. 이원익은 대죄하는 상소를 올렸고, 인조는 부담을 갖지 말라고 돈유했으나 이런 상황에서 이원익이 인성군을 위해 적극적으로 변명하는 입장에 설 수는 없었다. 대신 이원익과 뜻이 통했던 정온이 변론을 펼쳤으나 역부족이었고, 이귀에게서 "정온도 목을 베어야 한다"는 말까지 들었다. 결국 인성군은 해를 넘긴 1625년 2월 말에 강원도 간성으로 유배된다. 그리고 훗날 1628년에 유효립-이인거의 역모 사건이 일어나면서 역시 인성군을 왕으로 세우려고 했다는 말이 나오매, 결국 인성군을 진도로 보내 위리안치 하였다가 자살하라는 왕명이 내려진다. 그때 이귀는 "이공李珙의 모역은 전은론全恩論 때문이며 전은론은 이원익이 처음 발공론한 것"이라며 이원익에게도 죄를 주어야 한다고 발언했다. 이런 모양을 보고 그때까지는 금기나 마찬가지였던 이원익 비판론이 다른 신료들 사이에서도 나오기 시작하자 인조가 성을 내며 입단속을 하였다고 한다. 이원익은 인성군이 결국 유배를 가던 1625년 2월에 대동법을 혁파하자는 건의를 했다. 계속되는 비판론을 견디지 못해 처음 발론자인 자신이 폐지를 건의한 것이다.

이원익의 발언이 있자 비변사는 "그 폐단이 끊이지 않았는데 발론자인 영상이 폐지하자고 하니 다행"이라며 호남, 호서의 대동법을 폐지하되 강

원도만은 편리하다는 사람이 많으니 일단 그대로 두자고 했다.[235]

자신이 평생 정치적 목표로 여겼던 안민론의 결정체인 대동법과 은의 겸진론이 모두 오해받고 배척받는 모습을 보며 이원익은 자신이 더 이상 공직에 있을 필요가 없다고 생각했을 것이다. 그리하여 거듭 사직소를 올려 결국 영의정에서 풀려났다. 그는 "본래 나랏일이 약간 안정되면 사직하고 은거하려 했습니다. 이제 때가 되었습니다"라고 인조의 만류를 뿌리쳤다. 하지만 인조는 그해 8월에 이원익을 스스로는 두 번째, 이원익으로서는 여섯 번째로 영의정에 재임명했다.

> 신은 병으로 엎드려져 있어 어명을 받들 계책이 없으니, 절절이 낭패입니다. 처신할 곳이 없음을 굳이 낱낱이 들어 성총을 번거롭게 할 겨를이 없거니와, 인생 칠십은 예부터 드물다 했으며 칠십이 되면 퇴직토록 하는 것이 이 나라의 좋은 법입니다. 잔약하고 병든 신은 이미 팔십에 이르렀으니, 서산에 지는 햇빛이 얼마나 남았겠습니까? 숨이 끊어지는 일이 아침일지, 저녁일지 모를 일입니다.
>
> 제 거처와 강을 사이에 두고 선산先山이 있는데, 바로 지척에 있음에도 해가 바뀌도록 가보지 못하고 바라보기만 합니다. 그래서 슬픔을 가눌 수가 없으니, 죽기 전에 선산에 올라 성묘하기를 바랍니다. 그러한 신의 숙원을 이미 여러 차례 성상께 말씀드렸으니 성상께서도 밝게 살피셨을 것이며, 오늘날 국사가 조금 안정되었으니 어찌 늙은 신하의 숙원이 이루어질 때가 아니겠습니까?[236]

이원익은 앞서 6월 말에 이렇게 처절한 내용의 상소를 올려 이제는 그만 편히 쉬고 싶다는 뜻을 밝혔다. 그러나 인조는 기어이 그에게 영의정

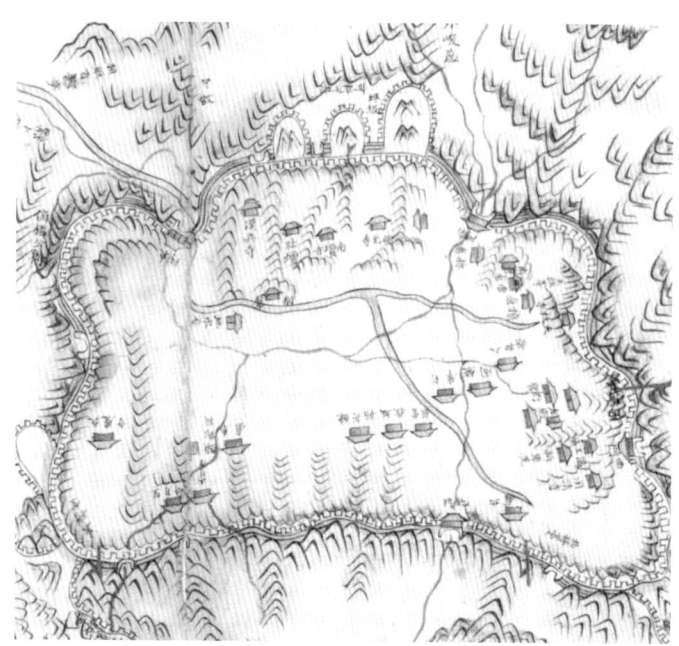
「해동지도」에 묘사된 남한산성.

자리를 다시 맡겼으며, 영상에 재임명되고 처음 인견하는 9월 20일에는 임금과 신하 사이에 웃지 못할 '예절 싸움'이 있었다. 앞서 이원익이 외람되다며 견여를 타고 입궐하라는 명을 사양했는데, 인조는 극구 견여를 타고 오라고 했다. 그러자 이원익은 작은 판자에 끈을 매고는 그런 어설픈 '가마'로 궐문에 들어가니, 인조는 방석을 내어 이원익을 그 위에 앉히고 부축해서 들어오게 했다. 그러자 또 이원익은 방석을 빼고 부축만 해서 들어가겠다고 우기니, 사환들은 강제로 방석 위에 앉히고 내려오지 못하게 한 다음 떠메고 어전까지 갔다고 한다.

인조가 이원익을 그처럼 간곡하게 대접한 것은 첫째, 이원익에 대한 개인적인 존경심이 있었기 때문이고 둘째, 이원익을 수상의 자리에 둠으로써 정권의 정당성을 높이려 했기 때문이며, 셋째로는 공신들의 오만방자함이 갈수록 심해지고 당쟁도 심화되는 가운데 공정한 무게중심을 잡아줄 사람이 필요했기 때문이라고 볼 수 있다. 재등용 결정 직전에 왕세자(소현세자)의 국혼을 정하려는데, 남인인 윤의립의 딸이 세자빈이 될 가능성이 있자 김자점 등이 강력히 반대하였고, 결국 분노한 인조가 김자점을 삭탈관직토록 했으되 세자빈은 서인 집안에서 얻은 사건이 있었다. 그것이 인조의 마음을 크게 움직였을 것으로 보인다.

이원익도 그 뜻을 짐작했던지 다시 영의정이 되고 난 직후인 10월 14일의 상소에서 공신의 전횡과 당쟁의 병폐를 꼬집으며 개선을 촉구하였다.

지금 사람마다 각기 의견이 다르고 선비마다 각기 논의가 달라서 실정은 점점 막히고 자취는 점점 어긋나며 닥치는 일마다 생소하고 거칠어 좌우가 서로 제지하면서 팔짱을 낀 채 방관할 뿐, 허물어지는 대로 놓아두는 추세입니다. 이렇게 하고도 다스려지기를 바란다면 또한 어렵지 않겠습니까?
국가의 치란은 공도公道와 사의私意의 나뉨에 달려있을 뿐입니다. 공도를 행하면 하나가 되고, 사의를 행하면 여럿으로 갈라지는 것이니, 주나라의 삼천 신하가 한마음이었던 것은 공도를 행했기 때문입니다. 이는 성상께서 친히 솔선하여 인도하시고 본원을 깨끗이 한 다음 스스로의 사심을 이기고 공심을 확충하는 데 달려있습니다. 이런 마음으로 아래에 임하신다면 아랫사람들도 자연히 크게 올바른(大公) 지경으로 들어가게 될 것입니다.
반정한 뒤에는 뜻을 잃은 무리들 중에 자기의 죄를 뉘우치지 않고 국가만을 원망하는 자가 많이 있으니 형체를 감추고 난을 꾀하는 자가 꼭 없지는 않을 것이며, 조정에서 난이 일어나기 전에 예방하려는 뜻은 참으로 훌륭합니다. 그러나 오늘날 조정을 채운 사대부들 중에는 명절名節을 아끼고 지조를 갖춘 사람이 많은데, 그들은 성상께서 보위에 올라 천명이 정해지자 모두 성상을 위해 한 번 죽기를 바라고 있습니다. 누가 감히 털끝만큼이라도 다른 뜻을 가질 수 있겠습니까? 신의 생각에는 반드시 그럴 리가 없을 것으로 여깁니다. 흉악한 무리들이 혹 중망衆望이 있는 사람을 빌어 구설에 올리기도, 혹은 원망을 품고 난을 일으키기도 할 수는 있습니다. 그들 가운데 간악하고도 깊은 계책을 가진 자는, 혹 거짓으로 사대부를 끌어들여서 조정을 어지럽게 만들어 국맥을 손상시키고 국세를 꺾은 다음 서서히 틈을 타고자 할는지도 알 수 없습니다.

옛말에 '땅을 그어 옥獄이라고 하여도 의로운 사람은 들어가지 않는다'고 하였는데, 역모가 어떠한 일이기에 흉악한 무리들이 독기를 머금고 숨어 전혀 터무니없이 이름을 지적하고 말을 퍼뜨려 이리저리 유포함으로써 사람들의 귀를 어지럽게 하고 있다는 말입니까? 모두 그것이 사실이 아님을 알고 있으나 또한 감히 사실이 아니라 말을 못하고 있습니다.

신하가 한 번 이 모역이란 이름을 받게 되면 차라리 스스로 죽는 게 낫지, 다시 무슨 마음으로 행세할 수 있겠습니까?

나아가고 싶어도 나아갈 수가 없고 물러가고 싶어도 물러갈 수가 없어 낭패스럽고 궁박하여 처신할 곳이 없게 되니, 자못 성세盛世의 기상이 아닙니다. 지난날 성상께서 옥사를 결단하실 때 정상을 살피시어 죄 없는 사람들을 쾌히 석방하셨습니다만, 만약 혼조昏朝 때였다면 모두 죽여 버렸을 것입니다. 성명의 시대에는 진실로 이런 일에 대해 염려할 일이 없겠습니다만, 구구한 심정을 그만 어쩔 수 없습니다. 삼가 바라옵건대 성상께서는 살펴주소서. 처분을 바랍니다.[237)]

이 상소에 인조는 "아름답다, 약석藥石과 같은 말이여! 참으로 근래에 듣지 못했던 논의이다. 밤새도록 탄복할 뿐 뭐라 말할 수가 없다"라고 답변했다. 그리고 당쟁의 심화에 따라 실체 없는 역옥이 거듭되는 일을 지탄했다.

이런 분위기를 보고, 나흘 뒤인 10월 18일에 한림翰林 목성선과 정자正字 유석이 상소하여 인성군은 죄 없이 벌을 받고 있으며, 마땅히 석방해야 한다는 주장을 폈다.

> 혼조昏朝는 잔인해서 화가 지친에게까지 미쳤는데 이는 전하께서도 일찍이 직접 보고 가슴 아파했던 것입니다. 그런데 전하께서 그 일을 오늘날 다시 행하려 하십니까? 한 나라의 모든 사람들이 놀라 탄식하지 않는 이가 없습니다. 그래서 성상의 조정에도 이런 일이 있단 말인가라고 하고 있으니, 어떻게 집집마다 말해주고 호호마다 설득시켜 전하께서 보전하시려는 뜻을 효유할 수 있겠습니까. 신들은 삼가 전하를 위해 슬프게 여깁니다. 옛날 한漢나라 때 회남왕淮南王 장長의 모반이 발각되었으나 문제文帝는 너그럽게 용서하고 차마 벌하지 못하고서 다만 촉蜀으로 좌천시켰을 뿐이었습니다. 그런데도 원앙袁盎은 오히려 '회남왕은 인품이 거칠어서 안개나 이슬을 만나면 중도에 죽을 것입니다. 폐하는 마침내 천하를 가지고서도 포용할 수 없단 말입니까' 하였습니다. 아! 전하의 조정에는 어찌 원앙 같은 이가 한 사람도 없단 말입니까. 광해군 초년에 임해군의 옥사가 있게 되자 당시의 대신과 사대부들은 대부분 은혜를 온전히 해야 한다고 말하였는데, 지금 영의정 이원익도 그중의 한 사람입니다. 그러나 공珙의 일에 이르러서는 이원익 같이 충량忠亮하고 강직한 사람도 끝내 감히 한마디 말도 하지 못하였으니, 어찌 오늘날 시세의 어려움이 도리어 저 광해군 때보다 심한 것이 아니겠습니까. 전하의 명철하심으로 반드시 이에 대해서 뉘우침이 계실 것입니다.[238]

이 상소를 본 인조는 마침 인성군의 생모인 정빈 민씨가 위독하다는 점을 들어 그를 유배지에서 풀어주도록 지시했다. 이때 이원익에게도 그 일의 가부를 문의했는데, 그는 "신이 예부터 왕실의 지친에게 매번 전은全恩을 논했다 하여, 10년 이래로 사람들은 매번 전은 두 글자를 가지고 소신을 지목합니다. (……) 공珙의 일은 조정에서 이미 여러 뜻을 모아 외지에 안치시켰으니, 신의 생각은 다만 성상께서 종시 보존토록 하시되 그를 외지에 둘지, 내지에 둘지를 놓고 경중을 따지지 마셨으면 합니다"[239]라 하여 오히려 목성선 등과는 입장이 약간 다르다는 뜻을 비쳤다. 말하자면 '그는 어디까지나 은의겸진을 주장하는 것이지, 왕실의 지친이라면 무조건 봐주기만 하라는 전은을 주장하는 게 아니다. 인성군은 여러 번 역모에서 거론되었으니 외지에 내치는 것도 지나칠 게 없으나 단지 그 생명은 빼앗지 말았으면 한다' 이런 입장이었다. 아무튼 인성군이 풀려나게 된 일은 당쟁의 관점에서는 남인의 성공과 서인의 실패처럼 비쳤다.

서인은 당장 매섭게 반격했다. 서인이 주축이 된 대간에서는 목성선의 상소를 불에 태워버리라는 주장을 했는데, 당시 대사간이던 이성구는 남인임에도 그렇게 주장하니 다른 남인들에게서 "너도 사람이냐?"라며 배척을 당했다. 반대로 신흠, 황감은 서인임에도 인성군 석방을 지지하는 태도를 취해 이귀에게서 온갖 비난을 받았다. 병자호란 때 척화파의 대표가 되어 의리와 절개가 뛰어나다는 평가를 받게 되고 당파를 초월하여 이원익을 존경하던 부제학 김상헌은 목성선을 극력 비난하며 사직해 버렸다. 완풍군 이서, 평성군 신경진, 능성군 구굉, 능천군 구인후 등 공신들은 "목성선의 상소 내용이 맞다면 우리는 공연히 왕자를 모함한 사람들로 이 자리에 있을 수가 없다"며 벼슬을 내놓고 물러가 버렸다.

이것은 이원익이 바라는 모습이 아니었을 것이다. 그러나 서인이든 남인이든 그의 은의겸진론을 전은론으로 읽었으며, 인성군을 죽이든 살리든 놓아주든 당쟁이 더욱 격화되는 빌미가 될 수밖에 없는 현실이었다.

또다시 '도유우불都兪吁咈'의 꿈은 지고

이런 한심한 현실에서 이원익은 오직 자신에 대한 인조의 신임에만 기댈 수밖에 없었다. 그러나 그것도 기반이 무너지는 날이 온다. 해가 바뀐 1626년(인조 4년) 1월 14일, 계운궁이라 불리던 인헌왕후 구씨가 승하했다.

그녀는 인조의 생모였으며, 나중에 원종元宗으로 추존되는 선조의 서자 정원군定遠君의 배필이었다. 그러자 인조가 어떻게 상례를 치러야 하느냐는 논쟁이 불거졌다. 인조의 친어머니가 돌아갔으니 삼년상을 치러야 마땅할 것 같지만, 인조는 왕위에 오르며 할아버지인 선조를 계승했으니 법적으로는 정원군과 계운궁이 부모가 아닌 숙부, 숙모에 해당한다고 할 수 있었다. 그렇다면 일년상을 치러야 하는 것이었다.

예조에서는 일년상을 치르는 것이 맞다고 보고했다. 당시 학문적으로 널리 존중을 받던 김장생의 견해도 그랬다. 그러나 인조는 수긍하지 않았다. 친어머니가 돌아가셨으니 기필코 삼년상으로 하겠다고 고집을 부렸다. 이원익은 영의정으로서 좌의정 윤방, 우의정 신흠, 예관들과 함께 일년상으로 하도록 계속 주청드렸으나 듣지 않자, 궐문을 나와 1월 16일과 19일 두 차례 상소를 올리고 일년상을 받아들일 것과 영의정직을 사면시켜 달라는 말씀을 올렸다. 인조는 두 가지 다 받아들이지 않으며 예조에 빨리 예제를 정하라고 했고, 예조에서는 "대신들이 참석하지 않은 상태에서 소신들이 마음대로 정할 수 없다"고 답했다. 인조가 이원익 등에게 다시 물어서 정하라 하니 계속 일년상을 주장하므로, 할 수 없이 일년상을 치르되 심상心喪이라 하여 1년 뒤에도 길복을 입지 않는 것으로 정리되었다.

이렇게 예송 논쟁은 비교적 일찍 정리되었으나, 늘 이원익을 신임하고 두둔하던 인조가 처음으로 그 의견에 정면으로 반대한 점은 특별하다고 할 수 있었다. 그 기회를 놓치지 않고 병조판서로 재직 중이던 이귀가 상소를 올렸다.

"만일 조부에게 대통을 이어받았다 하여 아버지를 아버지라 부를 수 없다고 한다면 위첩衛輒이 자기의 아버지를 막은 것에 가깝지 않겠습니까. 첩은 자기 아버지가 조부에게 죄를 졌다는 이유로 조부의 명령이 중하다는 것만 알았지 아버지를 막는 것이 죄가 된다는 것을 몰랐습니다. 그런데도 공자께서는 명분을 바루어야 한다는 것으로 자로子路의 물음에 답하였는데 더구나 우리 대원군께서는 선조에게 무슨 죄를 지셨습니까. 단지 전하께서 자전께 명을 받았다는 이유로 전하의 아버지가 될 수 없고 또 삼년복을 입지 않을 수 있겠습니까.

대저 남의 후사가 된 자로서 소종으로 대종을 이어받았거나 방지손으로 정통을 계승하였다면 종통을 계승하는 것을 중히 여김으로 본생 부모를 사친私親이라고 하기 때문에 강복降服하여 부장기不杖期로 합니다. 그러나 장손으로서 부의 계통을 이었을 경우 즉위하기에 합당한 아버지를 숙부로 여겨 남의 후사가 된 것에 견주는 것은 어느 경전에서도 보지 못하였습니다. 이는 김장생이 예문禮文의 본의를 잘못 본 것에 불과한데 온 조정이 쏠리듯이 따르고 있습니다.

다른 사람은 논할 것도 없지만 영상 이원익도 원로元老로서 또한 장생의 설을 옳게 여겨 거취를 놓고 쟁론하고 있으니 그 식견이 없음을 알 수가 있습니다. 지금 예설禮說에 대해서는 공자가 다시 나온다 하더라도 신의 말을 바꾸지 못할 것입니다. 그런데 온 조정의 신하들이 모두 장생의 한마디 말에 미혹되어 성상께서 망극하고 애통해하는 때를 당하여 서로 이끌고 번독스럽게 하면서 그칠 줄을 모르니, 신은 삼가 오늘날의 조정은 바로 자로子路의 죄인이라고 여깁니다. (……)

아, 조정에서는 식견이 우선인 것입니다. 이원익은 평소 인망이 있는 사람이었으나 식견은 우수하지 못하기 때문에 지난번 계운궁께서 병환이 위독할 적에 전하께서 자식된 도리에 무슨 일이든 다 해보고 싶은 심정에서 산천에 기도하려 하여 대신에게 하문하였을 때 원익이 참람한 일이라고 하면서 굳이 막았습니다. 제후가 봉내封內의 산천에 제사 지내는 것은 예禮입니다. 계씨季氏는 제후의 대부로서 태산泰山에 여제旅祭를 지냈기 때문에 공자가 참람하다고 한 것입니다. 그러나 전하께서는 일국의 임금이신데 부모를 위하여 봉내의 산천에 기도를 할 수 없겠습니까. 이처럼 환히 드러나 알기 쉬운 예법에 대해서도 오히려 까마득히 깨닫지 못하고 있으니 더구나 임금이 부모에 대한 큰 예절을 결정하는 데 있어 원익이 예문의 본의를 어떻게 알 수가 있으며 그에 대해 시비를 할 수가 있겠습니까. 그러나 원익은 매우 노쇠하였으니 그의 말이 중도에 맞지 않는 것은 괴이하게 여길 것도 없습니다. 만일 그가 한창 나이였다면 반드시 이와 같은 착오는 없었을 것입니다. (……)"240)

인조는 비답으로 "예제에 대해서는 그대의 생각이 옳다. 김장생과 여러 신하들은 조부가 있는 것만 알고 부모가 있는 것을 모른다"고 이귀를 두둔했다. 다만 이원익을 비아냥거린 부분에 대해서는 "이원익은 선조先朝의 원로이고 나라의 영상인데 있는 힘을 다하여 멸시하고 모욕하였으니 이는

이원익은 늙어서 비바람도 가리지 못하는 두어 칸 초가집에서 혼자 지내 사람들은
그가 재상인 줄을 알지 못했다.

더욱 불가하기 그지없는 처사이다"라고 핀잔을 주었다. 하지만 잘 새겨 들으면 이원익을 '선조의 원로'라 하고 스스로 믿고 아끼는 신하라고는 하지 않았다. 그리고 이귀에게 연평부원군延平府院君의 직첩을 내렸다.

이 소식을 들은 이원익은 다시 사직 상소를 쓰고는 한양 도성 밖을 나가 한강을 건너갔다. 금천에 은둔하려는 것이었다. 인조는 말렸으나, 전처럼 간곡하지는 않았다. 그리고 일년복을 입기는 입되 상주를 세우지 않고 상례를 후비后妃에 준하게 하는 등 변칙적으로 하여 자신은 삼년상을 치르고 싶은데 어리석고 불충한 신하들 때문에 이러고 있다는 태도를 보였다. 그런 모습을 두고 "일년복의 명분은 있고 실상은 없는 것"이라며 고치기를 아뢴 이원익의 말도 무시했다. 끝난 것 같았다. 또 끝난 것 같았다.

일찍이 세 군주의 기대를 한 몸에 받아 여섯 차례나 영의정이 된 오리 이원익. 그러나 단 한 번도 상쾌하고 자랑스러운 심정으로 그 자리에 앉아 본 적이 없었다. 선조가 처음 영의정을 시킬 때는 유성룡을 밀어내고 대신한다는 부담감이 있었고, 광해군 때는 대북파들이, 인조 때는 서인 공신들이 실세로서 눈을 빛내며 등 뒤에 서 있었다. 그래도 방방곡곡의 선비와 백성들이 그의 이름 석 자만으로 정권의 옳고 그름을 따질 정도로 어느덧 높아진 명성이었으나, 세 임금 모두 이원익의 '충언'을 거북하게 여겨 그를 내버렸다. 선조는 이원익이 유성룡 편만 들며 노골적으로 당파 싸움을 한다고 오해하여, 광해군은 폐모만은 안 된다는 간언을 듣고, 인조는 친어머니의 장례를 후히 치르고 싶은 자신의 마음을 몰라준다고 여겨 이 충직한 재상을 외면한 것이다.

이제 이원익은 금천의 초라한 오두막에 몸을 뉘였다. 조정에서 몇 번 불렀지만 응하지 않았다. 본래부터 작은 몸집이었다. 그런 그의 나이가 이제 80세. 머리와 눈썹과 수염이 온통 희어지고 살쩍도 희끗해졌다. 안주 목사로 부임할 때만 해도, 아니 왜란 때만 해도 홀로 말에 올라 기운차게 내닫기도 했건만, 이제는 켜켜이 쌓인 세월의 무게에 눌려 작은 몸이 더 오그라들고 비틀어졌다. 그렇게, 세상 일을 비로소 다 끝낸 듯한 노인은 비바람을 겨우 피하는 을씨년스러운 오두막에 누워 있었다.

『실록』은 이렇게 은둔하던 그를 가리켜 "이원익이 늙어서 직무를 맡을 수 없게 되자 바로 치사하고 금천에 돌아갔다. 비바람도 가리지 못하는 몇 칸의 초가집에 살면서 떨어진 갓에 베옷을 입고 쓸쓸히 혼자 지냈으므로, 보는 이들이 그가 재상인 줄 알지 못했다"라고 적고 있다.[241]

그러나 그가 세상을 잊고 싶었어도, 그와 같은 사람을 세상이 어찌 쉽게 잊겠는가. 또 아무리 초라한 차림으로 '수상을 6회 지낸 정계의 거물'과는 한참을 동떨어진 살림을 한다고, 어찌 그의 후광이 주변에 비치지 않았겠는가. 그가 살고 있는 오두막 주변에는 소리를 죽여 찬탄하고, 흠모하는 사람들의 속삭임과 존경의 눈빛이 그치지 않았으리라. 백수십 년 뒤, 조각배를 타고 남한강을 저어가던 다산 정약용은 앙덕리가 눈에 들어오자 이렇게 시를 읊었다.

> 앙덕 마을은 읍내가 조그마한데 / 仰德村容小
> 어부의 집이 물 마주해 환하여라 / 漁家對水明
> 이곳 지명이 널리 알려진 것은 / 地名轟萬口
> 이완평이 은거했기 때문이라네 / 曾臥李完平[242]

제 9 장

꽃은 떨어지고, 제비는 지저귄다

| 마지막길 |

삶과 죽음은 주어진 명이 있으니, 어찌 고민하랴 / 死生有命寧煩念
화와 복은 하늘에 달렸으니, 마음은 움직이지 않으리라 / 禍福隨天不動心
내 마음을 잃지 않으면 내 일은 그것으로 끝인 것을 / 不失吾心吾事畢
이 일 말고 또 무엇을 골똘히 추구하리요 / 悠悠此外更何尋

―『오리선생문집』 제1권 '우연히 읊다(偶吟)'

제9장

정묘호란丁卯胡亂
—마지막 봉사의 길에 나서다

"경이 벼슬을 버리고 떠난 뒤로 내가 깊이 전날의 잘못을 뉘우치고 통렬히 자책했다. 조정 신하들이 예禮가 아니라고 간한 것은 거의 모두 따랐다. 그리고 경에게 오만한 말을 하는 자는 또한 모두 끊어버렸다. 오직 경에게 죄를 짓는 것만을 두려워하고 있으니, 나의 마음을 참으로 알 수 있을 것이다. 그런데 경은 용서하지 않고 고개를 저으며 돌아오지 않으니, 나의 걱정이 날로 깊어진다."[243]

1626년 3월, 인조는 이런 유서諭書를 승지에게 들려 이원익에게 보내왔다. 임금이 이렇게까지 말하는데 가만히 있는 것도 도리가 아니어서, 이원익은 며칠 후 상경하여 대죄하였다. 하지만 며칠 만에 다시 사직 상소를 올리게 되었는데, 부제학 최명길 등이 "삼년상을 치르는 게 맞다"는 논의를 제기했기 때문이었다. 인조의 만류에 다시 금천으로 가지는 않았으나, 조회와 경연에는 내내 불참하였다. 특별히 자신의 견해를 상소해 올리지도 않았다. 이원익은 이미 자신의 역할은 모두 끝났다고 여기고 있었을 것이다. 다만 인조의 체면을 생각해서 영의정 아닌 영의정을 하고 있을 뿐이었으니, 하루바삐 이 불편한 상황에서 면제되기를 바랐다.

삼가 아룁니다. 신은 노쇠하고 병들어 마냥 오래 집에 엎드려 있을 뿐이니, 고금 역대를 뒤져도, 아조我朝 2백 년 이래의 기록을 봐도, 이처럼 오래 집에 엎드려 있는 상신이 있었음을 듣지 못하였습니다. 태평무사할 때도 오히려 불가하거늘, 하물며 이런 때에 있어서야 될 말이겠습니까? 한가한 직책이라도 오히려 부당하거늘, 하물며 상신의 직책이어서야 될 말입니까?[244]

영상은 상신의 우두머리이니 모든 사무의 재결은 수상의 고유한 직무인데, 반드시 공당에 모여서 동료 및 여러 재신들과 함께 얼굴을 보며 정확한 방법을 의논한 다음에야 결재하는 것이 바로 사리에 맞습니다. 가령 신의 정신이 약간 밝아 이렇게 할 수 있더라도 집에 오래 엎드려 있어 실천할 도리가 없으니, 어찌 감히 혼자 집에서 결정하고 다른 상신과 여러 재신들이 손을 여미고 하릴없어 하도록 하겠습니까? 제가 재직할 수 없음이 사리에 분명한데, 국가에서 한 쓸모없는 노인을 녹봉으로 기르며 수상의 직책에 묶어놓았으니 헛된 직명을 가진 지 시일이 이미 오래되었습니다. 고금천하에 어찌 이따위 재상이 있겠습니까? 단지 신의 몸에 죄가 날로 쌓일 뿐 아니라, 국가의 인사가 이래서야 될 말입니까?[245]

1626년에 이원익은 사직 상소만 쓰면서 한 해를 보냈다. 결국 12월에 다시 교외로 나가니, 인조는 30여 차례의 사직 상소를 존중하기로 하고 그의 영의정직을 풀어주었다. 이제야말로 길이 마음 편히 쉴 수 있으리라고 이원익은 여겼으리라. 하지만 아직도 마지막으로 봉사할 일이 남아 있었다.

1627년(인조 5년) 1월에 후금이 3만의 병력으로 침공해 왔다. '정묘호란'이었다. 후금군은 일부 병력으로 가도에 멋대로 진을 치고 '요동을 회복하겠노라'며 우리 정부에 군량 등을 강요해 오던 명나라 장수 모문룡을 공격, 신미도로 패주시켰으며 나머지 주력으로 선천, 안주를 거쳐 평양을 점령했다.

청태종으로 즉위한 뒤 병자호란을 일으켜 인조의 항복을 받아낸 홍타이지.

조선 조정에서는 급히 대책 회의를 열었다. 신료들 중에는 이원익도 있었다. 이름뿐인 영중추부사 직책을 갖고 있던 그는 금천 집에 누워 있다가 침공의 소식을 듣고 부랴부랴 일어나 대궐로 왔던 것이다. 전황을 어떻게 보느냐는 인조의 질문에 "철기鐵騎로 거침없이 쳐들어온다면 하루 동안에 8, 9식(息, 240~270리)의 길을 달릴 수가 있습니다. 그러니 시급히 대비해야 합니다"라고 대답했다. "적이 비록 이르지 않더라도 만일 난민亂民이 있게 되면 역시 난리를 겪게 됩니다. 반드시 남한산성에 주장主將이 있은 연후에야 맥락이 하삼도에 통할 수 있습니다"라고도 조언했다. 인조는 이원익에게 다시 도체찰사를 맡기려 했는데, 이원익은 나이가 너무 많아 감당할수 없다고 했다. 그러나 좌의정 윤방이 "이원익이 비록 늙었으나 듣는 사람들 마음에 반드시 흡족할 것입니다"라고 말했으며, 결국 장만을 평안도·함경도·황해도·강원도의 도체찰사로, 이원익을 경기도·충청도·전라도·경상도의 도체찰사로 분담시켰다. 장만에게는 실제로 적을 맞아 싸우는 역할을, 이원익에게는 후방에서 지원하는 역할을 맡긴 셈이다. 그리고 이틀뒤 인조는 강화도로 파천하고 이원익은 세자(소현세자)를 모시고 전주로 남하한다는 결정이 내려졌다. 하필 전주로 간 까닭은 세자를 멀리 피신시키는 뜻도 있지만, 곡창지대인 호서와 호남의 민심을 진정시킬 필요성 때문이었다.

이원익은 분조分朝의 행차 준비에 정성을 다했다. 날마다 종사관을 보내 숙소로 정할 곳을 살피게 하고, 헛된 비용을 엄히 단속했으며, 미리 지시한 대로 따르지 않을 경우에는 해당 고을의 수령을 곤장으로 다스렸다. 호종하는 병사들도 군법으로 다스려 길에서 백성들을 괴롭히거나 문란하게 행동하지 못하게 하니, 병사들은 꽤 불만이었다. 그래서 "체찰사가 되었으면 적과 싸워야지, 우리 짐꾸러미나 단속하고 있느냐"는 목소리가 나오자, 이원익은 "성상께서 어린 아드님을 늙은 신하에게 맡기셨으니 내가어찌 소홀히 할 수 있겠는가?" 하며 자신의 임무는 전투가 아니라는 점을 상기시켰다. 그리고 불만을 가진 사람들을 일일이 만나 보고 지성으로 설득하니, 결국 모두 그에게 승복했다.[246] 당시 16세였던 소현세자는 전주에 있다가 한양이 함락되었다는 소식이 전해지자 겁이 났는지 전라좌수영으로 들어가 숨어 있으려고 했다. 그러나 이원익이 "민심이 흔들릴 것입니다. 좀 더 용기를 내시어 일의 추이를 지켜보다가 움직이시는 게 어떻습니

까?"라고 정중하게 충고하니 세자가 그대로 머무르기로 했다고 한다.[247]

후금군은 평산까지 남하했으며 그곳을 지키던 장만은 개성까지 후퇴했다. 하지만 후금군의 보급선이 길어지는 가운데 조선군 패잔병들과 의병들이 후미를 거듭 공격했고, 신미도에 들어간 모문룡을 공략하는 일도 쉽게 되지 않아 후금은 전쟁을 오래 계속할 뜻이 없어졌다. 그리하여 3월 3일에 "두 나라는 형제의 인연을 맺으며, 조선은 후금과 화친하되 명나라를 공격하지는 않고, 후금에 왕자를 인질로 보내고 매년 세폐를 바친다"는 조건으로 강화조약이 체결되었다. 이원익은 세자를 모시고 강화도로 들어갔는데, 세자 행차 길에서 조금의 민폐나 문란함도 발생하지 않도록 엄히 신칙했다. 그리고 4월에 어가御駕와 함께 환도하고는 곧바로 사직했다. 이후에도 그해 9월과 1631년 3월, 6월에 적병이 침입하는 사건이 있어 그때마다 입경했다가 물러갔으며, 1632년 6월에 인목대비의 승하 때문에, 8월과 10월에 각각 인조의 병문안을 위해, 12월에는 궐내에 궁녀가 저주를 한 흔적이 나타나 인조가 별궁에서 머문다는 말에 입경했으나 나머지 기간은 내내 금천의 집에 은거해 있었다.

청렴함으로 마지막 감동을 주고, 관감당觀感堂에서 꿈을 꾸다

그 집은 이보다 얼마 앞서, 1631년 1월에 인조가 특별히 하사한 집이었다. 인조가 이원익의 근황을 물어 가서 살펴본 승지가 "매우 심하게 야위었고 쇠약해져서 눕거나 일어날 때 반드시 남의 손이 필요합니다. 그의 집은 초가집 두서너 칸뿐이며 바람도 막지 못할 정도입니다. 한 뙈기의 땅도, 노비

인조가 말년을 초가삼간에서 보내는 이원익의 청렴함에 감복해 하사한 관감당.

도 없으며 단지 녹봉으로 입에 풀칠한다고 합니다"라고 보고하자 인조는 그만 감동했다고 한다.

> "40년 동안 정승을 지낸 사람의 집이라는 것이, 두서너 칸의 바람도 못 막는 초가집이로구나! 그의 청렴함은 옛날에도 없는 것이다. 내가 평생 그를 존경하는 까닭은 그의 공로와 덕행만이 아니다. 그의 청렴함을 모두가 본받는다면 무엇 때문에 백성의 근심이 있겠는가?"[248]

진심으로 감동한 군주의 말에, 특히 '그의 청렴함을 모두가 본받는다면' 이라는 말에 조정의 그 누구도 한 마디도 못했다. 이원익을 내내 헐뜯던 이귀도 할 말이 없었다. 인조는 베 이불과 흰 요를 내려 이원익을 표창했는데, 비단 이불과 요를 쓰지 않은 것은 그렇게 함으로써 오히려 그의 청

렴함을 찬양하려는 뜻이었다. 또 제대로 된 집을 지어주게 했다. 이원익은
백성들에게 폐가 된다며 극구 사양했으나 인조는 곧바로 반론하여 그가
뭐라고 말할 수 없도록 했다.

> "경기 백성들의 노고가 심합니다. 병든 신하를 위해 개인 집을 짓도록 할 수
> 없습니다."
> "경을 위해 집을 짓는다고 말하면 경기 백성들이 반드시 달려올 것이다. 즐
> 겁게 일하고 수고로움을 생각하지 않을 것이다."[249]

결국 이원익은 이후 그 집에서 살았다고 한다. 지금 광명시에 남아 있는 그 집은 인조가 이원익의 충심을 보고 느꼈다 하여 모든 사람이 보고 느끼도록 하라는 뜻으로 '관감당觀感堂'이라 부른다. 후일 실학자 이덕무李德懋는 "역대 재상 중 임금께 집을 하사받은 사람은 셋뿐이다. 세종 때에 황희가 집을 하사받고, 인조 때에 이원익이 집을 하사받고, 숙종 때에 허목이 집을 하사받았다"고 하여 이 세 사람이야말로 임금의 '관감'을 입은 진정 영예로운 청백리 정승이었다고 적었다.[250] 이미 언급했듯 황희의 정신이 이준경을 통해 이원익에게 이어지고, 허목은 이원익에게 직접 배웠음을 보면 실로 귀한 전통이라고 해야 하지 않을까.

이후에도 인조는 반쯤 의례적으로 출사할 것을 촉구하는 유서를 내렸다. 이원익은 그때마다 사양하며 굳이 보내주는 급료와 은전도 일체 보내지 말 것을 청하는 상소를 올렸다. 남아 있는 것 가운데 가장 마지막의 상소는 1632년 3월 25일에 올린 것이다.

> 신은 일찍이 과거에 급제하여 나이 스물이 넘어 곧 벼슬에 올랐습니다. 벼슬

에 오른 뒤로 오늘날까지 따져 보면 환갑을 지내고도 4년입니다. 60여 년 동안에 여러 차례 중임을 맡아 안팎을 드나들며 동분서주하였으나, 털끝만큼도 나랏일에 도움을 주지 못했습니다. 그런데 근력은 나 떨어지고 정신은 나 소모된 지금, 숨이 잦아들어 아침 아니면 저녁으로 죽음을 기다리고 있습니다. 앞으로 세상에 남아 있을 날이 며칠이나 되겠습니까?[251]

마지막 만남은 1632년 12월 4일에 있었다. 저주 사건으로 별궁에 거처하던 인조를 문안하러 찾아온 이원익에게 인조는 타락죽을 대접했고, 이원익은 임금의 앞에서 열 숟가락을 떠 먹었다. 그리고 "귀가 먹고 이는 빠지고 말도 제대로 할 수 없다"고 하면서, "식사량도 줄었으나, 그래도 죽이 아닌 밥을 먹으며 살고 있다"고 했다. 인조가 정치에 관한 의견을 묻자 "송장이나 다름없는 몸이 드릴 말씀은 없습니다"라며 언급을 피했다. 이후 이원익이 세상을 떠날 때까지 인조가 승지를 보내 문병한 일은 있어도, 두 사람이 서신을 교환하거나 얼굴을 맞대고 이야기한 일은 기록에 없다.

1633년에는 부제학 이준에게 부탁하여 자신의 묘지명을 지어달라고 했다. 이때 그는 막냇사위 윤영尹鍈에게 "나의 평생 지론이 혹 맞지 않은 것도 있었고, 재물을 보고 혹 피하지 않은 것도 있었다. 옳은 일을 두고서 용기를 미처 내지 못한 일도 있었다. 내가 죽은 뒤에 만약 나를 잘 모르는 사람이 묘지명을 쓰게 되면, 잔뜩 과장하여 사실보다 칭찬함으로써 오히려 나를 더욱 부덕한 사람으로 만들까 염려된다. 생각건대 평소에 나를 잘 아는 사람으로는 이준밖에 없다. 그에게 나의 평생 이력의 대략을 순서대로 적어달라고 하거라"라고 말했다 한다.[252]

그해 10월 1일에 꿈을 꾸다가 '꽃이 중문에 떨어지고, 제비는 빈 집에 둥지를 트네(落花重門/燕巢空堂)'라는 시를 읊었다고 한다. 꿈에서 깨어서도 눈앞에 꽃과 제비의 자취가 선명하고 꽃향기가 아른거렸다고 한다. 비몽사몽간에 붓을 들고 꿈속의 시를 따라 새로 시를 지었다.

천상의 신선 떠난 지 두 주가 지나고 / 天上神仙去兩周
인간 세상의 일월은 또 삼추를 지났다 / 人間日月又三秋
떨어진 꽃, 우는 새, 봄바람은 늙누나 / 落花啼鳥春風老

여기까지 짓고는 또 꾸벅꾸벅 졸다가 완전히 잠을 깨고 나서 나머지 한 연을 마저 지었다고 한다.

제비가 빈 집에 들어와 끝없이 지저귀누나 / 燕入空堂語不休

이원익은 이를 두고 스스로 "나는 젊을 때부터 꿈 잘 꾸기로 이름났었는데, 늙은 뒤로는 정신이 산란해지고 꿈도 징험이 없었다. (……) 이 시의 뜻은 정확히 무엇인지 알 수 없는데, 옛날에도 시참詩讖이라는 것이 있어서 곧이곧대로 읽기도 하고 역으로 읽기도 했다. 생각해 보니, 시절로 따지면 봄바람이 늙을 때는 3월이니, 아마 3월에 내가 죽는다는 뜻이리라"[253]라고 스스로 풀이했다.

'옛날이야기'라면 으레 그런 생각이 정확히 맞아떨어지게 되지만, 실제로는 조금 차이가 났다. 다음 해 1634년(인조 12년) 갑술년 정월, 마침내 미수(88세)에 이른 이원익은 급속도로 위독해졌다. 올 것이 왔음을 깨달았는지 그는 여러 정승들에게 유언을 남겼다. "성군을 잘 모시시오." 그 소식을 들은 인조는 다급히 어의를 불러 이원익의 집으로 달려가도록 했다. 하지만 1634년 1월 29일 밤 2고鼓, 이원익의 소식에 인조는 급한 지시를 내리고는 초조하여 잠을 못 들고 있었다. 그가 서둘러 보낸 어의는 거친 풍랑이 이는 한강을 위태롭게 건너고 있었다. 어차피 소용이 없는 발걸음이었다. 그날 밤은 크게 바람이 불고 날씨가 유독 거칠어 사람들이 하늘의 감응이 있었던 거라고 오랫동안 회고하도록 했다.

인조의 침전에서 얼마 떨어진 동궁에는 세자가 자고 있었다. 그는 요 얼마간 올해 큰 행사를 치러야 하므로 각별히 행동에 조심하고 건강에도 유의하라는 말을 듣고 있었다. 세자가 된 지 오래련만 이런저런 이유로 미루어진 명나라의 세자 책봉이 마침내 올 봄에 이루어질 예정이었기 때문이다. 기쁜 일이었다. 자신에게나, 부왕에게나, 종묘사직에나. 이제 3년이 지나면 오랑캐라고 멸시해 온 무리들의 포로가 되어 이역만리 먼 길로 끌려 갈 것이고, 다시 몇 년 후에는 자신에게 책봉을 해준 명나라도 없어질 테고, 고생 끝에 귀국하겠지만 기다리는 것은 슬픈 운명뿐, 자신에게는 조니 종이니 하는 묘호가 없이 다만 소현세자라는 이름으로 불리게 되리라는 사실을 그때 그가 알 리가 없었다.

멀리 강화도에서는 유배 12년차가 되는 광해군이 또 하룻밤을 쓸쓸히 넘기고 있었다. 며칠 전 그를 더 먼 곳으로 이배해야 한다는 논의가 조정에서 있었던 참이다. 몰래 그에게 물건을 보낸 사람들이 발각되었고, 후금이 다시 침입해 와서 그를 빼돌려 임금으로 세울지도 모르는 일이었기 때문이다. 제주도가 논의되다가 결국 교동으로 옮기기로 결정했는데, 날이 추워서 공사가 쉽지 않으므로 당분간 기존의 배소에 머물게 하자는 이야기가 며칠 전의 일이었다.

이원익의 말년을 무던히도 고달프게 했던 연평부원군 이귀는 아무 말이 없었다. 약 1년 전에 무덤에 들어가 잠자고 있었기 때문이다. 이원익을 가리켜 늙었다고, 노망이 난 모양이라고 그렇게 비웃었던 그이건만 저승

이원익 부부의 묘지. 부제학 이준이 묘지명을 지었다.

황희, 이원익과 함께
조선의 3대 청백리로 꼽히는
이원익의 손녀사위 미수 허목.

사자를 영접하는 일은 오히려 한 발 빠르고 말았다. 예제와 옥사의 처리를 두고 이귀와 그토록 열심히 맞섰던 우복 정경세 역시 두어 달 전에 무덤에 들었다.

물론 살아갈 날이 아직 많은 사람들도 있었다. 광해군에게 내쫓긴 이원익이 호장 아내의 상을 치르는 일을 놓고 기가 막혀 웃었던 여헌 장현광은 바로 며칠 전 여든의 나이를 기리는 표창을 인조에게서 받았다. 이제 그의 남은 날은 3년쯤 될 것이었다. 이원익을 두고 "골육과 다름없다"고 했던 포저 조익은 예조판서로 재직하고 있었다. 퇴궐해 있던 그는 기분이 썩 좋지 않았는데, 날씨가 나빴기 때문이기도 했지만, 그가 며칠 전 큰 마음을 먹고 입안한 교육 개혁안이 조정에서 기각되고 말았기 때문이었다. 정승들은 그의 문제의식에 원칙적인 동감을 표시해 놓고도 현실적 이유를 들어 배강에서 임강으로 강의 방식을 바꾸고 사서삼경 말고 『근사록』을 가르치자는 그의 개혁안에 퇴짜 놓았다. 속이 상했던 조익은 '그 어른이 정승으로 계셨다면……' 하는 생각을 한 번쯤 해보았을지도 모른다.

그를 누구보다도 존경했던 택당 이식은 이조참의, 그의 안민 정신을 받들어 대동법 논의를 부활시키게 될 김육은 승지의 직책을 갖고 새로운 내일을 열심히 살아가기 위해 숙면을 취하고 있었다. 이원익의 손녀사위이자 문인이었던 미수 허목은 늦은 밤임에도 오직 공부에 열중하고 있었다. 그는 몇 년 전에 인조가 부모의 이름을 높이려는 사욕을 못내 버리지 못하고 정원군을 대원군에서 왕으로 추숭하려 하자 이에 극렬히 반대했다가 정거停擧 처분을 받고는 집에서 지내고 있었다. 오직 공부밖에 할 일이 없는 그였지만 이제 시간이 지나면 '이원익의 참다운 후계자'로서, 남인의 거두로서 정계에서 큰 역할을 하게 될 것이었다.

평안도 안주 땅, 이제는 한껏 무성해진 뽕나무 가지를 매서운 겨울 바람

오리영우. 오리 이원익의 영정을 모시고 불천위(不遷位) 제사를 지내는 사당이다.

이 휘두르며 웅웅 소리를 냈다. 그 겨울 바람은 평양의 대동강변에도, 한산도의 정승봉에도, 성주의 금성산성 꼭대기에도 불어쳤다. 백성들은 빨리 이 모진 겨울이 지나 봄이 와야 할 텐데 하며 한숨을 쉬었다. 최근에는 흉한 징조가 곳곳에서 나타난다더라, 나라에 또 무슨 큰 변고가 있을 것 같다는 소문을 속삭이는 민초들도 있었다. 바로 어제만 해도 전라도 옥구에서 발이 여덟 개 달린 강아지 새끼가 태어났다더라고.

어디에서 꽃이 소리 없이 떨어졌다. 소리가 났더라도 웅웅거리는 바람 소리에 묻혔으리라. 제비가 쉬지 않고 지저귀는 소리는 아무도 듣지 못했다.

제10장

후계자들, 친지들, 후손들

| 완평의 이름을 이어가다 |

일찍이 상림 일으켜서 사방에 은택을 입혔으니 / 曾作商霖澤四方
아동이 군실을 외우는 일을 잊을 수 있으리요 / 兒童君實誦何忘
두 조정을 섬기면서 삼존을 한 몸에 갖추시고 / 兩朝事業三尊備
십 년 세월을 고향 동산 일묘궁에서 보냈도다 / 十載丘園一畝荒
뛰어난 영기가 홀연히 우주로 되돌아갔으니 / 間氣倏驚歸宇宙
태산과 들보의 비통함을 백성이 어찌 견디리요 / 邦人無奈痛山樑
이 몸도 문생의 말석에 끼이는 행운을 얻었기에 / 愚蒙幸忝門生後
오늘 만사를 지으려니 눈물이 옷을 적십니다 / 此日題詞淚滿裳

— 조익, 『포저집』 제1권. '완평 이상국 원익에 대한 만사'

제10장

정조와 정약용, 이원익의 지음知音이 되다

"영부사 이원익은 선왕조의 원로인 데다가 청렴결백한 덕이 비교할 수 없으므로 내가 마음으로 열복하여 귀서龜筮처럼 신임하고 종정鍾鼎처럼 중시하였다. 국운이 불행하여 갑자기 어진 사부師傅를 잃었으니 생각하면 비통하여 마음을 가눌 길이 없다. 부음을 듣던 그날에 즉시 거애擧哀하고 싶었으나 병으로 인하여 시행하지 못했으니, 이것 역시 나의 지극한 한이로다. 관원을 보내어 치제하는 데 있어 일반적인 규례로 거행할 수 없으니, 특별히 승지를 보내어 제사를 지내게 하여 나의 경모하는 뜻을 표하도록 하라."

인조는 이원익이 세상을 떠난 지 약 스무 날이 지난 인조 12년(1634년) 2월 13일에 이렇게 하교하고, 승지 이민구를 금천으로 보내 치제致祭토록 했다. 엿새 뒤에는 소현세자도 궁관을 보내 치제했다. 이원익이 일찍이 세자사世子師였기에 스승과 제자의 의리가 있고 정묘호란 때 자신을 호종하는 등 친분과 정리가 남달랐기에 이례적인 치제를 한 것이다. 이에 앞서 인조가 부음을 들은 직후에 장사에 쓸 관을 직접 내리고 예조 낭청과 경기 감사에게 대신 조문토록 했으며, 문충文忠이라는 시호를 내렸다. 또한 끼니도 잇기 힘들 만큼 청백했던 이원익의 살림살이를 고려하여, 장사를 지내기까지 월봉을 생전대로 지급하고 그 뒤에는 3년마다 조금씩 줄이되 제사가 끊어지지 않게 하라고 지시했다.[254]

인조는 분명 이원익을 존중했다. "마음으로 열복하여 귀서처럼 신임하고 종정처럼 중시"했을지 모른다. 하지만 그것은 그의 비길 데 없는 명성과 고매한 인격, 처신의 청렴함을 존중한 점이 크고, 한때 선조가 그를 '도유우불'로서 대했듯이 실질적인 정책 조언자나 행정의 집행자로서 존중했다고는 보기 어렵다. 인조가 나중에 이원익을 회고하면서 "반정 초기에 완평부원군이 세상에 있어서 흠모하기에 만족함이 있었다. 그 재국才局이 비록 정무를 주선하지는 못하였으나不能幹旋世務, 청백과 충성은 미칠 사람이 없었다"라고 말한 점이나,[255] 인조의 행장에 "왕이 친정하여 맨 먼저 이원익을 영의정으로 삼아서 황야荒野에서 들어오게 하고"라며 인조의 공적 중 하나로 이원익의 기용을 꼽고는 있되 대동법에 대해서는 한 마디도 말이 없는 점을 보면 분명하다. 인조는 결국 이원익의 안민 사상을 이해하지 못했고, 그가 올린 정책안의 가치를 돌아보지 않았던 것이다.

오직 안민에 독실하게 두었던 이원익의 뜻을 알아본 왕은 오히려 인조 이후 6대나 지난 조선 제22대 임금 정조였다.[256] 그는 이원익의 생애를 기려 이 책의 첫머리에 옮긴 시를 지었을 뿐 아니라, 경연에서나 자신의 문집『홍재전서』곳곳에서 이원익이 나라와 백성에 끼친 혜택을 거론하고 예찬했다.

"뽕나무를 심는 일로 말하자면, 민생에 나날이 쓰이는 것으로 옷과 밥처럼 절실한 것이 없는데, 곡물은 밥의 근원이 되고 누에는 옷의 근원이 되니, 이야말로 하나라도 없어서는 안 되는 것이다. 노나라의 뽕나무魯桑와 형나라의 뽕나무荊桑는 비록 심어 가꾸는 방법이 각기 다르기는 하지만, 원래 꼭 기름지고 비옥한 땅이 아니더라도 산과 들녘의 언덕이나 들에 심어놓기만 하면 살아난다. 뽕나무가 있으면 자연히 누에가 있게 되고 누에가 있으면 자연히 고치가 있게 되니, 멋진 옷을 입을 수 있는 것이 어찌 유독 서인西人의 아들뿐이겠는가. 오늘날의 도백과 수령은 또한 옛날의 도백과 수령과 같은데 어찌 꼭 칠보七寶의 뽕밭을 두고 완평完平 이상李相만이 아름다움을 독차지하게 할 것인가. 무릇 나무를 심는 일에 관한 일은, 진실로 겨울과 봄을 기다려야 하나, 육지 뽕나무地桑의 한 가지 경작법으로는 오디를 취하는 데 마땅한 철이니, 책자 가운데 '근勤' 한 글자야말로 이러한 곳에 공을 거두기에 적합하다."257)

정조는 '이공상李公桑'이 보통 사람의 지혜와 재능을 뛰어넘는 고안물이 아님을 꿰뚫어 보았다. 뽕나무는 특별히 애를 쓰지 않아도 잘 자라는 나무이기 때문이다. 문제는 그것을 가꾸고 누에를 치는 부지런함과, 그 부지런함을 가능하게 하는 사회제도와 문화인 것이다. 그래서 이공상과 같은 예가 흔하지 않은, 아름다운 정치의 예일 수 있는데, 정조는 그런 아름다운 정치의 핵심을 '근勤' 한 글자로 풀어냈다. '부지런함'과 함께 '근심'의 뜻을 담고 있는 '근'이야말로 백성이 실제 어렵게 살고 있는 현실을 근심하며 어떻게든 그들에게 실제로 도움을 주기 위해 늘 부지런한 공직자의 자세를 집약적으로 표현하고 있다. 그리고 그것이 바로 이원익의 평생의 자세였다.

이원익의 인자하고 고고한 인품, 충직함과 청렴함의 미덕, 안민에 집중하는 실용적 정책은 모두 하나로 연결되어 있다. 그러나 그를 직접 대했던 세 임금 중 선조를 제외하면 그의 인품, 미덕은 알아보았어도 정책을 제대로 알아주었다고 보기 어려운데(반면 선조는 이원익의 인품을 의심하고 그를 유성룡을 따르는 파벌주의자로 여겨 마지막에 그를 멀리했다), 오히려 그를 직접 대하지 못한 정조가 이원익의 정치사상을 더 잘 이해한 까닭은 무엇일까? 어쩌면 선조, 광해군, 인조가 모두 '적통이 아닌' '준비되지 못한' '난세의 군주'였기 때문일지도 모른다. 선조와 인조는 세자를 거치지 않고 방계 출신으로 엉겁결에 왕이 된 사람이고, 광해군은 반대로 오랫동안 세자 자리에 있었으나 역시 적장자가 아닌 사람이 임진왜란 때문에 엉겁결에 세자가 되었으며 이후에도 계속 정통성 시비에 시달린 사람이다. 따라서 이들은 모두 정치적으로 민감하며 의심이 많을 수밖에 없었고, 착실하게 왕이 될 준비를 하지 못했기에 세종이나 정조 같은 '준비된' '학자 군주'에 비해 정책을 바라보는 식견이 떨어졌을 가능성이 높았다. 그래도 선조가 세 임금 중에 가장 이원익을 잘 기용했다고 볼 수 있음은, 그가 비록 준비되지 못한 상태에서 왕이 되었지만 이준경, 이황, 기대승 등 걸출한 학자들의 보좌를 받으며 초기에 상당한 공부를 할 기회가 있었을지도 모르기 때문이다. 일찍이 율곡 이이는 『동호문답』에서 "현명한 군주와 현명한 신하가 만나기만 하면, 반드시 이상적인 정치를 이룰 수 있다"고 했으며, 이원익 스스로는 "도유우불의 경지를 아쉬워한다" 했거니와, 이원익이 만약 세종이나 정조의 시대에 조정에 있었다면 과연 어떤 정치를 볼 수 있었을까?

한편 정조와 가장 마음이 잘 통했으며 정조의 정치적 이상을 실현할 제도를 기획하는 데 평생을 바쳤다고도 볼 수 있는 다산 정약용 역시 이원익의 '근실勤實'함을 눈여겨보고 높이 평가했다.

"신은 엎드려 생각하건대, 상마桑麻에 대한 정사는 성왕聖王들이 소중하게 여긴 것입니다. 주 문왕周文王의 제도와 맹자의 학문이 맨 먼저 힘쓴 바는, 오 묘五畝의 주택 담장 밑에 뽕나무를 심은 것에 불과합니다. 엎드려 보건대, 우리 선대왕(先大王께서도 수령)들의 정치 실적을 평가할 적에 흔히 뽕나무를 심은 실적으로써 정하였으니, 이는 한漢나라의 유법遺法입니다. 고故 상신相臣 이원익이 일찍이 안주를 다스릴 적에 백성들에게 의무적으로 뽕나무를 심도록 하여 1만 그루가 훨씬 넘은 바, 서쪽 백성들이 그 뽕나무를 힘입었고, 지금까지도 그 뽕나무를 '이공상'이라 부르고 있으니, 이 역시 옛날 순리循吏가 남긴 뜻입니다. 지금 마땅히 이 법을 밝혀 수령들로 하여금 백성들에게 의무적으로 뽕나무를 심어서 그 실효를 거두도록 하는 것도 근본을 튼튼히 하는 데 한 가지 도움이 될 것입니다."[258]

"광해군 즉위년에 상신 이원익이 선혜청을 설치해서 대동법을 시행하기를 청했고, 먼저 경기에 시험하였다. (······) 큰 집안들과 호민豪民들이 방납의 큰 이익이 없어지자, 온갖 방법으로 훼방 놓았다. 광해군은 여러 번 폐지하려 했으나, 경기의 백성들이 입을 모아 편하다고 하니, 결국 그대로 시행하였다."[259]

정약용은 다시 이 대동법을 영조 대에 이루어진 균역법 등의 개혁 입법과 더불어 극찬하고 있으며, 영조가 법을 고치며 했다는 말, "나라가 망해도 이 법을 고치고야 말겠다"는 강한 개혁 발언을 두고 "성인聖人의 말씀"이라고 갈채하고 있다.[260] 18세기 말의 실학이 17세기 초의 이원익의 근실에서 비롯되지 않는다고 말 할 수 있을까? 광해군이나 인조가 대동법과 서얼허통법 등을 놓고 "나라가 망해도 이 법을 이루고야 말겠다"고 했더라면 우리 역사는 조금 더 빨리 발전하지 않았을까?

100년 동안의 개혁, 대동법의 시행에서 완성까지

정약용에 앞서 이원익의 근실-인민 정신을 받든 훌륭한 사대부 관료들도 몇몇 있었다. 이원익을 도왔던 포저 조익, 이원익을 꿈에서 뵈었다는 잠곡潛谷 김육金堉 등이다.

이원익이 "지금 세상에서 경륜할 수 있는 인재는 온 조정에 오직 조모某 한 사람뿐이다"[261]라고 찬탄했던 조익, 이원익의 기영연에서 "멀리 상고시대의 이상 정치를 뒤좇아 백성의 어깨를 가볍게 해주셨다"고 이원익의 안민 정책을 침이 마르게 찬양한 조익은 이원익이 자신의 뜻을 더 완강히 밀어붙이지 못하는 상황(건강이 크게 악화되었고, 또 자신이 직접 나서서 이귀 등의 공신들과 정면충돌할 경우 정국이 혼란스러워질 것을 염려하기도 했기에)에서 이원익의 속내를 헤아려 그가 하고 싶던 말을 대변하는 역할을 맡았다.

"대동법을 실시하기로 한 것은 당초에 영의정 이원익의 주장에서 나온 것인데, 이에 대한 절목節目을 헤아려 정할 적에 신이 실제로 참여하기도 하였습니다. 그런데 그 뒤에 의론이 일치하지 않아 가부가 정해지지 않게 되어서는, 신이 소를 올려 그 이해관계에 대해 진달하면서 전하께서 결단을 내려 시행하실 것을 청하기까지 하였습니다. 이는 신의 어리석은 소견에 그렇게 하는 것이 반드시 백성에게 편리하고, 반드시 국가에 이익이 되어 좋은 정치를 반드시 이룰 수 있다고 확신하는 점이 있었기 때문이었습니다. 만약 그렇지 않고 그 이해와 득실이 오히려 애매모호한 상태에 있었다면, 신이 어떻게 감히 의심스러운 일을 가지고 중론衆論이 일치하지 않는 와중에서 유독 이처럼 시행해야 한다고 보증하고 나설 수 있었겠습니까.

대개 이 법에 대해서 방납防納하는 사람이나 탐관오리나 호강품관豪强品官

같은 사람들은 필시 싫어할 것입니다마는, 힘없는 일반 백성들은 좋아할 것이 분명합니다. 대저 어떤 사람들은 싫어하고 어떤 사람들은 좋아하는 등 똑같이 좋아하지는 않지만 신이 반드시 시행해야 한다고 주장하는 데에는 이유가 있습니다. 사람들의 숫자가 많고 적은 것을 가지고 말한다면, 방납하는 사람이나 탐관오리나 호강품관들은 적고 힘없는 일반 백성들은 많으니, 이것은 싫어하는 사람들은 적고 좋아하는 사람들은 많은 것입니다. 그리고 사리의 옳고 그른 것을 가지고 말한다면, 방납하는 사람이나 탐관오리나 호강품관들은 모두 힘없는 일반 백성들을 해쳐서 자기의 이익을 도모하는 자들이니 모두 곧지 못한 자들입니다. 이자들이 이익을 얻게 되면 힘없는 일반 백성들이 피해를 받게 되니, 왕자王者의 정치에서는 이들을 제어하여 억눌러야 마땅합니다. 그리고 힘없는 일반 백성들이 아무 죄도 없이 사람들에게 침해를 당한 결과 심지어는 살 곳을 잃기까지 하는 사람들이 많이 나오고 있으니, 이들은 모두 가련한 백성들로서 왕자의 정치에서는 구제해 주어야만 마땅합니다. 탐관오리와 호강한 자들이 자기들의 욕심을 채운 결과 힘없는 일반 백성들이 살 곳을 잃게 된다면 그 세상은 난세라고 할 것이요, 탐관오리와 호강한 자들이 제멋대로 욕심을 채우지 못하게 해서 힘없는 일반 백성들이 살 곳을 얻게 한다면 그 세상을 치세라고 할 것이니, 이것이 바로 신이 기필코 이 법을 시행하려고 하는 이유라고 하겠습니다……."[262]

인조 3년(1625년)에 이런 상소를 올려 대동법 철폐론을 공박했던 조익은 몇 년 뒤에는 다시 이렇게 상소하여 인조가 이원익의 참된 가치를 몰라보고 있는 점을 한탄했다.

"애달픈 우리 생령生靈이 폐조廢朝의 잔학한 정치에 혹독하게 시달리는 가운데 물과 불 속에 빠진 것처럼 지내온 세월이 10여 년이나 되었습니다. 그래서 전하께서 즉위하시자마자 좋은 정치를 펼치겠다고 단단히 마음을 지니시고는 맨 먼저 이원익을 정승으로 기용하셨으므로, 나라 안의 사람들 모두가 다시 살아날 수 있게 된 것처럼 기뻐하여 마지않았습니다. 그리고 이원익도 백성을 소생시키는 일을 자신의 임무로 여기고는 자신의 사려를 다해 온갖 폐단을 제거함으로써 은혜로운 정치를 새롭게 펼쳐보려고 강구하였습니다. 따라서 이원익이 행하려고 하는 일에 대해서는 모두 전하께서 물 흐르듯 따라주시어, 이원익으로 하여금 몇 년 동안만이라도 그 뜻을 펼칠 수 있게 해주셨더라면 백성들이 은혜를 받는 것이 필시 많았을 것입니다. 그런데 불행히도 의론이 일치되지 않는 가운데 이원익 역시 병으로 물러나고 말았는데, 그 뒤로는 조정 위에서 백성을 걱정하는 소리나 백성을 위로하는 정사는 들리지 않고, 계획을 세워서 시행하는 것들을 보면 모두가 군대를 징발하고 군량을 확보하는 등의 일에 지나지 않을 뿐이었습니다. 대저 군대를 정비하고 군량을 모으는 것도 물론 국가의 정치에서 그만둘 수 없는 일이기는 합니다만, 그 일이 바람직하게 행해지지 않으면 모두 백성에게 근심과 피해를 끼치기에 족하다고 할 것입니다. 그리고 백성은 바로 나라의 근본이니, 군대나 식량과 같은 것은 나라의 근본과 비교해 볼 때 오히려 말단에 속하는 일이라고 해야 할 것입니다. 따라서 백성이 생활의 안정을 잃게 되는 그 걱정이 더욱 큰 만큼, 백성을 구제하는 정치를 무엇보다도 급하게 여겨야 마땅할 것입니다……."[263]

'안민이 최우선이며, 나머지 일은 군더더기에 지나지 않는다'는 이원익의 사상을 조익은 충실히 받아들이고, 그것으로 인조를 깨우치려 했던 것이다. 그는 효종 1년(1650년)에도 칠십이 넘은 나이로 효종에게 올린 상소에서 대동법의 시행을 주장하며 이렇게 말했다. "이 법은 바로 선조先祖

의 상신인 이원익이 만든 것입니다. 이원익은 실로 근세의 어진 정승인데, 어찌 백성을 병들게 하는 법을 만들었겠습니까?" 조익은 우계 성혼의 제자이며 송강 정철의 손녀사위로 '진골眞骨 서인'이라 불릴 만한 사람이었으나, 이원익의 인품과 사상에 감복하여 평생을 추종한 끝에 그를 "골육과 다름없다"고 했으며 그의 정책을 실천할 선봉장이 되기를 마다하지 않았던 것이다.

조익이 효종 때 좌의정을 하던 시절, 우의정의 자리에서 대동법의 재시행에 앞장선 사람이 있었다. 바로 김육이었다.

"왕자王者의 정치는 백성을 편안하게 하는 것보다 우선할 일이 없으니, 백성이 편안한 연후에야 나라가 안정될 수 있습니다. 옛사람이 말하기를 '천변天變은 백성들의 원망이 부른 것이다'라고 하였습니다. 백성들이 부역에 시달려 삶에 즐거

한글로 풀어 쓴 오리의 시 '대장부'

움이 없고 일할 마음이 없으니, 원망하는 기운이 쌓이고 맺혀 그 형상이 하늘에 드러나는 것은 필연의 이치입니다. 임금이 재변을 만나면 두려워하며 몸을 기울여 수성修省하는 것에는 어떤 묘한 방도가 있는 것이 아니라, 오직 백성을 보호하는 정사를 행하여 그들의 삶을 편안케 해줌이 있을 뿐입니다.

> 대동법은 역역役을 고르게 하여 백성을 편안케 하기 위한 것이니 실로 시대를 구할 수 있는 좋은 계책입니다. (……) 고故 상신 이원익이 건의한 것인데 먼저 경기, 강원도 두 도에서 실시하고 호서에는 미처 시행하지 못하였습니다. 지금 마땅히 먼저 호서에서 시험해야 하는데, 삼남三南에는 부호富戶가 많습니다. 이 법의 시행을 부호들이 좋아하지 않습니다. 국가에서 영令을 시행하는 데 있어서는 마땅히 소민小民들의 바람을 따라야 합니다. 어찌 부호들을 꺼려서 백성들에게 편리한 법을 시행하지 않아서야 되겠습니까."[264]

효종 즉위년(1649년) 11월 5일에 이렇게 임금께 진달하여 얼마 후 충청도에 대동법이 실시될 수 있게 한 김육은 나아가 호남에도 대동법이 이루어지게 하여, 이른바 부호들의 이권이 가장 크게 걸려있던 삼남에서 대동법이 자리를 잡도록 하는 데 관직 생활의 대부분을 바침으로써 오늘날까지 '대동법의 일등 공신'으로 그 이름이 떨치고 있다. 하지만 위에 인용한 그의 발언에서도 보듯 그의 정책은 이원익을 본받는 것이었고, 그 정신도 '안민보다 중요한 것이 없다'는 이원익을 그대로 이어받는 것이었다. 사실 그는 처음부터 대동법을 연구한 사람이 아니며, 충청 감사로 부임했을 때 전임자 권반이 이원익의 대동법을 도내에 시행하면서 절목을 만들어둔 것을 보고는 감탄하여 "이것이야말로 백성의 삶을 여유롭게 만드는 방법이다!"라고 외쳤다고 한다.[265] 그리고 그 절목을 토대로 연구한 끝에 인조 16년(1638년)에 대동법을 확대 시행하자고 차자를 올렸으나, 반대론에 막혀 무산되었다가 다시 효종이 즉위하매 새롭게 대동법 개혁안을 제시했던 것이다.

> 임금을 사랑하고 나라를 걱정하기가 사생 간에 같았지요 / 愛君憂國死生同
> 요행히도 오늘 밤에 꿈속에서 공을 뵈었구려 / 何幸今宵夢見公

그때 당시 왕안석이라며 끝도 없던 비방들이여 / 無限當年安石謗

지금까지 아이들이 서로 전해 외웁니다 / 至今吟誦在兒童[266]

김육은 대동법 시행을 두고 조정이 둘로 갈라져서 옥신각신할 때, 답답한 마음에 잠자리에 들었다가 꿈에 이원익을 만나보았다고 한다. 왕안석은 북송의 개혁 정치인이었으나 전통을 업신여기고 현실을 무시하며 멋대로 개혁을 밀어붙였다고 하여 오랫동안 간신의 누명을 벗지 못하던 사람이었다. 공교롭게도 왕안석을 제압하고 그의 개혁을 모조리 되돌린 사람이 사마광인데, 인품과 충절 때문에 '조선의 사마광'으로 불리기도 한 이원익이 대동법을 주장하던 무렵에는 반대로 왕안석이라는 비난을 들은 것이다. 그 뒤 수십 년 이원익의 발자취를 따라가면서 자신 또한 왕안석 운운하는 비방과 손가락질을 겪으면서 김육은 이원익이 그리웠으리라. 또한 당시 그가 얼마나 힘겨웠을지 비로소 이해가 되었으리라. 그래서 이원익을 꿈에서 만난 것이 아닐까.

이원익이 주장하여 처음 시행하고 조익과 김육이 이어받은 대동법은 시행과 폐지, 확대와 축소를 겪으며 완성되어 갔다. 이원익이 주장하여 광해군 때 선혜청을 설치하고 경기도에 처음으로 경기선혜법을 시행하였고, 인조 즉위 초에 강원·충청·전라까지 대동법을 확대하는 삼도대동법을 시행하였으나 충청도와 전라도의 대동법은 폐지되었다. 효종 때 대동법을 확대하고자 한 김육의 주장으로 시행 세칙을 수정·보완하여 충청도에도 실시하였는데, 이것이 크게 성공하여 전라도에서도 대동법을 시행할 수 있게 되었다. 이후에도 이원익과 김육의 뜻이 이어져 숙종 대에 이르러 드디어 경상도와 황해도까지 대동법을 시행하였다. 100년이 걸린 과정에서 문제도 있었고 기득권의 반대와 저항도 있었으나 나라의 재정이 건전해지고 백성들의 삶에 도움이 되었기에 끊기지 않고 개혁이 이루어졌다.

대동법이 광해군 즉위년(1608) 시작으로 한빈도 진역으로 확대되기까지 약 100년이란 시간이 걸렸다. 대동법의 초석을 닦은 이원익이 없었다면 현재 대동법이 존재했을까? 이원익이 대동법의 큰 틀을 완성하고 다음 세대로 이어지면서 조금씩 수정하여 전국에 시행될 수 있었기 때문에 그의 역할을 결코 작지 않았다. 인조대 그가 사망하고 대동법을 추진하는 인물이 없었지만 후대의 대동법 지지자들이 그의 경제정책을 따라서 대동법이 시행되었다.[267]

이원익의 경기선혜법은 대공수미법과 달리 1결당 2말을 지방 관아의 경비로 쓰게 했는데, 이는 부족하나마 지방 재정 문제를 해결하는 데 도움이 되었고 백성들이 관아에 대해 따로 져야 하는 공물과 부역의 부담을 덜어주었다. 다만 대동미를 보관하고 운반에 드는 비용에 대한 고려가 없었고 산릉역山陵役, 조사역詔使役, 기타 잡역 등이 포함되지 않았다. 김육이 충청도에도 대동법을 시행하게 할 때 이를 보완하여 대부분의 전결에 대해 1결에 10말(나중에는 12말)을 거두게 하고 대동미를 거두는 데 드는 비용을 별도로 정해 따로 더 거두는 일이 없게 했다. 또 쌀을 내기 힘들고 거둔 쌀을 운반하기 힘든 산군山郡에는 무명이나 베, 돈으로 내게 하여 대동법이 성공할 수 있게 하였다.

김육이 제시한 대동법과 이원익이 나타낸 대동법은 결론적으로 실시 지역과 공납의 공액은 다르지만 이원익이 실시한 대동법이 있었기 때문에 그 다음 대동법이 나타날 수 있었다. 즉, 이원익이 주장한 광해군대 대동법은 인조대 대동법과 효종대 김육이 주장한 대동법에서 일맥상통하고 있다. 이원익이 초석을 다지고 조익과 권반이 설계하여 김육에 이르러 대동법이 완성을 이룩하게 되었다고 본다. 대동법이 대두하고 정착하는 100년이라는 과정 속에서 이원익이 끼친 영향이 실로 상당하다고 할 수 있다.[268]

대동법이 처음 시행될 때에는 백성들의 삶을 가장 힘들게 한 공납貢納과 관련하여 방납의 폐단을 시정하는 것이 목적이었으나 점차 대부분의 공납과 요역·잡역을 전결세화하여 재산(토지)의 크기에 따라 세금을 부담하는 공평한 조세 체계를 이루게 되었다. 또 대동미나 대동포, 대동전으로 중앙 정부와 지방 관청에 필요한 물품을 구입함으로써 상공업이 발달하게 되었고, 전국적으로 시장과 도시가 발달하고 상품 화폐 경제로 전환하는 계기가 되었다. 상인과 공인의 성장과 농촌 사회의 분화를 촉진하여 기존의 사회체제가 해체되는 데에 영향을 끼쳤다.

대동법의 시행과 경과를 기록한 글.

김육은 주전론鑄錢論에서도 이원익의 정책을 계승했다. 이원익은 영중추부사로 물러나 있던 선조 36년(1603년)에 이항복, 윤승훈 등과 함께 화폐를 주조해 유통하여 경제를 활성화하고 민생을 회복할 것을 건의했다. 당시의 이원익은 정치적으로 불우한 편이었기에 논의에 대체로 조심스러워하며 저돌적 태도를 삼가는 모습이었지만, 이후에 화폐 문제가 논의될 때 이원익과 김육이 함께 거론되는 경우가 많았다.

> 대저 돈을 발행하자는 의논이 비로소 이원익과 김육에게서 나와서 마침내 김육의 손자 김석주金錫冑가 담당 부처를 맡은 상태에서 시행하였다.[269]

이원익을 계승하여 대동법을 확대 시행한 잠곡 김육.

이원익이 대동법에 비하면 목소리를 높여 주전론을 내세우지 않았는데도 그의 이름이 빠짐없이 거론된 까닭으로는 김육을 '이원익 같은 개혁론자'로 여기는 시각이 작용했음을 추정할 수 있다. 또한 후대에도 이원익의 명성이 그만큼 컸기에 이런 일은 이원익도 하자고 한 일이라며 자기 주장의 타당성을 내세우려는 근거가 되었음도 엿볼 수 있다. 주전론만이 아니라 서얼의 허통 문제에서도 먼 후대까지 옛날에 이원익이 서얼을 허통하자고 했다는 이야기가 제기되고는 했다.[270]

김육도 성혼의 제자로 서인이었고, 특히 이귀에게서 "이런 사람을 쓰지 않으면 나라에 큰일이다"라는 극찬을 들을 만큼 비호를 받았기에 이원익과는 소원할 수도 있는 사람이었다. 하지만 연령과 당색을 넘어 "안민보다 중요한 것은 없다"는 정신으로 통할 수가 있었다.

이원익의 지인들, 이원익과 교유한 사람들

이원익의 제자이자 손녀사위라는 특별한 인연으로 맺어진 미수 허목은 이원익 사후 남인의 영수 노릇을 한다.

> 상국은 세 임금을 보좌하면서 치체治體와 유술儒術을 존중하고, 절약과 검소를 좋아하였으며, 진퇴進退의 의에 밝아 사방 인심이 쏠리니 '선조·인조의 회복명신恢復名臣'이라고 일컬었다.[271]

상국의 명성과 공로가 온 세상에 드러나고 사방에 두루 미쳤는데, 그 마음을 찾아보면 바로 한결같음이다. 한결같기 때문에 밝으며, 밝기 때문에 신념을 갖게 되고, 신념을 갖기 때문에 흔들리지 않는다. 이로써 임금을 섬기니 임금이 신뢰하고, 이로써 남을 다스리니 남들이 심복하였으며, 이로써 큰 어려움을 물리치고, 이로써 큰 어려움을 처리했다. 부귀, 화복, 궁액窮阨까지도 이 한마음으로 처한 때문에 상국의 덕은 다른 이들의 마음속에서 더욱 뚜렷이 드러났다. 비록 붕당으로 어수선하던 때였으나 친한 사람과 소원한 사람, 착한 사람과 나쁜 사람 할 것 없이 모두 어진 상국이라고 말하였다. 광해군이 무도하여 상국의 충성을 원수로 여겨 어떻게 하면 더욱 멀리 물리칠 수 있을까 하였지만, 그래도 '어진 상국'이라고 하였다.

이이첨이 상국을 대우함이 처음에는 융숭하였으나, 폐모廢母의 일부터는 한마디 말이라도 자기의 비위를 거스른 자에 대해서는 모두 중상하였으며, 입버릇처럼 하는 말이, "반드시 죽여야 할 자는 이상국이다"라고 하였다. 하지만 자신이 죽임을 당하게 되자 탄식하며, "완평이 정승에 복위되었다면 우리 일족은 반드시 살아남게 되었을 텐데" 하였으니, 사람이 궁지에 이르면 반드

> 시 어진 사람 우러르기를 마치 신명처럼 여기게 되는 법이다. 참으로 천하의 정의를 잡고, 천하의 정의를 실천하며 대사大事에 임하여 대의大議를 결정하는 지극한 정성이 남을 움직일 수 있는 자가 아니라면 이렇게 될 수가 없다. 이제 상국이 죽은 지 근 40년이 되어 당시 문하의 선비들은 거의 모두 늙어 죽었다. 목이 조용주(조경)와 늘 상국의 고사를 얘기하였는데, 용주가 이미 시장諡狀을 짓고 『목이유고』를 편차하였다. 대체로 소차疏箚 4권에는 진퇴進退를 가지고 간쟁한 내용도 있고, 죽음으로써 간쟁한 내용도 있다. 말을 구차히 맞추려 하지 않고 행동을 구차히 용납받으려 하지 않았으며, 오직 국가의 먼 훗날을 위해서 장구한 계획을 세웠을 뿐 고식적인 방편으로 충忠을 삼지는 않았다.[272)]

이처럼 허목은 이원익을 진심으로 존경하고 받들었으며, 자신이야말로 이원익을 제대로 아는 사람이라고 여겼다. 이원익의 문집 간행을 돕고 그의 유사遺事를 썼을 뿐 아니라, 그의 증조부 수천군, 아들(허목에게는 장인) 완선군, 손자(허목에게는 처남) 이수약의 유사까지 지을 정도로 자신의 처가와의 인연을 중하게 생각했다.

그런데 허목이 보는 이원익은 누구보다도 곧은 마음의 소유자이며, 그 마음이 언행에서 드러남으로써 누구나 이해와 입장을 초월하여 믿고 존경하게 되는 사람, '누구나 믿을 수 있는 사람'이었다. 분명 그것도 이원익의 본질의 일환이다. 하지만 사적인 이원익 개인의 본질에 더 가까우며, 조익이나 김육이 본받은 '오직 안민이 우선하는, 근실의 공직자'의 본질과는 다소 거리가 있다.

거기에는 까닭이 있다. 허목은 이원익보다 무려 48년이나 연하로, 약관의 나이로 학문에 재미를 붙일 무렵인 광해군 집권 전반기에 이미 이원익은 노경에 접어든 데다 갈수록 험악해지는 정국에 실망하여 공직에서 사실상 물러난 처지였다. 게다가 제자를 거두어 열성적으로 후학을 양성하는 일은 이원익이 즐기는 일이 아니었기에, 허목은 이원익에게 제자의 예는 갖췄으되 실제 공부는 정구에게서 배웠다. 다시 정권이 바뀌고 얼마 되지 않은 1626년(인조 4년)에 성균관 유생이던 그는 생부를 억지로 추숭하려던 인조의 집착에 옳다고 아부하는 박지계를 청금록에서 빼어버리는 일을 주도했다가 성균관에서 쫓겨나고 과거 응시를 정지당하는 처분을 받고 만다. 이를 계기로 현실 정치에 신물이 나고 만 허목은 실로 오랫동안 관직을 돌아보지 않고 학문에만 전념하는데, 그의 집안이 북인에서 전향한 남인이기에 서인이 판을 치는 조정에서 제대로 발붙이기 힘들다는 판단도 그런 젊은 날의 은둔에 영향이 있었을 것이다. 이원익은 그런 허목을 장하게 여겼던지 "과거 공부를 일삼지 않고 사우師友를 따라 옛 사람의 학문을 한다. 타고난 자질이 순후하므로 일찍부터 그를 사랑하고 공경해 왔다"며 허목이 정거停擧되고 백수 생활을 시작한 바로 그해에 『소학』의 글귀를 적어 선물로 주었다.[273] 그리고 그를 위해 특별히 조정에 힘을 쓰는 일은 한 번도 없었다. 나중에 허목의 부인, 즉 이원익의 손녀인 정경부인 이씨는 남편이 그토록 오래 백수로 지내며 혹여 이원익을 원망하는 마음이 없었는지 염려하며 이렇게 변명하였다.

"전에 우리 친정 선상국(先相國, 이원익)께서 당신의 벼슬을 막으시던 것은 아닙니다. 당신의 출사하지 않으려는 뜻을 어질게 여겨 끝까지 강요하지 않았던 것입니다"

허목은 "그렇소"라고 대답하며 공연한 오해는 없음을 밝혔다고 스스로 부인의 묘지명을 빌어 회상하고 있다.[271] 사실 이원익은 다른 사람이 아니라 자신의 손녀사위이기에 허목을 위해 힘쓰려 하지 않았을 것이고, 그런 태도를 허목은 오히려 아름답게 여겼을 것이다. 오래 은둔하며 책과 산수를 벗하다 보니 허목은 도가 사상에도 심취하게 되어, 만년에 김시습 등 유명한 조선 도교 수련가들을 해설한 『청사열전』을 지을 정도였다. 그가 마침내 공직을 맡은 때는 56세가 되던 1650년(효종 즉위년)이었다. 그토록 늦깎이로 관복을 입었음에도 영의정까지 오르고 효종, 현종, 숙종 3대에 걸친 명재상으로 이원익과 비견될 만한 명성을 날리게 되지만, 그는 사실 이원익과 함께 일하며 그에게서 공직의 도리와 지혜를 전수받을 기회가 거의 없었던 셈이었다. 한편 오랜 은둔 생활에서 갈고 닦은 학문으로 임금에서 유생들에게까지 널리 존경을 얻었으며, 특히 예설禮說에서 당대의 주류였던 노론의 송시열宋時烈, 송준길宋浚吉 등과 정면으로 대립하는 입장을 세움으로써 정국의 중심으로 떠올랐다. 이는 분명 이원익과는 매우 다른 정치 방식이며, 리더십 스타일이다.

예송 논쟁에서 한 축을 맡게 되는 허목의 예설은 근본적으로 임금과 중요한 왕실 인사의 처지를 보통 사람과 똑같은 보편적인 예법에 따르게 할 것인가, 아니면 특별한 지위를 가진 사람들로서 특별한 예법을 적용할 것인가 하는 문제에서 후자를 지지한다는 입장이었다. 말하자면 후사를 잇는 과정에서 불가피하게 생부가 아닌 선왕의 대를 이었다면, 그 왕은 생부가 아닌 양부에게 친자로서 예를 갖춰야 한다는 것이었다. 송시열 등은 이에 반대하여 "천자에서 서인까지 따라야 할 예는 하나뿐이며, 실제 낳고 기른 의리는 하늘이 정한 것으로 인위적으로 덮을 수 없다"는 쪽이었는데, 이는 어찌 보면 그만큼 임금의 지위를 특별하게 보지 않는다는 의미도 담고 있었다. 허목은 이에 반대해 임금은 보통 사람과는 다른 존재로 특별히 존중해야 한다고 보았고, 그것은 일찍이 인조의 생부 추숭을 극렬히 반대하던 때와 마찬가지 입장이었다. 당시에는 왕이 자연인으로서 자신의 입장에 더 집착했기에 허목의, 또 역시 추숭에 반대하던 이원익의 주장을 고깝게 여겼지만 다른 조건에서는 왕에게 보통 사람이나 다름없는 예법을 강요하는 송시열의 주장이 고까울 수도 있었다. 그래서 이원익 사후에 갈수록 존재감이 희미해져 가던 남인은 예송 논쟁을 계기로 다시 정국의 전면에 부상했으며, 허목은 자연스레 그 영수로 대접받게 된 것이다.

이처럼 허목의 예론이 이원익의 사상을 계승한 면도 있으나, 원래 이원익에게 상복을 1년 동안 입느냐, 3년 동안 입느냐는 그렇게까지 중대한 문제가 아니었다. '안민이 최우선이며 나머지는 군더더기일 뿐'이기 때문이다. 그러나 허목과 송시열의 시대가 되면 이원익의 시대에 한창 논의되던 실實에 대한 관심보다는 예에 대한 관심이 정치와 사상을 좌우하게 된다. 그것은 왜란과 호란 이전의 이기론에 대한 관심보다는 덜 공리공론에 가까웠다고 하겠으나, 진정 나라와 백성에 필요한 사조였다고는 보기 어렵다. 아무튼 허목이 남인의 기맥을 되살려 후대의 이익, 유형원 등에게 전해줌으로써 18세기에 실학이 꽃피게 되는 기회를 마련해 주었음은 큰 공로이지만, 냉정히 따져볼 때 정말 그가 스스로 생각했듯 '이원익의 참다운 후계자'였다고 할 수 있을까? 허목은 이원익의 행실 중에서도 일부만 존경하고 계승했다. 즉 정치가 좋아질 가망이 없으면 벼슬을 버리고 물러가는 모습만 아름답게 여긴 나머지, 조선 후기의 '산림山林 정치', 즉 실제로 벼슬을 살며 공무에 힘쓰기보다 멀리 시골에 물러앉아 상소문과 후진 양성으로 정치에 영향을 끼치는 다분히 비정상적인 정치 문화가 자리잡는 데 힘을 보탰다.[275] 또한 이원익이 백성들의 반응을 살펴보고 현실적 문제가 많다 하여 대동법을 그만두자고 스스로 건의하던 모습, 호패법이나 주전鑄

錢 등에도 신중하던 모습만 본받았는지 윤휴가 제의한 호포제를 비롯해서 오가작통법이나 지패법 등 개혁 법안을 대부분 반대만 하였다.[276] 은퇴하고 신중하기에 앞서 문제가 있으면 대뜸 말을 집어타고 현장으로 달려가고는 했으며, 실제 백성의 살림을 돕는 일이라면 아무리 전통에 어긋나고 부호의 반대가 심해도 기필코 관철하려 한 이원익의 모습과는 한참 동떨어지지 않는가. 그가 이원익을 '누구나 믿을 수 있었던 사람'으로 읽고 '회복명신'으로 평가한 점은 우리가 이원익을 이해하는 데 중요하고 의미 있는 도움을 주었음이 틀림없다. 하지만 허목의 이원익 이해는 결코 완전하지 못했다.

이밖에 이원익과 교분이 두터운 편이었던 주요 친구와 선후배들을 보자면, 이원익이 스스로 「일사장」 등에서 우선 꼽고 있는 사람들에 조정립, 조중립, 오억령, 김우옹, 정온, 임숙영, 유성룡, 노경임, 곽재우, 이순신, 정엽, 이유록, 이복남이 있으며, 허목은 「유사」에서 그가 생전에 이항복 또한 높이 평가했다고 덧붙였다. 그러나 "공이 더불어 친히 사귄 친구는 두 사람뿐이라고 하셨다. 강서와 조충남이다"라고도 했다.[277]

그런데 이중 조중립, 조정립 형제는 일찍 죽었는데 벼슬은 각각 정자, 사인에 그쳤다. 오억령, 김우옹, 정온은 참판까지 이르렀고, 임숙영은 지평, 노경임은 목사(성주)까지가 가장 높은 벼슬이었다. 이순신과 곽재우는 이원익이 크게 믿고 아끼던 한국사의 위인들이지만, 무인과 의병으로 활약한 사람들이라 조정에서 큰 영향력을 발휘할 입장은 못 되었다. 정엽은 우참찬까지 역임했으며, 이복남은 이원익의 부하로 일했던 사람으로 큰 벼슬에 이르지는 못한 채 왜란 때 전사했다. 결국 이원익이 그토록 오래 관직 생활을 하며 얻은 친지들 중에 정승까지 이르렀을 만큼 영향력이 큰 인물은 유성룡과 이항복뿐이다. 반면 허목의 말대로라면 가장 흉금을 터놓을 만큼 친한 강서와 조충남의 경우, 강서는 일찍 죽었으며 조충남은 일찍 초야에 묻했다. 묘하게도 두 사람 모두 괴팍한 구석이 많아 사람과 쉽게 사귀지는 않았던 한편 사람 보는 눈이 뛰어났다. 강서는 앞서 언급한 대로 이원익이 '회복명신'이 되어 나라를 구하는 재상으로 일할 것을 내다보았으며, 조충남은 스스로 벙어리 행세를 하면서도 선인에게는 웃고 악인에게는 찡그림으로써 그 사람됨을 정확히 간파해 내어 이원익이 재상으로서 인사를 결정할 때 큰 도움이 되었다고 한다.[278] 이원익을 마음으로 끔찍이 받들었다고 하는 이유록은 잔치가 있으면 절로 이원익의 거문고 가락이 생각나서는 춤을 추며 "완평 대감, 둥기둥完平大監冬地冬"이라고 흥얼거릴 만큼 이원익과 친했다지만,[279] 역시 일찍부터 은거하여 고위직에 이르지 못했다.

이처럼 이원익과 교분이 두터웠던 사람들은 하나같이 재주는 있어도 관운이 없거나 스스로 세상을 등져버리는 이인異人들, 말하자면 '비주류'로서 조정에서 이원익을 밀어주고 끌어줄 만한 사람들은 아니었다. 그리고 인조 3년에 죽은 정엽(그도 신흠에게 '완평은 학문이 없어서 탈이다'라고 했음 등에서 미루어, 이원익과 가까웠다고는 해도 지기의 수준까지는 이르지 못한 듯하다)을 제외하면 모두가 선조나 광해군 대에 세상을 떠나버려서, 이원익이 고위 공직자로서 가장 중요한 역할을 했다고 볼 수 있는 인조 대까지 그의 곁에 있어주지 않았다. '배신자'였던 홍여순(그래도 「일사장」에 따르면 마지막에 이원익은 모두가 비난하는 그를 위해 변명해 주었고, 이를 들은 홍여순이 사죄하는 편지를 보내자 이원익이 기쁜 마음으로 답장했으나, 그 답장이 가기 전에 홍여순이 죽었다고 한다)이나 요절한 최경창 등이 도움이 되지 않았음은 물론이다.

이원익이 '키운' 사람들, 따라서 이원익의 말년까지 함께했던 사람들을 봐도 마찬가지다. 이원익이 "이 사람의 재능은 당대 제일임은 물론이고, 옛날 사람들과 비교해 봐도 손색이 없다"고 경탄했던 정경세, 이원익과 인척(이원익의 서자 이제전이 이준의 서녀에게 장가들었다)이면서 나중에 이원익의 신도비명을 지을 만큼 막역하던 이준은 모두 유성룡의 제자였다. 이원익의 두호를 받았다고 해도 당시 사제 관계가 얼마나 중대한 것이었는지를 생각하면 그 인맥은 기본적으로 유성룡 문인 집단 중심으로 움직이게 되어 있었다. 또 앞서 언급한 사람들 가운데 정온은 정인홍의 제자이며, 조익은 성혼의 제자다. 결국 다분히 명목적인 제자였던 허목, 스스로 이원익의 문생이라고 일컬었으나 실제 사제 관계가 있었는지 불분명한 조익을 제외하면 이

이원익이 사람됨을 높이 평가한 이항복.

원익을 사부로 받들어 생전에는 물론 사후에까지 그 이념과 정치 노선을 따라 행동하는 유력 인사는 없었던 셈이다. 사제 관계가 분명치 않으며 임숙영과 함께 '수상칠우'의 한 사람으로 유배 시절의 이원익과 친근하게 보냈고 정묘호란 때는 체찰사 이원익의 지명에 따라 찬획사로 함께 움직이기도 했던 택당 이식으로 말하면 성격이 다소 괴팍했던지 조정에 적이 많았다. 그래서 역모를 꾸민다는 혐의까지 받은 적이 있을 정도였다. 이식은 '체상(이원익)에 대해서는 드러나게 공격할 수 없는 만큼 그 대신 전적으로 나를 공격함으로써 체상을 침해하려 했다'고 쓰고 있다.[280] 이원익 사후에는 김상헌 등의 '삼학사'와 함께 척화론을 주장하다가 청나라에 끌려갔는데, 귀국해서는 널리 명성을 얻었다. 당시 문장 4대가의 하나로 꼽힐 만큼

글솜씨가 좋았으므로 차차 세력을 얻어 조정에서 고위직까지 진출하였으나, 이원익의 생전에는 정치적 보좌가 될 정도는 못 되었다.

　이유가 무엇일까? 왜 이 '누구나 믿을 수 있는 사람'이자 '회복명신'의 주위에 이토록 유력한 인물이 드물었을까? 이원익이 자기를 가리켜 한 말을 다시 한 번 되새겨 보자. "나는 평생 이익을 보면 그것이 부끄럽지 않은지부터 생각하였다. 또한 일을 할 때는 그것이 어렵다고 마다하지 않았으며, 처신할 때는 구차하게 굴면서까지 남에게 받아들여지고자 하지 않았다. 이런 태도에 잘못이 없지 않으니, 줄이려고 하였으나 잘 되지 못하였다." 그가 선조에게 옳다고 생각하는 바를 밝혔다가 버림받고는 탄식하며 지은 시의 구절을 떠올려 보자. '본래 성격이 삐뚤어져 남을 따르지 못한다本來偏性不隨人.' 그리고 「용주시장」을 보자. 이렇게 씌어 있다. '일찍이 강한 성격이 지나쳐 중도를 잃은 것을 스스로 병통으로 여겼다.'[281] 결국 그는 세상을 둥글둥글 살아가는 성품이 못 되었고, 요령이 없다고 보일 정도로 강직하고, 무모하다고 여겨질 정도로 직설적이었다. 이런 사람은 남들과 두루 원만히 어울리기 어렵다. 우리는 알지 않는가. 그가 청년 관료 시절 남들과 어울리지는 않고 중국어 공부에만 밤낮 몰두하느라 '처자정자'라는 비아냥을 들었고, 안주 목사로 발령을 받자마자 주변 인사도 없이 곧바로 말에 올라타 부임지로 떠났던 것을. 임진왜란이 발발하자 대뜸 "제가 뜻이 맞는 사람들과 함께 나가 적장을 격살하겠습니다"라고 건의했다가 무모하다는 손가락질을 받았던 것을.

　그래서 자기만큼이나 '괴짜'이고 '독불장군'이던 강서나 조충남, 이식 같은 사람들하고나 흉금을 터놓을 수 있었던 것이다. 성격만으로는 이원익 역시 그런 사람들과 마찬가지로 세상에 널리 쓰이지 못하고 조용히 일생을 마쳤을지도 모른다. 그러나 그는 종친의 일원이자 3대 만의 공직 진출자로서 책임감이 강했으며, 안민제일주의자로서 위기에 빠진 나라와 백성을 두고 홀로 편안히 생활할 수는 없다는 목표 의식이 뚜렷했다. 그렇기에 자신을 알아주지 않는 정권에 실망하여 은퇴를 결정하고 나서도 나라에 변이 생기면 어김없이 늙고 병든 몸을 일으켜 현장으로 달려갔던 것이다. 지극히 까다로운 별종, 은둔 처사에 어울리는 인격과 늘 쉴 새 없이 나랏일에 매진하는 순리循吏의 인격이 이원익 한 사람에게 공존하였다. 그리고 그의 어린 제자이자 손녀사위인 허목은 그중에서 처사의 인격만 주목한 것이다.

또한 이원익 주변에 사람이 잘 모이지 않았던 중대한 이유가 있다. 스스로 '이익을 보면 부끄럽지 않은지부터 생각하고, 구차하게 남에게 용납되려고 하지 않았던' 그는 조선 519년을 통틀어 으뜸가는 청백리였다. 그런데 청백리는 시대의 등불이 되고 만인의 귀감이 되는 거룩한 존재이지만, 그에게 기대어 사는 사람들에게는 딱하기 이를 데 없는 존재다. 도무지 70년 봉직하고 40년 정승직에 있었던 사람의 가족이 나날의 끼니를 걱정하고 살았으니 오죽하겠는가. 가족이야 '타고난 팔자'로 여기고 살아갈 수밖에 없지만, 친지나 문인이라면, 손익계산이 조금이라도 빠른 사람이라면 누가 이 수정같이 맑은 물에 노니는 물고기가 되고 싶어하겠는가? 이원익은 당색을 가리지 않고 이순신, 곽재우, 정경세 등을 힘써 추천하고 두호했다. 그러나 그것은 철저히 공적인 시각에서 그들의 재능을 보고 한 추천과 두호였지, 그들이 '이원익의 사람'이어서 한 일이 아니었다. '이원익의 사람'인 허목은 오히려 오랜 백수 생활 동안 한 번도 추천을 받지 못했으며, 이복남은 그의 잘못을 죽기로 싸워서 씻으라는 이원익의 엄명 때문에 결국 사지로 들어갔다가 순국했다. 오늘날에도 가령 학계에는 '모시기 힘든 교수가 제일 좋은 교수'라는 말이 있다. 교수 중에는 조교나 제자를 쉴 새 없이 들볶으며 자신의 사적인 심부름까지 마구잡이로 시키는 사람이 있는데, 당연히 그렇게 종살이를 하려면 학창 시절이 고달프고 저절로 욕이 나온다. 하지만 그런 교수가 나중에는 백방으로 애를 써서 취직자리를 알선해 주는 경우가 많다. 인격자이기 때문이라기보다는 '자기 세력'을 널리 심으려는 속셈 때문이다. 반면 으레 시킬 일도 스스로 처리하며 학생들에게 조금도 부담을 안 주는 교수도 있는데, 이런 사람은 공부할 때는 대하기 좋지만 나중에 별로 덕을 보지 못한다. 남에게 아쉬운 소리를 하기 싫어하는 사람인지라, 후배나 제자를 위해 청탁을 해주지도 않기 때문이다. 그러니까 결국 '나쁜 교수가 제일 좋은 교수'라는 것이다. 공직 사회나 일반 기업에서도 이와 비슷한 이야기가 많다. 민주화가 되고서도 좀처럼 없어지지 않는, 우리네의 뿌리 깊은 '연줄 문화'이다.

결국 이원익은 성격으로나 품행으로나 '누구나 믿을 수 있는 사람'이었을지라도, '누구나 사귈 수 있는 사람'은 아니었던 것이다. 그래서 그가 평생에 그토록 빛나는 업적을 세웠음에도 후대에는 그에 비해 명성이 높지 않은 것이 아닐까. 후대의 명성이란 결국 그의 이름에 기대어 세도를 부리려 하던 사람들의 수에 따라 정해지기 마련이다.

이원익의 후손들

친지와 문생이 그랬다면, 후손은 어땠을까? 이원익의 자녀는 3남 8녀였다. 3남 중 둘째 이효전李孝傳과 셋째 이제전李弟傳은 측실의 소생이었고, 장남 이의전李義傳만이 정경부인 정씨의 소생이다. 이의전은 이원익이 22세가 되던 해, 즉 오랜 공직 생활을 시작하기 전해인 1568년에 태어났는데, 아버지 이원익까지 여러 대가 이어온 장수長壽의 전통대로 80세를 일기로

1637년에 세상을 떠났다. 허목의 「완선군完善君 묘갈음기」에 따르면, 성품이 담박하고 조촐하여 착한 이의 사적을 좋아하되 자신은 감히 거기에 미치지 못할 듯이 하였으며, 악한 이의 행실을 미워하기가 몸을 더럽힌 듯이 하였고, 늘 검소하여 사치하지 않았다. 이복동생들과 의도 좋아서 무엇이든 이원익이 하사하면 반드시 아우들에게 나누어주었다. 할아버지와 아버지의 피를 받아서인지 음악에 능했는데, 이원익이 죽은 뒤로는 다시는 거문고를 타지 않았다. 또 성품이 글을 좋아하였으므로 사무를 보지 않을 때면 손에서 책을 놓지 않았다고 한다.[282]

그러나 그렇게 인격도 훌륭하고 책도 좋아했다는 사람이 벼슬길은 늦었는데, 이원익이 정응태의 무고를 변명하려 진주사로 연경에 가던 해인 1598년, 31세에 비로소 임관하여 4현縣, 5군郡, 2부府의 고을에서 원님을 지냈다.

이원익은 그에게 이렇게 훈계했다고 한다. "청렴하면 공변되고, 공변되면 분명해지는 것으로, 정치를 하는 데는 백성에게는 인자하고 후하게 하고 재물은 아끼는 것으로 마음을 삼아야 한다. 호령을 평등히 하고 상 주고 벌하는 데 사심私心이 없으면 백성이 복종하지만, 인심人心이 흩어지면 만사가 다 잘못되는 것이다. 고황제高皇帝의 약속約束은 군신대소群臣大小로 하여금 각각 그 직분을 다하게 하였고, 옛날 범문정(범중엄)은 날마다 하는 일이 그 녹위祿位에 걸맞지 않을까 봐 경계했으니, 마땅히 그런 점에 힘쓰거라." 이의전은 그 가르침을 잘 새겨 가는 곳마다 백성들의 칭송을 받았다. 그래서 벼슬길에 나선지 10년째인 1608년에는 마침 즉위한 직후였던 광해군이 그에게 특별히 자품을 더해주려 하며 "탐욕스러운 탐관오리들 때문에 백성들이 고통을 당하고 있는 이러한 때에 이의전 등은 치민을 잘하여서 치적이 아주 뛰어났다. 내가 처음 집정하면서 이들에게 특별히 상전을 내리는 것이 무어 나쁘겠는가"라고 말했다.[283] 또한 창석 이준이 이의전이 군수로 있는 양근을 지나다가 "맑은 기운이 사람을 엄습하는구나"라며 고을 살림을 잘 다스린다고 칭찬했다고 한다.[284]

하지만 계속 외직으로만 돌며 중앙직에 임용되지 못했고, 한동안은 그나마 벼슬에서 물러나 있었던 것 같다. 인조 4년인 1626년에 다시 원님이 되었는데, 당시 이원익은 복제 문제로 사직했다가 인조의 간곡한 요청에 마지못해 잠시 궁궐에 돌아왔다. 왕은 그에 대한 일종의 보상 차원에서 이의전을 다시 수령에 임명하라는 지시를 내렸던 것이다. 당시 이의전의 나이는 벌써 59세로 환갑이 멀지 않은 나이였다. 1년 뒤 정묘호란의 와중에 이의전은 나름대로 공을 세우게 된다. 군수로 지내고 있던 철원에 임시로 원수부元帥府가 설치되매 이의전이 군사 정돈, 군량 조달 등의 임무를 맡아 활약했던 것이다. 하지만 얼마 후인 1634년에 이원익이 죽자 이의전은 관직을 버리고 스스로도 67세의 고령이면서 시묘살이를 했다. 그리고 다시 1636년에 병자호란이 일어나자 인조를 따라 남한산성에서 농성했다. 그때의 공로로 가선대부(종2품)가 되는 한편 완선군完善君으로 봉해졌다. 그리고 이듬해에 자헌대부(정2품)에 오르고는 세상을 떠났다.

이의전이 이원익의 맏아들이면서도 중앙의 고관이 되지 못하고 80세라는 긴 생애에 특별히 뛰어난 업적을 세우지 못한 것은 과거를 통해 두각을 나타내지 못했다는 까닭이 크다. 그것은 그가 게으르거나 우둔했기 때문이 아니라, 한창 공부할 나이에 임진왜란을 겪으며 좋은 스승을 모시고 편안하게 공부할 겨를이 없었던 데다 아버지 이원익조차 순찰사, 체찰사를 맡아 노상 집을 비우고 천지사방을 돌아다녔으므로 집안 돌보는 일을 홀로 떠맡아야 했기 때문이리라. 하지만 이원익 정도의 지위와 영향력을 가진 사람이라면 얼마든지 자기 아들이 중앙에서 출세하게 해줄 수 있었을 텐데 끝내 그러지 않았다. 광해군 대의 권신 이이첨이 세 아들인 이원엽, 이홍엽, 이대엽을 중앙의 요직에 무리하게 앉혀서는 조정을 자신의 손아귀에 넣으려 애쓴 것과는 확연히 대조되는 부자父子였다.

서자인 효전과 제전에 대해서는 이원익이 말년(85세)에 형제끼리 서로 우애할 것을 당부한 글이 남아 있다. 그는 그 글에서 "나는 비록 현명한 사람이 아니지만, 선대께서 남기신 가르침을 지켜 감히 형제자매의 화목함을 잃지 않았고, 감히 서속庶屬들을 가볍게 대하지 않았다"라고 밝히고 있다.[285] 아버지 이원익이 추진했던 서얼허통법으로도 벼슬길에 나갈 수 없었던 이들은 조용히 살아야 했으나, 아버지의 가르침을 따라 맏형 이의전과 의를 지키며 원만히 지냈던 듯하다.

이원익의 딸 여덟 중 정실에게서 얻은 딸은 역시 맏딸 하나뿐인데, 이정직에게 시집갔다. 이정직은 군수 벼슬을 하다가 사후에 좌승지에 추증되고, 부인인 이원익의 장녀는 숙부인의 칭호를 얻었다. 이정직은 청음 김상헌과 친했는데, 그가 죽자 김상헌이 애도하는 시를 썼으며 그 가운데

청백하신 승상께선 아직 무고하신데 / 氷淸丞相猶無恙
청산에 상여 멎자 눈물 주룩 쏟으시네 / 淚灑靑山駐素輪[286]

라고 한 부분은 아마도 사위의 죽음을 슬퍼하는 이원익을 가리키는 것으로 여겨진다. 이원익이 『문집』에 남긴 많지 않은 시 중에는 이정직이 금강산에 놀러 가는 길을 전송하며 지은 한 수가 남아 있다.[287] 이정직은 두 아들을 두었는데, 그중 맏이인 이적李樀을 이원익은 특히 귀여워한 모양으로 그에게 준 시나 그가 지은 시에 차운한 시가 11편 남아 있다.

나머지 측실 소생 딸들 중에는 박윤장에게 시집간 둘째와 윤계와 혼

인한 셋째, 이시행에게 시집간 다섯째가 특별하다. 박윤장은 1624년(인조 2년) 역모 사건의 주모자 박홍구의 서질이며 스스로도 역모에서 중요한 역할을 했다는 의혹을 받았다. 당시 이원익이 당황하여 스스로 처벌을 바라는 상소를 올리기까지 했다. 결국 박윤장은 공초 도중에 매를 못 이겨 죽었는데, 부인은 매일 쌀 한 줌씩만 먹으며 울면서 날을 보내다 3년 만에[288] 숨졌다고 한다. 다섯째는 오성 이항복의 손자인 이시행과 혼인했는데, 1637년(인조 15년)에 병자호란을 만나 강화도에 피신했다가 강화도가 함락되고 청나라 군대가 집에 쳐들어와 가족들을 잡으려 하자 그 자리에 버티고 서서 "나는 완평군 이 정승의 딸이다"라고 부르짖고는 자결했다. 둘째와 다섯째 모두 열부烈婦의 평판을 들었으며, 특히 다섯째의 죽음을 듣고 맏딸인 이정직의 부인은 "죽기 잘했군. 그 이름이 없어지지 않을 것이야"라고 했다고 한다.[289]

막내 서녀와 혼인한 윤영은 충무공 이순신의 서외손庶外孫으로, 재기가 발랄하여 적자인 백호白湖 윤휴尹도 "형의 학문은 나보다 훨씬 낫다"고 했다고 한다. 정조 때에 모든 주와 군에서 자기 고을의 지도를 올리게 했을 때 그가 만든 『항부도기恒符賭奇』라는 이름의 지도책을 올렸는데, 매우 정확하고 자세하여 '서북으로 위치한 저쪽 나라와 우리나라와의 경계가 상세히 기재되었으니 직접 답사하고 눈으로 보는 것이나 다름없었다'고 한다.[290] 이는 후일 김정호金正浩가 『대동여지도』를 만들 때도 참고가 된다. 이원익은 막냇사위인 윤영을 생전에 특히 총애하고 신임했던지 만년에 그를 불러 "이평숙 이준에게 내 명지銘誌를 부탁하면 유감이 없겠네"라고 함으로써 이준이 이원익의 신도비명을 짓게 되었다고 한다.[291] 생각하면 윤영은 이원익의 근실勤實 정신을 잘 계승한 사람이 아니었나 싶다. 그와 절친한 이복동생 윤휴는 의리를 중시했고 여러 가지 개혁 정책을 내놓았다.

이원익 신도비. 인조 12년 이준이 짓고 허목이 글씨를 썼다.

이원익은 막냇사위인 윤영을 생전에 특히 총애하고 신임했던지 만년에 그를 불러
"이평숙 이준에게 내 명지를 부탁하면 유감이 없겠네"라고 함으로써
이준이 이원익의 신도비명을 짓게 되었다고 한다.

그런데 허목이 그런 정책에 매번 반대하고 나섰다. 허목은 윤휴와 이른바 '청남淸南'의 대표로서 한동안 정치적 입장을 같이하지만, 결국에는 서로 갈라서게 된다.

한편 허목의 「유사」에 따르면 서녀들 중 한 사람(누구인지는 지목하지 않았으나 문맥상 둘째와 다섯째는 아니다)이 1623년부터 유실된 『이상국일기』의 내용을 모두 암기하고 있어서 『속일기』를 낼 수 있게 했다고 한다.

이의전은 3남 5녀를 두었으며 아들은 각각 이수약, 이수기, 이수강이라고 했다. 이수약은 1590년에 태어나 1668년에 죽었으니, 향년 78세로 역시 장수의 전통을 이었다고 할 수 있다. 10세에 글을 익히기 시작했고 17세에 생원시 초시에 합격했지만 회시에는 합격하지 못했다. 1615년(광해군 7년)에 이원익이 '폐모만은 안 된다'는 상소를 올렸다가 광해군의 노여움을 사서 귀양을 가게 되니 과거 응시 기회 자체가 한동안 박탈되었다. 8년만인 1623년에 인조반정이 일어나면서 할아버지 이원익을 따라 입궐하여 겨우 벼슬길이 열렸는데, 그의 나이 이미 34세였다. 이때 연풍 현감에 부임하는 손자에게 이원익이 써준 글은 목민관의 도리를 간명하게 정리한 것으로 유명하다.[292] 당시 이원익은 77세였다. 이듬해에 생원시에 급제하고 일흔을 넘긴 1662년까지 부친 완선군의 3년상을 치른 것 등 약간의 공백기 말고는 계속 관직에 있었으나, 그 관직이란 사헌부 감찰, 공조좌랑, 형조좌랑, 장원서 별제, 장악원 주부, 장례원 사평, 종친부 전첨, 양천 현감, 용담 현감, 포천 현감, 순창 군수, 고성 군수, 광흥 창수 등이었다. 내외의 그리 비중이 없는 직책을 오간 것이다.

허목은 그의 묘갈명에서 이렇게 썼다.

"공은 젊어서 글을 읽을 적에 과거 공부를 전문으로 하였다. 그러나 침체되어 뜻을 이루지 못하고 성균관 유생에 뽑히는 데 그쳤고, 벼슬은 창수倉守에 불과하였으니, 그의 운명이었다. 그러나 부모를 섬기는 데에는 지극한 효성이 있어서 도리에 따라 뜻을 잘 받들었고, 오직 한 가지 일이라도 흡족히 부모의 마음을 즐겁게 못할까 두려워하였으며, 성품이 검소하고 소탈하여 사치함이 없었으며, 교유하기를 가려서 선량한 이가 아니면 사귀지 않았다. 그리고 정직함을 좋아하여 평생 동안 자신을 더럽히면서 남에게 아첨하는 것을 부끄럽게 여겼다.

정경세 공과 이준 공이 그를 보고 기뻐하였고, 돌아와서 사람들에게 말하기를, '훌륭하구나, 상국의 가르침이 자손에게 남아 있음이다' 하였다."[293]

또 이수약은 이원익의 손자라는 이름에 부끄러울 만큼 낮은 직책을 전전하면서도 불만을 품지 않고 늘 최선을 다하며 이렇게 말했다고 한다. "대대로 국은國恩을 받았으니, 부지런히 종사하여 임금께 보답하기를 생각할 뿐이다." 그런데 '교유하기를 가려서 선량한 이가 아니면 사귀지 않았다. 그리고 정직함을 좋아하여 평생 동안 자신을 더럽히면서 남에게 아첨하는 것을 부끄럽게 여겼다'라는 말에서 미루어 볼 수 있듯이 성격이 강직하고 적당히 넘어갈 줄을 몰랐던지 순창 군수와 고성 군수를 지낼 때 상사와 불화하여 두 차례나 파면되었다고 한다. 이수약보다 다섯 살 아래인 허목은 그를 형으로 부르며 특히 절친했으며, 그의 부음을 듣고 조문한 다음 올린 애사哀詞에 이렇게 썼다.

"아, 우리 두 사람이 처음 인친姻親의 형제가 되었을 때에는 수염도 나지 않은 새파란 소년이었는데, 지금 이미 361갑자가 되어 팔십 줄에 들어섰습니다. 그런데 뜻하지 않게 형이 먼저 친하고 소중한 사람을 버리고 세상을 뜨셨군

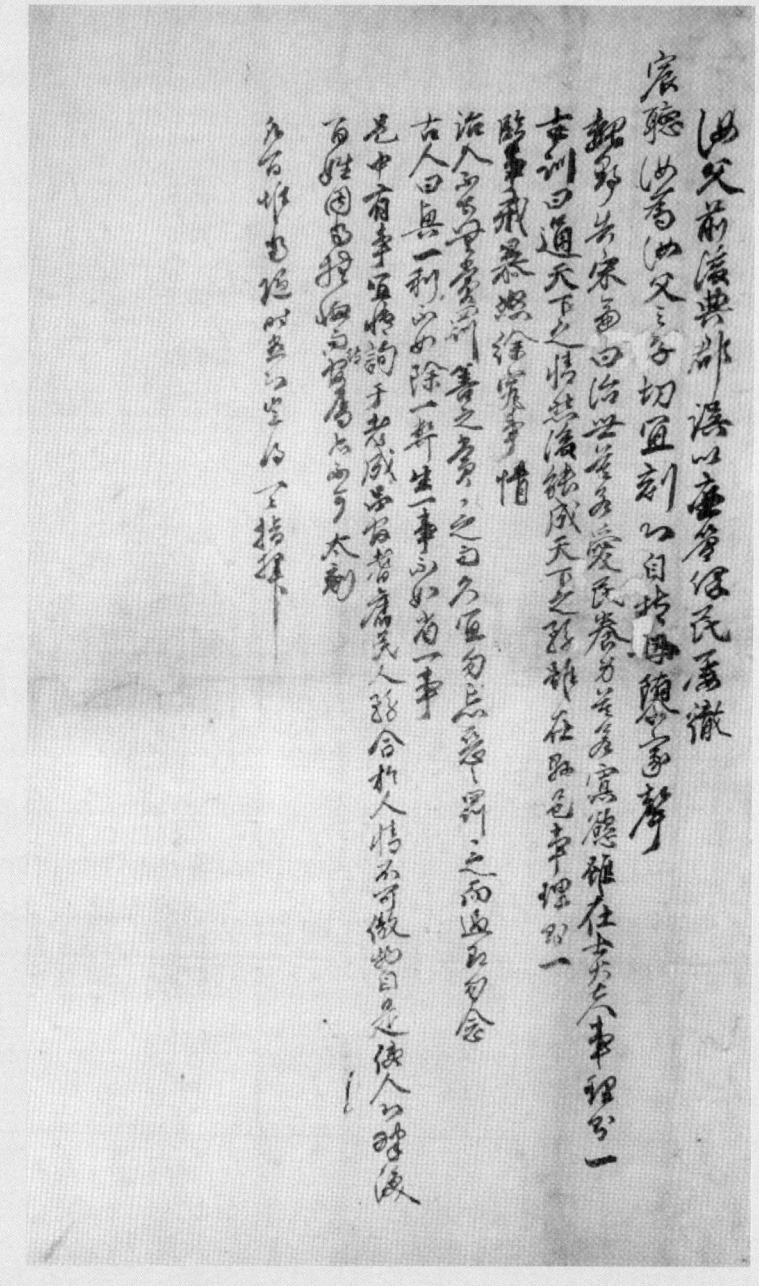

이원익이 훈계를 담아 친필로 손자에게 써준 '연풍 현감으로 부임하는 손자 수약에게'

이수약은 평생 낮은 직책에 머물렀지만 "대대로 국은을 받았으니, 부지런히 종사하여 임금께 보답하기를 생각할 뿐이다."라고 말하며 늘 최선을 다했다.

요. 하지만 저도 곧 형을 따라갈 터이니, 다만 선후가 다를 뿐입니다. 우리 다 같이 노쇠한지라, 인사를 차리기 어려워 서로 보지 못하는 것을 늘 한스럽게 여겼는데, 이젠 끝나고 말았습니다. 순박하고 화려함이 없는 예스러운 모습과 예스러운 기운을 지금은 다시 볼 수 없게 되었습니다. 저 홀로 뒤에 남아 심사가 더욱 외로우니, 존망存亡을 생각하며 어떻게 이 마음을 잡으라 하십니까."[294]

이수약은 두 번 혼인하여 전처에게서 네 딸을 보고, 후처에게서 이증현, 이사현, 이상현, 이경현의 네 아들을 보았다. 맏아들 이증현은 1629년(인조 7년)에 태어났다. 이원익으로서는 83세에 본 증손자였다. 그 역시 과거를 통해 입신양명하지는 못했고, 1657년(효종 8년)에 이원익 후손을 특별히 서용하라는 왕명에 따라 사옹원 참봉으로 처음 벼슬을 한 다음 광흥창 주부, 장예원 사의, 교하 현감, 고산 현감, 영천 군수, 공주 목사, 성주 목사 등 대체로 그 아버지처럼 내외의 중하위 직급을 거치고는 1694년(숙종 20년)에 66세로 죽었다. 『조선왕조실록』에는 그의 이름이 단 한 번 나오는데, 1676년(숙종 2년)에 고산 현감을 지내던 그의 청간淸簡함을 기려 임금이 말을 한 필 하사했다는 기록이다. 그는 스스로 지은 묘지명에서 이렇게 적었다.

항상 지나침을 두려워해 / 恒恐忝厥
사람들과 사귀지 않았네 / 不事交遊
평생 지키기는 조촐함이니 / 平生守拙
화려함을 좋아하지 않으며 / 無喜芬華
편하고 고요함을 즐겼네 / 恬靜是樂[295]

이수약의 둘째아들 이사현은 1633년생이니 이원익이 죽기 1년 전에 태어났다. 그는 공직 생활을 더럽고 번거롭게 여기기가 아버지나 형보다 훨씬 더하여 과거 공부를 하지 않았으며 벼슬자리 추천이 있어도 매번 거절했다. 이원익이 생전에 만난 그의 마지막 피붙이는 그렇게 '공후의 부귀한 집이 무슨 소용인가'라고 읊었던 이원익의 처사적 성격에 충실한 삶을 살다가 갔다. 그리고 셋째 이상현은 이원익 사후 1년인 1635년에 나서 허목을 스승으로 하여 공부하였으나 벼슬자리는 사양했다. 이원익의 영당을 세우고 관감당이라는 편액을 달았으며, 『오리집』을 다시 편집하여 간행하였다.

이상현은 맏아들을 얻어 이존도李存道라고 하였으나, 형 이증현이 후사가 없어 그에게 양자로 주었다. 1659년생인 그는 이원익과 같은 나이인 87세를 살았는데, 그의 자손으로는 오랜만에 좋은 관운을 얻어 군君의 칭호를 얻었다. 능참봉 벼슬을 할 때는 정조의 딸인 숙선옹주의 무덤을 발견하여 왕실에 공을 세웠으며, 숙종 대에 남인이 한창 득세하던 무렵 세자익위사에서 근무하며 뒤에 경종이 될 세자를 지켰다. 선공감역, 의금부 도사, 군자감 주부, 형조정랑, 양성 현감, 용궁 현감, 장성 현감, 청산 현감, 평창 군수 등을 거쳐 가선대부, 동지중추사에 이르러 완성군完城君에 봉해졌다. 『망와잡록』과 『전사통감』을 지었는데, 『전사통감』은 복희씨부터 원나라 말기까지 중국사를 다룬 큰 규모의 역사책이다. 그는 고조할아버지 이원익에 대한 자부심이 컸고, 여러 대 동안 침체해 있던 가문을 융성시킬 꿈을 품었다. 아버지 이상현이 펴낸 『오리집』의 미비함을 보완하고자 『승정원일기』 등을 뒤져 자료를 모아서 『오리속집』을 편찬하고, 이원익의 묘갈을 썼으며, 묘산기墓山記를 속간하여 위전位田을 설치하였으며 파보를 만들었다. 충현박물관에 남아 있는 그의 초상화를 보면 정력적이고 굳은 심

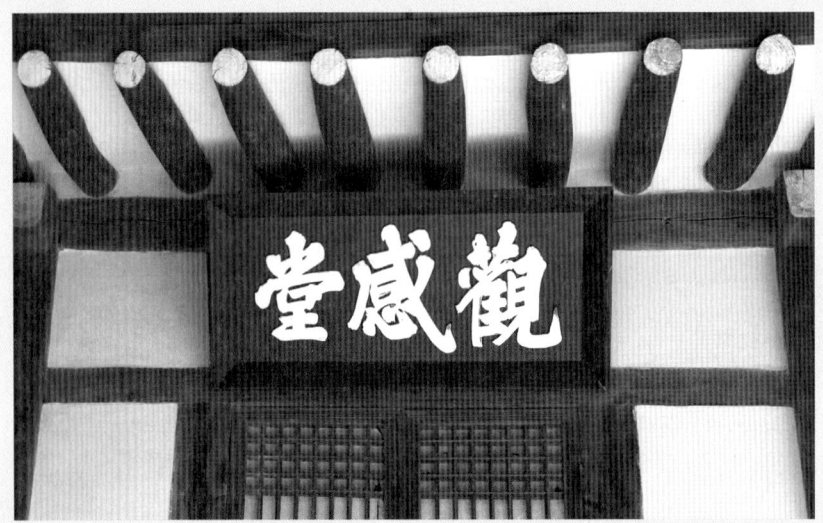

관감당 편액. 이수약의 셋째아들 상현이 달았다.

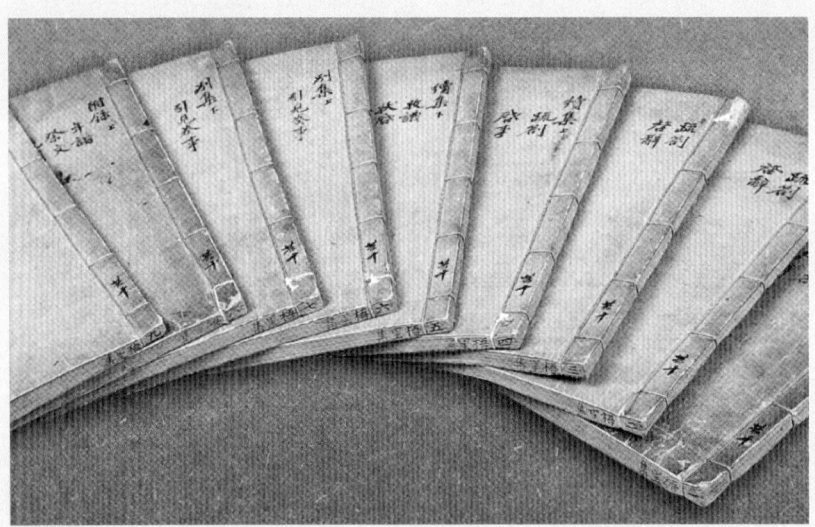

이수약의 셋째아들 상현이 다시 편집하여 간행한 『오리집』.

이수약은 이원익의 영당을 세우고 관감당이라는 편액을 달았으며, 『오리집』을 다시 편집하여 간행하였다.

지의 소유자가 연상된다.

이존도는 아들 하나를 두었는데 이인복李仁復이다. 1683년(숙종 9년)생이며, 1714년(숙종 40년)에 과거에 급제하여 이원익 이래 5대 만에 정식으로 관료의 길을 걷게 되었다. 1716년에 『홍문록』에 기재되고 이듬해에 암행어사로 활동했다. 홍문관 수찬, 형조참의, 곡산 부사, 안동 부사, 도승지 등을 거쳐 가선대부에 병조참판 벼슬까지 올랐고 완양군完陽君에 봉해졌다. 그는 외모가 이원익을 몹시 닮아서 그것만으로도 추종자가 있을 정도였고, 문장도 매우 뛰어났다. 다만 고조할아버지와 달리 당파 의식이 뚜렷했고, 청남의 주요 인물로 허목을 줄곧 옹호하다가 견책을 당하기도 했다. 가문의 선조들과는 달리 비교적 일찍 삶을 마치는 바람에(48세) 정승 판서의 위치까지 올라갈 기회가 없었다.

이인복의 아들 완흥군完興君 이언수李彦秀는 동생 이언충의 둘째아들 이겸환李謙煥을 양자로 들여 대를 이었는데, 이번에는 이겸환이 후사를 보지 못해 형 이정환의 아들 이시좌李時佐를 다시 양자로 들였다. 이시좌는 이학진李鶴鎭, 이봉진, 이완진의 세 아들을 두었으며 맏아들 이학진이 또 아들이 없어 동생 이완진의 큰아들 이연오를 양자로 들이기로 정했다. 그런데 이완진이 이연오를 데리고 결성(홍성)에서 시흥으로 올라가는 도중에 둘째 이봉진이 자신의 아들 이연철李淵哲을 이연오李淵五 대신 형의 양자로 삼아버렸다. 이연철이 외아들이었음에도 그런 바꿔치기로 형에게 내준 것은 그 시대에 그만큼 '종손宗孫'이 갖는 의미가 컸기 때문이리라. 하지만 그가 받드는 조상, 이원익이라면 과연 그런 일을 용납했을까. 뒤에 이봉진은 자신의 대를 이을 아들이 없어진 셈이 되니 동생 이완진에게 애걸해서 완진의 셋째인 이연우를 양자로 들인다.

이연철은 이 나라가 근대화가 되는 시대를 살았다. 그의 아들 이정근은 실종사하고 이병돈은 월북했다. 한편 종가를 이을 뻔했던 이연오李淵五의 아들 이만근은 한국전쟁 때 피살되어 순국열사의 명단에 들었으니, 파란 많은 시대상이 이 가문에도 반영되었다고 하겠다. 이병돈의 자식 이승규, 이종민, 이종서, 이종혁, 이종류과 이원익에게서 10대째가 되는 이연오의 아들 이만근李晩根에서 이병기, 이병서, 이병상과 그 자식들인 이성규, 이익찬, 이진규, 이찬규, 그리고 이종훈, 이종관, 이종승, 이종환, 이지형, 이종서, 이종헌까지 14대에 이르는 이원익의 자손들로 이어지고 있다.

  이원익은 세상의 번잡함과 사람들의 추한 욕망을 싫어하고 자연을 벗 삼아 조용한 나날을 보내려 하는 처사 기질의 소유자였다. 하지만 그는 작게는 가문을 빛내고 크게는 나라와 백성을 구하고자 모든 것을 불사하고 근실히 애쓰려는 의지 역시 있었다. 이 두 가지의 성격이 조화를 이룸으로써 60년 공직, 40년 정승이 가능했고, 다산 정약용의 말처럼 '사직의 안위, 생령의 비척, 구적의 진퇴, 윤강의 퇴정'이 이 한 사람에 따라 결정될 수 있었던 것이다. 하지만 그의 사후 그 두 가지 성격을 모두 이어받은 후계자는 후손에서도 후배에게서도 좀처럼 나오지 않았다. 조익, 김육과 같이 안민-근실의 정신을 이어받은 명재상들이 있었으나, 이원익의 후계자로는 그의 처사 기질만을 존중한 손녀사위 허목이 가장 두드러졌다. 그것은 이원익의 직계 후손들 역시 대부분 처사의 삶을 살고 허목과 중한 인연을 맺었기에 확실해졌다. 스스로 패거리를 만들 마음이 없었으며 후손과 후배 중에도 이원익의 정신을 제대로 받들고 세력을 규합할 비중 있는 인사들이 드물었으니, 조선 500년 역사에 실로 보기 드물었던 그의 업적에도 불구하고, 지금껏 그의 명성은 그 업적의 절반에도 미치지 못하고 있다.

삼상대. 충현서원지 일대에 있었던 정자로 1993년에 복원되었다.

6·25 전쟁 때 순직한 오리의 11대손
이만근 서천군수의 순국지단.

해제

태산을 가슴에 품다 · 함규진

| 이원익의 사상 |

도道가 다 행해지지 못한 것은 천명이 있기 때문이다. 공의 완전한 덕은 한 가지로 지칭할 수 없으나, 가장 큰 것은 도를 지키는 것이 오직 깨끗하였다는 것이다. 순수하게 바른 것은 백세百世 뒤에도 의혹이 없으려니와, 후세에서 참고하고자 하거든 이 비석을 보라.

— 이준, 「오리 이원익 신도비명」

해제

　이원익은 한국 사상사나 정치사상사에서는 별로 주목받지 못해 왔다. 그는 과거에 급제할 즈음까지 침식을 잊어가며 공부에 열중했고, 그 뒤로도 틈만 나면 책을 보았을 만큼 두뇌와 열성에서는 다른 사대부 학자들에 뒤지지 않았으나, 지나칠 만큼 성실한 사람이었기에 중대한 업무를 맡고서는 감히 독서할 짬을 내지 못했으며, 다른 관료들이 집무 중에도 책을 보는 일을 이해하기 어려워했다고 한다.[296)]

　그리하여 학술에 대한 글을 많이 쓰지 않은 데다 그나마 전쟁 등으로 글이 많이 산실되어, 지금 우리가 볼 수 있는 『문집』을 통해 그의 정치사상을 이해하기란 간단치 않다. 이원익이 그 명성에 비해 학문적 영향력이 없음은 당대에도 이미 말이 있었다. 그와 가까웠던 정엽은 신흠에게 "완평은 학문이 부족한 것이 유일한 단점"이라고 말했고, 그를 싫어했던 이귀는 "이원익이 학문이 있다는 말을 들어보지 못했다"고 비아냥거렸다.

　하지만 정엽의 말에 "이원익의 학문은 글이 아니라 행동으로 하는 학문이다"라고 반박한 신흠의 말에서도 보듯, 이원익은 초년의 공부에서 학문의 기초를 익힌 다음 그 기초를 현실에서 최대로, 최고로 실현하는 데 평생을 바친 사람이나. 기초만 익혔으니 평생 대부분의 시간을 경전을 읽고 주석하고 강의하는 데 쓴 사람의 눈에는 "유치하다", "학문이 없다"고 보일 수도 있다. 하지만 대체 학문이란 무엇인가? 앎 그 자체를 지향할 수도 있지만, 앎으로써 실제 쓰일 수 있어야 하지 않은가? 아니, 앎 자체조차도 종이 위에만 존재할 뿐 실제로 쓰이지는 못하는 것이라면 진정한 앎도 아니지 않겠는가? 따라서 이원익은 필수적인 이론적 기초를 다진 다음 실험을 전문적으로 하는 학자라고도 할 수 있다. 노벨상은 이론가만이 아니라 실험 연구자들도 받는다. 아무도 실험에 몰두하는 전문가를 "학문이 없다"고 비웃지 않는다. 이원익은 이 땅 최초의 전문 사회과학자였다고 할 수 있으며, 그의 실험 대상은 나라와 백성, 결과는 '사직의 평안함, 백성의 살찜'이었다.

따라서 이원익이 비록 『성학십도』, 『성학집요』 같은 중요한 사상서를 남기지 않았다 하더라도 그를 중요한 사상가로 돌아보지 않을 이유가 없다. 오히려 그의 실천적 사상을 탐구함으로써 조선 중기 위기 극복의 요인을 이해하고, 전기에서 후기로 넘어가는 사상의 흐름을 제대로 이해할 수 있을 것이다. 이 책은 이원익의 평전이므로 여기서 상세한 사상 분석 작업을 시도하기는 무리지만, 간략하게 몇 가지 핵심을 짚어내는 정도라면 무방하리라 본다.

근실勤實

이원익의 평생을 생각할 때 '실實'이라는 글자 말고는 떠오르는 게 없을 정도다. '착실', '성실', '실천', '실용'……. 그는 항상 꽉 찬 삶을 살았으며,

남들이 이가 어쩌고 기가 어쩌고 하며 종잡을 수 없는 소리를 하는 동안에 묵묵히 실무에 힘을 쏟았다. 그래서 그가 '실사구시實事求是', '경세치용經世致用', '이용후생利用厚生'의 이념을 지향했던 조선 후기의 실학 형성에 영향을 주었다는 분석이 곳곳에서 나오고 있다. 공리공론에 치우치던 조선 중기의 학풍과 달리 '사실에 근거한 논의만 하며', '행정 실무와 제도 개선에 중점을 두고', '나라와 백성에게 실질적으로 도움이 되는 지식의 확보에 주력하는' 실학의 이념이야말로 이원익이 60년 동안 공직에 있으면서 실천궁행으로 추구한 이념이 아닌가.

그래서 그는 풍수지리를 한갓 쓸데없는 미신으로 보아 "삼대(三代, 중국의 하, 은, 주) 이전에는 풍수설이 없었는데, 한漢, 당唐 이후에 횡행한 것이다"라고 했으며,[297] 자손에게 남긴 유훈에서도 "사람의 길흉화복이 어찌 장지葬地에 좌우되겠느냐? 내가 두루 보고 들은 바에 따라 말하는 것이다. 너희는 절대 지술地術에 현혹되지 말고, 하나의 산에 함께 매장하여 골육이 서로 멀리 떠나지 않으며 자손들이 대대로 함께 성묘할 수 있게 하거라"라고 했다.[298] 또한 그는 손자 이수약이 현령으로 부임할 때 준 훈계서에서 "일의 실정을 자세히 알아야 그 일을 처리할 수 있다"라고 당부했다.[299] 그는 일반적 지식에 있어서는 자신이 직접 두루 보고 들은 바에 근거를 두어 판단했으며, 당면한 실무적 과제에 있어서는 반드시 그 실상이 어떤지를 파고 들어 확실히 이해하려 노력했던 것이다. 그래서 그는 황해도사 시절 율곡 이이가 감탄하지 않을 수 없을 만큼 도정道政을 속속들이 꿰고 있었으며, 안주 목사 시절 모든 이가 기피하던 버려진 고을을 살기 좋고 풍족한 고을로 바꿔놓을 수 있었던 것이다. 안주에서 그는 '이공상'의 전설을 남겼지만, 뽕나무를 심고 기르게 하는 일은 어떤 천재적 재능이 필요한 일이 아니었다. 맡은 실무를 속속들이 파헤칠 뿐 아니라 '왜 이렇게밖에 안 되는가?' '더 낫게 만들려면 뭐가 필요할까?'라는 의문을 가지고 실제로 일이 잘 되도록 노력하는 자세만 있으면 되었다. 그러나 그처럼 '쉬운 일'이 사실 아무도 쉽게 하지 못했던 일인 것이다.

그리고 바로 이런 자세, 실상을 속속들이 파헤치고 개선하려고 최선을 다하는 자세가 바로 정조가 지적한 그대로 '근勤'이다. 근은 부지런함과 함께 근심하는 마음을 포함한다. 현실이 이상에 맞지 않음에 근심하게 되고, 현실을 개선할 수 없을까 하는 안타까움에서 부지런하게 된다. 단지 사실에만 관심을 갖는 태도는 냉정한 과학자의 태도에 그칠 수도 있다. 물론 그런 실증적 태도도 중요하지만, 한 걸음 더 나아가 현실을 분석할 뿐 아니라 변혁하려는 개혁가의 태도는 비참한 현실에 대한 근심까지 필요하다. 그러므로 미혹되지 않고 사실에 집중하는 이념은 곧 실용성을 중시하는 이념과 함께 나온다. 이런 근실의 정신이 있었기에 이원익은(전설에 따르면) 임진왜란 당시 감히 양반들의 관을 파내어 군사들이 건널 부교浮橋를 만드는 데 쓸 수 있었고, 오랜 질서를 어기고 조종의 법을 고치는 '왕안석'이라는 비난을 무릅쓰고 대동법을 주장할 수 있었던 것이다.

안민제일安民第一

이원익이 근심했던 현실은 바로 무엇보다 백성이 안심하지 못하는 현실이었다. 그는 여러 차례 안민安民이 최우선이며, 다른 일은 그에 비하면 부수적일 뿐이라는 주장을 내놓았다. 백성의 삶을 안정시키는 일이 최우선이라는 사상은 언뜻 평범하게 들리기도 한다. '백성을 사랑해야 한다'는 말이야 유학을 공부한 사람이면 으레 하는 말이다. 그러나 서울대 한국정치연구소의 최진홍 박사가 분석했듯, 안민은 일반적인 '애민愛民'과 다르며 훨씬 적극적인 정치적 의미가 있다.

'애민'이란 백성'을' 사랑한다는 의미이다. '안민'은 백성'이' 편안하다는 의미이다. (……) '애민'은 이념으로 흐르는 경향이 강하다. 백성은 소외되고 그 용어만 남게 되는 경우가 대부분이다. 하지만 백성이 편안하다는 '안민'은 백성이 소외되면 말 자체가 사라지고 마는, 다시 말해서 운명적으로 백성과 함께할 수밖에 없는 단어이다. 이원익은 애민이 아닌 안민에 주목했기에 평안도 백성들은 그를 신뢰했다.[300]

애민은 구체적 실천이 필요하지 않다. 백성이 어떤 상황에 처했든 "나는 백성을 사랑하노라"라고 말만 하면 그만일 수 있다. 극단적으로, 로마를 불태워 놓고 백성의 비운을 슬퍼하며 눈물을 흘리는 네로의 행동도 애민이라고 말할 수 있다. 하지만 안민은 구체적인 실천을 요구한다. 백성이 실제로 편안하게끔 정책을 쓰고 제도를 고칠 것을 요구한다. 그래서 애민은 백성을 소외할 수 있지만, 안민은 그러지 않는다.

안민이 이원익이 처음 쓴 말은 아니다. 그러나 그는 '안민이 최우선이며 다른 모든 것은 부수적일 뿐'이라고 했으며, 그것은 보기 드문 주장이었다. 더구나 이원익이 안민제일론을 내놓은 배경이 임진왜란 당시나 그 수습기라는 점에서 특히 주목할 만했다. 눈앞에 들이닥친 왜적의 공세를 막으려면 신무기 개발이나 전술 개발에 머리를 싸매야 할 것 같은데 안민 타령이라니 한심한 소리처럼 들렸을 수도 있다. 그러나 당시 국방력이란 곧 민력이었다. 나라를 유지할 세금도, 국방 인력도 백성이 전적으로 제공하는 것이기에 그 백성의 살림살이가 안정되고 백성의 마음이 편안해져야 비로소 나라도 지킬 수가 있는 것이다. 따라서 이원익의 주장은 가장 원론적인 것 같으면서도 가장 실질적이었다. 그 이치가 전시만이 아니라 평상시에도 변함없이 통함은 물론이며, 그런 이치에 따라 백성을 편안하게 하고자 '이공상'도, 대동법도 나왔던 것이다. 생각하면 '애민'은 지금 여기서도, 특히 선거철에 많이 듣는 말이다. "저는 국민을 사랑합니다!" "친애하는 국민 여러분!" "××구민에 대한 ○○○의 사랑은~ 무조건 무조건이야~." 하지만 그런 화려한 사랑의 고백이 국민의 피부에 와닿는 혜택으로 이어진 경우가 과연 얼마였던가. 말로만 국민을 사랑하기보다, 화려한 이벤트로 구애하기보다, 국민의 삶이 조금이라도 편안해지도록 묵묵히 실천에 힘쓰는 공직자야말로 민주주의를 내세우는 오늘날의 정치에서도 좀처럼 찾기 힘든, 귀한 존재이리라.

청렴淸廉

청렴함은 이원익의 개인적 몸가짐과 마음가짐, 공직자의 처신을 하나로 꿰뚫는 가치이다. 두말할 것도 없이 청렴은 조선시대 공직자의 대표적인 덕목이었으며, 조정은 염근리廉謹吏, 청백리淸白吏를 선정함으로써 청렴의 덕목을 널리 북돋았다(살아 있는 사람은 염근리, 죽으면 청백리라 부른다는 기준이 있었으나 살아 있는 사람도 청백리라 부르는 경우가 많았다).

이원익도 1601년(선조 34년)에 청백리로 뽑혔으며, 말년에는 인조에게서 집을 하사받는 등 "그 청백함은 고금에도 없다"는 극찬을 들었던 사람이다. 그런데 정작 그 자신은 스스로 그런 이름으로 불리기에 부족하다고 했다. 대대로 내려오는 전답이나 노비가 없어 녹봉만으로 먹고 살았는데, 그나마 전쟁 통에 제대로 지급되지 못하는 때가 많았다. 그러면 할 수 없이 친족이나 친지들에게 손을 벌릴 수밖에 없었고, 누가 선물을 주었을 때 받을 수밖에 없었다.[301] 따라서 물욕이 일체 없이 신선처럼 살지는 않았는데, 어찌 청백리라는 이름이 가당키나 하냐는 것이었다.

그러나 청렴이라는 것이 무엇일까? 황금 보기를 돌 같이 하여, 옛 중국의 고사에서처럼 '길바닥에 떨어진 황금을 쳐다보지도 않은 사람이 한 번 집어들었다가 바로 내던진 사람을 더럽다고 비웃는' 경지를 말하는 것일까? 그것은 보통의 인간이 아니라 신선이나 부처 같은 존재에나 해당된다. 게다가 그처럼 재물이라면 경기를 일으킬 정도로 혐오하는 사람이라면 재물의 쓰임과 성향을 알지도 못할 것이며, 따라서 공직자로서 나라 살림을 이끌고 백성의 살림을 살필 수도 없으리라. 문제는 '부당한 재물을 탐하느냐'에 있다. 사실 조선시대의 공직자들은 부당한 재물의 유혹에 지금보다도 훨씬 쉽게 빠질 수밖에 없었다. 녹봉이라고 해봐야 입에 풀칠이나 겨우 면할까 말까 하는 수준이었기 때문이다.[302] 이원익처럼 수십 년 동안 공직 생활을 하고, 그중 정승만 40년을 지낸 사람도 녹봉만으로 생활하려면 가족이 늘 얼굴에 주린 빛을 띨 만큼 어려운 생활을 해야 했다. 그러니 대대로 물려받은 재산이 풍족하지 않은 다음에야 대신들은 뇌물을 받고, 수령들은 백성을 쥐어짜고, 아전들은 물건을 빼돌리는 등의 방법으로 사복을 채워야 겨우 넉넉하게 살 수 있었던 것이다.

그러므로 아주 심하지 않은 이상 적당히 부정을 저지르는 일은 눈감아주는 분위기였는데, 이원익만은 곧이곧대로 오직 녹봉만으로 생계를 이어갔다. 그나마 지급되지 않을 때는 남에게 의지할 수밖에 없었다. 그런데도 여유가 조금이라도 있을 때면 얼마 되지 않은 녹봉을 쪼개 어려운 친족을 돕는 데 힘을 아끼지 않았다. 그러나 '관직에 천거하거나 청탁을 받아준 일은 한 번도 없었다.'[303] 그리고 광해군 대 권신이 보낸 진주 신발을 거절했다는 설화에서 보듯 냄새 나는 재물은 단호히 거절했을 뿐 아니라, 호성공신으로서 받아야 할 재물을 사양하고 홍여순이 남긴 저택도 사양했다는 설화에서도 볼 수 있듯, 권력자의 '당연한 권리'조차 챙기지 않았다. 그는 임진왜란에서 큰 공을 세웠고, 인조반정에서도 공신에 준하는 대우를 받았으므로 충분히 녹봉 이외의 상당한 재물을 얻을 자격이 있었는데도 그렇게 하지 않았던 것이다.

왜 그랬을까? 물욕이야말로 마음의 평정을 깨뜨리고 평생 다듬은 인격을 더럽히는 것이기에 조심하기도 했을 것이다. 교묘한 계략도 없고 든든한 패거리도 없는 그가 정치에 계속 영향력을 유지하려면 욕심 없는 모습을 보여주어야 했기 때문일지도 모른다. 하지만 그는 더 근본적으로 공직자는 청렴해야만 공직자의 자격이 있다고 생각했다. 그가 조카 이덕기에게 준 훈계를 보면 '강경함과 유순함의 중도를 지켜라', '가장 근본인 인심을 잃지 마라'는 총론적 훈계에 뒤이은 세 번째 훈계로 '백성을 사랑하고 물자를 아끼라'고 하고 있으며, 또한 '사리사욕을 버려라' '관용으로 수급되는 물품을 낭비하지 마라' '관청 물자를 절약하라'고 절용節用을 거듭 강조하고 있다. 또한 손자 이수약에게 준 훈계에서도 제일 처음에 나오는 것이 '네 부친의 청렴함을 본받아라'이고, 그 다음이 '백성을 사랑하고 욕심을 줄여라'이다. 부당한 재물을 탐하지 않는 일이 지방 수령의 가장 중요한 덕목이라고 여긴 셈이다.

생각해 보면 당시는 농경 사회다. 상업과 공업에 의존하는 사회는 매년 몇 퍼센트씩 성장이 가능하지만 농경 사회란 기본적으로 현상 유지를 최선으로 한다. 그나마 천재지변이나 전란이 닥치면 수많은 사람이 굶게 된다. 이런 마당에 스스로 일해서 먹지 않는 관리들이 필요 이상으로 백성에게 손을 벌리면 어떻게 되겠는가? 이원익은 안민제일주의의 연장선에서 공직자의 청렴함을 중요시했던 것이다. 유능한 관리, 온후한 수령, 상과 벌이 뚜렷한 지도자 등도 모두 필요한 사람이지만, 무엇보다 공직자가 물욕에 빠진다면 백성이 편안해질 수 없고 백성이 편안하지 못하면 나라가 지탱할 수 없다고 본 것이다.

물론 오늘날에는 그런 철학이 지나치게 소극적이라 여겨질 수도 있다. 주어진 생산 수준을 고수하며 분배의 공평함과 부패의 억제에 골몰할 것이 아니라, 생산 기술을 개발해 소득을 계속 키워나가는 것이 더 적극적인 해법이 아니겠는가? 그래서 공직자에게 충분한 보상을 해준다면 청백리를 선정하고 찬양하는 것보다 더 확실한 부패 억제가 되지 않겠는가? 사실 이원익도 생계 유지가 힘들 정도의 녹봉밖에 지급할 수 없는 당시의 재정 구조가 바뀌지 않고는 청렴만을 강조해서 될 일이 아니라고 보았다. 그래서 안민책인 동시에 재정 보강책이기도 한 대동법을 고안한 것이고, 화폐 유통이나 호패법 등도 검토한 것이다. 그러나 오늘날 생산력이 과거와는 비교할 수 없게 발달한 것은 모든 사람들의 물욕을 극단적으로 자극하는 문화 때문이기도 하다. 모든 이가 더 많은 돈을 가지려 하고, 많은 돈이 뒤따르지 않는다면 아무리 고결하고 영예로운 자리라 해도 대단하게 보지 않는다. 그렇게 물욕이 한껏 자극되어 있다면 부당한 재물에 손을 뻗으려는 유혹도 강할 수밖에 없다. 또한 남보다 못 가진 사람들의 좌절과 분노도 클 수밖에 없다. 그러므로 마음을 가다듬어 지나친 물욕을 없애고, 어떤 일이 있어도 공직을 더럽히며 부당한 재물을 탐해서는 안 된다는 원칙으로 자신을 통제할 필요가 있는 것이다. 이원익의 청렴 정신이 오늘날에도 의미가 있는 것은 그 때문이다.

은의겸진恩義兼盡

  은의겸진론은 이원익의 현실 정치에 대한 지론이라고 할 수 있다. 앞서 본 대로 이 주장은 이원익이 1608년 3월에 올린 차자에서 처음 구체적으로 나왔다고 할 수 있다. 임해군의 처리, 나중에는 영창대군이나 광해군, 폐세자 이질, 인성군 등의 처리 문제에서 그는 늘 '친인척이니까 무조건 용서해 주라'는 뜻의 '전은론'을 내놓은 것으로 알려져 있다. 그 자신도 "전은론은 저로부터 비롯되었다"고 언급했고, 그를 추종하던 이식이나 허목 등까지 이원익이 전은론을 주장했다고 썼다. 그러나 이원익은 전은론이 아닌 은의겸진론을 제시했다. 왕의 신변을 위협하고 국가의 기강을 무너뜨린 죄는 반드시 엄중히 다스리는 것이 의義에 마땅하다. 그러나 정치적으로 적대관계라 하여 가까운 친지까지 해치는 일은 인仁을 해치며, 백성들에게 본보기가 되지 않는다. 따라서 은과 의를 모두 할 수 있는 한 다 해야 한다는 것이 당시로서는 최선의 입장이었고, 이원익은 이를 제기한 것이다. 그러나 그가 '역적들'의 편에 서서 부당히 그들을 옹호한다고 여긴, 또는 그렇게 몰아붙이기로 작정한 정인홍, 이이첨, 이귀 등은 그것을 무조건적인 관용론인 전은론으로 왜곡했다. 이원익이 당파적 입장에서 임해군이나 인목대비를 해치지 말라고 했다면, 광해군과 폐세자가 반대로 궁한 입장에 섰을 때 똑같이 관용을 주장하지는 않았을 것이다. 당시에 이원익이 왜 흉악한 무리를 감싸느냐고 분개한 사람들은 앞서 임해군이나 영창대군이 위험에 처했을 때는 그들을 도우려 했다. 하지만 이원익에게 중요한 것은 인의 가치, 아니 사람의 귀한 목숨이었지, 북인이냐 서인이냐 따위의 당파성은 의미가 없었던 것이다. 오늘날의 인권론과 마찬가지로, 당파나 개별적 입장을 초월해서 사람의 목숨을 중히 여기자, 다만 그렇다고 공공의 질서를 뒤틀 정도까지는 하지 말자. 죄는 미워해도 사람은 미워하지 말기로 하자, 이것이 그가 던진 절절한 메시지였다. 은의겸진론이 전은론으로 왜곡되고 끝내 재조명되지 못함으로써 조선 후기의 정치는 매우 살벌하고 당파성이 지배하는 정치가 되고 만다.

염치廉恥의 리더십

앞서 설명한 대로 이원익은 아직 신출내기급인 청년 관료였을 때부터 '첫째, 말보다는 행동으로 보여준다. 둘째, 원리 원칙에 근거를 둔 정론과 확실한 실력으로 승부한다. 셋째, 솔선수범과 관대함으로 반성하게 하고, 결국 마음으로 승복하게 한다'는 원칙에 입각한 리더십을 발휘하여 하급자들을 뒤따르게 했다. 필자는 이런 리더십 스타일을 '염치의 리더십'이라고 이름지었다.

어떤 행동이 옳지 않다는 것을 알면서도 안일함, 관행, 또는 어려운 사정 등으로 그런 일을 하는 사람은 마음 한구석에 부끄러움을 갖게 된다. "염치를 알아라" 하는 말은 비윤리적인 일을 서슴없이 벌이는 사람에게 하는 충고 내지는 힐난이다. 그러나 우리는 누가 염치를 알라고 말하면 그 말이 옳다고 생각하면서도 반발하게 된다. "왜 나만 갖고 그래? 저 위에서는 더한 짓도 하고 있는데!" "이건 관행이야. 전부터 계속 이렇게 해왔다고. 물정을 모르면 가만히 있어!" 이런 식의 볼멘소리가 저절로 입에서 나오게 된다. 때로는 "그렇게 염치 운운하는 너는? 그런 말할 자격이 있냐?"고 되받아치기도 한다.

이원익은 잘못된 관행이나 행동을 보고 곧바로 견책하지 않았다. 역관들이 자신이 중국어를 모르는 줄 알고 놀려대는 것에도, 권율이 자신을 업신여겨 명령 불복종을 거듭하는 것에도 상관임을 내세워 을러대지 않았다. 그리고 말없이 행동으로 모범을 보였다. 그렇게 말할 자격이 있느냐는 소리가 나올 여지가 없게 만든 것이다. 또한 관대함을 보였다. 역관들이 이원익의 활약을 보고 그가 자신들보다도 중국어가 유창함을 깨닫고 몸둘 바를 몰랐을 때 아무 일도 없었다는 듯 행동했고, 권율을 엄벌에 처해야 한다는 주장이 조정에서 들끓었을 때 '제가 감독을 잘못했으니 저부터 처벌해 주소서'라고 장계를 올렸다. 이쯤 되면 어지간히 삐뚤어진 사람이 아니라면 자기의 허물을 반성하게 된다. 그리고 이원익에게 감복하고 마음으로 추종하게 된다. 사람이란 기본적으로 선한데 상황에 따라 잘못을 되풀이하면서도 뉘우치지 않게 된다는 믿음, 따라서 적절히 이끌어주기만 하면 염치를 깨닫고 바른 길로 돌아올 수 있다는 인간에 대한 신뢰가 이런 리더십의 토대다.

하지만 그런 리더십이 언제나 통하지는 않았다. 정인홍처럼 완고한 이념에 사로잡힌 사람이나, 이귀처럼 사람을 삐뚤게 보려는 성향이 짙은 사람은 결국 끝까지 이원익에게 승복하지 않았다. 그런 경우에는 상대의 마음을 빼앗는 화려한 언변이나 박학다식함, 또는 상대의 가려운 데를 살살 긁어주며 환심을 사는 능란한 처세술이 필요했을 터이다. 하지만 '남을 따르기가 힘들던' 이원익으로서는 그럴 수도 없었고, 그러려 하지도 않았다. 그리고 이원익의 리더십은 개인적 성공을 위해서는 다소 약점이 있더라도, 공익을 위해서는 매우 바람직하다. 공동체의 원칙과 상식을 재확인하면서, 그것에서 벗어나 있는 사람들의 행동을 교정하고 인격을 교화하는 기능을 하기 때문이다.

완평完平의 마음

선조 때 이원익에게 완평부원군이라는 봉호가 주어졌음을 처음 읽었을 때, 필자는 기가 막힌 어휘 선택과 선조의 안목에 감탄했다. '완完'과 '평平' 이야말로 이원익에게 가장 잘 어울리는, 그의 됨됨이를 가장 잘 표현하는 글자라고 여겨졌기 때문이다.

'완'은 모자람이 없음이다. '평'은 치우침이 없음이다. 이원익은 모자란 게 없는 사람이었는가? 필자는 그의 업적만을 대충 따져보고 나서 그런 생각을 했다. 질정관을 시켜도, 지방관을 시켜도, 체찰사를 시켜도, 정승을 시켜도 맡은 일을 완벽하게 해냈으니 완벽한 재능의 소유자가 아닌가. 하지만 다시 곰곰이 따져보면 그는 어쨌든 사람들을 놀라게 할 지식이나 문장력의 소유자는 아니었고, 어떤 기책이나 묘산을 구사하는 지략가도 아니었다. 대인 관계에서도 어떻게 보면 '서툴렀다'. 이원익이 역사상 최고의 천재나 레오나르도 다빈치 같은 '르네상스적 전인全人'이라고는 결코 말할 수 없다.

모자람이 없었던 것은 그의 마음이다. 그는 만년에 허목에게 이렇게 말했다. "사람의 마음은 마치 물건을 비추는 거울과 같다네. 기미를 살펴 취사를 잘 결정할 수 있다면 마음이 밝은 것이네. 용맹은 밝은 데서 나오니, 밝으면 의혹이 없고, 의혹이 없으면 흔들리지 않는다네." 허목은 "이것이 공의 평생의 힘을 얻은 방책이다"라고 평가했다.[304] 마음에 모자라는 부분, 어두운 부분, 의심과 불만의 부분이 있다면 매사에 확신을 갖지 못하게 된다. 그러면 비록 유능하고 공로가 많아도 늘 허전함을 지울 수 없으며, 확신 없이 일을 하다 보니 자기 재능을 다 펴지 못하거나 불성실하게 된다. 그러나 이원익은 오랜 수양을 통해 마음을 마치 잘 닦인 거울처럼 모자라거나 이지러진 부분이 없도록 다듬었고, 따라서 매사에 확신을 갖고 정성을 다할 수 있었다. 그래서 그의 재능이 결코 불세출의 것이라고 할 수 없었음에도 맡은 일마다 '완벽'하게 해낼 수가 있었던 것이다. 가령 사법 분야의 일을 처리할 때도 이원익은 이렇게 접근했다.

어떤 재상이 완평부원군 이원익에게 물었다.
"송사를 처결하는 좋은 방도가 있는지요?"
이공이 말하였다.

"사람의 재능이란 각양각색이며, 사건도 다종다양한데, 어떻게 제삼자로서 미리 방법부터 말할 수야 있겠소? 다만 한 가지 말할 수 있는 것은 사실을 분석하고 결단할 때 마음을 지극히 공정하게 가져야 합니다. 천둥이 치고 벼락이 떨어질 때도 자신을 돌아보아 부끄럽고 두려울 바가 없도록 한다면 좋을 것입니다."[305]

유호진 박사는 그의 논문에서 이런 마음의 완전 경지를 '부동심'이라고 표현했으나,[306] 부동심은 서구 스토아 학파의 용어와 혼동될 수 있으므로 그것을 '완전한 마음'이라고 하는 게 나을 것 같다. 이원익이 자손에게 남긴 '열여섯 글자의 훈계'에서도 그런 완전한 마음을 목표로 삼을 것이 제시된다.

남에게 원한을 사지 마라 / 無怨於人
나에게 부끄러움을 남기지 마라 / 無惡於己
나보다 나은 사람을 보고 뜻과 품행을 닦아라 / 志行上方
나보다 못한 사람을 보고 분수를 알아라 / 分幅下比[307]

누구나 완벽할 수는 없다. 타고난 운에 따라 재능이나 재물도 차이가 난다. 그러나 남에 비해 재물이 모자란다는 의식을 하면 마음에 어둠이 생긴다. 남에 비해 재능이 뛰어나다며 자만해도 어둠이 생긴다. 그래서 재물은 아래를 보고, 재능은 위를 보라는 것이다. 그리고 다른 사람에게 원한을 샀다면 설령 그 일이 떳떳한 일이었더라도 마음에 앙금이 남을 수밖에 없다. 또 아무도 모르는 일이거나, 어떤 경우에는 잘못 이해됨으로써 칭찬도 받지만, 자기 자신만은 좋지 못하다는 것을 아는 일을 하면 역시 앙금이 남는다. 이런 일이 없도록 행동을 가다듬어야 어둠도 없고 모자람도 없는 마음의 완전 경지에 이르는 것이다. 이런 완전한 마음의 소유자라면 돗자리를 짜다가 정승이 되어도 거만하지 않을 것이며, 반대로 정승을 하다가 돗자리를 짜게 되어도 절망하지 않을 것이다. 이원익의 공적인 활동보다는 사적인 수행에 주목했던 허목이 그토록 이원익에게 감탄했던 까닭이 여기 있다.

모자람이 없는 마음은 치우침이 없는 마음으로 이어진다. 마음에 모자라는 것을 다른 사람이나 물건으로 보충하려 하다 보면 편견이 생기고, 패거리를 만들고, 특수한 이해관계를 형성하게 된다.

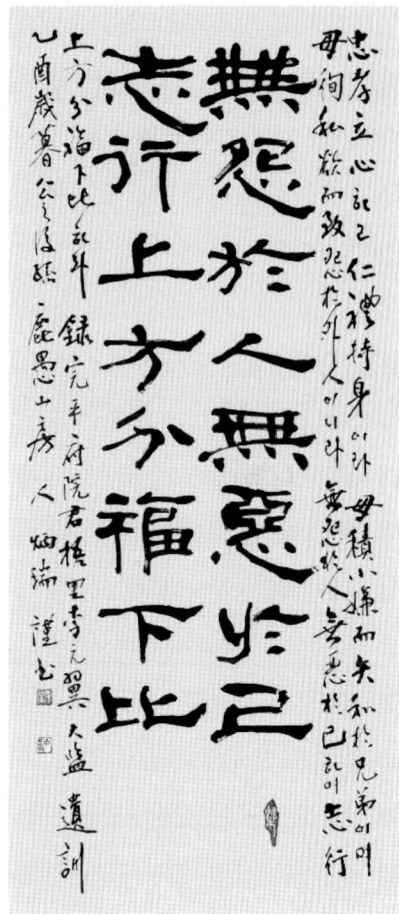

이원익이 자손에게 남긴 '유훈십육자'

그러나 완전 경지에 든 사람은 모든 것을 거울에 비추듯 있는 그대로 보며, 시비를 가릴 때 자신의 특수한 입장을 고려하여 치우친 판단을 하지 않는다. 이래야만 은恩과 의義를 함께 말할 수 있으며, 동인과 서인을 함께 친구로 대할 수 있으며, 임금도 계집종도 똑같은 사람으로 존중할 수가 있다. 그런 공평한 판단에서 비롯된 충고를 마음이 삐뚤어진 사람은 다른 속셈이 있을 것이라고 곡해하지만 말이다.

물론 이원익이 처음부터 이런 '완평의 마음'을 이룩하지는 못했을 것이며, 피나는 수행을 통해 차츰차츰 완성해 나갔을 것이다. 그 과정에서 실수하거나 도에 지나쳐 버린 때도 있었으리라. 하지만 허목의 말처럼 이 마음 공부는 이원익의 평생의 과제인 동시에 평생의 힘을 얻은 방책이기도 했다. 그리고 이런 자세는 그가 비록 직접 가르침은 받지 못했더라도 퇴계 이황의 정신을 이어받고 있음을 나타내기도 한다. 마음을 순수하게 가다듬는 것에서 출발해야 한다고 본 퇴계. 완평은 그 충실한 계승자였다.

말장난 같지만, '완평'은 '완전히 평범하다'는 뜻도 된다. 또는 '완전히 평정하다'로 읽을 수도 있다. 생각해 보면 이원익은 평범한 사람이었다. 물론 한 번 읽으면 바로 외워버리는 기억력을 비롯하여 어지간한 사람보다는 훨씬 앞서는 재능이 있었지만, '구도장원'의 율곡 이이나 '12척으로 133척을 격파'한 이순신보다는 평범했다는 것이다. 하지만 그는 '완전한 평범'을 이룩한 사람이었다. 한 사람으로서 완성되고 자신의 재능을 100퍼센트, 추호의 유감도 없이 발휘해낸 내는 것은 율곡도 이순신도 하기 어려운 일이다. 갈팡질팡하는 천재보다 완성된 평범한 사람이 더 위대한 일을 해낼 수도 있는 것이다. 우리는 모두 마음만 먹으면 위대한 사람이 될 수 있는 것이다.

그렇게 이원익은 완전히 평정했다. 그는 그를 시기하거나 멸시하는 사람들에게조차 '완전히 믿을 수 있는 사람'이었고, 맡은 일을 '완벽히 해내는 사람'이었다. 조선 전체에서 '오직 그 하나뿐'인 사람이었다. 불타는 이념이나 삐딱한 마음으로 그를 적대시하거나 괴롭힌 사람들도 있었다. 그의 참된 가치를 알아보지 못하는 사람들은 더 많이 있었다. 하지만 그는 마냥 무심하게 흔들림 없는 마음으로 자신의 할 일을 했다. 그러다 보니 어느덧 그 한 사람은 태산처럼 중대한 사람이 되었다. 역사의 갈림길에 태

이원익의 '자손에게 이르는 글'.

산처럼 버티고 서서 자신이 태어난 나라를 날려버릴 듯 부는 광풍을 고스란히 막아내는 방벽이 되었다. 그 후 그 산을 넘는 사람은, 언뜻 너무 평범해 보여서 그 산이 얼마나 크고 얼마나 위대한지를 모르기 쉽다. 하지만 예나 지금이나 산은 무심히 그곳에 그대로 있다. 이따금 꽃이 피었다 지고, 제비가 날아와 지저귈 뿐이다.

헌시|獻詩

저자 후기

헌시(獻詩)

그분이 그립다

고헌 이병서

가난한 마을에 뽕나무를 심게 하고
난리가 끝나자 학교를 세웠다.
백성들의 편안함이 첫째이고, 나머지는 군더더기일 뿐

풍수지리를 한낱 미신으로 치부하고
임무가 맡겨지면 머뭇거림 없이 홀홀단신 임지로 달려갔다.
몸소 전쟁에 나가 싸운 게 그 얼마인가

진중(陣中)연회를 즐기던 명 제독에게 선물 대신 군사지도를 건네고
능통한 중국어로 직접 소통하며 왜를 물리쳐 나라를 구했다.
위기에 처한 이순신을 소신껏 변호하여 큰 공을 세우게 한 혜안

사대부들의 세찬 반대에도 굴하지 않고
조선조 개혁의 상징 대동법을 실시하여 백성이 살아갈 터전을 마련하였다.
식솔들을 돌볼 틈도 없이 오직 나라와 백성만을 위해 바친 한평생

파벌에 휘둘리지 않고 용서와 화해에 앞장서고
3대 왕에 걸쳐 40년을 '一人之下 萬人之上'을 지냈으나
비바람 들이치는 누옥에 살며 풍전등화의 나라를 구한 '초가집 정승'

그래서 그렇게도 긴 세월 동안 온 백성이 진정 존경하고 따르던
안민구국의 영웅 오리 정승, 오리 대감, 완평대감
아아! 이런 분이 또 있을까? 나는 지금 그분이 그립다.

저자 후기

우리도 이제 링컨이나 처칠 같은 국민적 영웅을 모실 필요가 있다

이원익(1547~1634)의 인품과 치적은 그가 살아오면서 일관되게 실행해 온 삶의 궤적과 정확히 일치한다. 무엇보다도 가장 큰 업적은 한마디로 안민국태安民國泰에 천착해 온 삶이다. 백성을 편안하게 하는 것이 나라를 튼튼하게 하는 것이라는 원칙과 신념을 평생 행동으로 실천한 것이 그 징표라 할 수 있다.

키 석자 세치三尺三寸의 빈약한 체구인 그가 위대한 삶을 살 수 있었던 데는 분명한 이유가 있었다. 그는 출신 배경의 위력을 행사하거나 지지 세력을 모아 힘을 과시하지 않았다. 항상 백성 편에 서고, 자신은 비바람조차 막기 힘든 두어 칸 초가집에서 살아온 조선왕조의 대표적 청백리였기에 가능했던 것이다. 이 때문에 반대 당파의 인사들조차 그를 공격할 빌미를 찾지 못하고 오히려 존경했다고 역사는 증언하고 있다.

이원익은 당대를 풍미하던 학문적 사상인 기氣의 원리를 따지면서 이론만 앞세우는 성리학을 멀리하고, 실사구시의 실학사상으로 말보다는 행동을 앞세운 행行의 경세가였다. 그는 백성의 근면한 노동에 의한 생산물이 양반 관료 계급에 독점적으로 불공정 배분되는 부조리한 사회적 현상을 타파하고자 혁신적인 제도를 지속적으로 도입하였다. 그렇다고 양반 계급을 무위도식 호강만 하는 배척의 대상으로 본 것은 아니었다. 오히려 기득권 세력인 그들이 국가의 위기 때 왕과 백성을 위하여 재물을 지원하고 의병으로 참여하는 등 솔선수범했던 존재임을 역설했다.

이원익의 안민 사상에 의한 평화적 번영 추구와 행동으로 표출된 신념과 철학은 막스 베버(Max Weber : 1864-1920)와 통한다. 즉, 부르주아적 중산층인 인텔리겐치아가 주체가 되어 풍요로운 삶을 도덕적으로 영위하게 한다고 함으로써, 성공한 자본주의 정신을 '노동 · 근면 · 윤리'의 에토스(ethos)라 하여 오늘날 인류 번영의 길을 터주었다고 평가되는 베버의 실천 경제학과 이원익의 '안민 실천' 행行의 사상은 그 맥락을 같이 한다고 볼 수 있다.

충과 효의 기본을 세운 은의겸진恩義兼盡의 도덕적 윤리관을 소명으로 하고, 나라(우주)의 근본인 백성(농민)의 근면하고 성실한 노동의 결과물인 부를 합리적으로 배분할 수 있게 하려고 했으며, 임진왜란과 정묘호란 등 전란을 겪은 당시의 피폐한 시대상을 확실하게 파악하여 역사적 필연으로 인식하였다. 이와 같이 이원익은 '실천적 안민 사상'을 '노동 · 근면 · 윤리'를 기본으로 하여 실행함으로써 백성의 경제적 여유와 상공업 발달로 이어지게 노력하였고, 나라의 재정도 살찌게 하였다. 그의 군변방수제, 군사 훈련 제도의 개혁, 호폐법의 혁파, 무엇보다 대동법의 실행은 그가 탁월한 제도 개혁자이자 경제 혁신자였음을 웅변한다.

조선 중기인 17세기 동아시아 3국전쟁의 와중에 풍전등화의 위기에 처했던 나라를 구한 조선조의 대표적 공복公僕 이원익. 죽고 죽이는 치열한 당쟁 속에서도 의연하게 살며 혁혁한 공적을 세움으로써 왕이 의지하고, 백성이 부모처럼 따랐던 오리 정승! 그를 알리는 일에 이 책이 작은 밀알이 되기를 바란다.

우리도 이제 본보기가 될 인물이 없다고 한탄만 하지 말고 영국의 윈스턴 처칠이나 미국의 에이브러햄 링컨 같은 국가적 영웅을 모실 때가 되지 않았나? 진정한 노블레스 오블리주(noblesse oblige)를 실천하는 지도자가 절실한 작금의 우리 역사에서 오리 이원익과 같은 안민과 구국의 국민적 영웅을 찾아내 나라의 정체성과 국민의 자긍심을 높이는 노력이 필요하다.

동북아 3국(한국, 중국, 일본)의 정세가 16세기말 임진왜란 당시 조선·명·왜 3국의 역사와 너무나도 흡사하게 흐르고 있는 오늘날, 지난至難한 상황을 헤쳐나가려면 출중한 국가 지도자의 출현은 소망을 넘어 필연이요, 당위라 할 수 있다. 국민이 믿고 따르는 지도자의 덕목은 첫째도, 둘째도, 셋째도 청빈이다. 그것도 절대적 청빈이어야 한다. 윗물이 맑지 않으면 아랫물은 100년이 지나도 깨끗해질 수 없다. 흙탕물 속에서 자란 오염된 고기를 국민들에게 먹으라고 할 수는 없지 않은가. 오리 이원익의 '몸에 밴 청빈함과 치적이 있는 삶'을 있는 그대로 기록한 이 책이 여러 사람들에게 읽히기를 간절히 바라는 이유이다.

이 책을 구상하면서 오리 선조에 관해 처음 발간되는 본격 인물 탐구서인지라 평생의 과업을 시작한다는 설레임에 한껏 고무되었지만, 천학비재淺學非才한 데다 아둔한 탓에 평전에 하고 싶었던 얘기를 다 하지 못했음을 솔직히 고백하지 않을 수 없다. 핑계 같지만 직계 후손이라는 입장의 한계로 이해해 주시기 바란다.

　우리나라 최고의 역사 극작가 초당 신봉승 선생도 "오리 대감은 있는 사실史實 그대로 얘기해도 과장된 표현으로 포장됐다고 할 정도로 흠 잡을 데가 없이 엄격하신 분이었다"고 말하고 있다.

　원고가 쓰이는 과정에서도 많은 분들의 충언이 있었다. 특히 정진홍 서울대 명예교수의 전폭적인 지도와 감교는 자칫 중도 포기할 뻔했던 나로 하여금 끝까지 마음을 다잡고 오늘의 결과가 있도록 이끌어 주었다. 특히 평전을 쓰기 위해 사전 연구 과정으로 2012년 4월 30일 한국프레스센터에서 오리 이원익의 학문과 사상 연구논문 학술 발표를 해주신 이성무 한국역사문화원장, 이영춘 국사편찬위원, 권기석 규장각 한국학연구관, 이헌창 고대 교수, 신병주 건대 교수, 김학수 한국한중앙연구원 실장, 권오영 교수님 들께 심심한 감사를 드리며, 또한 오리이원익기념사업회 자문위원 최연종 교수, 정병수 교수, 정주년 교수, 장만화 행장(객원교수), 김연조 회장, 이광규 상임위원, 남정수 편집위원, 그 외 역사 고증과 사료史料 수집 등 도와주신 모든 분들께도 진심으로 감사드린다.

　그분들의 신세를 갚는 길은 좋은 책을 펴내는 것뿐임을 잘 알고 있다. 오랜 진통 끝에 세상에 나온 이 책이 독자 제위의 기대에 부응하기를 간절히 바랄 뿐이다.

2013년 3월
녹우당에서 이병서

부록

오리 이원익의 연보年譜

주석註釋

찾아보기(인물, 용어)

오리梧里 이원익李元翼의 연보年譜

(1) 탄생에서 임진왜란 전까지(1547~1591)

1547. 명종 2년 10월 24일
신미일 미시에 한양漢都 유동 천달방에서 태어났다.

1555. 명종 10년 / 9세
4월 26일 모친 정부인鄭夫人 별세했다.

1559. 명종 14년 / 13세
중용·대학을 강講하는 자리에서 입격하여 동학에 들어갔다.

1564. 명종 19년 / 18세
봄에 생원 초시 합격, 가을에 복시 3등 제35인으로 합격했다.(이이李珥 주관 시험)

1565. 명종 20년 / 19세
연일 정씨(포은 정몽주의 7세손)와 혼인했다.

1567. 선조 원년 / 21세
성균관 유생의 상소에 의한 중 보우普雨의 국기 문란을 용서할 수 없다는 배척 시위에 나섰다.

1569. 선조 3년 / 23세
10월에 부태묘별시附太廟別試 병과 제4인으로 급제했다.(윤담휴가 주관한 별시)

1570. 선조 4년 / 24세
승문원 권지에서 부정자로 승진. 중국어를 익힘(문관 5인을 별도로 뽑아 임금이 친히 와서 시험을 치렀는데 매번 우등하였다). '처자정자處子正字'라는 좀 우매하다고 비꼬는 별명이 붙었다.

1571. 선조 5년 / 25세

정자에서 저작으로 승진. 봉상직장 겸직 : 어떤 어린 종이 왕릉 제수를 훔쳐먹다 들켜 교수형을 당하게 되자 나서서 그를 교화하고 제수를 대신 물어주어 죽지 않게 했다.

1573. 선조 7년 / 27세

박사博士에서 전적典籍으로 승진 : 성절사 권덕여權德輿의 질정관質正官으로 연경(북경)에 갔다가 12월에 귀국. 중국어 실력을 발휘하고, 당면한 외교 업무를 매끄럽게 풀어나갔다.

1574. 선조 8년 / 28세

3월에 예조좌랑·형조·예조를 거쳐 9월에 황해도사에 임명되었다. 이때 헝클어진 군적軍籍 관리를 잘하여 황해 감사 이이가 신임하고 조정에 추천하여 『홍문록弘文錄』에 올랐다.

1575. 선조 9년 / 29세

한양으로 돌아와서 사간원 정언司諫院正言에 임명되었다.

1576~1581. 선조 10~14년 / 30~35세까지

예조정랑·군기판관·지평·정언·헌납으로 승진, 성균관의 직장·사예·장령, 옥당으로 들어가 수찬·교리·사예·사정·사간·집의를 역임하고 부응교로 승진했다.

1582. 선조 15년 / 36세

봄에 응교應敎로 승진 : 경연經筵에 있은 지 5~6년이 되었다. 강설이 자세하고 분명하며, 성음이 소탈하고 맑았으므로 선조는 매번 경청하고 매우 즐거워했으며 군신 간에 뜻이 잘 맞는 것은 이때부터 시작한 것이다. 곧 도유우불都兪吁咈의 훌륭하고 바람직한 관계가 지속된다. 5월에 동부승지로 특진하고 우부승지·첨지중추부사·호조참의에 제수되었다. 10월에 왕명으로 조사詔使 황홍헌黃洪憲을 정주定州에서 영접하였다(이때 황 조사는 사람을 알아보는 재주가 있었는데 '이 사람은 행동거지가 단정하고 분명하니 훗날 재상이 될 것이다'라고 하였다).

1583. 선조 16년 / 37세
이때 동서 붕당東西朋黨이 비로소 성하였다.

1584. 선조 17년 / 38세
당색을 초월하여 바른말을 간언하였으나 본의 아니게 사직하게 되었다. 8월 13일 부친 함천군咸川君의 상을 당하고 금천衿川에서 시묘살이를 하였다.

1587. 선조 20년 / 41세
봄에 풍악산 등 전국 산천을 유람하였다. 10월에 안주 목사安州牧使로 임명되자, 즉시 단기單騎로 버려진 땅인 부임지 안주(安州)로 달려갔다.

1588. 선조 21년 / 42세 : 이공상李公桑
조곡糶穀을 옮겨 기민饑民을 구제하고 금법禁法을 제정하여 도적을 잡으니 흩어진 백성이 다시 모이고 간악한 무리들이 자취를 감추었다. 뽕나무를 심게 하여 백성의 생활에 여유가 생기도록 했다(당시 흉년이 들어 굶어 죽은 시체가 들에 즐비하였다. 공이 감영監營에 달려가 각 고을에 1만여 섬의 곡식을 빌려와서 나누어 기민을 구제하고, 종자 밑천으로 삼기를 청하고, 또 조선漕船을 바닷가에 있는 고을로 보내 제때에 운반해 오게 독촉하였으므로 온 고을에 굶어 죽은 사람이 없었다. 안주 고을은 옛날부터 도적이 많았는데 흉년이 들자 더욱 극성을 부렸다. 그래서 법을 제정하여 포박하니 도적이 곧 자취를 감추었다. 관서의 한 도는 잠업蠶業을 하지 않는 고을이 없었는데 유독 안주에만 뽕나무가 없었다. 안주 사람들은 토질이 뽕나무에 알맞지 않다고 말하였으나 공은 안주 일대에 영을 내려 집집마다 뽕나무를 심게 하였더니 몇 해 안 가서 무성하였다. 그래서 그것을 지금까지 '이공상李公桑'이라 일컫는다).

1589. 선조 22년 / 43세
안민安民이 제일이라는 소신을 펼쳐 안주가 잘 다스려지니 감사 윤두수가 임금에게 보고하여 왕명으로 옷 한 벌을 하사하였다. 1590년 봄에 임기가 찼는데도 유임하고 가선대부嘉善大夫로 올렸다(안주는 군액軍額이 많아 족친이나 이웃이 피해를 입었다. 공은 창고에 있는 곡식을 가지고 징포徵布를 사서 보내고 이 곡식은 가을에 가서 민간에 나누어 징수하니, 백성들은 많은 곡식을 내지 않고도 여러 해 동안 수 자리를 비워두고 족친과 이웃을 괴롭히던 폐단이 드디어 사라졌다. 또 주세酒稅를 의례 변읍邊邑에 가져다 내게 되어서, 간교한 아전들이 그 사이에 농간을 부려 남기는 수량이 배나 되도록 징수하므로 백성들의 커다란 병폐가 되어왔다. 그러자 공은 남기는 수량을 약간 정하고 직접 주세를 가지고 가서 냄으로써 아전들의 간교한 손을 묶어놓았다. 강江·의주義州·창틈은 가장 변두리면서 멀리 있는 고을이었는데 공이 직접 주세를 가지고 온 것을 보고 크게 놀랐고 앞다투어 술과 기생을 준비하여 공을 맞으니 공은 물리치고 받지 않았다).

1591. 선조 24년 / 45세

2월에 형조참판이 되어 조정에 올라오고 3월에 대사헌이 되다(기축옥사己丑獄事 때 주옥대신 정철鄭澈의 죄를 논하여 선조는 윤허하였다). 7월에 자헌대부資憲大夫에 올라 호조판서가 되었다가 예조판서로 옮기고 겸하여 경연을 맡았다. 9월에 이조판서로 옮기다.(이때 인재 평가를 공명하게 하고 전형 방법을 공평하게 하니 여론이 위대하게 여겼다) 도총관을 겸하고 의금부사를 맡았다.

(2) 임진왜란부터 선조 말기까지(1592. 4~1608. 2)

1592. 선조 25년 / 46세 : 임진왜란 발발

4월 13일 왜병이 대거 침입하자, 공을 평안도 순찰사로 삼아 이조판서를 겸하고 관서병마체찰을 겸임케 하였다. 공은 지체하지 않고 즉시 달려가 백성을 안정하게 하고 임금을 맞을 준비를 했다(당시 왜병이 뜻밖에 쳐들어왔기 때문에 모두 놀라서 앞을 다투어 도망가 숨었는데, 공은 선조 임금에게 청하기를 "신은 나라의 후한 은혜를 받았으므로 가만히 앉아서 나라가 전복되는 것을 볼 수 없으니, 전쟁터에서 죽음으로써 국가에 보답하기를 원합니다" 하니, 선조 임금은 장하게 여기고 그 일을 묘당廟堂에 내려 의논하게 하였으나 들어주지 않았다). 5월에 어가가 평양에 행행幸行했다가 다시 영변으로 향하고 공에게 명하여 머물러 평양을 지키게 하였다. 6월에 공이 여러 장수와 함께 밤에 강을 건너 왜적의 군영을 쳐부숴 많이 참살하였다. 왜란 이후 최초의 전승으로 조선군의 자신감을 갖게 하였다. 조정에서 그 공으로 정헌대부正憲大夫에 진급시키고 도순찰사를 겸임, 평안감사에 임명하였다. 왜군이 평양성을 점령하자 그길로 강가에 있는 군현을 따라 올라가면서 군사를 모집하여 토병으로 조선군 군용을 편성하고, 용만에 가서 임금을 뵙고 정주로 돌아왔다. 서도의 백성들이 공을 신명처럼 믿고 부모처럼 따랐으며, 뒤에 생사당을 지어 은혜를 갚았다. 평양과 안주에 모두 사당이 있다.

1593. 선조 26년 / 47세

정월에 명나라 이여송李如松의 4만 5000군사와 이원익의 조선군 8000명이 연합으로 사흘 만에 평양을 수복하고, 2월에 어가가 영유永柔로 돌아와 공을 숭정대부崇政大夫로 진급시켰다. 11월에 어가는 한양으로 돌아오고 공은 관서에 머물러 지키게 하였다. 안민安民과 양병養兵의 원칙으로 정사를 펴고, 병란에 무너진 학교를 세워 풍속의 교화를 장려하니 민심이 크게 기뻐하고 전란의 고통을 잊었다.

제독 이여송이 평양 탈환 승리에 도취하여 고양에서 왜에 패한 후 심유경을 왜적에 보내 화친을 의논하여 왜와 화친하기로 정하고 전혀 싸울 뜻이 없다는 사실을 정탐해서 알아내어 원익이 임금에게 아뢰었다. "이여송과 심유경이 화친을 정하고 전혀 싸울 뜻을 갖지 않습니다. 장차 한 하늘 아래에 같이 살지 못할 원수 왜가 온전히 돌아갈 수 있게 되었으니 통탄을 견디지 못하겠습니다卽馳奏曰 提督與惟敬定和 頓無戰意 將見不共戴天之讐 得以全歸 不勝痛惋云云."

1595. 선조 28년 / 49세 : 정승봉政丞峯
6월 우의정 겸 제도도체찰사를 겸임하였다. 8월에 호남을 순시하고 영남에 이르러 성주星州에 체부를 개설하였다. 한산도를 순시하여 통제사 이순신의 방수공략을 기특히 여기고 순신의 청대로 잔치를 베풀기를 승낙하여 군의 사기가 충천했으며, 훗날 그 땅을 정승봉政丞峯이라 하였다. 9월 군율을 어긴 도원수 권율을 징계하여 파직하니 군문이 숙연하게 되고 영슈이 바로 섰다.

1596. 선조 29년 / 50세
그대로 성주에 주군하고 도내의 산성을 수축하였다. 금오·용기·부산·공산·황석·화왕·벽견의 모든 성을 두루 쌓고, 주현으로 하여금 위급할 때 백성을 이끌고 산성에 들어가 보호하게 하였다.

1597. 선조 30년 / 51세 : 정유재란丁酉再亂
봄에 왜구가 다시 쳐들어왔다.(왜장 가토 기요마사가 이순신을 꺼려서 감히 바다를 건너지 못하고, 이에 간첩을 풀어 이순신이 죄를 얻어 떠나게 하려고 꾀를 쓰니 우리 조정에서는 그것을 믿고서 군사를 거느리고 한곳에 머물러만 있다는 것으로 죄를 논하여 잡아다 국문하고 원균으로 그를 대신하게 하였다. 이때 공은 두 번이나 상소하여 "이순신을 체직해서는 안 되고 원균을 대신 맡겨서도 안 된다"는 것을 적극적으로 말하였으나 끝내 허락을 얻지 못하였다. 당시 명나라 장수 양원楊元이 군사를 남원南原에 주둔시키고 있었으므로 공이 달려가 일을 의논하고 또 "마땅히 산성山城을 지켜야 하지, 부성府城을 지키는 것은 불가하다"고 말하였으나 양원이 들어주지 않았다. 공은 드디어 성주 군영으로 돌아갔다. 이때 왜적은 보루를 굳게 지키고 나오지 않았다. 그들은 우리가 지친 틈을 이용하여 장차 군사를 더 늘려서 쳐들어오려는 심산이었다. 공은 왜적의 숫자가 더 많아지기 전에 군사를 연합하여 한 번에 싸우려고 하였는데 조정의 의논이 결정되지 못하고 명나라 장수가 또 저지하였으므로 계책은 끝내 시행되지 못하였다. 뒤에 왜적이 과연 크게 이르러서 원균은 패하여 죽고 남원은 또 함락되었으며 양원은 도망치고 군사들은 많이 죽었으나, 공의 말이 모두 징험되었다. 조정에서는 부득이 이순신을 다시 통수統帥로 삼았다. 이순신이 부임하여 불타고 남은 것들을 주워 모으고 열심히 군사들을 어루만지니 군사들의 맹위가 다시 떨쳤다. 이순신은 이에 탄식하기를 "내가 오랫동안 밖에 있었으므로 내부에 틈이 많이 생겼구나. 그러나 상국相國이 나의 계책을 전적으로 써주었기 때문에 오늘날 수군이 약간 보존될 수 있고 또 싸워 이길 수가 있었으니 이것은 나의 힘이 아니고 상국의 힘이었다非我也 相國也."라고 하였다. 이때 병사兵使 김응서가 성을 버리고 도망치니 여러 고을이 풍문을 듣고 와해하였다. 공은 비장裨將을 보내 김응서의 목을 베게 하였는데, 원수元帥가 그를 숨겨주었으므로 죽음을 면할 수 있었다. 오직 곽재우가 지키는 화왕火旺만이 온전하였다.) 9월에 소명召命이 있어서 음죽陰竹에 이르렀는데, 또 그대로 머물러 있도록 명이 내려 도로 충주에 주둔하였다(처음에 공이 성주 군영으로부터 개령開寧으로 옮겨 주둔하고, 개령開寧 한 성을 사수하려고 하였는데 얼마 안 가서 병이 악화하였다. 종사관이 이를 알리니 돌아오도록 명하였다. 뒤에 명이 있어 도로 충주로 향하였다.) 10월에 다시 불러서 한양으로 돌아왔다. 병 때문에 체부體府를 사임하고 그대로 머물러 경리經理 양호楊鎬의 군량을 조달하였다(이때 왜적은 이미 직산稷山을 핍박하였다. 경리 양호가 여러 장수를 보내 왜적을 맞아 격파하니 왜적은 군사를 울산蔚山과 순천順天 사이로 후퇴시켜 7~800리의 구간에서 위세를 떨치고 있었다. 선조 임금은 근본인 한양을 걱정하여 공을 불러 한양으로 들어오게 하였다. 그런데 공은 병 때문에 체부를 사임하였으나, 경리 양호가 바야흐로 한양에 있으며 대군을 모아 장차 남쪽을 치러 가려고 하면서 공이 나와서 일을 보도록 독촉하여 군량 조달 문제를 공에게 일임하였다. 그리하여 번거롭지 않게 군량에 관한 일이 모두 잘 처리되어 드디어 직산 전투를 이기게 되었다).

1598. 선조 31년 / 52세

7월 좌의정에 오르고, 양경리변무사楊經理辨誣使로 연경행에 오르다.
9월 연경에 도착하여 주본奏本을 올렸고, 황제가 직접 받을 수 없다 하여, 민본례民本例에 의하여 이원익 개인 스스로 주문을 지어 통정사에 올리고 유창한 중국어로 직접 정성껏 변호하였다. 황제가 명을 내려 포유褒諭하니, 주사 정응태가 "경리 양호楊鎬가 패전 사실을 숨기고 조선이 성을 쌓고 왜를 불러들여 명을 치려 한다"고 무고한 일은 모함에 지나지 않는 것으로 처리되었다. 포유의 대략은 "양호에게 미리 하명이 있었고 짐은 한 사람의 말로 의혹할 수 없으며 조선을 보존하기 위해 군사를 전진시킬 것이니 조선도 힘껏 협조하라"는 내용이었다.

1599. 선조 32년 / 53세

연경 변무사 일을 성공적으로 완수하고 조정에 돌아와서 정월에 드디어 첫 번째 영의정에 올랐다. 유성룡이 삭탈관직된 사실을 알게 되자 공이 '유 정승이 모함을 입게 된 것을 변호하는 차자'를 올리고 5월에 사직하고 나가지 않자, 선조는 위로하고 출근하도록 하였다. 9월에 다시 영의정이 되었다. 당쟁의 심화에 따른 폐단을 극력 간언하고 사직서를 올렸으나 윤허하지 않았다. 무려 31번 차자를 올렸다. 이원익은 조정 신하들의 붕당 당쟁에 대한 상황과 그것이 동인·서인·남인·북인, 노론·소론·대북·소북 등 당목이 갈라지게 된 내력과 당쟁의 해소 방안 등에 대하여 극력 선조에게 말하였다.

1600. 선조 33년 / 54세

8월 4도 도체찰사로 영남에 이르러 성주에 상주하였다(공이 1595 을미년에 전후 체상體相으로 성주에 체부를 개설하니 그곳 사람들이 직접 은택을 입었고, 그 고을에는 송덕비頌德碑가 있다).

1601. 선조 34년 / 55세

8월 3도 도체찰사로서 관서에 체부를 개설하고 9월에 함경도에 들어갔다가 그길로 관서로 가서 병마를 점검하고, 10월 염근리廉謹吏에 피선되다. 청백리淸白吏 염근리로 선발되어 염근청백록廉謹淸白錄에 이름이 오르다. 초엄호피를 하사받다.
12월에 관서를 거쳐 해서로 가서 군사를 점검하였다.

1602. 선조 35년 / 56세

공의 병이 악화되자 선조는 어의 허준許浚을 보내 진료케 하고 내복內卜으로 하여금 나라의 존망을 점쳐보았다. 또 강가에 있는 집이 춥다 하여 어실御室에 있는 담요와 발을 걷어서 공에게 주었다.

1603. 선조 36년 / 57세

4월 판중추부사判中樞府事에 임명되었다. 11월 정경부인貞敬夫人 정씨鄭氏 사망하다.

1604. 선조 37년 / 58세

호성공신 2등 제3인에 기록되고 충근정양갈성효절협책호성忠勤貞亮竭誠效節協策扈聖이라는 호를 주었다. 7월에 완평부원군完平府院君에 피봉되었다.

(3) 광해군 즉위 후(1608. 2~1623. 3)

1608. 선조 사후 광해군 즉위년 : 대동법大同法의 시작

2월에 선조대왕이 승하하니 광해가 즉위하여 공을 영의정領議政에 임명하였다.
3월 사직하는 상소를 올렸고, 이를 허락하지 않는 왕의 비답이 있자 백성에게 혜택 주는 일을 논의하게 하여 선혜청宣惠廳을 설치하고 대동법을 시작하였다(선조대왕이 일찍이 세자에게 말하기를 "여러 신하 중에 오직 모某만이 정승을 삼을 만한데, 다만 그 사람이 남과 화합하는 일이 적으므로 나는 그를 잘 쓰지 않았으나, 모름지기 성심으로 그 사람을 써라" 하였다. 이렇기 때문에 세자가 즉위하여 공을 영의정에 임명하게 된 것이다). 상소하여 사직하였으나 허락하지 않자(그 비답에 "경이 정승으로 들어오니 조야朝野가 서로 경하하고 군민軍民이 모두 축하하니, 어찌 옛날의 어진 정승보다 못하겠는가. 오늘날 영의정의 소임은 경이 아니면 불가하니 경은 안심하여 사직하지 말고 힘써 부덕한 나를 도우라" 하였다), 사은숙배하였다. 3월에 차자를 올려 옥사를 논하여 무고한 사람으로 하여금 원통한 죽음을 면하게 하였다. 또 임해군 진珒의 죽음을 용서할 뜻에 대해 언급하자, 광해는 특별히 비답하였다. 또 차자를 올려 임금의 덕을 닦을 일을 논하니(생민을 보호할 것, 탐관오리를 제거할 것, 어질고 재주 있는 사람을 등용할 것, 조정의 기강을 바로잡을 것, 방비하는 일을 엄격히 할 것, 언로를 열 것, 공도公道를 펼 것, 궁금宮禁의 내통을 막을 것, 여알女謁의 사청을 막을 것, 자전慈殿에게 효도를 다하고 형제 간에 우애할 것, 먼저 임금의 마음을 바로잡고 날마다 어진 선비를 접견할 것 등의 일) 특별히 비답하였다. 그리고 육조 판서들로 하여금 공의 집에 가서 백성에게 혜택을 주고 폐단을 개혁할 일과 조사詔使를 접대할 일 등을 논의하여 아뢰게 하였다. 선혜청이 이때 시작되었다(그 법은 매년 봄, 가을로 백성의 전지 1결結에서 각각 쌀 8두를 거두어 한양에 있는 창고로 실어가 때로는 각사各司의 사주인私主人에게 나누어주어 스스로 상납하는 모든 물건을 사서 바치게 하되, 당시 시가의 고하에 따라 그 수를 넉넉히 주어서 사주인으로 하여금 또한 자신들도 먹고 살 수 있게 하고, 이밖에는 한 자의 베나 한 되의 쌀도 백성에게 더 거두는 것을 허락하지 않음으로써 열 배나 방납防納하던 폐단을 고쳤던 것이다. 과조科條가 정밀하므로 오래도록 행할 수 있는 법인데 우선 기내畿內에 시험하게 하니, 거실巨室과 호민豪民들이 모두 방납의 큰 이익을 잃게 되자 여러 방법으로 방해를 하였고 광해도 또한 그만두고 싶어 했으나, 기내 백성들이 그 법이 편리함을 말했기 때문에 행하였다).

1609. 광해 원년 / 63세

8월까지 사직소를 23차례 올려서 사직하였다.

1611. 광해 3년 / 65세

9월 다시 영의정이 되었다. 광해에게 조정의 잘못되고 있는 점을 극력 직간하다.

1615. 광해 7년 / 69세 : 상공우相公雨

공이 모후母后에 대해 언급하자 정인홍, 이이첨 등은 "임금을 협박하고 역적(인목대비)를 두둔했다"고 하여 "공을 위리안치 하고 죽여야 한다"고 광해를 압박하였다. 그러자 광해군은 중망이 있는 영상을 차마 죽이지는 못하겠다 하고 6월에 홍천에 유배하였다. 이때 크게 가물었는데 공이 홍천에 이르자 큰비가 내리니 사람들이 기뻐하고 이 비를 상국의 비相國雨라 하였다.

1619. 광해 11년 / 73세
2월 유배가 풀려 고향에 가게 되었으나 5월에 여주 여강驪江가 앙덕리仰德里에 우거하고 돗자리를 짜서 연명하다.

(4) 인조반정仁祖反正 후(1623. 3~1634. 1)

1623. 인조 원년 / 77세
3월에 인조가 반정하여 공을 영의정에 임명하였다(공이 한양에 변이 생겼다는 소식을 듣고 배를 타고 여강驪江을 내려가서 종묘사직의 존망을 가지고 자신의 사생을 결정하려고 하였다가 반정 소식을 듣고 나서는 곧 눈물을 흘리며 배를 타고 돌아갔다. 인조 임금이 이미 즉위하여 몸소 정사를 다스리면서 공을 영상에 임명하고 연달아 사관과 승지를 보내 재촉해 불렀다). 공이 한양에 들어와 사은숙배하였다(이때 난이 평정된 지 채 10일이 못 되었으므로 민중이 의구심이 있었는데 공이 들어오자 윗사람이나 아랫사람들이 믿어 안심하였다. 도성 백성들은 서로 모여 공을 맞이하였으며 공을 보고 서로 경하하기를 "이상공이 왔구나" 하고 눈물을 흘리는 사람까지 있었다. 궁중 사람도 동산에 올라가서 공이 오는 것을 바라보았다. 대비가 곧 하교하여 타이르기를 "경이 이 원통한 부인을 위하여 곧은 말을 하다가 유배를 당했으니 경의 추성은 해를 꿰뚫을 만하오. 부디 새 임금을 잘 섬기도록 하오. 오직 경에 힘입을 뿐이오. 과부의 침식이 조금 편안할 수 있게 되었소" 하였다. 인조가 공을 불러 보고 위로하였다. 인조가 명광전明光殿에 납시어 젊은 환관에게 명하여 공을 붙들어 전殿에 올리게 한 다음 위로하기를 "경이 나를 버리지 않으니 나는 매우 감격하오. 200년 내려온 종묘사직이 경에 힘입어 부지되려고 하오. 내가 경을 바라는 것은 큰 가뭄에 구름과 무지개를 바라는 정도 이상이오." 하니, 공이 사례하고 이에 "처음을 삼가는 것은 쉬우나 끝을 삼가는 것이 어렵다"는 뜻을 진언하였고, 드디어 크게 진작하여 민정民情을 용동聳動시키기를 청하고 또 열심히 경연에 납시어 치리治理를 강구하기를 청하니 인조는 받아들였다). 원상院相에 임명하였다. 공에게 명하여 5일에 한 번 조정에 나오게 하고, 조정에 들어오면 지팡이를 지급하였다. 9월에 명하여 무악舞樂을 가지고 사궤장연賜几杖宴을 공의 집에서 베풀게 하였고, 승지와 사관을 보내 서유書諭를 하사하고 중관中官을 보내 선온주宣醞酒를 하사하였다(도당상회연都堂相會宴과 기로회耆老會를 모두 베풀기를 아뢰어 청하였다. 「사궤장연창수시賜几杖宴唱酬詩」 1권이 있다). 겨울에 여러 번 상소하여 해임을 빌었으나 윤허하지 않았다.

1624. 인조 2년 / 78세 : 대동법의 본격화
정월에 이괄李适이 군사를 일으켜 반란하자, 2월에 공이 도체찰사로 어가를 호위하고 공주公州에 갔다. 이괄이 패하여 죽으니 공이 어가를 따라 도성으로 돌아왔다. 인조가 불러 공이 입대하여 재생청裁省廳을 설치하여 쓸데없는 비용을 절감하고, 또 선혜대동법宣惠

大同法을 여러 도에 행할 것을 청하니 인조는 그대로 따랐다(이때 광해의 무절제함을 이어받아 쓸데없는 비용이 넘치고 백성에게 취하는 것이 절도가 없었다. 그러자 공이 재생청을 설치하고 종묘와 여러 능의 제사 의식과 3전殿의 봉공奉供을 감하고, 그 나머지는 이런 것에 비추어 절감하고 또 여러 도로 하여금 토산물을 바치게 하고 대동법을 두루 행하여 부역을 고르게 하기를 청하니 인조는 많이 시행하였으나 오직 토산물을 바치는 일만 행하지 못하였다. 대동법은 거실巨室과 호리豪吏가 저지하여서 또 전일과 같이 다만 관동關東으로 하여금 기내畿內를 본받아 행하게 하니 식자들은 그것이 다 시행되지 못한 것을 한탄하였다).

1627. 인조 5년 / 81세 : 정묘호란丁卯胡亂

정월에 금金나라 군사가 대거 침입하여 평산平山에 이르니 인조가 강도江都로 출행하였다. 공은 도체찰사로서 세자를 받들고 남하하여 전주全州에 주둔하였다.
3월에 행조行朝가 금나라와 강화하자, 공은 곧 세자를 받들고 강도로 가서 대조大朝를 따랐다.

1631. 인조 9년 / 85세

정월에 인조가 승지를 보내 위문하고 본도에 명하여 공이 사는 곳에 집을 지어주게 하였으며, 또 호조로 하여금 하얀 이불과 요를 주게 하였는데 공은 연달아 상소하여 집을 준 것을 굳이 사양하였으나 끝내 허락하지 않았다.(승지承旨 강홍중姜弘重이 와서 문병하고 복명復命하니, 인조는 이내 그 거처에 대해 물었다. 강홍중이 대답하기를 "띳집이 쓸쓸하여 비바람을 가리지 못합니다" 하자 인조가 말하기를 "40년 동안 정승을 지낸 사람이 두어 칸 볏집을 가졌을 뿐이니 만일 모든 벼슬아치들로 하여금 그를 본받게 한다면 백성의 곤궁을 어찌 근심하겠는가四十年爲相只有數間茅屋若令百僚則之何憂乎民困?" 하고 곧 집을 지어주게 하고, 또 하얀 이불과 요를 주어 검소한 덕을 기리게 하였는데 공은 극력 사양하였으나 허락하지 않자 피해 나가려고 하였다. 그러자 인조가 하교하기를 "경을 위하여 집을 지어주는 것은 대개 신하와 백성들로 하여금 보고 느끼는 바가 있게 하려는 것이오 또 경기 백성들이 경의 혜정惠政에 감동하니 경의 집을 짓게 하면 반드시 기쁜 마음으로 달려오고 꺼리거나 번거롭게 여기지 않을 것이니, 경은 또한 나라를 위하여 안심하시오"라고 하고, 또 사패노비賜牌奴婢를 주도록 명하니 공은 연달아 상소하여 전후의 은지恩旨를 되돌리기를 빌었으나 인조는 깊이 타이르고 허락하지 않았다. 그래서 공은 그 집에 들어가 살았다.)

1634. 인조 12년 / 88세 : 1월 29일 고鼓

정월에 인조가 승지를 보내 위문하였다. 이달 29일 병진丙辰에 공은 병으로 정당正堂에서 세상을 마쳤다(공은 죽음이 머지않을 것을 스스로 알고 편지를 써서 다시 정승들에게 주어 결별을 하면서 성군을 힘써 섬기라고 부탁하였다. 며칠이나 병이 위독하자 도신道臣이 이 소식을 알리니, 인조는 곧 의원에게 약을 싸가지고 달려가 치료하게 하였는데, 의원이 이르기 전에 공은 29일 정당으로 옮겨져서 운명하였으니 이날 밤 2고鼓였다. 이날은 비바람이 세차게 일었으니 식자들은 그것이 우연한 것이 아님을 알았다). 부음訃音이 전해지자 인조는 크게 애도하고 3일 동안 조회를 중지하였으며 부의賻儀를 사부師傅의 예로써 후하게 하사하였다(인조가 곧 승지를 보내 조문하고 유사에게 명하여 상을 치르되 한결같이 한양에 있는 대신의 예에 의하게 하였고 또 어장관재御藏棺材를 하사하였다). 세자가 성동 옛집에 곡림哭臨하고 백관들이 모두 회곡會哭하였으며 도성 백성의 어른들은 저자를 철폐하고 회곡하였다(궁벽한 시골 백성들까지도 슬피 울지 않은 사람이 없었다. 서로 조상하기를 "우리 공이 아니면 우리는 남아 있지 못했을 것이다"라고 하였다). 2월에 인조가 근시近侍를 보내 치제致祭하였다(하교하기를 "이영부사李領府事는 선조先祖의 원로元老로서 충성이 해를 꿰뚫고 청검이 비할 데 없으니 나는 심열성복心悅誠服하여 믿기를 시귀蓍龜처럼 하고 또 귀중하게 여기기를 종정鐘鼎처럼 하였다. 그런데 국운이 불행하여 갑자기 어진 스승을 잃었으니 생각하매 비통하여 마음을 걷잡을 수가 없다. 부음을 듣던 날 병 때문에 거애擧哀하지 못했으니 또한 나의 지극한 한이로다. 관원을 보내 치제하니 상규常規로써 거행하지 말고 특별히 승지를 보내 치제함으로써 나의 지극한 경모의 뜻을 표하라" 하였다. 도승지 이민구가 와서 치제하였다. 대신을 치제할 때는 의례 예관禮官을 보내게 되는데, 지신사知申事가 온 것은 특별한 예인 것이다). 세자가 궁관宮官(겸보덕兼輔德 김반金槃이다)을 보내 치제하였다. 4월 6일 신유辛酉에 금천의 선산 사향巳向의 언덕 정경부인貞敬夫人의 묘 오른쪽에 예장禮葬하였다(제비가 빈 집에 깃들었다고 한 노래는 제대로 적중하였다고 할 만하다). 그 후 18년 만인 효종孝宗 2년 신묘辛卯 6월에 문충文忠이라는 시호諡號를 내리고 인조묘정仁祖廟廷에 배향하였다. 9년 무술戊戌에 사림에서 금천현衿川縣 한천동寒泉洞에 사당을 세웠다(고려의 태사太師 강감찬·장령·서진과 함께 제향하고 삼현사三賢祠라고 이름하였다). 그 후 3년인 현종 원년 경자庚子에 여주驪州의 기천서원沂川書院에 배향하였다. 그 후 17년인 금상今上 2년 병진丙辰에 한천사寒泉詞에 사액賜額하기를 충현서원忠賢書院이라 하였고, 관원(계조좌랑 박징朴澂)을 보내 치제하였다. 그 후 9년 갑자甲子에 안주安州 사람들이 청천강淸川江가에 사당을 세웠다(고구려의 을지문덕乙支文德, 본조의 최윤덕崔潤德과 함께 제향하고 이름을 청강사淸江祠라 하였다). 그 후 11년 갑술甲戌(바로 공이 별세한 지 주갑周甲이 되는 해)에 자손들이 금양衿陽 하사한 집의 옛터에 사당을 세워 유상遺像을 봉안하고 해마다 제사를 지낸다(그 집의 편액은 '관감觀感'이라 하여 인조의 특별한 은포恩襃를 나타냈다).

주석註釋

1) 정약용,『여유당전서與猶堂全書』「시문집」제12권 '고 영의정 오리 이공李公의 화상찬畵像贊'.
2) 이원익,『오리선생문집』보유「잡저雜著」'증조고 수천군의 행록行錄 뒤에 쓰다'.
3) 정온,『동계집桐溪集』제4권, '증순충적덕보조공신현록대부함천군묘지명병서贈純忠積德補祚功臣顯祿大夫咸川君墓誌銘幷序'.
4) 양철원,『오리 이원익 전』, 16쪽.
5) 이원익,『오리선생문집』부록 제1권,「묘지墓誌」.
6) 이원익의 서체(書體)와 필법(筆法)은 사령(辭令)이 풍부하고 소차(疏箚)와 서첩(書帖)이 명백하고 간결하였으며 필법(筆法)이 아담하고 건장하며 힘차고 뛰어났다. 전문 문필가도 그에 앞서지 못했을 정도였다. 공(公)의 글씨를 잘 썼다고 말하지 않은 것은 그의 덕망과 치적이 워낙 위대하였기 때문에 글씨 얘기는 가리운 것이 아니겠는가.
7) 이준경,『동고유고東皐遺稿』제10권, 부록「유사」.
8) 정조,『홍재전서弘齋全書』제12권「서인序引」5, '익정공주고출척류서翼靖公奏藁黜陟類'.
9) 이덕무,『청장관전서青莊館全書』제6권「영처잡고嬰處雜稿」2, '관독일기觀讀日記', '若等皆不及此人, 但作相於危亂之際, 揮涕泣而當之.'
10) 이익,『성호사설星湖僿說』제15권「인사문人事門」, '강승지姜承旨'.
11)『오리선생문집』속집 부록 제1권,「연보」계유년(이하「연보」로 표기).
12)「연보」계유년.
13)『선조수정실록』10권, 선조 9년 1월 2일(병신일) 두 번째 기사.
14) 조경,「시장諡狀」(『오리선생문집』부록 제2권에 수록. 이후「용주 시장」으로 표기).
15)「용주 시장」.
16)『선조수정실록』11권, 선조 10년 7월 1일(병술일) 세 번째 기사.
17) 이 직책명은 모두 이 글의 저자인 허균이 글을 쓰는 시점의 직책이며, 이야기 당시의 직책은 아니다.
18) 허균,『성소부부고惺所覆瓿藁』제22권「설부說部」1, '성옹지소록상惺翁識小錄上'.
19)『선조수정실록』12권, 선조 11년 10월 1일(무인일) 네 번째 기사.
20)『후광세첩厚光世牒』2권「문정공사적文靖公事蹟」, '동서당화록東西黨禍錄'에서 인용

(이성령, 『춘파일월록』).

21) 『후광세첩』 2권 「문정공사적」, '동서당화록'에서 인용.
22) 『후광세첩』 2권 「문정공사적」, '동서당화록'에서 인용.
23) 『선조실록』 17권, 선조 16년 8월 6일(을묘) 다섯 번째 기사.
24) 『선조수정실록』 17권, 선조 16년 8월 1일(경술일) 아홉 번째 기사.
25) 이익, 『성호사설星湖僿說』 제17권 「인사문人事門」 '이택당李澤堂'.
26) 『오리선생문집』 제1권 「시」, '금강산에 노닐며 절구 한 수를 짓다遊金剛吟一絶'.
27) 「연보」에는 1587년 봄에 금강산을 유람했고, 10월에 안주 목사에 제수되었다고 나온다. 『문집』에도 앞서 인용한 시를 가리켜 정해년(1587년) 봄에 지은 것이라고 나온다. 그런데 그 시의 내용에 "단풍잎이 울긋불긋"이라고 한 점은 이상하다. 또 「연보」에서 "봄에 풍악산을 유람하였다"고 되어 있는데, '풍악산'은 가을의 금강산을 가리키는 말이어서 이원익이 그해 봄이 아니라 가을에 금강산을 유람한 것이 아닌가 하는 의심이 없지 않다. 아무튼 금강산 유람에서 돌아온 얼마 뒤에 안주 목사에 제수된 점은 틀림없어 보인다.
28) 『선조수정실록』 21권, 선조 20년 4월 1일(경신일) 두 번째 기사.
29) 이식, 『택당집澤堂集』 별집 제8권 「행장」, '영의정완평부원군이공시장領議政完平府院君李公諡狀'(이후 '택당 시장'으로 표기).
30) '택당 시장'.
31) 『이상국행록』.
32) 『선조실록』 171권, 선조 37년 2월 26일(정미일) 네 번째 기사.
33) 「연보」 기축년.
34) 이해응, 『계산기정薊山紀程』 1권 「출성出城」 계해년 11월 6일.
35) 『오리선생문집』 보유 「잡저」, '생질 이덕기(李德沂)의 임소에 글을 써서 주다'.
天下萬事 以人心爲本 苟失人和 萬事皆非……得人之心 其道無他 我之心先以仁民愛物爲主 而刑賞號令公平無私 則人心自悅 古人云惟公可以服人
36) 신광수 지음, 이은주 역해, 『관서악부』, 아카넷, 2018, 148-149쪽.
37) '택당 시장'.
38) 『선조수정실록』 25권, 선조 24년 5월 1일(을축일) 열두 번째 기사.
39) 『선조실록』 25권, 선조 24년 6월 23일(병진일) 세 번째 기사.
40) 이긍익, 『연려실기술燃藜室記述』 제14권 「선조조고사본말宣祖朝故事本末」, '신묘년의 시사(時事), 양천경(梁千頃) 옥사를 첨부하다.' 『선조수정실록』에서는 5월 1일의 기사에서만 이원익의 이름을 언급하며, 나머지 탄핵 관련 기사에는 "양사(兩司)가 합계하여"라고만 표현하고 있다.

41) 신병주,「선조-인조대의 정국과 이원익의 정치적 활동」,『오리 이원익의 학문과 사상』259쪽도 그런 입장이다. 그는 이원익이 당파 싸움에 특히 초연했던 까닭 중 하나로 그가 왕족의 일원이라는 자의식이 뚜렷했음을 들고 있다. 하지만 여러 왕족이 당쟁의 틈틈이 자기 당파에 치우친 입장을 취하고 있음을 볼 때, 왕족이라고 꼭 공평한 태도를 취하지는 않았다. 이원익의 개인적 성향과 인격이 더 중요하게 작용했다고 보아야 할 것이다.
42)『선조실록』26권, 선조 25년 4월 28일(정사일) 첫 번째 기사.
43)『선조실록』26권, 선조 25년 4월 29일(무오일) 세 번째 기사.
44)『선조실록』26권, 선조 25년 4월 30일(기미일) 첫 번째 기사에 따르면 한양을 나선 선조의 몽진 일행은 중신과 종친만 백여 명이 안 되는 숫자였다고 하며, 다수의 인원이 달아나거나 동행하지 않았다고 한다. 그런 상황에서 한 사람당 적어도 십수 명이 될 중신 가족들을 동반할 여유는 분명 없었을 것이다. 나중에 달아난 신하들이 한양에서 피신해 지방으로 내려가 있던 가족들과 만났다는 기록이 있다(『선조수정실록』선조 25년 6월 1일 열아홉 번째 기사).
45) 박동량,『기재사초寄齋史草』하「임진일록壬辰日錄」1, 4월 26일.
46)「연보」임진년.
47) 박동량,『기재사초』하「임진잡사壬辰雜事」.
48) 이종휘,『수산집修山集』권14,「만필漫筆」.
49)『선조수정실록』26권, 선조 25년 4월 14일(계묘일) 스무 번째 기사.
50) 당시 이원익이 가족을 한양에 남겨두었는지 여부는 문헌에 없다. 하지만 선조를 호종하는 조정 중신들이 가족을 동반하지 못했음을 생각할 때, 자신만 동반할 수는 없었을 것이다.
51)『선조실록』선조 25년 6월 2일(경인일) 네 번째 기사에는 "평양을 수비할 준비는 갖춰놓았습니다. 그런데 여기서 싸우실지, 이곳에서 다른 곳으로 가실지를 결정하셔야 합니다"라고 진언한 기록이 있고,「연보」에는 "지금 가시면 어디로 가시겠습니까?"하며 평양을 지킬 것을 호소했다고 적혀 있다.
52) 유성룡,『징비록懲毖錄』; 신경,『재조번방지再造藩邦志』1, 6월 12일.
53)『이상국일기』. 본래 부산에 상륙할 당시에는 1만이 훨씬 넘었으나, 보충 없이 계속 전투하며 한반도를 종단해 오르다 보니 수가 많이 줄어들었던 것으로 보인다.
54)「연보」임진년 6월.
55)『선조실록』선조 25년 7월 4일(신유일) 열두 번째 기사에는 이원익이 선조에게 240여 명으로 왕성탄을 건너 공격했다고 보고하는 장면이 있다. 이번 이원익의 왕성탄 기습 작전의 선제공격이야말로 그동안 도망만 가던 조선군의 첫 승리였으며, 우리 군

사가 적의 강약을 시험해 보고 자신감을 갖게 된 최초의 전투였다.
56) 『선조실록』 27권, 선조 25년 6월 11일(기해일) 두 번째 기사. 『징비록(懲毖錄)』, 『재조번방지』에는 300여 필.
57) 박동량, 『기재사초』 하 「임진잡사」.
58) 『선조실록』 28권, 선조 25년 7월 4일(신유일) 열두 번째 기사.
59) 유성룡, 『징비록』.
60) 「연보」 임진년.
61) 남학명, 『회은집晦隱集』 권5 「잡설」, '언행言行'.
62) 『선조실록』 26권, 선조 25년 5월 25일(갑신일) 두 번째 기사.
63) 『선조실록』 39권, 선조 26년 6월 21일(갑진일) 일곱 번째 기사.
64) 『선조실록』 39권, 선조 26년 6월 15일(무술일) 두 번째 기사.
65) 『선조실록』 71권, 선조 29년 1월 7일(갑술일) 두 번째 기사.
66) 『선조실록』 52권, 선조 27년 6월 26일(계유일) 첫 번째 기사.
67) 박동량, 『기재사초』 하 「임진일록」 4, 12월.
68) 『선조실록』 46권, 선조 26년 12월 12일(신유일) 네 번째 기사.
69) 이여송이 부채에 쓴 시는 이렇다고 한다.
　　군사를 이끌고 밤새워 압록강을 건넌 것은 / 提兵星夜渡江干
　　삼한이 편안치 못하기 때문이라네 / 爲說三韓國未安
　　밝으신 임금께서는 날마다 전선의 소식 기다리는데 / 明主日懸旌節報
　　미약한 신하는 밤새도록 술잔을 즐기네 / 微臣夜釋酒杯歡
　　살벌한 기운 도는 봄인데도 마음은 오히려 장쾌하니 / 春來殺氣心猶壯
　　이번에 요귀들 뼛속까지 서늘하리 / 此去妖氛骨已寒
　　감히 승산이 없다고 말하겠는가 / 談笑敢言非勝算
　　꿈속에서 언제나 출정의 안장 타기를 생각하네 / 夢中常憶跨征鞍
70) 『선조실록』 37권, 선조 26년 4월 6일(경인일) 아홉 번째 기사.
71) 『선조실록』 50권, 선조 27년 4월 17일(을축일) 두 번째 기사.
72) 『선조실록』 39권, 선조 26년 6월 21일(갑진일) 일곱 번째 기사.
73) 『선조실록』 50권, 선조 27년 4월 17일(을축일) 기사.
74) 『택당집』 별집 제8권 「행장」 상, '좌참찬 윤공(尹公)의 행장'.
75) 『선조실록』 49권, 선조 27년 3월 28일(병오일) 첫 번째 기사.
76) 『선조실록』 33권, 선조 25년 12월 27일(계축일) 세 번째 기사.
77) 『선조실록』 65권, 선조 28년 7월 25일(병신일) 첫 번째 기사.
78) 『선조실록』 55권, 선조 27년 9월 28일(계묘일) 두 번째 기사.

79) 『오리선생문집』 제1권 「대책」, '밝은 임금과 어진 신하가 서로 만나다'.
80) 『연보』 임진년.
81) 『선조실록』 82권, 선조 29년 11월 13일(을사일).
82) 최립, 『간이집簡易集』 제1권 「제문祭文」, '평양의 사민(士民)을 위해 이상공(李相公) 생사(生祠)의 제문으로 지어 준 글'.
83) 『선조실록』 57권, 선조 27년 11월 6일(경진일) 세 번째, 네 번째 기사.
84) 『선조실록』 64권, 선조 28년 6월 1일(임인일) 두 번째 기사.
85) 『선조실록』 60권, 선조 28년 2월 20일(계해일) 두 번째 기사.
86) 『선조실록』 60권, 선조 28년 2월 22일(을축일) 두 번째 기사.
87) 『선조실록』 64권, 선조 28년 6월 2일(계묘일) 두 번째 기사.
88) 『선조실록』 65권, 선조 28년 7월 14일(을유일) 네 번째 기사.
89) 『선조실록』 65권, 선조 28년 7월 23일(갑오일) 세 번째 기사.
90) 「연보」 을미년; 『오리선생문집』 속집 부록 제2권 「행장」; 윤휴, 『백호전서白湖全書』.
91) 정승이 최전방인 한산도에 몸소 순시 나온 일은 처음이었으므로 정승봉이라는 이름이 붙었다는 의견도 있다. 생각해 보면 정승이면서 동시에 4도 체찰사가 된 사례가 워낙 희귀한 일이었다.
92) 『선조실록』 81권, 선조 29년 10월 5일(무진일) 첫 번째 기사.
93) 『선조실록』 81권, 선조 29년 10월 21일(갑신일) 세 번째 기사.
94) 『선조실록』 81권, 선조 28년 7월 14일(을유일) 네 번째 기사.
95) 『선조실록』 81권, 선조 29년 10월 21일(갑신일) 세 번째기사.
96) 이순신은 북방에서 여진족의 침입을 막던 시절 군령을 어김으로써 아군의 피해를 초래했다는 탄핵을 받아 생애 첫 백의종군을 하게 된다. 어쩌면 그대로 공직자의 인생이 끝날 수도 있었으나, 왜의 동향이 수상한 상황에서 유능한 무장이 절실하다는 판단을 내린 선조는 주위의 반대에도 불구하고 그를 전라좌도 수군절도사에 임명했다. 임진왜란이 벌어지기 14개월 전이었다.
97) 『선조실록』 65권, 선조 28년 7월 26일(정유일) 두 번째 기사.
98) 『선조실록』 81권, 선조 29년 10월 21일(갑신일) 세 번째 기사.
 "백성이 나라의 근본이니 근본이 튼튼해야 나라가 평안한 것입니다. 조정에서는 백성들에게 가해지는 폐단을 없애는 것을 무엇보다도 절급한 임무로 삼아야 합니다. 그밖의 일들은 전부 군더더기일 뿐입니다元翼曰 大槩民惟邦本 朝廷以此可革弊瘼爲切急之務可也 其他事 皆餘外也.
 백성들이 사는 재미가 있어야만 나라와 고락을 같이 할 수 있는 것입니다. 만약 일정하게 살아갈 재산이 없다면 아무리 명령을 해도 따르지 않을 것입니다民皆有樂生

之心 然後可與同休戚 若無恒産雖號令而不從."

99) 『선조실록』82권, 선조 29년 11월 17일(기유일) 두 번째 기사.
"이원익이 임금에게 아뢰었다. 전라도는 임진년 왜란이 있은 뒤로 나라에 공로가 많았습니다. 양반들로서 나라에 충성을 다한 사람은 모두 호남 사람들입니다. 호남이 더러 불측스럽다 하지만 나라에서도 사람들을 대우하는 것이 옳지 못합니다. 이런저런 차별 없이 호남 사람들을 반드시 채용해서 써야 하겠습니다 元翼曰 全羅道自壬辰亂後 於國家功多 兩班勤王者 皆是湖南人也. 且湖南闇然而國之待人則不然. 似當無聲色之異. 湖南人必宜收用."

100) 『선조실록』73권, 선조 29년 3월 1일(무진일) 세 번째 기사.
101) 『선조실록』74권, 선조 29년 4월 2일(무술일) 첫 번째 기사.
102) 『선조실록』82권, 선조 29년 11월 17일(기유일) 두 번째 기사.
103) 『홍재전서』제45권 「비답(批答)」4, '우의정 윤시동이 『자초신방(煮硝新方)』을 간행하여 반포할 일로 연석에서 아뢴 것에 대한 비답'.
104) 조경남, 『난중잡록亂中雜錄』3, 병신년 11월.
105) 『선조실록』84권, 선조 30년 1월 24일(을묘일) 두 번째 기사.
106) 『선조실록』84권, 선조 30년 1월 27일(무오일) 세 번째 기사.
107) 『오리선생문집』속집 부록 제2권 「행장」(이후 「행장」으로 표기).
108) 『백호전서』에 따르면 원균에게도 매를 친 적이 있다고 한다. "이때 조정의 당(黨)의 배열이 이미 이산해 등의 천거를 받는 사람들로 이루어져 있었는데, 이순신은 유성룡이 끌어준 처지였으므로, 이 때문에 시론(時論)이 대부분 원균을 편들고 이순신을 배제하여 유성룡에게까지 미쳤다. 그런데 유독 우의정 이원익만은 평소 원균이 이순신을 무함하는 것에 대해 분개해 오던 중 그가 체찰사로 남쪽에 내려갔을 적에, '원균이 군민(軍民)들을 포학하게 대하여 가시 달린 탱자나무로 매를 때린다'는 소문을 듣고는 군사(軍事)를 인하여 원균을 군문에 불러다 놓고 매를 치면서 역시 가시 달린 탱자나무를 사용하니, 사람들이 이를 통쾌하게 여겼다." 윤휴, 『백호전서』제23권 「사실(事實)」'제장전(諸將傳)'.
109) 『선조실록』96권, 선조 31년 1월 5일(신묘일) 두 번째 기사.
110) 조경남, 『난중잡록』3, 을미년 8월 18일.
111) 『오리선생문집』제1권 「시」, '우연히 읊다(偶吟)'.
112) 한치윤, 『해동역사海東繹史』62권, 「본조비어고本朝備禦考」2.
113) 『선조실록』84권, 선조 30년 1월 2일(계사일) 여덟 번째 기사.
114) 하지만 정희현의 인맥은 다치지 않아서 이원익은 1598년 2월에 명의 유격 모국기와 협의해서 정희현을 시켜 산음에 주둔 중이던 가토 기요마사를 암살하려는 계획

을 세운다.

115) 『선조실록』 84권, 선조 30년 1월 23일(갑인일) 첫 번째 기사.
116) 『선조실록』 84권, 선조 30년 1월 27일(무오일) 세 번째 기사.
117) '택당 시장'. 그러나 그 장계는 이원익이 4도 도체찰사 재직 당시의 다른 장계들과 마찬가지로 소실되었다. 「연보」에는 두 차례, 「용주 시장」에는 두세 차례 상소했다고 나온다.
118) 『선조실록』 82권, 선조 29년 11월 7일(기해일) 세 번째 기사.
119) 이덕무, 『청장관전서』 간본 「아정유고雅亭遺稿」 제3권 '홍의장군전紅衣將軍傳'.
120) 『선조실록』 87권, 선조 30년 4월 2일(임술일) 네 번째 기사.
121) 정유재란 직전에 왜인들이 "우리와 강화하자. 안 그러면 전라도를 휩쓸고 온통 분탕질을 할 것이다"라고 위협했다는 이원익의 보고가 있다(『선조실록』 88권, 선조 30년 5월 12일(임인일) 아홉 번째 기사).
122) 『오리선생문집』 제1권 「제문」, '안음 현감 곽준에 대한 제문'.
123) 『선조실록』 99권, 선조 31년 4월 29일(계미일) 첫 번째 기사.
124) 「연보」 정유년: 舜臣至 收餘燼 勤苦撫循士卒 兵威復振 乃歎曰 我在外久 多內隙 相國專用吾計 今舟師粗完 非我也 相國也.
125) 『이충무공전서』 제1권 「잡저襍著」, '체찰사 완평 이공에게 올리는 글上體察使完平李公書'.
"살피건대 세상일이란 부득이한 경우도 있고 정에는 더할 수 없는 간절한 대목도 있는데…… 제가 지난날 계미년에 함경도 건원권관으로 있을 적에 선친이 돌아가시어…… 살아 계실 때 약 한 첩 못 달여드리고 영결조차 하지 못하여…… 평생 유한이 되었습니다. 이제 또 늙으신 어머님이 순천에 계신데 올해 여든하나입니다. 해가 서산에 닿은 듯 하온바 이러다가 만일 또 하루아침에 다시는 뫼실 길 없는 슬픔을 만나는 날이 오면 이는 제가 또 한 번 불효한 자식이 될뿐더러 자친께서도 지하에서 눈을 감지 못하시리어다…… 그러므로 이 겨울에 자친을 가 뵙지 못하면 봄이 되어 왜적을 방비하기에 바쁘게 되고서는 도저히 진을 떠나기가 어려울 것이온즉, 각하께서는 이 애틋한 정곡을 살피시어 몇 날의 말미를 주시면 배를 타고 한 번 가 뵈옴으로 늙으신 어머님 마음이 저으기 위로 될 수가 있으리이다. 그리고 혹시 그 사이 변고가 생긴다면 어찌 각하의 허락을 받았다 하여 감히 중대한 일을 그르치게 하오리까."
대답 편지 : "지극한 정곡이야 피차 같습니다. 이 글월이야말로 사람의 마음을 감동케 하는 것입니다. 그러나 공의公義 관계된 일이므로 감히 얼른 가라거나 말라거나 하기가 어렵습니다至情所發 彼我同然 此書之來 令人心動 第緣公義所係 未敢率

爾定奪也."

1596년 병신년 윤8월 5일 이날 이순신은 체찰사 오리 이원익에게 휴가를 청원하는 편지를 썼고, 순신은 하천수를 보내어 당시 진주에 와 있던 체찰사 이원익에게 이 편지를 전해 올리게 하였다.

초8일에 하천수가 진주로부터 돌아와서 체찰사의 친서인 답서를 순신에게 전하면서, '체찰사께서 모월 모일 모처에 기찰할 것'이라는 말도 한 것 같다.

나흘 뒤 순신은 12일 종일 노를 저어 밤 열 시쯤에 어머님 앞에 도착하였다. 어머님은 흰머리가 의의하신데 나를 보고 놀라 일어나시는 것이었다. 눈물을 머금고 서로 붙들고 앉아 밤이 새도록 위로해 드렸다.

그 이튿날 13일 어머님을 뫼시고 아침밥을 같이 먹었으며 오후 6시쯤 배를 타고 체찰사의 연해안 순시를 마중하러 떠났다.

14일 광양 도착 19일 도양둔전 등을 체찰사와 함께 시찰. 20일에도 체상과 함께 배에서 종일토록 군사 이야기를 하였다. 이렇게 9월 말까지 연해안을 시찰한 뒤 여수 본영으로 왔다가 10월 초 7일 어머님의 81세 수연 잔치를 열어드렸다.

10월 초 10일에 다시 어머님을 떠나서 한산 본진에 돌아왔다.

이듬해 1597년 정유년 4월 11일 순신이 옥에서 풀려난 4월 1일 직후 어머님이 82세 된 해 여수 고음천 피난곳으로부터 아산 고향으로 올라가던 배 가운데서 불행히도 별세하였다.

126) 『연려실기술』 제17권 「선조조 고사본말」, '양호가 탄핵당하여 가니, 우리가 사신을 보내어 억울함을 변명하여 주다'.
127) 송복, 『서애 유성룡, 위대한 만남』, 지식마당, 2007, 396쪽.
128) 「연보」 무술년; 『명신록』.
129) 『오리선생문집』 제1권 「시」, '연경에 갈 때 중양일에 동관에 있으면서 부사 허공언의 시에 화답하다赴京時重陽日在潼關和副使許功彦'.
130) 『오리선생문집』 제2권 「주문」, '정응태의 무고를 변명하는 주문奏文'.
131) 송복, 앞의 책, 398쪽.
132) 정응태의 무고 중에는 "조선이 일본의 연호를 쓴다"는 것도 있었는데 나돈이 "귀국의 종각에 걸어 둔 큰 종을 보니 영락永樂 연호가 새겨져 있더라. 그것을 근거로 들어 변명하면 좋지 않겠느냐"고 지적했다. 이원익이 이를 장계에 적어 보내니 조선 조정에서는 비로소 그 점을 깨달았다고 한다. 『선조실록』 108권, 선조 32년 1월 10일(신묘일) 첫 번째 기사.
133) 『선조실록』 106권, 선조 31년 11월 16일(정유일) 첫 번째 기사.
134) 『오리선생문집』 제2권 「소차疏箚」, '유상柳相이 내쫓긴 일에 대한 차자'.

135) 송시열, 『송자대전』 제162권 「신도비명」, '포저浦渚 조공趙公 신도비명 병서幷序'.
136) 『선조실록』 109권, 선조 32년 2월 6일(병진일) 첫 번째 기사.
137) 『선조수정실록』 33권, 선조 32년 5월 1일(무신일) 첫 번째 기사.
138) 『오리선생문집』 제2권 「소차」 '사직하는 차자'(윤4월 25일).
139) 『오리선생문집』 제2권 「소차」 '사직하는 차자'(윤4월 25일, 그에 대한 비답).
140) 『선조실록』 119권, 선조 32년 11월 26일(신미일) 첫 번째 기사.
141) 『선조실록』 119권, 선조 32년 11월 30일(을해일) 두 번째 기사.
142) 김시양, 『하담파적록荷潭破寂錄』.
143) 양철원, 앞의 책, 99쪽.
144) 『오리선생문집』 제1권 「시」, '참소를 만나 금천으로 내려가다遭謗下衿川'.
145) 「행장」.
146) 『선조실록』 122권, 선조 33년 2월 20일(갑오일) 세 번째 기사.
147) 『선조실록』 124권, 선조 33년 4월 19일(임진일) 여섯 번째 기사.
148) 『선조수정실록』 34권, 선조 33년 8월 1일(신미일) 첫 번째 기사.
149) 이항복, 『백사집白沙集』 별집 제2권 「계사啓辭」, '논체찰사이원익병계論體察使李元翼病啓'.
150) 『선조실록』 141권, 선조 34년 9월 6일(경자일) 두 번째 기사.
151) 「고공답주인가雇工答主人歌」.
152) 『오리선생문집』 보유 「시」, '아내의 죽음을 애도하다(悼亡)'.
153) 권기석, 「임란 극복과 이원익의 역할」, 『오리 이원익의 학문과 사상』, 197쪽.
154) 문집에는 이원익 스스로 "어렴풋이 이 시가 생각나는데 홍천에 귀양 갔을 때 지은 것 같다"며 신미년(1631년) 봄에 적는다고 나온다. 훗날 고종高宗 대에 영의정을 지낸 이유원은 "이야말로 공의 평생 심사를 쏟아 놓은 시이다"라고 평했다.(이유원, 『임하필기林下筆記』 제35권 「벽려신지薜荔新志」)
155) 「연보」 무신년.
156) 「행장」.
157) 『광해군일기』 1권, 광해군 즉위년 2월 2일(기미일) 일곱 번째 기사.
158) 이원익을 영의정으로 삼았는데 이원익이 사퇴하는 소를 올리므로, 답하기를 "경이 지금 입성하겠다는 말에 조야朝野가 서로 기뻐하고 군민軍民이 이마에 손을 얹고 바라니 몽복夢卜보다 낫지 않은가. 하물며 경은 공정하고 충성스럽고 청백하고 정직하여 진심으로 국사를 걱정하니 지금 영의정의 직임은 경이 아니면 안 된다" 하였다. 이긍익, 『연려실기술』 제19권 「폐주광해군고사본말廢主光海君故事本末」, '가장 먼저 유영경을 죽이다'.

159) 『광해군일기』 1권, 광해군 즉위년 2월 20일(정축일) 열다섯 번째 기사.
160) 「연보」 무신년.
161) 『광해군일기』 1권, 광해군 즉위년 2월 26일(계미일) 세 번째 기사.
162) 『광해군일기』 2권, 광해군 즉위년 3월 21일(무신일) 두 번째 기사.
163) 『광해군일기』 2권, 광해군 즉위년 3월 21일(무신일) 첫 번째 기사.
164) 『연려실기술』 권19 「폐주광해군고사본말」, '임해군의 옥사' 등 여러 야사. 이 발언의 근거는 이원익이 실제로 1608년 6월 13일에 올린 상소인데, 거기에는 "법대로 처단하라는 말과 죽음만은 면하게 하라는 말이 각각 다른 사람에게서 나왔다면 모르되, 한 사람이 두 말을 한다면 임금께 고하는 말이 이랬다저랬다 하여 질서가 없지 않겠습니까然按律貸死, 出於各人之說則可. 一人而兩說, 則君之辭, 不幾於變幻無倫乎?"라고 되어 있어 이원익 스스로 전은설을 거론하고 있지 않다.
165) 『광해군일기』 6권, 광해군 즉위년 7월 7일(신묘일) 열 번째 기사.
166) 정재륜, 『공사견문록公私見聞錄』.
167) 『광해군일기』 43권, 광해 3년 7월 20일(정사일) 세 번째 기사.
168) 방납인의 중간 횡령까지 치면 1결당 부담이 수십 두에 이르렀고, 이미 세조 시절에 전체 세액 중 공납이 60퍼센트를 차지했다. 이헌창, 「오리 이원익과 대동법」, 208쪽.
169) 『광해군일기』 4권, 광해군 즉위년 5월 7일(임진일) 두 번째 기사.
170) 『광해군일기』 14권, 광해 1년 3월 5일(병술일) 첫 번째 기사.
171) 『광해군일기』 15권, 광해 1년 4월 27일(무인일) 첫 번째 기사.
172) 허균, 『성소부부고惺所覆瓿藁』 제22권 「설부說部」 1, '성옹지소록惺翁識小錄' 상.
173) 『오리선생문집』 제3권 「소차」, '시무를 전달하는 차자'.
174) 『오리선생문집』 제3권 「소차」, '언관을 외직으로 보임하는 일을 그만두기를 청하는 차자'.
175) 『광해군일기』 3권, 광해군 즉위년 4월 22일(무인일) 아홉 번째 기사.
176) 이준, 「오리 이원익 신도비명」, 『오리선생문집』 속집 부록 제2권에 수록됨(이하 「신도비명」으로 표시).
177) 당시 곽재우는 "누가 감히 역적을 용서하라는 말을 입에 올린단 말입니까?" 하며 격앙된 어조로 임해군의 처단을 주장했는데, 아마 시골에서 편향된 이야기만을 듣고 판단한 결과인 듯하다. 이 일로 이원익과의 사이가 틀어지지 않았음은 그와 이원익이 그로부터 1년쯤 뒤에 서로 송별의 시를 주고받으며 우정을 표시한 점에서 알 수 있다.
178) 『광해군일기』 6권, 광해군 즉위년 7월 9일(계사일) 두 번째 기사.

179) 『광해군일기』 42권, 광해군 3년 6월 15일(계미일) 두 번째 기사.
180) 『오리선생문집』 제4권 「소차」, '연중논사筵中論事'.
181) 「연보」 경술년.
182) 『광해군일기』 68권, 광해군 5년 7월 9일(을축일) 열여섯 번째 기사.
183) 『광해군일기』 121권, 광해군 9년 11월 28일(기축일) 열 번째 기사.
184) 『오리선생문집』 제4권 「소차」, '폐모론이 조야에 전파된 데 대하여 올리는 차자'.
185) 『광해군일기』 87권, 광해군 7년 2월 18일(을미일) 첫 번째 기사.
186) 『오리선생문집』 제1권 「시」, '봄비'. 문집에는 이 시가 을묘년에 홍천에 귀양 가 있을 때 쓴 시로 되어 있다.
187) 김상헌, 『청음집淸陰集』 권8 「오언고시五言古詩」, '오리梧里 이 상공李相公이 홍천洪川에 귀양 가는 데 받들어 바치다'.
188) 『광해군일기』 89권, 광해군 7년 4월 8일(갑신일) 첫 번째 기사.
189) 윤증, 『명재유고明齋遺稿』 제45권 「행장」, '고성군수 증贈 대사헌 조공趙公 행장'.
190) 「연보」 정사년.
191) 장현광, 『여헌집旅軒』 「여헌선생속집」 제9권 「부록」, '배문록拜門錄'.
192) 『오리선생문집』 제3권 「소차」, '사직소'(6월 29일).
193) 『오리선생문집』 제3권 「소차」, '사직소'(5월 11일).
194) 『오리선생문집』 제3권 「소차」, '승지가 돈유한 뒤에 올린 차자'.
195) 『오리선생문집』 제3권 「소차」, '내의를 보내 종일 간병하는 것을 사양하는 차자'(12월 8일).
196) 허목, 『미수기언眉叟記言』 제10권 원집 중편 「인물(人物)」, '백사白沙 이상국李相國 사적'.
197) 『오리선생문집』 제1권 「시」, '이적의 「우야영회절구」에 차운하다和次李積雨夜詠懷絶句'.
198) 『오리선생문집』 제1권 「시」, '노쇠했음을 탄식하며 스스로 만사를 지어 이적에게 주다嘆衰自挽贈李積'.
199) 『오리선생문집』 제1권 「시」, '가액(家厄)을 만나 우연히 읊다(適遭家厄偶吟)'.
200) 『오리선생문집』 보유 「시」, '시를 써서 평양의 종 순이에게 주다(書付箕城奴順伊)'.
201) 이는 이원익 가문의 가승에 따른 이야기이며, 조금 다른 이야기도 전한다. 그에 따르면 원두표는 밤에 잠을 자다가 잠꼬대를 흉내 내어 "금상을 폐하고 능양군을 세워야지"라는 말을 세 번이나 중얼거렸다. 날이 새자 원두표는 천연덕스레 "제가 어제 잠을 설쳤는데 혹여 잠꼬대를 하지 않았습니까"라고 물으니, 이원익은 엄숙한 얼굴빛으로 "그런 잠꼬대는 함부로 하지 마시오"라고만 했다고 한다.

202) 하지만 반정 후 비어 있는 정승 자리를 놓고 한준겸이 거론되자 이원익은 "새 정치를 여는 시점에서 외척을 고위직에 기용하면 안 된다." 하고 반대했는데, 그 말을 들은 한준겸은 "나를 위해서 하는 소리다"며 오히려 기꺼워했다고 한다.(박재형,『해동소학』)
203) 『인조실록』1권, 인조 1년 3월 16일(병오일) 다섯 번째 기사.
204) 김장생,『사계전서沙溪全書』제43권「부록」,「연보」.
205) 홍대용,『담헌서湛軒書』외집 1「항전척독杭傳尺牘」, '추루에게 준 편지'.
206) 허목,『미수기언』제43권 원집「허씨선묘비문許氏先墓碑文」, '포천현감양주진관병마절제도위부군묘비抱川縣監楊州鎭管兵馬節制都尉府君墓碑'. 이원익은 아마 이때부터 허교와 교분을 쌓았던 듯하다. 허교가 죽자 이원익이 애사(哀詞)를 지었는데, 나눈 정이 돈독하여 글을 쓰려 하나 스스로 나이가 워낙 많아 쉽게 써지지 않는다고 적고 있다.『오리선생문집』제1권「잡저」, '포천현감 허교에 대한 애사'.
207) 허목,『미수기언』제10권 원집 중편「인물」, '이문충공유권서李文忠公遺卷序'.
208) 가승에 따르면 이원익이 처음 인조를 만난 때가 반정 직후였으며, 반정의 주역들은 이원익이 과연 어떤 태도를 보일지 가슴을 졸이며 지켜보았는데, 이원익은 뜻밖에도 먼저 광해군에게 "제가 잘 보필하지 못해 이렇게 되었습니다. (……) 그동안 참으로 노고가 많으셨습니다. 이제는 편안히 쉬소서"라고 말했다. 그리고 당황하는 반정 주역들의 눈총에 아랑곳없이, 이번에는 인조 앞으로 가서 "나라를 잘 부탁드립니다. 부디 성군이 되소서"라고 했다. 주역들은 그때서야 가슴을 쓸어내렸다. 인조반정을 긍정하면서도 광해군에게 신하의 예의를 마지막까지 지키려 한 이원익을 반정 주역들이 얼마나 중시했는지를 나타내는 일화이다.
209) 『인조실록』1권, 인조 1년 3월 22일(임자일) 열한 번째 기사.
210) 이긍익,『연려실기술』제23권「인조조고사본말仁祖朝故事本末」, '계해정사(癸亥靖社)'.
211) 「용주 시장」.
212) 『승정원일기』인조 1년 4월 2일(신유일).
213) 『인조실록』1권, 인조 1년 4월 14일(계유일) 두 번째 기사.
214) 『인조실록』1권, 인조 1년 4월 14일(계유일) 두 번째 기사.
215) 「행장」.
216) 『인조실록』1권, 인조 1년 4월 4일(계해일) 두 번째 기사.
217) 조익,『포저집浦渚集』제14권「계사啓辭」, '대동법을 논한 계사'.
218) 『인조실록』47권, 인조 24년 7월 19일(계해일) 첫 번째 기사.
219) 『인조실록』2권, 인조 1년 6월 24일(계미일) 다섯 번째 기사.

220) 『인조실록』 2권, 인조 1년 7월 12일(경자일) 두 번째 기사.
221) 이후 기록을 보면 그나마도 제도만 마련되었을 뿐, 제대로 시행되지 못한 것 같다. 『인조실록』 28권, 인조 11년 10월 15일(갑술) 두 번째 기사.
222) 이익, 『성호사설』 제11권, 「인사문」, '비변사'.
223) 『청야만집靑野謾輯』. 『연려실기술』 제23권 「인조조고사본말仁祖朝故事本末」, '계해년의 죄적'에서 인용.
224) 『인조실록』 2권, 인조 1년 7월 3일(신묘일) 첫 번째 기사.
225) 『인조실록』 2권, 인조 1년 8월 9일(정묘일) 첫 번째 기사.
226) 『오리선생문집』 부록 제4권 「사궤장연창수시첩賜几杖筵唱酬詩貼」
227) 『인조실록』 4권, 인조 2년 1월 24일(기묘일) 네 번째 기사.
228) 『인조실록』 4권, 인조 2년 1월 24일(기묘일) 네 번째 기사.
229) 『인조실록』 4권, 인조 2년 1월 25일(경진일) 다섯 번째 기사.
230) 『당의통략』.
231) 『인조실록』 5권, 인조 2년 3월 5일(기미일) 다섯 번째 기사.
232) 『인조실록』 4권, 인조 2년 2월 17일(신축일) 두 번째 기사.
233) 『인조실록』 5권, 인조 2년 4월 4일(정해일) 네 번째 기사.
234) 『인조실록』 5권, 인조 2년 4월 4일(정해일) 네 번째 기사.
235) 『인조실록』 8권, 인조 3년 2월 7일(병술일) 첫 번째 기사.
236) 『오리선생문집』 제5권 「소차」, '사직을 바라는 세 번째 상소'.
237) 『오리선생문집』 제5권 「소차」, '조정 신하들의 화목을 청하며 사대부들의 억울한 모함의 일을 변명하는 차자'.
238) 『인조실록』 10권, 인조 3년 10월 18일(계사일) 두 번째 기사.
239) 『오리선생문집』 제5권 「소차」, '정부회계政府回啓'.
240) 『인조실록』 11권, 인조 4년 1월 24일(무진일) 두 번째 기사.
241) 『인조실록』 29권, 인조 12년 1월 29일(병진일) 첫 번째 기사.
242) 정약용, 『여유당전서』 「시문집」 제7집 「시-귀전시초歸田詩草」, '사월십오일배백씨승어가소접향충주효전기강행절구四月十五日陪伯氏乘漁家小艓向忠州效錢起江行絶句'.
243) 『오리선생문집』 제5권 「소차」, '유서(諭書)'(2월 11일).
244) 『오리선생문집』 제6권 「소차」, '치사를 비는 상소'(5월 28일).
245) 『오리선생문집』 제6권 「소차」, '해직을 비는 상소'(7월 5일).
246) 「연보」 정묘년; '택당 시장'.
247) 이긍익, 『연려실기술』 제25권 「인조조고사본말」, '정묘년의 노란虜亂'.

248) 『인조실록』 24권, 인조 9년 1월 11일(을유일) 첫 번째 기사.
249) 「연보」 신미년.
250) 이덕무, 『청장관전서』 제49권 「이목구심서耳目口心書」 2.
251) 『오리선생문집』 제6권 「소차」, '치사를 비는 다섯 번째 상소'(3월 25일).
252) 「연보」 계유년; 「신도비명」.
253) 『오리선생문집』 제1권 「시」, '꿈에 짓다(夢昨)'.
254) 『인조실록』 29권, 인조 12년 4월 1일(병진일) 첫 번째 기사.
255) 『인조실록』 38권, 인조 17년 3월 3일(경신일) 첫 번째 기사.
256) 이에 앞서 숙종은 이원익의 사우에 액호를 내렸고, 영조는 이원익의 초상화와 『오리집』을 궁궐에 들이게 하여 살펴보았다. 하지만 이는 단지 과거의 명신들을 존중한다는 뜻을 보이려는 임금의 의례적 행위 이상의 의미를 찾기 어렵다.
257) 『홍재전서』 제46권 「비답」 5, '비국이 양주楊州 유학 안성탁安聖鐸의 농서를 진달한 뒤 불러 접견하기를 아뢴 것에 대한 비답'.
258) 정약용, 『여유당전서』 「시문집」 제8권 「대책對策」, '지리책'.
259) 정약용, 『여유당전서』 「경세유표經世遺表」 제11권 「지관수제地官修制」, '부공제賦貢制' 7.
260) 정약용, 『여유당전서』 「시문집」 제12권 「서序」, '방례초본 서(序)'.
261) 남구만, 『약천집藥泉集』 제21권 「묘표墓表」, '포저浦渚 조문효공趙文孝公 묘표'.
262) 조익, 『포저집』 제14권 「계사」, '대동법을 논한 계사'.
263) 조익, 『포저집』 제9권 「차箚」, '우레의 변고로 인하여 국가의 일에 대해서 말한 차자'.
264) 『효종실록』 2권, 효종 즉위년 11월 5일(경신일) 네 번째 기사.
265) 『국조보감』 제36권 「인조조」 3, '16년'.
266) 김육, 『잠곡유고潛谷遺稿』 제2권 「시詩-칠언절구」, '꿈에서 완평完平을 보다'.
267) 채송화, 「이원익의 대동법 구상과 역할」, 연세대학교 교육대학원 석사 논문, 2020, 49-50쪽.
268) 채송화, 위의 논문, 53쪽.
269) 『숙종실록』 29권, 숙종 21년 12월 10일(무술일) 다섯 번째 기사.
270) 『정조실록』 6권, 정조 2년 8월 1일(무오일) 두 번째 기사; 『순조실록』 26권, 순조 23년 7월 25일(신묘일) 세 번째 기사; 『고종실록』 11권, 고종 11년 2월 15일(무자일) 첫 번째 기사.
271) 허목, 『미수기언』 제16권 원집 중편 「사祠」, '삼현사기三賢祠記'.
272) 허목, 『미수기언』 제10권 원집 중편 「인물」, '이문충공유권서李文忠公遺卷序'.

273) 『오리선생문집』 제1권 「시」, '우연히 시를 읊어 허수재목에게 주니, 서로 아끼는 마음에서다偶吟書與許秀才穆出於相愛也'.
274) 허목, 『미수기언』 제43권 원집 「허씨선묘비문」, '정경부인 전주 이씨 묘명貞敬夫人全州李氏墓銘'.
275) 허목과는 대립되는 입장이던 송시열, 송준길 등도 그런 분위기를 적극적으로 조성하였으며, '세상을 버린 고매한 처사'인 양하며 오히려 현임 대신보다 더 강한 영향력을 행사할 방법을 찾았다. 현임 대신은 왕의 노여움이나 대간의 탄핵을 겁내야 하지만, 벼슬을 사양하고 시골에 은둔하는 처사로서는 '역적'으로까지 몰리지 않는 이상 겁낼 것이 없기 때문이다. 또 '정승 판서도 마다한, 정말 청렴한 어른'이라는 도덕적 후광을 두르고는, 마치 오늘날에도 시민단체 운동가가 현역 정치인들의 행동을 마음 놓고 비판하듯 현실 정치를 비판하며 널리 지지자를 얻을 수 있는 것이다. 예를 들어 송준길은 이렇게 말한다. "신이 소싯적에 고인이 된 상신 이원익과 조익 등이 성상께 하직 인사를 올리지 않은 채 차자箚子만 남겨놓고서 지레 떠나가는 것을 보았는데, 이는 모두 말이 쓰이지 않고 도가 행해지지 않았기 때문이었습니다. 당시의 사대부는 기개와 절조를 고상히 가지지 않는 이가 없었지만, 지금 신에게는 쓸 만한 말도, 행할 만한 도도 없으면서 단지 병이 심해 머물기 어려워서 이렇게 전도顚倒된 행위를 하였으니, 선배의 유풍遺風에 비해 어찌 크게 부족하여 부끄럽지 않겠습니까." 송준길, 『동춘당집同春堂集』 속집 제1권 「소차疏箚」, '돌아가기를 청한 세 번째 소'.
276) 이런 이유 때문인지 허목이 지은 이원익의 '유사遺事'에는 이원익이 광해군대에 선혜법을 세웠다는 언급이 없으며, 인조대의 대동법에 대해서도 '불필요한 경비를 줄이려는 뜻에서 건의했으나, 결국 행해지지 못하였'고 지나칠 정도로 단순히 기술한다. 조경의 「용주 시장」과 이식의 '택당 시장'에는 선혜법과 대동법이 모두 상세하며 그 기본 뜻은 안민에 있음을 밝힌 것과 대조된다.
277) 허목, 「유사遺事」(『오리선생문집』 부록 제2권에 수록. 이후 「유사」로 표시).
278) 이덕무, 『청장관전서』 제6권 「영처잡고」 2 '관독일기'.
279) 『오리선생문집』 부록 제1권 「일사장逸事狀」(이후 「일사장」으로 표시).
280) 이식, 『택당집』 별집 제17권 「잡저-서후잡록敍後雜錄」, '찬획사贊劃使가 되다'.
281) 「용주 시장」.
282) 허목, 『미수기언』 제45권 원집 「외가묘문유사外家墓文遺事」, '완선군 묘갈음기完善君墓碣陰記'.
283) 『광해군일기』 7권, 광해군 즉위년 8월 19일(계유일) 다섯 번째기사.
284) 허목, 『미수기언』 제45권 원집 「외가묘문유사」, '완선군 묘갈음기'.

285) 『오리선생문집』 보유 「잡저」, '얼남孼男 효전, 제전에게 글로 깨우치다'.
286) 김상헌, 『청음집』 제6권 「칠언율시七言律詩」, '천안 부사天安府使 이정직에 대한 만사'.
287) 『오리선생문집』 제1권 「시」, '금강산에 놀러 가는 사의(司議) 이정혁을 전송하다'. 여기서 이정직의 이름이 이정혁으로 되어 있으나, 오기인 것으로 보인다.
288) 허목, 「유사」. 『미수기언』 제45권 원집 「외가묘문유사」, '열녀전烈女傳'과 이덕무, 『청장관전서』 제49권 「이목구심서」 2에는 5년이라고 나온다.
289) 이덕무, 『청장관전서』 제49권 「이목구심서」 2.
290) 이익, 『성호사설』 제1권, 「천지문天地門」, '동국지도'.
291) 「신도비명」.
292) 이원익 치세어록 : 연풍현의 수령으로 부임하는 손자 수약에게 글을 써주다書與孫守約赴延豊縣.(무진년, 인조1, 1623)
너의 아버지는 전후 고을을 맡았을 때마다 청렴과 간명으로 백성을 보호한다고 여러 번 임금에게 알려졌다. 너는 네 아버지의 아들이니, 마땅히 마음에 새겨 자신을 가지고 집안의 명성을 떨어뜨리지 말라汝父前後典郡 屢以廉簡保民 屢澈宸聽 汝爲汝父之子 切宜刻心自持 毋家聲.
1. 세상을 다스리는 데에는 백성을 사랑하는 것보다 더한 것이 없고, 몸을 닦는 데는 욕심을 적게 하는 것보다 더한 것이 없다. 비록 사대부에게도 사리는 매한가지다治世莫若愛民 養身莫若寡欲 雖在士大夫 事理則一.
2. 천하의 실정을 안 연후에야 천하의 일을 알 수 있다通天下之情 然後能成天下之務.
3. 일에 따라서는 포악하고 성냄을 경계하고 서서히 일의 실정을 파악하라臨事戒暴怒 徐究事情.
4. 사람을 다스림에 상벌이 없을 수가 없으니, 착한 사람에게는 상을 주라. 상을 주었으면 오래도록 잊지 말아야 한다. 악한 자는 벌을 주어야 한다. 벌을 주었으나 시일이 지나면 곧 생각지 말라治人不可無賞罰 善之賞 賞之而久宜勿忘 惡之罰 罰之而過卽勿念.
5. 한 이익을 일으키는 것이 한 폐단을 제거하는 것만 못하고, 한 일을 내는 것이 한 일을 더는 것만 못하다興一利不如除一弊 生一事不如省一事.
6. 읍 중에 일이 있거든 노련한 관리와 연로한 사람에게 널리 물어서 인정에 합하기를 힘써야 하고, 남에게 거만을 부리고 스스로 옳다고 하여 민심을 떠나게 해서는 아니된다邑中有事 宜博詢于老成品官耆舊民人 務合於人情 不可傲物自是 使人心畔渙.

7. 백성은 마땅히 어루만져 돌봐야 하고, 관속을 대하는 것도 또한 너무 각박하게 해서는 아니된다百姓固當撫恤 而待官屬 亦不可太刻.
8. 모든 일은 마땅히 때에 따라 마음을 다해야 한다. 어찌 일일이 지휘할 수가 있겠는냐凡百唯當隨時盡心 豈得一一指揮.

293) 허목, 『미수기언』 별집 제17권 「구묘문丘墓文」, '이전첨李典籤의 묘갈명墓碣銘'.
294) 허목, 『미수기언』 별집 제13권 「애사哀詞」, '전첨典籤 이수약에게 드리는 애사 병서'.
295) 『전주이씨익녕군파보』, 158쪽. 이성무 「오리 이원익의 생애와 치적」, 『오리 이원익의 학문과 사상』에서 재인용.
296) '택당 시장'.
297) 「일사장」.
298) 『오리선생문집』 보유 「잡저」, '자손에게 경계를 끼쳐 주다'.
299) 『오리선생문집』 보유 「잡저」, '연풍현의 수령으로 부임하는 손자 수약에게 글을 써 주다'.
300) 최진홍, 「키워드로 풀어보는 조선의 선비정신-이원익과 안민」, 《월간조선》 2011. 11. 519쪽.
301) 『오리선생문집』 2권, 「소차」, '염근리에 뽑힌 것을 사양하는 차자'; 「일사장」.
302) 이영춘, 「오리 이원익의 청백리 정신과 관료적 리더십」, 『오리 이원익의 학문과 사상』 122-123쪽.
303) '택당 시장'.
304) 「유사」.
305) 정재륜, 『공사견문록公私見聞錄』.
306) 유호진, 「이원익 시에 나타난 부동심과 인에의 지향」, 『한국인물사연구』. 4호.
307) 「용주 시장」.

찾아보기(인물) 숫자는 쪽수

ㄱ

가토 기요마사 110, 112, 118, 169, 177, 179-180, 188, 190, 196, 198, 242, 442, 454
감사(監司) 윤공 두수(尹公斗壽) 84
강서(姜緖) 41, 43, 52, 57, 165, 236, 388-389, 391
결기수(結杞守) 이현(李玄) 27
경략 양호(楊鎬) 186, 196, 199-201, 203-205
계운궁 345, 347
고경명 105
고니시 유키나가 107-110, 118-119, 122, 124, 176-177, 179, 192
고산(孤山) 윤선도(尹善道) 299
고언백(高彦伯) 108
곽재우(郭再祐) 105, 151, 170, 186-187, 190, 219, 221-222, 238, 241-242, 274, 388, 392, 443, 458
곽준 190, 295
광해군 22, 47, 62, 88, 105, 131, 155, 193, 247-252, 254, 257, 259, 261-263, 268-269, 273-278, 282-284, 286-290, 293-295, 298-300, 305, 312-320, 324, 332, 335, 337-338, 349, 362, 364, 372, 394, 399, 460
구로다 나가마사 190
권극례(權克禮) 73-74

권기석 238
권덕여(權德輿) 44, 49, 439
권반(權盼) 304, 381
권율(權慄) 141, 165, 166, 168-170, 189, 192, 196, 421, 442
권응수 151, 153-154, 241
권징 107
권협 166
기대승 372
기자헌(奇自獻) 247, 293, 334-335
김계휘 58
김공량 335
김굉필(金宏弼) 275
김늑 89
김류(金瑬) 305, 307, 330, 332-334
김명원 106-108, 130
김상용 269, 285
김상헌(金尙憲) 209, 291, 323, 344, 390, 396
김석주 382
김성일 56, 57, 91, 105
김수 54, 75, 105, 152, 250
김시양 323, 334
김신국(金藎國) 178, 214-216, 249
김신원 250
김억추 116
김우굉 60
김우옹 53, 388

김응남(金應南) 41, 54, 141, 183, 235
김응서 116, 151-154, 170, 192, 240, 241, 443
김자점 333-334, 341
김정호(金正浩) 397
김제갑 62
김찬 54
김해부사 백사림 151, 170, 187, 190, 196, 212, 240
김효성 290
김효원(金孝元) 55-56

ㄴ

나이토 조안 176
남명(南冥) 조식 56, 249, 259, 276
남이공(南以恭) 189, 194, 214-216, 249, 290, 299
노경임(盧景任) 166, 388
능양군 305, 459

ㄷ

다산(茶山) 정약용(丁若鏞) 22, 25-26, 350, 369, 372-374, 406
단천령(端川令) 이억순(李億舜) 27-28
동계 정온(鄭蘊) 293, 323, 325, 338, 388, 390
동고(東皐) 이준경(李浚慶) 33-34, 41, 47, 66, 132, 264, 359, 372

ㅁ

매월당(梅月堂) 김시습(金時習) 27, 386
맹사성(孟思誠) 24
명종 28, 33, 323
모리 히데모토 190
무령수(武靈守) 이월(李越) 27
문언박 322
미수 허목 310, 359, 363-364, 383-388, 390, 392, 394, 398-399, 403, 405-406, 423, 425-426

ㅂ

박건 249
박근원 62-63, 66
박대립 58
박동량(朴東亮) 119, 248, 285
박명현 116
박성(朴惺) 151
박순 56, 61
박승종 250, 299-300, 315
박윤장 338, 396-397
박지계 385
박진장 332
백사림(白士霖) 151, 170, 187, 190, 196, 212, 240
보천부정(甫川副正) 이억정(李億正) 27
부림수(缶林守) 이표(李豹) 27

부총병 양원(楊元) 186-187, 192, 242, 442

ㅅ

사계 김장생 64, 309, 321, 323, 345-347
사마광(司馬光) 299, 379
사명당(四溟堂) 유정(惟政) 188, 238
상진(尙震) 24
석상서(석성) 131
선조 22, 25, 27, 29, 33, 34, 41, 52-53, 60-63, 66, 73, 77, 84, 88, 90-91, 95, 97, 99, 101-106, 110-111, 114, 116, 118, 124-125, 129-133, 141, 144-147, 149, 151, 154-157, 160, 163-165, 169, 175, 178-181, 193-194, 200, 207, 209, 212-214, 216-217, 223-225, 228, 231-234, 236, 238, 240-241, 247-252, 261, 264, 272, 276, 278-279, 285-286, 302, 322, 331, 335, 337, 345, 349, 370, 372, 383, 389, 391, 422
성낙 53-54, 62-63, 152
성혼(成渾) 61-62, 87, 331, 377, 382, 390
소현세자 341, 356, 362, 369
송상현 95
송시열(宋時烈) 386-387
송언신(宋彦愼) 106-109
송응개 60, 62, 66
송준길(宋浚吉) 386, 463
수천군(秀泉君) 이정은(李貞恩) 27-29, 384
숙종 60, 359, 379, 386, 403, 462
순이 297
순화군 114, 124, 284

숭천도정(崇天都正) 이억령(李億齡) 27
신광엽 210
신립 77-78, 97, 99, 101, 106, 114, 169
신흠(申欽) 43, 91, 156, 248, 250, 285, 293, 323, 326, 337, 344, 345, 389, 411-412
심유경(沈惟敬) 119, 122, 124, 131, 175-178, 201, 207, 442
심의겸(沈義謙) 55-56
심충겸 55, 58
심희수(沈喜壽) 33, 91, 247, 268, 275, 277, 299

ㅇ

아계(鵝溪) 이산해(李山海) 41, 58, 60, 111, 167, 182-183, 217, 235, 251, 275, 454
안음현감 곽준(郭䞭) 190, 295
안홍국 189
안희수 34-36
양녕대군 47, 252
여이징 300
여헌(旅軒) 장현광(張顯光) 294, 309, 323, 364
연성군 이시방 304
연흥부원군 김제남 285-286
영창대군(永昌大君) 247-250, 252, 256-257, 278, 285-286, 290, 293, 295, 419
예과 급사중(禮科給事中) 나돈(羅敦) 206
오억령 388
오윤겸(吳允謙) 323-325, 330
오음(梧陰) 윤두수(尹斗壽) 41, 56-61, 84, 87, 90-91, 100, 105-108, 111, 181, 185,

193, 235, 440
완선군 384, 394-395, 399
완성군 403
완평부원군(完平府院君) 26, 54, 89, 236, 273, 309, 323, 422-423, 444
완평(完平) 156, 210, 289, 299, 310, 350, 383, 389, 422
우복 정경세 151, 170, 241, 251, 293, 309, 323, 337, 364, 389, 392, 400
우상 141, 144, 158, 160, 183
우키다 히데이에 190, 192
원균 151-152, 154, 165, 179, 181-189, 193-194, 240, 241, 242, 442, 454
원두표 306-307, 459
원전 182
유비 25, 40
유석 343
유성룡(柳成龍) 24, 32, 41, 60-61, 87, 91, 94-95, 99-100, 106-107, 111, 113, 117, 130, 140-141, 151, 157, 167-168, 181-185, 199-202, 207-213, 215, 217, 220, 223-224, 233-236, 238, 240, 264-267, 296, 331, 349, 388, 390, 443, 454
유영경(柳永慶) 33, 142, 235, 247-251, 254, 284
유영순 143
유자신(柳自新) 249-250
유학증 251
유홍 141
유희분(柳希奮) 249-250, 314-315
윤근수 56-60, 181
윤방 321, 323, 345, 356
윤선각 105

윤승길 130-131
윤승훈 247, 268, 381
윤영(尹鍈) 360, 397-398
윤원형 31, 55, 276
윤현 56-59
윤휴 388, 397, 399
율곡(栗谷) 이이(李珥) 25, 31, 41, 49-52, 56-57, 61-66, 84-86, 99-100, 216, 264, 331, 372, 413, 426, 439
의천군(義泉君) 이승은(李承恩) 27
이거 182
이경여 260, 300
이광 105
이광정 250, 323
이귀 299, 305, 307, 321, 325, 330, 332-333, 337-338, 344, 346-347, 358, 362, 364, 374, 382, 411, 420, 422
이긍익(李肯翊) 90
이기(李) 151
이덕기(李德沂) 82, 418
이덕무(李德懋) 359
이덕열 185
이덕형(李德馨) 33, 89, 111, 131, 140-143, 166-167, 199, 224, 247, 254, 259, 274-275, 277, 285, 293, 296
이만근(李晩根) 406-407
이발 57-58, 60, 322
이병기 406
이병상 406
이병서 406
이복남(李福男) 187, 192, 212, 388, 392
이빈 108, 116
이상현 402-403

찾아보기 469

이서(李曙) 309, 320, 323, 344
이성규 406
이성전 65
이성중 54
이수 57-60
이수약 104, 304, 384, 399-404, 413, 418
이순신 24, 105, 117-118, 125, 147-151, 154-155, 164, 170, 178-186, 188, 193-197, 199, 212, 238, 241-242, 388-392, 397, 426, 430, 442-443, 453-454, 456
이승규 406
이시발 241, 328, 334-335
이시방 304
이시좌(李時佐) 405
이억기(李億祺) 183, 189
이여송(李如松) 118, 121-122, 278, 441-442, 452
이연오(李淵五) 405-406
이완진(李完鎭) 405
이완평 64, 350
이원보(李元輔) 27-29
이원익 전체
이유록 300, 388-389
이의전 32, 37, 104, 393-396, 399
이이첨(李爾瞻) 207, 211, 235, 249, 274, 283-285, 302, 310, 383, 396, 420, 445
이익찬 406
이인복(李仁復) 405
이일(李鎰) 97-99, 101, 106, 169
이전 333, 335
이정귀(李廷龜) 250, 285, 307
이정형 158, 183-184, 236
이존도(李存道) 403, 405

이종관 406
이종민 406
이종서 406
이종성 176-177
이종승 406
이종헌 406
이종환 406
이종훈 406
이준 323, 360, 363, 389-390, 395, 397-398, 400
이증현 402-403
이지형 406
이진 258
이진규 406
이질 257, 299, 325, 419
이찬규 406
이항복(李恒福) 33, 91, 111, 142, 223-224, 235, 247, 254, 259, 274-275, 277, 285, 293, 295-296, 305, 307, 381, 388, 390, 397
익녕군(益寧君) 이치(李穆) 26, 29, 236
인목대비 276, 278, 285-286, 292-293, 305, 315-318, 325, 337, 357, 420, 445
인목왕후(仁穆王后) 247-249
인성군 이공(李珙) 337-338, 344-345, 419
인순왕후 55
인조 22, 131, 257, 259, 261, 278, 284, 295, 298-299, 305-308, 311-316, 318, 321-323, 325-327, 330-342, 344-347, 349, 353-362, 364, 369-370, 372-373, 375-376, 378-380, 383, 385, 387, 389, 395, 399, 416, 446-448, 460, 463

인헌왕후 345
임건(林健) 223
임국로(任國老) 214-217, 220
임숙영 300, 388, 390
임해군 62, 114, 124, 252, 254, 256-259, 274-275, 278, 282, 284, 290, 293, 308, 343, 419-420, 445

ㅈ

잠곡(潛谷) 김육(金堉) 304, 364, 374, 377-382, 384, 406
장세량 59
전 함양군수 조종도 190
전라감사 이광 105
정경부인 정씨 32, 236, 315, 393, 438, 444
정곤수 143, 235
정광성 249
정구(鄭逑) 232, 293, 385
정기룡(鄭起龍) 151, 170, 196
정발(鄭撥) 95
정백창 300, 307, 323
정언신 33
정여립 85, 86, 157
정여창(鄭汝昌) 275
정여충 59
정엽(鄭曄) 156, 293, 300, 306, 323, 334, 337, 388-389, 411
정원군(定遠君) 345, 364
정응태(丁應泰) 199-206, 278, 292, 394, 443
정인홍 100, 103, 211, 249, 251, 258-260, 274-277, 283-286, 293, 302, 314-315, 326, 332, 390, 420, 422, 445
정조 20, 25, 34, 164, 310, 369-372, 397, 403, 414
정창연 250-251, 330
정철 57-58, 61, 86-91, 106, 220, 232, 322, 377, 441
정충신 333, 335
정탁(鄭琢) 33, 141, 143, 186
정택뢰 290
정희현 177, 454
제갈양 25, 163, 221
조경남 128, 171
조광조 264, 275
조성립 300
조승훈(祖承訓) 116
조정립 202, 388
조중립 388
조충남 388-389, 391

ㅊ

채제공(蔡濟恭) 24, 83
청기군 이표 27, 29
총독 형개(邢) 174, 186, 203
총병 마귀(麻貴) 174, 186
최경창(崔慶昌) 41, 44, 48, 66, 389
최립(崔) 134
최명길(崔鳴吉) 305, 320, 354
최몽량 308, 310
최세해 50
최현 323, 334
최호 189
최흥원(崔興源) 33, 103, 104
추강(秋江) 남효온(南孝溫) 27

찾아보기 471

충청도 순찰사 윤선각 105

ㅌ

택당(澤堂) 이식(李植) 64-65, 300, 307, 323, 390, 391, 420, 463
퇴계(退溪) 이황(李滉) 34-35, 41, 49, 56, 210, 275-276, 331, 372, 426

ㅍ

포은 정몽주 32, 34, 36
포저 조익(趙翼) 91, 320, 323, 329, 364, 368, 374-377, 379, 381, 390, 406
포정사 131

ㅎ

하락(河洛) 62
하성군 33
한림(翰林) 목성선 343-344
한명련 333
한백겸(韓百謙) 232, 267
한언 300
한위 290
한응인(韓應寅) 107, 247, 248, 268, 285
한준 85
한준겸 248, 285, 307, 323, 330, 334, 460
한찬남(韓纘男) 249
한치윤(韓致奫) 174, 177
한효순 128, 250
함천군(咸川君) 이억재(李億載) 27
해풍군(海君) 이기(李耆) 101
허교 310, 460
허균(許筠) 55, 249, 269, 302
허봉 54, 66

허성 166, 168, 202, 248, 285
허수석 177-179
허욱 247
허준 235, 444
호대수(胡大受) 131
홍대용(洪大容) 309
홍무적 290
홍여순(洪汝諄) 87-91, 100, 103, 214-217, 220, 223, 235, 249, 389, 417
홍의장군 151, 219, 222
황신(黃愼) 176-177, 261, 285
황임 91
황진이 48
황홍헌(黃洪憲) 52, 439
황효헌 33
황희(黃喜) 24, 33-34, 47, 359, 363
회재 이언적(李彦迪) 275-276
효종 304, 376-380, 386
흥안군(興安君) 이제(李瑅) 335
히데요시 175-176, 190, 206

찾아보기(용어) 숫자는 쪽수

ㄱ

강화교섭 122, 171, 175-176, 201, 209, 240-241
강화도 193, 274, 278, 286, 318, 325, 336, 356-357, 362, 392, 397
경기선혜법(京畿宣惠法) 269, 379-380
계미삼찬(癸未三竄) 66
계축옥사 254, 259, 285, 298
계축일기 293
고공가 228, 231-234
고공답주인가(雇工答主人歌) 228, 231-232, 297
고마제(雇馬制) 263
관감당(觀感堂) 357-359, 403
군병방수제 80, 84
군사 지도 121
궤장(杖) 20, 324-328, 330
금오산성 67-68, 157, 187
기발이승일도(氣發理乘一途) 156
기영연(耆英宴) 324-327, 330, 374
기재사초 119
기축옥사 12, 22, 85-90, 220
김직재의 옥사 283-284

ㄴ

난중일기 195
난중잡록 128, 171
남한산성 336-337, 340, 355, 395

노량해전 206

ㄷ

대공수미법(代貢收米法) 264-266, 380
대동법 24-25, 79, 100, 261-266, 268-270, 282, 290, 300, 319-322, 338-339, 364, 370, 373-382, 387, 414, 416, 419, 430, 433
대동여지도 397
대동청 304
도망(悼亡) 236
도유우불(都兪吁咈) 129, 132, 212, 231-232, 345, 372
도재수필 60
돗자리 294, 425
동의보감 263
동호문답 49, 372

ㅁ

만언봉사 49
망와잡록 403
명량해전 193, 196, 242
묘산기 403
민본소(民本訴) 205

ㅂ

방군수포제(放軍收布制) 97, 99
보우(普雨) 36

비변사 102, 114, 133, 143, 145, 183, 188, 323-324, 338

ㅅ

사대동 264
산림(山林) 정치 387
삼국지연의 25, 163
삼도 141, 155, 164, 193, 240, 320, 356
삼포왜란 100
삼학사 390
상공우(相公雨) 267, 290-291
상국의 힘이다(非我也相國也) 24, 193-194, 196-197
생사당(生祠堂) 22-23, 83, 134, 290
서비잡록 60
서생포 죽도 169
서얼허통법 396
선조수정실록 88-89
선조실록 89
선혜법 262, 266-267, 319, 379-380
선혜비 304
선혜청(宣惠廳) 265, 267-268, 270, 320-321, 373, 379
성균관 33-34, 36-37, 44, 51-52, 59, 62, 223, 276, 286, 385, 400
성소부부고 55
성주에 체부(體府) 147, 168
성주의 금성산성 366
속일기 399
쇄마제(刷馬制) 263
수상칠인(水上七人) 300, 307, 314, 390
수성전(守城戰) 157, 240
승문원 41-43, 121

실학자 309, 359

ㅇ

안민(安民) 10, 13, 114, 117, 125, 129, 131, 155-156, 164, 171, 232, 234, 242, 281, 339, 364, 370, 372, 374, 376, 378, 382, 384, 387, 392, 406, 414-415, 418-419, 431-434
안주 백성 82
안주 목사 47, 60, 73, 84, 102-103, 141, 297, 349, 391, 413
앙덕리 300, 350
여강 300, 301
여진족의 결집 100
연려실기술 90, 199, 256
연보 53, 59, 89, 102, 248
염근리 235, 416
예설 347, 386
예송논쟁 346, 386, 387
오리 이원익 신도비명 390, 397-398, 410
오리속집 403
오리집 403-404
완평부원군행록 89
왕성탄(王城灘) 106-108
요시라 사건 179-180
용주시장 391
우의정 143-145, 191, 233, 240
울산성 전투 198, 203, 242
유교칠신 250, 285
유구국 317
은의겸진론(恩義兼盡論) 251, 257-258, 261, 318, 344-345, 419-420, 433

을묘왜변 98, 100
이공상(李公桑) 72, 81, 371, 373, 413
이괄의 난 12, 331-337
이기호발(理氣互發) 156
이상국일기 123-124, 399
이원익의 광해군 시대 300
이원익의 리더십 122, 422
이원익의 조선군 242
이원익의 초상화 22
이충무공전서 195
인조반정 12, 22, 259, 261, 278, 284, 298, 305-306, 335, 399, 417
일사장 388-389
일월록 60
임진왜란 10, 12, 22, 24, 47, 61, 86, 91, 97, 100, 118, 124, 132, 148, 179, 228, 230, 232-233, 235, 237-238, 261, 264, 284, 290, 296, 300, 313, 322, 334, 372, 391, 395, 414-415, 417, 433-434
임해군(臨海君)의 옥사 252, 254, 308, 343

ㅈ

재생청(裁省廳) 320
전사통감 403
전은론(全恩論) 256-258, 338, 345, 420
정공도감 264, 267
정묘호란 353, 355, 370, 390, 395, 433
정승봉 147-149, 366
정여립의 난 12, 85-86, 157
정유재란 169-171, 175, 180, 242
제승방략(制勝方略) 98-99
조령 99, 174, 187, 193

조선 최고의 개혁 261, 266
주전론(鑄錢論) 381-382
주전(鑄錢) 387
죽령 187
직산전투 196
진관 제(鎭管體制) 97-99
진주성 전투 105, 122
징비록 111, 124, 181, 202

ㅊ

처자정자(處子正字) 41-43, 52
청금록 385
청백리 11, 13, 32, 151, 235, 359, 392, 416, 432
청사열전 386
청야전술(淸野戰術) 157, 161, 165, 167-169, 171, 241
체찰사 13, 32, 47, 67, 124, 140, 143, 147-149, 155-156, 158, 165-171, 174, 183, 187-188, 190-192, 194-195, 199, 222-223, 225-226, 228, 233, 235, 240, 259, 297, 306, 334, 336, 356, 390, 395, 423
추풍령 187
칠서(七庶)의 옥사 285
칠천량 해전 189, 193-194, 241-242

ㅋ

코베기 190
코무덤 190

ㅌ

탕평 인사 270
태종우 290

택당시장 53, 64-65, 300, 364, 390

ㅍ

평안도 도순찰사(都巡察使) 103, 107, 110, 140, 233
평안도 안주 73-86, 290, 355, 364, 413
평양 기생 47-48
평양을 탈환 116, 118, 122, 125
폐모론 260, 286-287, 308, 335
풍원부원군 106

ㅎ

하담파적록 217
한산대첩 118, 196
한산도 147-149, 183, 187-188, 194
항부도기(恒符賭奇) 397
해동역사 174
행주산성 114, 168-169
호성공신도 22
호성공신(扈聖功臣) 22, 235-236, 417
호패법 283, 387, 419
홍길동전 249
홍문록 50-51, 405
홍재전서 20, 370
홍진도 332
화왕산성 157, 161, 187, 190
황석산성 67, 157, 162, 170, 187, 190, 192
황해도사 44, 49, 51, 73
회퇴변척소(晦退辯斥訴) 274-278, 282, 332
효종 1년(1650년) 376, 378, 386
후금 298, 312

오리 이원익, 다스림과 섬김

초판 1쇄 발행 2013년 8월 16일
초판 2쇄 발행 2013년 8월 20일
개정판 1쇄 발행 2022년 10월 20일

지은이 이병서

펴낸이 이익찬
책임편집 조영남 | **디자인** 김서이

펴낸곳 녹우재
출판신고 2001년 1월 8일 제2017-000193호
주소 서울 강남구 도곡로 182(도곡동) 양재벤처타워
전화 02)575-1074/5
홈페이지 orimemorial.org | **이메일** yangjeco@gmail.com

ISBN 978-89-98983-03-1   03910

이 책은 저작권법에 따라 보호받는 저작물이므로 무단 전재 및 무단 복제를 금합니다.
파본은 구입처에서 교환해드리며, 관련 법령에 따라 환불해드립니다.
제품 훼손 시 환불이 불가능합니다